एकता-अखंडता की प्रतिमूर्ति
सरदार पटेल

एकता-अखंडता की प्रतिमूर्ति
सरदार पटेल

संपादक
बलदेव वंशी

सत्साहित्य प्रकाशन, दिल्ली

प्रकाशक : **सत्साहित्य प्रकाशन**
694 (पहली मंजिल), चावड़ी बाजार, दिल्ली–110006
 / संस्करण : 2025 / मूल्य : पाँच सौ रुपए
मुद्रक : नरुला प्रिंटर्स, दिल्ली ISBN 978-81-7721-270-9

EKTA-AKHANDATA KI PRATIMOORTI : SARDAR PATEL
Ed. Shri Baldev Vanshi ₹ 500.00
Published by **SATSAHITYA PRAKASHAN**
694 (First Floor), Chawri Bazar, Delhi-110006

अनुक्रम

यही प्रसिद्ध लौहपुरुष

—डॉ. हरिवंशराय 'बच्चन'

यही प्रसिद्ध लौह का पुरुष प्रबल,
यही प्रसिद्ध शक्ति की शिला अटल,
हिला इसे सका कभी न शत्रु दल,
पटेल पर
स्वदेश को
गुमान है।
सुबुद्धि उच्च शृंग पर किए जगह,
हृदय गंभीर है समुद्र की तरह,
कदम छुए हुए जमीन की सतह,
पटेल देश
का निगहबान है।
हरेक पक्ष को पटेल तौलता,
हरेक भेद को पटेल खोलता,
दुराव या छिपाव से उसे गरज?
कठोर नग्न सत्य बोलता।
पटेल हिंद
की निडर
जबान है।

विश्व की सर्वोच्च एकता की ब्राह्मीमूर्ति : सरदार वल्लभभाई पटेल

—डॉ. बलदेव वंशी

मौलिक राष्ट्रधर्मी चिंतन, दूरदृष्टि और साहस की, लोकतंत्र की भारतीय नई सरकार (१६वीं) को अधिक दरकार है, ताकि पिछली अपनाई गई दब्बू, पिछलग्गू, त्रुटिपूर्ण नीतियों को छोड़कर देश वास्तविक स्वतंत्रता, मौलिकता और राष्ट्रवादिता के गरिमापूर्ण महान् विश्व लोकतंत्र की राह पर आरूढ़ हो सके।

भारत को अपनी (महान्) भारत होने की वास्तविक छवि को अपनाने की निहायत जरूरत है, जिसे वह अभी तक भूला हुआ है। भारत के बाहर फैले भारत को सहेजना होगा। तिब्बत, चीन, जापान, जावा, सुमात्रा, इंडोनेशिया, लंका आदि में रहनेवाले बौद्ध भारत की मानसिक, आत्मिक संतान हैं, जो भारत को पितृ-देश—महात्मा बुद्ध की जन्मस्थली—मानते और पूजते हैं। याद करना होगा कि पुनरुद्धार के पश्चात् सोमनाथ मंदिर का लोकार्पण भारत के गृहमंत्री एवं उप प्रधानमंत्री वल्लभभाई पटेल ने बौद्ध धर्म-गुरु दलाई लामा से करवाया था तथा इस नए महा भारतीय विचार की नींव भी डाल दी थी। विश्व के अन्य देशों में फैले बौद्धों में भारतीयों की एकात्मकता की भी एकता-एकात्मता की यह प्रतिमा होगी। इसकी भव्यता की कल्पना जाग्रत्-चेता राष्ट्रनायक के विराट् चेतना-पटल की उपज है। स्पष्ट ही वह व्यक्तित्व सरदार पटेल के भव्य व्यक्तित्व की प्रेरणा से, उन्हीं के प्रेरित (महा) भारतीय स्वप्न को साकार करने का संकल्प है। बड़ा काव्यमय, बड़ा सौंदर्यबोधक बड़ा शिव-स्वरूपी।

नरेंद्र मोदी ने अपने स्वभाव और गुणों के अनुरूप ही अपने और देश के आदर्श की प्रतिमा—एकता और अखंडता की लौह फौलादी प्रतिमा—विश्व की सर्वोच्च और भव्य प्रतिमा स्थापित कर जो भावी (महा) भारतीय संकल्प-मूर्ति स्थापित की है, वह भारतीयों की तथा मानवीयता की समता, न्याय के आदर्श की प्रतिमा भी है। उपेक्षित, निर्बल, दलित एवं अल्पसंख्यक जन को आत्मीयता की प्रफुल्ल हिलोर पर उठाकर आगे लाना होगा।

एकता-अखंडता की प्रतिमूर्ति

सरदार पटेल

श्री नरेंद्र मोदी भारत की खदान से निकला महत संकल्पी विचारों द्वारा तराशा गया भारत का सबसे अधिक मूल्यवान हीरा है। वह अकेला नहीं। निरंकुश नहीं। उसके साथ उसे सँभालने वाले, तराशने वाले हाथ हैं। उसके पीछे राष्ट्र-चिंतन की सुदीर्घ तप:पूत मनस्वी परंपरा है। संतों की एकात्मतामयी संस्कृति है। वह निरंकुश हो ही नहीं सकता। शब्द उसके मुख से नहीं, उसकी आत्मा से निकलकर देशवासियों की आत्मा पर सीधा प्रभाव डालते हैं। देश की राजनीति से निराश हो चुके रुष्ट लोग लाखों की संख्या में उसे सुनने मुग्ध खिंचे चले आते हैं, उसके दीदार को। क्यों?

देश को जगाने का कार्य उसने कर दिया। आज जागे हुओं को संगठित होकर देश को आगे ले चलने का कार्य मिल-जुलकर एकात्म भाव से करना है। राष्ट्र ही जिन लोगों के लिए आराध्य है, उसकी आराधना करना, समूचे राष्ट्र को देवता-भगवान् मानना, यह भारतीय धर्म-दर्शन का भी संदेश है। अध्यात्मवाद अपनी सर्वोच्च उपलब्धि में राष्ट्रीयता को ही मार्ग बनाता है, जब वह आधि-आत्मिक साधना पद्धति को मार्ग रूप में स्वीकार-अंगीकार कर प्रस्थान करता है। तब क्या भारतीय हिंदू धर्म-दर्शन की प्रस्थान त्रयी कहीं छूट जाती है? तब क्या महात्मा बुद्ध का धर्म-दर्शन बौद्ध मत कहीं दूर रह जाता है? जिनके मन मे राष्ट्र चेतना गहरे में अवचेतन-उपचेतन-चेतन तलों पर सक्रियमान है, उनके लिए राष्ट्र महज धरती नहीं रहता, उस धरती पर, भू-खंड पर रहनेवाला प्रत्येक प्राणी ही आराध्य हो जाता है। वह दलित शूद्र हो, अल्पसंख्यक हो, उसकी पूजा तथा कल्याण भावना ही सबकी मुक्ति का आधार हो जाती है।

तब सरदार पटेल ने गृहमंत्री रहते हुए दलाईलामा (एक बौद्ध धर्मगुरु) से सोमनाथ मंदिर का लोकार्पण करवाकर किस भावी ऐतिहासिक सांस्कृतिक-आध्यात्मिक एकता का संभूत किया था? सोचने की बात है। गर्व का विषय है। दूरदृष्टि का परिणाम है, जो वर्तमान के लिए त्रुटि को सुधारकर तिब्बत के प्रति कर्तव्य से च्युत होने के भाव का प्रायश्चित्त भी है तथा विश्व भर के अपने बौद्ध धर्म भाइयों के साथ भी एकता स्थापित कर एक वृहद् भारत, एक महाभारत के महा भाव को चरितार्थ कर दिखाने का अवसर भी है—नई सरकार के हाथों में।

आज एक अनूठे उत्साह की हिलोर पर सवार है जन सक्रियता। यह उत्साह और सक्रिय भागीदारी आपातकाल के बाद दिखाई देनेवाली जन-हिलोर जैसी है। सांस्कृतिक गरिमा और देश जिनके लिए सदा अग्रिम रहते आए हैं, उनके सामने सदैव सबसे प्रथम यही मुद्दा रहेगा। जिसके मन में अपना देश और देश का स्वाभिमान नहीं हो, वह तो नर-पशु है। मृतक के समान है। महान् साहित्यकारों की कलम से निकले शब्द जनता जनार्दन के मन की आवाज होते हैं। सोए हुए, निराश राजनीतिक दृष्टि से हताश और उदास देशवासियों को स्वामी विवेकानंद ने मंत्र दिया था—"उत्तिष्ठ जाग्रत्

प्राप्य वरान्निबोधत'' अर्थात् 'उठो, जागो और आगे बढ़ अपना अधिकार पाओ।' ऐसा ही मंत्र आज नरेंद्र मोदी दे रहे हैं। यह उत्साह और आशा की हिलोर उसी का सुपरिणाम है। देश व देशवासियों के प्रति अपने कर्तव्य का सर्वश्रेष्ठ तो अभी से घटित हो गया है। इससे आगे अपने कहे शब्दों, वादों, संकल्पों को चरितार्थ कर दिखाएँ तो यह विश्व शांति के लिए भी चिरस्मरणीय एवं ऐतिहासिक कार्य माना जाएगा। श्री नरेंद्र मोदी पूरी तैयारी से राष्ट्रीय परिदृश्य में उभरे हैं। अपने प्रदेश के व्यवस्थापकीय अनुभवों, दबावों, विकास कार्यों से उन्होंने बहुत कुछ सीखा है। पारदर्शी कल्पना, हितैषी सद्भावना, तुरंत निर्णाय, दूरदृष्टि, अटूट राष्ट्रीय चेतना, अनथक श्रम, निर्धनों-दलितों की आत्म-अनुभूत संवेदना, वाक्पटुता, दृढता आदि ये कुछ ऐसे गुण हैं, जो उन्हें सर्वश्रेष्ठ बना देते हैं।

सरदार और सरदार का उत्तराधिकार!
मनुष्य ने इच्छा की
तो धरती की कोख
हरियाली से भर गई।
मनुष्य ने इच्छा की
तो काल के मुकुट की
कलगी झर गई।
अब फिर से एक इच्छा करके देखो
अपने को
मनुष्य के बराबर
धर के देखो!

हाँ, यह अजूबा भारत में हुआ है। भारत में ही हो सकता है। जब-जब मनुष्य का मनुष्य पर विश्वास जगा है, तब-तब वह विश्वास आत्मविश्वास में और आत्मविश्वास जनविश्वास में घटित हुआ है। इसकी कई-कई आवृत्तियाँ हैं, स्वाधीनता आंदोलन में महात्मा गांधी द्वारा, आपातकाल में जयप्रकाश नारायण द्वारा तथा अब सन् २०१४ के आम चुनावों में नरेंद्र मोदी द्वारा यह आत्मविश्वास जनविश्वास में बदलता हुआ भारत और विश्व ने देखा है।

भारत को एक शब्द में परिभाषित करना चाहें तो वह शब्द होगा—'भाव'। इस भाव शब्द तक भी भारतीय लोग संतुष्ट नहीं होते, उससे पूर्व विशेषण भी लगाकर इन्हें 'संतोष' मिलता है, विशेषण है—'महा'! यहाँ देव-महादेव, देवी-महादेवी, माया-महामाया, मानव-महामानव, भाव-महाभाव होकर अवतरित होते हैं।

हम वस्तुत: वल्लभभाई पटेल के संबंध में लिखने बैठे हैं, परंतु भूमिका ही इतनी लंबी खिंच गई! वल्लभभाई पटेल को, उनके महानता के, जीवन के और साहस

के कार्यों को देखकर महात्मा गांधी भी गद्‌गद होकर 'महा' विशेषण ही उनके नाम के आगे लगाना चाहते थे, किंतु उन्हें अपने संघर्ष में निकट और साथ रखने के लिए एक सेना-नायक का विशेषण दिया—'सरदार'। गांधीजी ने अपने स्वतंत्रता सेनानियों के लिए एक जुझारू, प्रेरक, निर्भीक, मानवी सरदार पा लिया था, जो हर बार विजयी होता। विदेशी शासकों को पराजित करता हुआ अचूक नायक!

सरदार वल्लभभाई पटेल नरेंद्र मोदीजी के अनुप्रेरक नायक भी अपने उक्त गुणों के कारण बन गए। उन्हीं मे अपने स्वप्नों को साकार होता पाया नरेंद्र मोदी ने।

इतिहास के वर्तमान मोड़ पर देश की परिस्थितियों में सरदार वल्लभभाई पटेल का स्मरण हो आना महज संयोग नहीं था। देश के भीतर-बाहर की निराशा-हताशा, भ्रष्टाचार के सामने जन-जीवन को लाचार, निरुपाय एवं निस्सहाय पाकर गुजरात से ही उभरे विशाल व्यक्तित्व सरदार का स्मरण आना स्वाभाविक था। अतः सन् २०१३ में ही उन्होंने घोषणा कर दी कि सरदार पटेल की एक लौह-प्रतिमा का निर्माण किया जाएगा, जो संपूर्ण देश के किसानों द्वारा अपने घरों में अनुपयोगी, बचे हुए लौह-खंडों के दान द्वारा निर्मित होगी। सरदार पटेल स्वयं तो किसान थे ही, साथ ही पूरा जीवन वे किसानों के हितों की लड़ाई लड़ते रहे। यह मूर्ति विश्व की सबसे ऊँची और भव्य मूर्ति होगी, जो समूचे विश्व की शांति, एकता, समानता को समर्पित 'एकता की मूर्ति' कहलाएगी। कहना न होगा कि वर्तमान भारत में, गए वर्षों में भारत के हताश अनेक किसानों ने आत्महत्याएँ की थीं। इन्हीं से द्रवित होकर नरेंद्र मोदी ने उक्त प्रतिमा की स्थापना का संकल्प लिया जान पड़ता है।

इसके साथ एक और बड़ा कारण यह लगता है कि जिस भारत को स्वतंत्र होते ही तिनका-तिनका बिखर जाने की कूटनीतिवश अंग्रेजों ने भारत की सभी देशी रियासतों को स्वतंत्र घोषित कर दिया था, उन सबको भारत के गृहमंत्री तथा उप प्रधानमंत्री सरदार पटेल ने अपनी कूटनीति, समझ, व्यावहारिकता तथा अद्‌भुत मेधा से भारत में मिला लिया। एक विशाल, विराट् भारत का निर्माण कर दिखाया, जिसे विश्व ने भी देखा और सराहा। यह विश्व परिदृश्य में अद्वितीय, अनोखा करिश्मा था। बिना युद्ध लड़े ५६२ रियासतों को देश के सथ जोड़ देना इसलिए भी अचंभित करता है, क्योंकि मात्र एक रियासत जम्मू-कश्मीर को प्रधानमंत्री जवाहर लाल नेहरू ने दखल देते हुए अपने हाथों में ले लिया, किंतु उर्स एक के लिए भारत को अरबों-खरबों रुपए खर्च करने पड़े। युद्ध लड़ने पड़े और लखों लोगों को अपने जीवन से हाथ धोने पड़े, घर छोड़ने पड़े और जो अभी तक एक समस्या है।

सरदार वल्लभभाई पटेल का जन्म गुजरात के आणंद तालुका के करमसद गाँव के एक किसान परिवार में हुआ। इनके पिता श्री झवेरभाई पटेल एक देशभक्त एवं

समाज सेवी थे तथा माता लदबा आस्थावान् महिला थीं। वल्लभभाई का जन्म ३१ अक्तूबर, १८७५ में इनके ननिहाल में नडियाड में हुआ। आरंभिक शिक्षा समाप्त कर उच्च शिक्षा के लिए वे लंदन गए। बैरिस्टरी करके सन् १९१३ में बंबई पहुँचे। सन् १९१६ में वे गांधीजी के संपर्क में आए और उनके नेतृत्व में ही सन् १९१७ में चंपारन सत्याग्रह में इतनी तन्मयता, कुशाग्रता, कर्मठता से अपना परिचय दिया कि गांधीजी उनसे बहुत प्रभावित हुए। इसकी सफलता के उपरांत सन् १९१८ में खेड़ा सत्याग्रह में किसानों का नेतृत्व किया। सन् १९२७-२८ में बारदोली सत्याग्रह में उन्होंने अपना सर्वस्व दाँव पर लगा दिया। जेल-यात्रा और अंग्रेजों की शासकीय ज्यादतियों के सामने न स्वयं झुके, न साथी किसानों को झुकने दिया। अंग्रेज शासकों ने बड़ी निर्दयतापूर्वक ३० प्रतिशत का कर लगा दिया था किसानों पर। इससे किसानों की कमर ही टूट गई। फिर सन् १९३० का ऐतिहासिक असहयोग आंदोलन चला, जो पूरे देश में जन-जन को जाग्रत् करने वाला सिद्ध हुआ। इससे सरदार पटेल की ख्याति और कार्यक्षमता को पूरा देश मानने लगा।

सरदार वल्लभभाई पटेल ने अपनी दूरदृष्टि से ५६२ रियासतों को भारत में सम्मिलित करने के क्रम में जो भारत को महाभारत की भूमिका में पहुँचाने के लिए बौद्धों के धर्मगुरु दलाईलामा से सोमनाथ के मंदिर के पुनरुद्धार के बाद उसका लोकार्पण करवाकर एक दूरगामी संकेत दिया, वे आगामी समय के लिए भारत को महानता के शिखर पर पहुँचाने वाले सिद्ध होंगे। सनातनी हिंदू बौद्धों को नास्तिक मानते आए हैं, किंतु सरदार पटेल ने गृहमंत्री के नाते दलाई लामा से उक्त लोकार्पण करवाकर अपने बौद्ध भाइयों को—भारत के बाहर फैले भारत को—तिब्बत, चीन, जापान, जावा, सुमात्रा, इंडोनेशिया, लंका आदि में रहनेवाले बौद्धों को अपने पितृदेश भारत से जोड़ दिया। वे सब भारत की मानसिक आत्मिक संतानें हैं। वे लोग भारत को अपने लिए पूज्य-स्थली मानते हैं। जिस भाव-दृष्टि से सरदार पटेल ने गुजरात में स्थित सोमनाथ मंदिर का लोकार्पण दलाईलामाजी को सौंपा, इस एकात्मता भाव से कल को सरदार पटेल की विश्व की सर्वोच्च प्रतिमा, एकता की मूर्ति विश्व में बिखरे बौद्धों को हमारे अधिक निकट ला सकती है। हम जिस शक्ति को, अपनेपन को भूले हुए हैं, नरेंद्र मोदी उसे याद दिलाने, भूल सुधारने का अवसर प्रदान करने जा रहे हैं। सोचें, तब भारत की संख्या विश्व में कितनी होगी? और शक्ति की क्या सीमा होगी?

सरदार पटेल के संबंध में हम यहाँ संत विनोबा भावे का कथन उद्धृत करना चाहते हैं, जो सर्वोच्च सरदार की उपलब्धियों को सामने लाता है—"पटेल के दो महत्त्वपूर्ण कार्यों ने उन्हें भारतीय इतिहास में अमर बना दिया—प्रथम बारदोली सत्याग्रह (१९२८) तथा द्वितीय, देशी रियासतों का एकीकरण।" वस्तुतः ५६२ रियासतों का

एकीकरण विश्व इतिहास में भी अद्वितीय है।

इतना ही नहीं, भारतीय सांस्कृतिक दाय को विश्व के सामने ऊँचे मंचों पर प्रस्तुत करनेवाले भारत के राष्ट्रपति रहे डॉ. राधाकृष्णन ने सरदार के गुणों को गिनाते हुए कहा था—"वह कम बोलते थे, किंतु जो कुछ भी बोलते थे, वह दृढ तथा असंदिग्ध ढंग का होता था। उनकी वाणी राष्ट्र की आवाज होती थी, जिसके संबंध में न तो कोई अशुद्धि कर सकता था और न भ्रांति हो सकती थी। वे कम बोलते थे, किंतु कार्य करने में दृढ थे।"

सरदार वल्लभभाई पटेल की वक्तृता लोगों के हित को समक्ष रखकर उनकी अपेक्षाओं के अनुकूल धाराप्रवाही होती थी। इस संबंध में श्री के.एम. मुंशी के शब्द हैं, "उनकी भाषा श्रोताओं और अवसर के अनुकूल होती थी। वह गाँव के मुहावरे में बोल सकते थे, अगले ही पल वे साहित्यिक गुजराती में अपने वाक्यों को बदल लेते थे। उनके शब्द उनके हथियार थे, जो निशाना कभी नहीं चूकते थे।"

वल्लभभाई के चारित्रिक गुण भी अन्य नेताओं से भिन्न होने से जनता को आकर्षित करनेवाले तथा प्रेरक थे। वे किसी भी सामाजिक आपदा के समय सबको साथ लेकर बढ़-चढ़कर सहायता कार्यों को सफलतापूर्वक संपन्न करते, किंतु पुरस्कार-प्रदर्शन से सदा दूर रहते। इस पक्ष के बारे में आचार्य चंद्रशेखर शास्त्री लिखते हैं कि "उन्हें आत्म प्रदर्शन पसंद नहीं था। विज्ञापनबाजी भी उन्हें पसंद नहीं थी, और थी भी तो आवश्यकता भर, बहुत कम। उसमें भी व्यक्तित्व का विज्ञापन तो लेशमात्र भी नहीं। वह गरजनेवाले मेघ नहीं, वरन् बरसनेवाले धुआँधार मेघ थे। वे ठोस वीरता के पुजारी थे, लल्लो-चप्पो के शब्द उन्हें आकर्षित नहीं कर सकते थे।"

साफ, स्पष्ट सोच उनकी योजनाओं का आधार थी। तब उनके आलोचक उन्हें फासिस्ट तथा 'हिटलर' तक का संबोधन दे देते थे। जिससे उन्हें आत्मपीड़ा तो होती, किंतु इससे उनके पाँव उस ओर से विरत न होते। वे जानते थे कि उन कुछ लोगों की ओर से ये विशेषण दिए जा रहे हैं, जिनके स्वार्थ पूरे नहीं हो पा रहे। किंतु देश में व्यापक रूप से सरदार की ख्याति सदा बढ़ती रहती।

२०१४ के आम चुनावों में एक अनूठे उत्साह की हिलोर पर सवार है जन-सक्रियता। यह उत्साह और सक्रिय भागीदारी आपातकाल के बाद दिखाई देने वाली जन-हिलोर जैसी है। सांस्कृतिक गरिमा और देश जिनके लिए सदा अग्रिम रहते आए हैं, उनके सामने सबसे प्रथन यही मुद्दा रहेगा। जिसके मन में अपना देश और देश का स्वाभिमान नहीं हो, वह तो नर-पशु है। मृतक के समान है। महान् साहित्यकारों की कलम से निकले शब्द जन्ता जनार्दन के मन की आवाज होते हैं। सोए हुए, निराश, राजनीतिक दृष्टि से हताश और उदास देशवासियों को स्वामी विवेकानंद ने मंत्र दिया

था—'उत्तिष्ठ जाग्रत् प्राप्य वरान्निबोधत'। 'उठो, जागो और आगे बढ़ अपना अधिकार पाओ'। ऐसा ही मंत्र आज नरेंद्र मोदी दे रहे हैं। यह उत्साह और आशा की हिलोर उसी का सुपरिणाम है। देशवासियों के प्रति अपने कर्तव्य का सर्वश्रेष्ठ तो अभी से घटित हो गया है। इससे आगे अपने कहे वाक्यों, वादों, संकल्पों को चरितार्थ कर दिखाएँ तो यह विश्व शांति के लिए भी चिरस्मरणीय एवं ऐतिहासिक कार्य माना जाएगा। श्री नरेंद्र मोदी पूरी तैयारी से राष्ट्रीय परिदृश्य में उभरे हैं। अपने प्रदेश के व्यवस्थापकीय अनुभवों, दबावों, विकास कार्यों से उन्होंने बहुत कुछ सीखा है। पारदर्शी कल्पना, हितैषी सद्भावना, तुरंत निर्णय, दूरदृष्टि, अटूट राष्ट्रीय चेतना, अनथक श्रम, निर्धनों-दलितों की आत्म-अनुभूत संवेदना, वाक्पटुता, दृढता आदि ये कुछ ऐसे गुण हैं, जो उन्हें सर्वश्रेष्ठ बना देते हैं।

अच्छे दिनों का मतलब

अविश्वास, असुरक्षा, अव्यवस्था जैसे शत्रुओं से घिरी कोई जाति, कोई कौम यदि विश्वास, सुरक्षा और व्यवस्था का सुकून पा जाए तो उसे क्या कहेंगे? अपने कष्टों, दु:खों, अभावों के लंबे अनुभवों की आँखों देखे, चुने गए भरोसे पर इत्मीनान रखना, अपने 'चुनाव' को धैर्य के हाथों सँभालना भी क्या अच्छे दिनों का आना नहीं है? निरंतर निराशाओं के अँधेरे में डूबते जाने के क्रम में आशा के उजालों को कोई थमा दे तो क्या यह अच्छे दिनों में नहीं गिना जाना चाहिए? भारतीय जनता पार्टी और नरेंद्र मोदी का पूर्ण बहुमत से सत्ता में आना भारत और भारतीयों का सौभाग्य ही है, जो आगामी साठ महीनों के लिए बिना किसी प्रकार के बहाने के देशवासियों को सुचारू शासन देने को प्रतिबद्ध हैं। यह अच्छे दिनों के आने से क्या कम है, जो जन-समर्थन जन-विवेक से संभव हुआ है? कल्पना करें कि यदि दुर्भाग्य से कांग्रेस ही जीत जाती और अपरिपक्त अनुभवों की बैसाखियों के बल पर युवा राहुल प्रधानमंत्री होकर सामने आ जाता, तब कैसे दिन होते?

देश के धन भंडारों, अनाज के अभाश्वस्त भंडारों, धैर्य के विश्वास, आस्था, रक्षा के भरोसों के भंडारों को उलीचकर खाली जैसा कर देनेवाले लोगों के किए घर को सँभालने में महज तीसेक दिनों का समय क्या होता है? इतने में तो कोई गृहस्थी व्यक्ति ठगों-बटमारों द्वारा खँगाला-बिखराया घर तक नहीं सँभाल पाता, नमो सरकार को तो दस वर्षों की मतवांतर, तरह-तरह की लूटों, घपलों, कांडों के बाद पूरा देश सँभालना हुआ है। जनता को और आगे लुटने-पिटने से बचा लेना क्या अच्छे दिनों का आगाज नहीं है? रिजर्व बैंक का कहना है (२७.६.१४) 'स्थिर सरकार से अर्थव्यवस्था के पटरी पर आने की उम्मीद हैं।'

सार्क देशों—पाकिस्तान, अफगानिस्तान, बँगलादेश, मालदीव, श्रीलंका, नेपाल आदि के राष्ट्राध्यक्षों की उपस्थिति में शपथ-ग्रहण करके तथा विश्व के अग्रणी देशों की नजरों में भी देश के लिए पूर्व से अधिक सम्मान भाव बढ़ाकर देश की, राष्ट्र की श्रेष्ठता सिद्ध करना क्या अच्छे दिनों की बानगी नहीं सिद्ध होती? देश के भीतर तथा बाहर—पड़ोसी देशों तक को शांति, समृद्धि, विकास के भावों से सज्जित कर देना, ताकि सीमाओं पर भी शांति रहे, व्यापार-आवागमन बढ़े—और कैसे होते हैं अच्छे दिनों की पहचान के पैमाने?

ऐसा क्यों है कि देश में मुद्रा बाजार तथा शेयर मार्किट जब से नमो प्रधानमंत्री पद के लिए पार्टी द्वारा नामित हुए, तब से लगातार सुधार और लाभ की ऊँचाइयाँ छूते दिखाई पड़ते रहे हैं? जनता में भी नई आशाएँ जगी हैं। तीन महीने पूरे होने पर दूरदर्शन तथा अन्यत्र आई व्यापक प्रतिक्रियाओं में जनता बोली : 'दिल लगाया है तो इंतजार करेंगे'।

इस बीच नमो ने जो आदेश दिए हैं—अपने मंत्रियों, सचिवों, अधिकारियों को तथा अपने सहित सब को जवाबदेही से पुनः-पुनः साधा है। बहानेबाजी, टालमटोल, जो पूर्व की सरकार का स्वभाव बन चुका था और जनता के लिए दुःखद दिनों का कारण, उन पर नमो ने विराम लगा दिया है।

गिरे-पड़े, हतोत्साहित, निराश, बेकार, लाचार लोगों तथा सवा सौ करोड़ भारतीयों में पुनः आत्मविश्वास का संचार कर देना, बिखरे पड़े सामाजिक समूहों को एकता के सूत्र में पिरोकर भावना-विचार में बाँध देना कोई छोटा या मामूली कार्य नहीं, यह जातीय जागरण है। विश्व की सर्वोत्कृष्ट संस्कारोंवाली जाति को उथले, बाजारवादी, स्वार्थी, व्यक्तिवादी, उपभोक्तावादी मार्गों से मोड़कर, उसके पुण्यों का स्मरण कराकर जगा देना, खड़े करके सद्-उद्देश्यों की ओर चला देना—इस सब को किस कोटि में गिना जाएगा? क्या किसी जीवित, पुरातन जाति के जीवन में यह सब घटित हो जाना सुदिनों की पहचान से कम है?

एकमात्र रेलभाड़ा या हर ग्रीष्म ऋतु में बढ़नेवाली सब्जियों की महँगाई को लेकर गए दस वर्षों में कांग्रेस ने कितनी बार सत्ता त्यागी है? कितनी बार वह लज्जित हुई है? कितनी बार इसने प्रायश्चित्त किया है? फिर यह जून में बढ़ा रेलभाड़ा भी इन्हीं का संकल्पित-प्रस्तावित भाड़ा है. जो वर्षों से बढ़ाए जाने की आशंकाओं में झूलता रहा। जिसने एक रेल मंत्री की कुरसी छिनवाई और दूसरों को विवादों में धकेला। इसमें कोई शक नहीं कि जिन निर्धनों, मजदूरों की थाली में पहले ही कम रोटी-भाजी है, उनकी पीड़ा नरेंद्र मोदीजी अवश्य ही अपनी संवेदनशीलता में अनुभव कर रहे होंगे, क्योंकि उन्होंने वर्तमान सरकार को निर्धनों की ही सरकार स्वीकार किया है। परंतु?

एकता-अखंडता की प्रतिमूर्ति
सरदार पटेल

भारतीय व्यक्ति यह भलीभाँति जानता है कि मनचाही मौत भी अच्छी लगती है। फिर भारतीय लोगों ने तो अपने पूरे होशो-हवास में, ठोंक-बजाकर, समझ-परखकर, सद् विवेक और पूर्व-अनुभवों पर कसकर देखी-जानी भारतीय जनता पार्टी को चुना है। इस पार्टी पर आर.एस.एस. का नैतिक अंकुश भी है। अत: कह सकते हैं कि भाजपा निरंकुश हाथी नहीं है, जबकि पूर्व शासक दल के ऊपर किसी का, किसी प्रकार का कोई अंकुश ही नहीं था, न है। एक सर्वथा निरंकुश हाथी, स्वभाव और प्रकृति में उच्छृंखल, प्रकृति में बिगड़ चुका। दोनों की कोई तुलना ही नहीं!

क्या अब थोड़ा रुककर पहचानेंगे अच्छे दिनों को?

सरदार पटेल की भूमिका को लेकर तत्कालीन राष्ट्रीय फलक पर नई रोशनी में कुछ पुराने तथ्य एवं कुछ नए परिप्रेक्ष्य उभरे हैं, उन्हें सामने लाना वर्तमान संदर्भों में बहुत जरूरी था, ताकि पूर्व में हुई त्रटियों को सुधारा जा सके और नए सिरे से नई नीति बनाई जा सके। विशेषकर तिब्बत, चीन, कश्मीर, पाकिस्तान तथा अंतरराष्ट्रीय संबंधों को लेकर।

प्रस्तुत पुस्तक में वल्लभभाई पटेल के जीवन के मुख्य निर्णायक उत्थान बिंदुओं पर अधिक सामग्री केंद्रित की गई है, जिससे उनके व्यक्तित्व के अतुलनीय पक्ष सामने आ सकें। इनमें सर्वप्रमुख बारदोली सत्याग्रह, स्वतंत्र भारत में ५६२ देशी रियासतों का राष्ट्र में विलय, हैदराबाद, कश्मीर की रियासतों के मुद्दे, तिब्बत-चीन का मसला, अंतरराष्ट्रीय राजनीति में इंग्लैंड अमेरिकी, रूसी हितों की राजनीति आदि।

सरदार वल्लभभाई पटेल के प्रदेश गुजरात से एक हिमालयी व्यक्तित्व उभरता है और अपनी वैचारिक भव्य उत्तंगता से चट्टानी दृढता तथा विशालता से सबको एकाएक आकर्षित एवं मुग्ध कर देता है। सबको सरदार पटेल की भाँति ही ठेठ किसानी ठाठ और पहनावे से, अपनी धरातली भारतीय लोक चिंता और चिंतन की सर्व हितैषी ऊर्जा से सबका दिल जीत लेता है और आत्मविश्वास ऐसे सेवक का कि मुसलमान (भाई) मुझसे मिलेंगे तो प्रेम करने लगेंगे—वाराणसी से सन् २०१४ के चुनाव संदर्भ में वह भारतीय राजनीतिक आकाश में बने एक विधायी शून्य को भरने, घोर निराशा-हतोत्साह की तपन को मिटाने, एक सजल-प्रबल वेगवान् मेघ अपनी गंभीर गर्जन-तर्जन से आ उपस्थित होता है। भय, भूख, भ्रष्टाचार की राजनीति से विभ्रमित हुए लोग बढ़-चढ़कर उसका अभूतपूर्व स्वागत करते हैं—दर्शनों के लिए लाखों की संख्या में उमड़ पड़ते हैं। कहना होगा कि गुजरात के अजेय मुख्यमंत्री तथा सन् २०१४ के लोकतंत्र के आम चुनावों में भारत के प्रधानमंत्री पद के प्रत्याशी श्री नरेंद्र मोदी ने ही सरदार वल्लभभाई पटेल की पुण्य स्मृतियों को साकार कर दिया है।

इतिहास के किन मोड़ों पर कोई सप्राण जाति अपने किन महापुरुषों का स्मरण

करती है, यह देश-काल-परिस्थिति पर निर्भर करता है। भारत में यदि गुजरात के मुख्यमंत्री श्री नरेंद्र मोदी ने सरदार वल्लभभाई पटेल को याद किया है, उनकी भव्य, विश्व की सर्वोच्च लौह प्रतिमा गुजरात में स्थापित करके उसे एकता की मूर्ति नाम देने का संकल्प लिया है, तो इसका कारण भारत के वर्तमान परिवेश और परिस्थिति में निहित है।

सरदार की ब्राह्मी मूर्ति!

शब्द ब्रह्म है!

सरदार वल्लभभाई पटेल की एकता की लौह प्रतिमा तो जब बनेगी, लगेगी, किंतु यहाँ वल्लभभाई पटेल की शब्दों (शब्द ब्रह्म) से बनी मूर्ति की स्थापना का उपक्रम किया जा रहा है, जिसे साहित्यकारों सर्वश्री हरिवंश राय बच्चन, विष्णु प्रभाकर, कृष्णदत्त पालीवाल, देवेंद्र स्वरूप, शंकर शरण, रमेश नैयर, जयदेव हसीजा 'प्रेमी', मनमोहन सहगल, मृदुला सिन्हा, देवेंद्र दीपक, परमानंद पांचाल, आचार्य चंद्रशेखर शास्त्री आदि ने मिलकर सँवारा, सजाया है।

इस ब्राह्मी मूर्ति को सृजने-सजाने में तैंतीस लेखकों की यह भावना यथार्थ के सम्मिलित तत्त्वों से निर्मित मूर्ति राष्ट्रीय एकता की मजबूत आत्म-सूत्रता मूर्त होगी। यह ब्रह्मास्त्र से क्या कम हो सकती है? क्योंकि विभाजनकारी शक्तियों से सावधान होकर सभी को शासन-व्यवस्था में सहभागिता होने का अवसर उपलब्ध होगा। ये नीतियाँ सरदार पटेल को काम्य रही हैं। उनकी विचार-पद्धति चरितार्थ होगी और देश जन को एकात्मता-एकता के सूत्र में बाँध-जोड़कर तेजी से आगे बढ़ाएगी। जाति, वर्ण, संप्रदाय के भेदों को मिटाने में कारगर होगी।

विकास तो हो ही, किंतु केवल बाहरी नहीं—भौगोलिक परिदृश्य के साथ ही आंतरिक-सांस्कृतिक आयामों में भी। आर्थिक-पारमार्थिक विकास साथ-साथ चलना चाहिए, भौतिक-आत्मिक दोनों अद्वैत रूप हैं।

सरदार वल्लभभाई पटेल ने देश-समाज को सदैव आगे रखा, तब उनके कार्यों को जन ने आश्वस्त भाव से स्वीकार किया। प्राणों तक की आहुतियाँ दीं। सच्चे राष्ट्रवादी की वाणी अध्यात्मवादी होती है, क्योंकि उसमें देह-आत्मा, दोनों का सम्मिलित स्वर निहित रहता है। राष्ट्र मात्र धरती नहीं, उस पर बसनेवालों से मिलकर बनता है। उन सबसे प्रेम करना, सेवाभाव रखना, उनके कष्टों को मिटाना अध्यात्म है। इसका प्रभाव अचूक होता है। अकुंठित शक्तियों को साथ रखना, गढ़ना, गाँठना, समवेत राष्ट्रहित में प्रेरित करना—यही नायक का वास्तविक कार्य रहता है, जो अब सरदार के उत्तराधिकारी को करना होगा। हानि बहुत हो चुकी, अब तीव्र गति से पुनर्निर्माण हो।

संकलित लेखकों का आभार। विशेष रूप से 'राष्ट्रनिर्माता सरदार पटेल' के

लेखक आचार्य चंद्रशेखर शास्त्री (प्रकाशक : सोसाइटी फॉर पार्लियामेंटरी स्टडीज) तथा 'बीसवीं सदी का चाणक्य : सरदार वल्लभभाई पटेल', लेखक जयदेव, हसीजा 'प्रेमी', प्रकाशक : अलंकार प्रकाशन, नई दिल्ली, बी-६८४ से ४९, सैनिक कॉलोनी, फरीदाबाद-१२१००१, मो. ९८१०७४९७०३।

□

लौह संकल्पी सरदार वल्लभभाई पटेल

—विष्णु प्रभाकर

पहला दृश्य

अध्यापक परेशान है, बीजगणित का एक प्रश्न हल नहीं हो पा रहा। तभी कक्षा का एक किशोर उठता है और कहता है, "आप यह सवाल हल नहीं कर सकते?"

अध्यापक सुनते हैं और चिढ़ उठते हैं, "तो तुम कर दो न? तुम अध्यापक बन जाओ।"

किशोर तनिक भी नहीं झिझकता। उठता है। प्रश्न हल करता है और अध्यापक की कुरसी पर बैठ जाता है।

बाप रे! ऐसी धृष्टता! अध्यापक क्रोध से काँप उठते हैं। शिकायत लेकर प्रधानाध्यापक के पास जाते हैं। प्रधानाध्यापक किशोर को बुलाकर पूछते हैं, "तुमने ऐसा क्यों किया?"

किशोर सहज भाव से उत्तर देता है, "क्योंकि उन्होंने कहा था।"

प्रधानाध्यापक सबकुछ समझ जाते हैं। फिर भी कहते हैं, "न, न, तुम्हें ऐसा नहीं करना चाहिए था। फिर करोगे तो स्कूल से निकाल दिए जाओगे।"

किशोर एक बार प्रधानाध्यापक की ओर देखता है, कहता है, "निकालने की जरूरत नहीं होगी। ऐसे स्कूल से मैं अभी चला जाता हूँ।"

दूसरा दृश्य

विद्यार्थियों की एक टोली पढ़ने के लिए अपने गाँव से ६-७ मील दूर एक दूसरे गाँव जा रही थी। रोज जाती थी। उस दिन जाते-जाते अचानक उसे लगा कि एक विद्यार्थी कम है।

ढूँढ़ने पर पता लगा कि वह पीछे रह गया है। पुकारा, "तुम वहाँ क्या कर रहे हो?"

उस विद्यार्थी ने वहीं से उत्तर दिया, "ठहरो, अभी आता हूँ।"

यह कहकर उसने धरती में गड़े एक खूँटे को पकड़ा, जोर से हिलाया, उखाड़ा और एक ओर फेंक दिया। फिर टोली में आ मिला। एक साथी ने पूछा, "तुमने इस खूँटे को क्यों उखाड़ दिया? इसे तो किसी ने खेत की हद बताने के लिए गाड़ा था।"

उस विद्यार्थी ने कहा, "लेकिन वह रास्ते के बीच में गड़ा हुआ था। चलने में रुकावट डालता था। जो रास्ते की रुकावट बने, उस खूँटे को निकाल फेंकना ही चाहिए।"

तीसरा दृश्य

एक दिन अध्यापक महाशय क्लास में पढ़ाने नहीं आए। कार्यालय में बैठे गप्पें मारते रहे। विद्यार्थियों ने कुछ देर राह देखी, फिर उन्होंने गाना शुरू कर दिया। आवाज कार्यालय तक जा पहुँची। अध्यापक दौड़े-दौड़े आए और लगे विद्यार्थियों को डाँटने।

हमारे किशोर को यह अच्छा न लगा। बोला, "आप हमें डाँट रहे हैं? आप क्लास में आए नहीं। गप्पें मारते रहे। तब हम क्या करते? गाते नहीं तो क्या रोते?"

अध्यापक यह सुनकर और भी भड़क उठे। उन्होंने तुरंत उस किशोर को क्लास से निकल जाने की आज्ञा दी। किशोर उठा, पुस्तकें सँभालीं, अपने साथियों की ओर देखा और बाहर चला गया। दूसरे क्षण अध्यापक ने अचरज से भरकर देखा कि क्लास के सभी विद्यार्थी बाहर चले गए हैं।

अगले दिन भी वे अंदर नहीं आए। अध्यापक परेशान थे। वे प्रधानाध्यापक के पास पहुँचे। उन्होंने विद्यार्थियों को बुलाकर कहा, "अपने अध्यापक से माफी माँगो।"

उस किशोर ने उत्तर दिया, "साहब, यह तो उल्टा चोर कोतवाल को डाँटने की बात हुई। हमारा इसमें कोई दोष नहीं है। दोष मास्टर साहब का है। माफी किसी को माँगनी है तो उन्हें।"

प्रधानाध्यापक चकित रह गए, पर थे समझदार। उन्होंने विद्यार्थियों से क्लास में जाने के लिए कहा। विद्यार्थी विजय-गर्व से मुसकराते हुए क्लास में जा बैठे।

चौथा दृश्य

एक बार उस किशोर की बगल में एक जहरीला फोड़ा निकल आया। उस समय गाँवों में चीर-फाड़ करना कोई जानता नहीं था। बस उसे गरम लोहे से दाग दिया जाता था। वह किशोर भी अपना फोड़ा दगवाने के लिए नाई के पास गया। नाई ने लोहे की सलाख तपने के लिए आग पर रखी। वह किशोर उसे लाल होते देखता रहा। जरा भी नहीं घबराया, लेकिन नाई झिझक गया। वह लाल सुर्ख सलाख उस किशोर के फोड़े में कैसे घुसेड़े? तभी वह किशोर कड़क उठता है, "देर क्यों करते हो? सलाख ठंडी हो रही है।"

नाई साहस करता है, एक बार में सारी पीप नहीं निकल पाती। नाई दुबारा घुमाने से डरता है। किशोर उसी दृढता से कहता है, ''तुमसे नहीं होता तो मुझे दो।''

और वह दहकती सलाख अपने हाथ में ले लेता है। चारों तरफ घुमाता है। सारी पीप बाहर आ जाती है।

पाँचवाँ दृश्य

वही किशोर एक दिन वकील बन गया। वकील साहब के हाथ में हत्या का एक संगीन मामला था। जरा सी असावधानी हुई कि अभियुक्त फाँसी पर! इसीलिए वह दत्तचित्त होकर बहस कर रहे थे। तभी उनके नाम एक तार आया। उन्होंने सहज भाव से तार लिया, पढ़ा और जेब में रख लिया। बहस उसी तरह चलती रही।

फिर अदालत का समय समाप्त हुआ। वह उठ गई। किसी साथी ने हमारे वकील साहब से पूछ लिया, ''वह तार कैसा था?''

वकील साहब ने जवाब दिया, ''पत्नी की मृत्यु हो गई है। उसी की सूचना थी।''

जिसने भी सुना, पागल-सा देखता रह गया। एक मित्र ने साहस करके पूछा, ''पत्नी की मृत्यु का समाचार पाकर भी तुम बहस करते रहे?''

वकील साहब बोले, ''और क्या करता? वह तो चली गई थी। अभियुक्त को भी चले जाने देता?''

तब वकील साहब की आयु कुल ३० वर्ष थी। उन्होंने फिर शादी नहीं की।

एक और दृश्य

जुलाई, १९२७, तूफान-सा तूफान! सात दिन से पानी में डूबा अहमदाबाद उसके थपेड़े खा रहा है। म्युनिसिपल कमेटी के अध्यक्ष का मन घबरा उठा है। हमारे वकील साहब ही तो अध्यक्ष हैं। वह रात के बारह बजे उसी तूफान में अकेले निकल पड़ते हैं। मार्ग में अपने जैसे एक साहसी मित्र को साथ लेते हैं। सवेरा होने तक सारा नगर घूम डालते हैं।

फिर पहुँचते हैं इंजीनियर के घर। उस तूफान में इन्हें देखकर वह चौंक उठता है। उसे साथ लेकर वे फिर निकल पड़ते हैं।

चार दिन और चार रात। तूफान उसी तरह थपेड़े मारता रहता है और वे बिना रुके पानी के लिए राह बनाते रहते हैं। उनको देखकर मजदूर भी प्राणों की बाजी लगा देते हैं। अगर तब पानी न निकला होता तो अहमदाबाद की क्या दशा हुई होती, कौन कह सकता है?

आप समझ तो गए ही हैं कि ये चित्र किसके जीवन के हैं! उस व्यक्ति को आज

एकता-अखंडता की प्रतिमूर्ति

सरदार पटेल

हम लौहपुरुष सरदार वल्लभभाई पटेल के नाम से जानते हैं। आधुनिक भारत के निर्माताओं में वे पहली पंक्ति में हैं। एक समय तो यह 'सरदार' शब्द ही विद्रोह और विजय का प्रतीक बन गया था, क्योंकि उनका ध्येय वाक्य था—

शूर संग्राम को देख भागे नहीं,
देख भागे सो शूर नहीं।

गठा हुआ शरीर, लौह-रेखाओं से आच्छादित मुख, दृढता के प्रतीक जबड़े, शत्रु को चुनौती और मित्र को अभय देती तेजस्वी आँखें, यह रूप था गर्वीले गुजरात के गर्वीले सरदार का। पौराणिक युग के उपमन्यु की तरह कर्तव्य-पथ पर डटे रहना सीखा था और उनके लिए डटे रहने का अर्थ था विजय! वे ज्वालामुखी की तरह भस्म करने की शक्ति रखते थे, परंतु उसका विस्फोट उनमें नहीं था। वे बहुत कम बोलते थे, क्योंकि महात्मा लूथर के शब्दों में, "सच्चे सिपाही और सरदार कभी बढ़-चढ़कर बातें नहीं करते, लेकिन जब बोलते हैं तो काम फतह ही समझिए।"

विरासत

ऐसे सरदार का जन्म भी उसी भूमि में हुआ था, जो गीता के नायक वासुदेव कृष्ण की कर्मभूमि थी और जिसने स्वामी दयानंद सरस्वती, राष्ट्रपिता महात्मा मोहनदास करमचंद गांधी, प्रेसीडेंट विट्ठलभाई पटेल जैसे कर्मवीरों को जन्म दिया था। इस प्रदेश के मध्य में आणंद नाम का तालुका है। उसी में एक गाँव है करमसद। इस गाँव में अधिकतर पाटीदार बसते हैं। इन्हीं पाटीदारों के एक परिवार में वल्लभभाई पैदा हुए। उनके पिता का नाम था झवेरभाई पटेल। वे स्वामी नारायण संप्रदाय के अनुयायी थे। खेती करते थे और भक्ति भी। जितनी भक्ति भगवान् के प्रति थी, उतनी ही देश के प्रति भी थी।

सन् १८५७ में जब पहली बार संगठित रूप से भारत में विदेशी शासकों के विरुद्ध विद्रोह हुआ तो कहते हैं, झवेरभाई ने भी उसमें भाग लिया था। विद्रोहियों की मदद करने के लिए वे अपना गाँव छोड़कर चले गए थे और अपना कार्य करते-करते इंदौर में गिरफ्तार हो गए थे। वहीं उन्हें रखा भी गया था। इंदौर-नरेश ने विद्रोह में भाग नहीं लिया था, लेकिन फिर भी विद्रोहियों के प्रति उनके मन में बड़ी सहानुभूति थी। झवेरभाई पर भी उन्होंने कोई सख्ती नहीं की।

ये इंदौर-नरेश शतरंज के बड़े अच्छे खिलाड़ी थे। एक दिन वे अपने किसी दरबारी के साथ खेल रहे थे। संयोग की बात, उस दिन उनका खेल जम नहीं रहा था। वे गलती पर गलती करते चले जा रहे थे और यह भी संयोग ही था कि कुछ दूर पर खड़े कैदी झवेरभाई उस खेल को देख रहे थे। अचानक उन्होंने देखा कि महाराज गलत चाल चलनेवाले हैं, उनसे रहा नहीं गया। बड़े आदर के साथ बोले, "राजा साहब, मोहरे को

वहाँ नहीं बल्कि अमुक घर नें रखिए।''

महाराज चौंके। सचमुच वे भयानक गलती कर रहे थे। उन्हें सही मार्ग सूझ गया, पर उन्हें टोकनेवाला है कौन? उन्होंने सिर उठाया। सामने कैदी के रूप में झवेरभाई खड़े थे।

उन्होंने, जैसाकि हो सकता था, उस कैदी के बारे में पूरी जानकारी चाही। उसके प्रति उनके मन में आदर की भावना पैदा हो गई थी। जब उन्हें कैदी के इतिहास का पता चल गया तो उन्होंने झवेरभाई को सम्मान सहित कैद से मुक्त कर दिया।

तो ऐसे देशभक्त और निर्भीक पिता के घर ३१ अक्तूबर, १८५७ के दिन वल्लभभाई का जन्म हुआ। उनकी माँ तब पिता के घर नडियाड में थीं। उनके नाना की आर्थिक स्थिति उनके पिता से अच्छी थी। उनकी माँ लाडबाई घर के कामों में बहुत कुशल और सुशील स्वभाव की महिला थीं। गरीब होने पर भी आतिथ्य करना वे खूब जानती थीं। सेवा और स्नेह की तो वे मूर्ति थीं। गांधीजी ने जब चरखा चलाने पर जोर दिया तो वे घर के कामों से अवकाश मिलते ही कातने बैठ जाती थीं।

वे झवेरभाई की दूसरी पत्नी थीं। उनके घर पाँच पुत्रों और एक पुत्री का जन्म हुआ था। इनमें तीसरे और चौथे पुत्र विट्ठलभाई और वल्लभभाई भारत के इतिहास में अमर हो गए हैं।

हमारे सरदार के जीवन पर उनके माता-पिता के धर्मपरायण, सेवाभावी और संयमी जीवन का बहुत प्रभाव पड़ा था। डरना तो उन्होंने सीखा ही नहीं था। सहनशीलता इतनी थी कि देखनेवाला दाँतों तले उँगली दबा ले। बगल के फोड़े को उन्होंने अपने हाथ से कैसे तपते हुए लोहे से दाग दिया था, यह कहानी आप पढ़ चुके हैं। ऐसी ही एक घटना तब घटी थी, जब वे बैरिस्टर बनने इंग्लैंड गए थे। वहाँ एक बार उन्हें बुखार हो गया। उसी के साथ पैर में दर्द भी रहने लगा। डॉक्टर ने देखकर बताया, ''नहरुआ निकला है। ऑपरेशन करना होगा।''

ऑपरेशन किया गया। एक बार, दो बार, पर नहरुआ नहीं निकला। सर्जन ने कहा, ''पैर काटना होगा।''

वल्लभभाई लँगड़ा बनना कैसे स्वीकार करते? उन्होंने दूसरे डॉक्टर को दिखाया। उसने बताया, ''एक बार और ऑपरेशन करना होगा और यदि बेहोशी की दवा न सूँघो तो अच्छे होने की अधिक संभावना है।''

वल्लभभाई बोले, ''मुझे बेहोशी की दवा सूँघने की जरूरत नहीं है। मैं कैसी भी पीड़ा हो, सह सकता हूँ।''

और ऑपरेशन पूरा होने तक उन्होंने एक बार भी आह नहीं की। डॉक्टर और उनके साथी चकित रह गए बोले, ''ऐसा रोगी हमें आज से पहले कभी नहीं मिला।''

कोई अंत नहीं इन कहानियों का। भय तो जैसे उन्हें छू तक नहीं गया था। तब की बात है, जब वे वकील बन चुके थे। गोधरा में एक बार प्लेग फूट निकला। अदालत के नाजिर का लड़का उसकी चपेट में आ गया। सरदार ने उसकी सेवा-शुश्रूषा करने में कोई कसर उठा न रखी, पर वे उसे बचा न सके। इसके विपरीत वे स्वयं उसका शिकार हो गए। उनके गाँठ निकल आई। प्लेग का ज्वर तब बड़े-बड़े वीरों को पराजित कर देता था, पर हमारे सरदार उसी अवस्था में पत्नी को लेकर आणंद पहुँचे। वहाँ उन्होंने पत्नी से कहा, ''तुम करमसद जाओ, मैं नडियाद जाता हूँ। वहाँ ठीक हो जाऊँगा।''

पति प्लेग से पीड़ित हो और पत्नी को उससे अलग होने को कहा जाए, इससे अधिक करुण स्थिति और क्या हो सकती है? लेकिन सरदार की पत्नी को 'सरदार की पत्नी' बनना था। उसे जाना पड़ा।

शिक्षा के लिए वल्लभभाई को करमसद, पेटलाद, नडियाद, बड़ौदा न जाने कहाँ-कहाँ जाना पड़ा! पर जहाँ भी गए, सरदार बनकर रहे। नडियाद में उनके नाना का घर था। वह गुजरात के विद्वानों की भूमि मानी जाती है। वहीं के हाई स्कूल में वे भरती हुए। लेकिन बड़ौदा में अंग्रेजी की शिक्षा और भी अच्छी मिलेगी, यह जानकर वे वहाँ के हाई स्कूल में चले गए। यहाँ गुजराती के शिक्षक थे श्री छोटालाल। वे पढ़ाते तो गुजराती थे, पर संस्कृत के बड़े प्रेमी थे। कोई विद्यार्थी संस्कृत छोड़कर गुजराती की कक्षा में आता, तो वे बड़े दुःखी होते। वल्लभभाई ने ऐसा ही किया। उस समय छोटाभाई उनका स्वागत करते हुए विनोद में बोले, ''पधारिए महापुरुष! आपने संस्कृत छोड़कर गुजराती भाषा तो ली, परंतु क्या आप जानते हैं कि जिसकी संस्कृत भाषा अच्छी नहीं होती, उसकी गुजराती भाषा भी अच्छी नहीं होती?''

उनके कहने का ढंग ऐसा था कि वल्लभभाई ने इसे अपना अपमान समझा। वे बोले, ''साहब, सभी विद्यार्थी यदि संस्कृत भाषा लें तो आपकी क्लास में कोई नहीं आएगा। आपको घर बैठना पड़ेगा।''

छोटालालजी ऐसे खरे उत्तर के आदी नहीं थे। उन्होंने वल्लभभाई को बैंच पर खड़ा होने का आदेश दिया और एक से दस तक के पहाड़े लिखकर लाने को कहा।

वल्लभभाई ने इसे भी अपना अपमान समझा। उन्होंने पहाड़े नहीं लिखे। मास्टरजी ने सजा और बढ़ा दी। वल्लभभाई ने जरा भी चिंता नहीं की। अब तो दोनों ने हठ पकड़ ली। सजा बढ़ते-बढ़ते दो सौ पहाड़े लिखने तक पहुँच गई। अगले दिन मास्टरजी ने पूछा, ''क्यों महाशय, आप दो सौ पाड़े* लाए या नहीं?''

वल्लभभाई ने उत्तर दिया, ''साहब, दो सौ पाड़े लाया तो था, परंतु उनमें दो

---

* गुजराती में (पाड़ा) शब्द के दो अर्थ होते हैं—१. पहाड़े २. भैंस के नर बच्चे।

मरखने थे। यहाँ पहुँचते ही वे तूफान मचाने लगे। वे तो भागे ही, दूसरों को भी भगा ले गए। एक भी नहीं बचा।''

बड़ा अनोखा मजाक था, पर मास्टर साहब के पास इसे सहने वाला दिल न था। क्रुद्ध होकर बोले, ''यदि तुम कल पहाड़े लिखकर नहीं लाए तो तुम्हारे खिलाफ उचित काररवाई की जाएगी।''

दूसरे दिन वल्लभभाई ने क्या किया! एक परचे पर लिखा, ''दो सौ पहाड़े'' और वह परचा मास्टरजी को दे दिया।

जानते हैं, फिर क्या हुआ? उन्हें दोषी विद्यार्थी के रूप में हेडमास्टर साहब के सामने पेश किया गया। उस समय अपने बचाव के रूप में वल्लभभाई ने जो कुछ कहा था, वह उनके चरित्र के एकदम अनुरूप था। वे बोले, ''साहब! मास्टरजी ने मेरे उद्‌धृत उत्तर के कारण मुझे बैंच पर खड़ा होने की सजा दी, वह मैंने मान ली, लेकिन बाद में पहाड़े लिखने को कहा, वह अन्याय था। मैं छठे दरजे का विद्यार्थी हूँ। मुझे छोटे दरजे में पढ़नेवाले छह-सात वर्ष के बालकों को दी जाने वाली सजा दी जाए, पहाड़े लिखने को कहा जाए, यह मेरा अपमान है। मेरी पुस्तक में से कुछ लिखने को कहा जाता तो मेरा कुछ लाभ भी होता। इसलिए मैंने उनकी बात नहीं मानी। इसका जो भी परिणाम होता हो, मैं भुगतने के लिए तैयार हूँ।''

सबकुछ समझकर हेडमास्टर ने निर्णय दिया कि विद्यार्थी निर्दोष है।

इस प्रकार सत्याग्रह का पहला पाठ उन्होंने अपने विद्यार्थी जीवन में ही पढ़ा था। मैट्रिक पास करने के बाद वे डिस्ट्रिक्ट प्लीडर की परीक्षा की तैयारी करने लगे। गरीबी के कारण नई पुस्तकें नहीं खरीद पाते थे। पुरानी पुस्तकें उधार ले आते थे। फिर भी पहले प्रयत्न में ही वे पास हो गए थे। वे महत्त्वाकांक्षी थे। विलायत जाकर बैरिस्टर बनना चाहते थे, पर इतना पैसा कहाँ से लाते? इसलिए उन्होंने निर्णय किया कि पहले वे वकालत करेंगे और फिर धन इकट्‌ठा करने के बाद विलायत जाएँगे।

□

उपेक्षित सरदार की लौह प्रतिमा से डरा वंशवाद

—देवेंद्र स्वरूप

आज सरदार वल्लभभाई पटेल की १३७वीं जयंती है। २०१३ सरदार की जयंती को राष्ट्रीय पर्व के रूप में मनाया जाना चाहिए। किंतु कांग्रेस सरकारों ने इस दिन की पूरी तरह उपेक्षा की, और वह उपेक्षा नेहरूकाल से ही प्रारंभ हुई। यह मात्र संयोग नहीं है कि राजधानी दिल्ली में सरदार की जयंती पहली बार सार्वजनिक रूप में ३१ अक्तूबर, १९६४ को ही मनाई गई। १५ दिसंबर, १९५० को उनके देहावसान से लेकर सन् १९६४ तक उनकी जयंती क्यों नहीं मनाई जा सकी? क्या इसके लिए २७ मई, १९६४ को नेहरूजी के देहावसान की प्रतीक्षा करना अनिवार्य हो गया था? यह भी मात्र संयोग नहीं है कि सोनिया वंश की सरकार सन् २००४ से सत्ता में होने के बाद आज पहली बार उस सरकार के एक मंत्रालय ने सरदार की जयंती के उपलक्ष्य में एक छोटा सा विज्ञापन दैनिक पत्रों में प्रकाशित किया है, किंतु उसी मंत्रालय ने श्रीमती इंदिरा गांधी के बलिदान दिवस के उपलक्ष्य में कई गुना बड़ा विज्ञापन छपवाया है। दोनों विज्ञापनों की भाषा भी बहुत अर्थपूर्ण है। सरदार पटेल पर छोटे से विज्ञापन का उपयोग अपने राजनीतिक प्रतिद्वंद्वियों के 'पूर्ण नाश' के लिए किया गया है, तो इंदिराजी वाले विज्ञापन में उनकी बलिदान परंपरा के आगे बढ़ने का अर्थपूर्ण संकेत दिया गया है। इंदिरा गांधी के बलिदान का श्रद्धापूर्वक स्मरण किया जाना चाहिए, क्योंकि उन्होंने मुट्ठी भर खालिस्तानी आतंकवादियों से सरदार पटेल द्वारा निर्मित एकता की रक्षा के लिए अपने प्राणों को आहुति दी। यह प्रश्न पूछा जाना चाहिए कि सन् २००४ से अब तक के दस वर्षों में नेहरूजी, इंदिराजी और राजीवजी की जन्मतिथि व पुण्यतिथि के अवसर पर भारत सरकार के सब मंत्रालयों में पूरे या आधे पृष्ठ के बड़े-बड़े विज्ञापन देने की होड़ लग जाती थी, पर सरदार पटेल को एक बार भी स्मरण नहीं किया गया तो इस बार ही उन पर यह अनुकंपा क्यों की जा रही है?

दरबारियों में घबराहट

इसका एक ही कारण समझ में आता है कि पिछले कुछ समय से गुजरात के मुख्यमंत्री नरेंद्र मोदी ने सरदार पटेल बाँध से ३ किलोमीटर की दूरी पर नर्मदा नदी के बीच एक टापू पर सरदार को १८२ मीटर ऊँची लौह प्रतिमा स्थापित करने का संकल्प घोषित किया है और इस प्रतिमा को 'एकता प्रतिमा' का नाम देकर स्वाधीन भारत को एक करने में सरदार के अप्रतिम योगदान का स्मरण दिलाना शुरू किया है, तब से नेहरू वंश की छत्रच्छाया में सत्ता का सुख भोग रहे चापलूस दरबारियों की टोली में घबराहट फैल गई है। स्वाभाविक है, स्वाधीन भारत की राष्ट्रीय एकता के सूत्रधार के रूप में सरदार का महिमा-मंडन होते ही नेहरू की असफलताओं का कच्चा चिट्ठा भी आँखों के सामने खड़ा हो जाता है।

ब्रिटिश साम्राज्यवादियों ने भारत छोड़ते समय भी पाँच सौ से अधिक भारतीय रियासतों को पूर्ण स्वतंत्र घोषित करके खंडित भारत के बिखराव की स्थिति पैदा कर दी थी। उस समय यदि सरदार ने इन रियासतों का भारत संघ में विलीनीकरण का बोझ अपने कंधे पर न लिया होता तो भारत का क्या होता, यह जम्मू-कश्मीर नामक उस एकमेव रियासत के ६६ वर्ष लंबे इतिहास से स्पष्ट हो जाता है, जिसको नेहरू ने अपना एकाधिकार बना लिया था और सरदार की बार-बार की चेतावनियों को अनसुना कर दिया था तथा कश्मीर के प्रश्न को सरदार के मंत्रालय से अलग करके अपने पास ले लिया था। इस विषय को हम विस्तार से ८ जुलाई, १९७१ के 'पाञ्चजन्य' में 'शेख अब्दुल्ला को सरदार पटेल ने सही पहचाना था, नेहरूजी ने नहीं' शीर्षक में लिख चुके हैं। क्या यह स्मरण दिलाने की आवश्यकता है कि पिछले ६६ वर्षों में कश्मीर समस्या ही भारत के लिए सिरदर्द बनी हुई है? कश्मीर के लिए पाकिस्तान से कई युद्ध हो चुके हैं, अपार संख्या में सैनिक और धनशक्ति कश्मीर में खप चुकी है, लाखों कश्मीरी हिंदू वहाँ से निष्कासित होकर अपने ही देश में शरणार्थी बन चुके हैं। कश्मीर समस्या पूरी तरह नेहरूजी की देन है। यह समस्या ही भारत की विदेश और रक्षानीति की धुरी बनी हुई है।

यह तो भला हो सरदार का कि उन्होंने निजाम की हैदराबाद रियासत के विलय पर नेहरू के विरोध को अनसुना करके वहाँ सेना भेज दी, अन्यथा निजाम अपनी स्वतंत्रता की घोषणा करके हैदराबाद के प्रश्न को राष्ट्र संघ में ले गया होता और कासिम रिजवी की सशस्त्र रजाकार फौज द्वारा वहाँ की भारत भक्त हिंदू जनता पर जुल्मों के अंबार ढहा देता! इस विषय को विस्तार से जानने के लिए नेहरू मंत्रिमंडल के एक सदस्य एन.वी. गाडगिल की संस्मरणात्मक पुस्तक 'गवर्नमेंट फ्रॉम इन्साइड', क.मा. मुंशी की 'दि एंड ऑफ एन एस' (एक युग का अंत) और आई.सी.एस. अफसर वी.पी. मेनन की 'इंटिग्रेशन ऑफ स्टेट्स' जैसी पुस्तकों में समकालीन साक्षियाँ पढ़ना उचित

रहेगा। यदि सरदार न होते तो हैदराबाद भारत के पेट का नासूर बन गया होता।

चीन समस्या, जो आज भारत की सुरक्षा के लिए सबसे बड़ी चुनौती बनी हुई है, यह समस्या पूरी तरह नेहरू ने पैदा की है। नेहरू की अदूरदर्शिता के कारण ही चीन तिब्बत को हजम कर सका, लद्दाख के अकसाई चीन क्षेत्र पर अधिकार जमा सका। सरदार ने अपनी मृत्यु के लगभग एक महीना पूर्व ७ नवंबर, १९५० को नेहरू को तिब्बत में चीन के विस्तारवादी इरादों के बारे में चेतावनी देने के लिए एक बहुत लंबा पत्र लिखा था और इस संबंध में प्रत्यक्ष मिलने की इच्छा प्रकट की थी, किंतु नेहरूजी उनकी चेतावनी को कोई महत्त्व न देकर 'हिंदी चीनी भाई-भाई' का नारा लगाते रहे। जिसकी भारी कीमत राष्ट्र को आज तक चुकानी पड़ रही है। सरदार का यह ऐतिहासिक पत्र, जो अंतरराष्ट्रीय प्रश्नों पर उनकी सूक्ष्म दूरदृष्टि का परिचायक है, क.मा. मुंशी की 'पिलग्रिमेज टू फ्रीडम' नामक पुस्तक में १७५ से १८१ पृष्ठ तक मुद्रित है।

वहीं पूर्व विदेश सचिव के.पी.एस. मेनन की सन् १९६५ में प्रकाशित पुस्तक 'मैनी वर्ल्डज' (अनेक संसार) का उद्धरण भी उपलब्ध है, जिसमें उन्होंने कहा कि सन् १९५० में कैबिनेट की विदेशी मामलों की समिति में गोवा को भारत का अंग बनाने के प्रश्न पर चर्चा के समय सरदार ने कहा कि 'यह केवल दो घंटे का काम है।' पर नेहरू ने सैनिक काररवाई के उनके सुझाव का कड़ा विरोध किया और वह बात टल गई। अंततः नेहरू को सन् १९६२ में गोवा में सैनिक काररवाई का आदेश देना पड़ा।

ब्रिटिश सरकार द्वारा बारह खंडों में प्रकाशित 'ट्रांसफर ऑफ पावर' शीर्षक दस्तावेजों के अध्ययन से विदित होता है कि सरदार ने बौद्ध जनसंख्या बहुल चटगाँव क्षेत्र को पूर्वी पाकिस्तान (अब बँगलादेश) का अंग बनाने के लॉर्ड माउंट बेटन के प्रयासों का कड़ा विरोध किया। पर इस क्षेत्र के नौसैनिक महत्त्व के कारण ब्रिटिश सरकार उसे भारत से अलग करने पर उतारू थी। अंततः माउंट बेटन ने अपने उद्देश्य की प्राप्ति के लिए नेहरू का सहयोग लिया, जिससे सरदार को चुप रह जाना पड़ा।

वंश के ढोलची

ऐसे अनेक उदाहरण तत्कालीन इतिहास के पन्नों पर अंकित हैं, किंतु नेहरू वंश का ढोल पीटनेवाले दरबारियों का इतिहास ज्ञानशून्य से अधिक नहीं है। उन्हें यह पता नहीं है कि उस समय का कांग्रेस संगठन गांधी के बाद सरदार पटेल को ही अपना वास्तविक नेता मानता था। वह नेहरूजी को महज एक भावुक लफ्फाज के रूप में देखता था। सन् १९२० के बाद कांग्रेस संविधान के अनुसार कांग्रेस अध्यक्ष का चयन प्रांतीय कांग्रेस कमेटियों की अनुशंसा के आधार पर किया जाता है। इस संवैधानिक व्यवस्था के अनुसार तीन बार सरदार को कांग्रेस अध्यक्ष बनने का अवसर मिल रहा था। सन् १९२८,

१९३६ और १९४६ में। किंतु पता नहीं क्यों, किन्हीं कारणों से हर बार गांधीजी ने नेहरू को अध्यक्ष बनाने की इच्छा प्रकट की। सन् १९४६ में तो कांग्रेस का अध्यक्ष पद बहुत ही निर्णायक महत्त्व का था, क्योंकि उन दिनों ब्रिटिश सरकार से सत्ता हस्तांतरण के लिए समझौता वार्त्ता व पत्राचार चल रहा था। इस वार्त्तालाप में कांग्रेस अध्यक्ष की महत्त्वपूर्ण निर्णायक भूमिका रहती थी यह भी स्पष्ट था कि सत्ता हस्तांतरण की स्थिति में कांग्रेस अध्यक्ष को ही भावी प्रधानमंत्री बनने का अवसर मिल सकता है। सन् १९४६ में अध्यक्ष पद के लिए १५ प्रांतीय कांग्रेस कमेटियों में से १२ ने सरदार पटेल का नाम प्रस्तावित किया, शेष तीन ने उस समय के महासचिव आचार्य कृपलानी का नाम प्रस्तावित किया। किंतु किन्हीं कारणों से गांधीजी उस समय भी नेहरूजी को ही अध्यक्ष बनवाना चाहते थे। उनके निर्देश पर आचार्य कृपलानी ने अपना नाम वापस लेकर नेहरू का नाम चला दिया। गांधीजी ने नेहरू व पटेल दोनों को अपने पास बिठाया। उन्होंने नेहरूजी से कहा कि 'तुम्हारा नाम तो कहीं से आया नहीं, अब तो सरदार चाहें, तभी तुम अध्यक्ष बन सकते हो!' सरदार ने गांधीजी के संकेत को समझकर एक क्षण का भी विलंब किए बिना कह दिया कि मैं नेहरू के पक्ष मे अपना नाम वापस लेता हूँ। और इस प्रकार नेहरू को अध्यक्ष पद व प्रधानमंत्री पद सरदार से भिक्षा में प्राप्त हुआ। इस प्रसंग को प्रामाणिक तथ्यों के साथ हमने ११ जनवरी, १९९८ के 'पाञ्चजन्य' में 'सरदार पटेल प्रधानमंत्री क्यों नहीं बन सके?' शीर्षक लेख में प्रस्तुत किया है।

कांग्रेस संगठन पर सरदार की मजबूत पकड़ से नेहरू हमेशा भयभीत और चिंतित रहते थे, उन्हें हिंदू संस्कृति से भी चिढ़ थी। गोरक्षा और हिंदू कोड बिल जैसे प्रश्नों पर डॉ. राजेंद्र प्रसाद से गहरा मतभेद होने के कारण उन्होंने डॉ. राजेंद्र प्रसाद को भारत का प्रथम राष्ट्रपति बनाने के सरदार पटेल के सुझाव का विरोध किया और राजगोपालचारी को राष्ट्रपति बनवाने की कोशिश की। किंतु उन्हें विफलता मिली। फिर उन्होंने कांग्रेस संगठन पर से सरदार की पकड़ ढीली करने के लिए सन् १९५० में कांग्रेस अध्यक्ष पद के चुनाव में सरदार के प्रत्याशी राजर्षि पुरुषोत्तम दास टंडन के विरुद्ध आचार्य कृपलानी को अपना उम्मीदवार बनाया। पर यहाँ भी उन्होंने मुँह की खाई। राजर्षि भारी बहुमत से चुने गए।

इन बार-बार की पराजयों से खिन्न नेहरू मन-ही-मन सरदार की मृत्यु की प्रतीक्षा करते रहे। उन दिनों सरदार का स्वास्थ्य पूरी तरह टूट चुका था। इसके लिए भी बहुत कुछ नेहरूजी ही जिम्मेदार थे। गांधीजी की हत्या के बाद उन्होंने कम्युनिस्टों और समाजवादियों के सहयोग से सरदार के विरुद्ध लांछन का जो अभियान चलाया, उससे सरदार पूरी तरह टूट गए थे। इस विषय को हमने ३१ अक्तूबर, १९७१ के 'पाञ्चजन्य' में 'सरदार कुछ वर्ष और जीते अगर…' शीर्षक लेख में प्रस्तुत किया है।

आखिर दुर्भाग्य का वह दिन आ ही गया। १५ दिसंबर, १९५० को सरदार ने बंबई में अंतिम साँस ली। लोक दिखावे के लिए ही क्यों न हो, नेहरूजी राजाजी के साथ वहाँ गए, पर उन्होंने राष्ट्रपति डॉ. राजेंद्र प्रसाद से दिल्ली में ही रुके रहने का आग्रह किया। सरदार की चिता के सामने नेहरूजी ने श्रद्धांजलि के दो शब्द भी नहीं कहे। राजाजी बोले तो नेहरूजी ने इसको अच्छा नहीं माना। दो बार राष्ट्रपति रहे डॉ. राजेंद्र प्रसाद के अंतिम संस्कार में तो नेहरूजी सम्मिलित हुए ही नहीं। किंतु वंशवादी चाटुकारों को इतिहास के इन वेदनादायक पृष्ठों से क्या मतलब?

सरदार पटेल और नेहरू के व्यक्तित्वों में आकाश-पाताल का अंतर है। सरदार ने अपने लिए कुछ नहीं चाहा, वे व्यक्तिनिष्ठ नहीं थे, सच्चे राष्ट्रनिष्ठ थे। उनपर गांधीजी के प्रति अंधभक्ति की छवि आरोपित कर दी गई है, किंतु राष्ट्र के व्यापक हितों में जब-जब आवश्यक लगा, उन्होंने गांधीजी से अपनी मत-भिन्नता खुलकर प्रकट की। जबकि नेहरूजी सन् १९२८ से लेकर १९४५ तक गांधीजी के सांस्कृतिक, सामाजिक, आर्थिक एवं राजनीतिक विचारों को अस्वीकार करते रहे, किंतु गांधीजी की छत्रच्छाया में सत्ता में आने का स्वप्न सँजोकर उनकी ठकुर-सुहाती करते रहे। समाजवादी नेता मधु लिमये का चार खंडों में प्रकाशित 'महात्मा गांधी और जवाहर लाल' शीर्षक शोध ग्रंथ इस दृष्टि से पठनीय है। वस्तुत: गांधी के साथ पटेल और नेहरू के संबंधों पर गहन प्रमाणित शोध अभी भी होना बाकी है। इस विषय के कुछ संकेत हमने 'पाञ्चजन्य' के १७ जुलाई, २०११ के अंक में 'निष्काम निर्मोही पटेल और सत्ताकामी-वंशवादी नेहरू' शीर्षक लेख में दिए हैं।

वंशवादी चाटुकार नरेंद्र मोदी की सरदार-भक्ति से तिलमिलाकर सरदार को संघ विरोधी और सैकुलर चित्रित करने में लग गए हैं। उन्हें इतिहास की कोई जानकारी नहीं है, यह प्रमाणित किया जा सकता है। आज के भाषण में नरेंद्र मोदी ने ठीक ही कहा है, 'जब हमने गांधीजी का स्मारक स्थापित किया, तब ये चुप रहे, पर अब जब हम सरदार की विश्व में सबसे ऊँची लौह प्रतिमा पूरे भारत के किसानों के सहयोग से स्थापित कर रहे हैं, तब ये आगबबूला हो उठे हैं और तरह-तरह का अनर्गल प्रलाप कर रहे हैं। यह एक प्रकार से राष्ट्र के भाग्योदय का शुभ संकेत ही है कि सरदार की लौह प्रतिमा के बहाने नारा गूँज उठा है कि 'सरदार ने भारत को एक बनाया, हम भारत को श्रेष्ठ बनाएँगे।'

□

पटेल, नेहरू और कुछ विस्मृत तथ्य

—शंकर शरण

यदि भारत के विगत सौ त्रर्ष के ऐतिहासिक घटनाक्रम और ठोस तथ्यों को सामने रखते हुए महात्मा गांधी और जवाहरलाल नेहरू के विचारों, कार्यों की निष्पक्ष समीक्षा की जाए तो पूरी छवि उलट-पलट हो जाती है। राजनीति की गंभीर समझ, जनता की भलाई और देश-हित, इन तीनों कसौटियों पर दोनों ही बड़े कच्चे प्रतीत होंगे। यह कहना धक्का पहुँचाने वाला भले ही लगे, किंतु सामान्य अध्येता भी इसकी परख स्वयं कर सकता है। बशर्ते लंबे सनय से गांधी-नेहरू की 'महानता' वाले प्रचार को थोड़ी देर के लिए छोड़कर परीक्षण करें।

यह तो बहुत लोग मानते हैं कि स्वतंत्र भारत में सरकारी भवनों, संस्थानों, सार्वजनिक स्थानों, योजनाओं आदि के अंतहीन गांधी-नेहरू नामकरण तथा साल भर किसी-न-किसी बहाने दोनों की महानता के अहर्निश प्रचार के पीछे दलीय स्वार्थ की राजनीति है। लेकिन यह कम ही लोग जानते हैं कि इसके लिए साथ-ही-साथ इतिहास, घटनाओं और तथ्यों पर कड़ी सेंसरशिप भी चलाई गई, ताकि गांधी, नेहरू, दोनों के बारे में सभी असुविधाजनक बातों को गहरे से गहरे दफनाया जा सके। लोकतंत्र और अभिव्यक्ति की स्वतंत्रता के होते यह उद्देश्य साधने के लिए सूक्ष्म, चतुर तरीके अपनाए गए। लेकिन ऐसा निश्चित रूप से किय गया। इसके लिए मुख्यत: कम्युनिस्ट प्रचारकों और उनके तरीकों का ही सहारा लिया गया। इस पर भी ध्यान देने से कई बातें स्पष्ट होती हैं। सरदार पटेल के योगदान का अवमूल्यन, उनके विचारों का विस्मरण तथा कई बिंदुओं पर उनपर मिथ्या दोषारोपण उसी प्रवृत्ति का अंग रहा है।

इस लेख में हम कुछ ऐसे प्रसंगों, बिंदुओं को प्रकाश में ला रहे हैं, जो अभी तक प्राय: छिपे रहे हैं। जिन इतिहासकार ने इसे सामने लाने की कोशिश की, उन्हें 'सांप्रदायिक' कहकर शिक्षा और बौद्धिक जगत् से बहिष्कृत रखा गया। इस प्रकार, संबंधित तथ्यों, तर्कों को और जानने-परखने के बदले पूरे विमर्श से उनका लोप ही कर दिया गया। यहाँ उन्हीं कुछ बातों को रखा जा रहा है।

एक

पहला बिंदु वैदेशिक मामलों में नेहरू पर गांधीजी की निर्भरता है। बहुत कम लोगों ने ध्यान दिया अथवा इसका महत्त्व समझा है कि इतिहास, राजनीति, विशेषकर अंतरराष्ट्रीय इतिहास व राजनीति का गांधीजी का ज्ञान नगण्य था। स्वयं गांधीजी की आत्मकथा में भी यह तथ्य और इसका स्वीकार भी देखा जा सकता है। इसका भयावह अर्थ यह है कि दूरगामी महत्त्व के अनेक राष्ट्रीय प्रश्नों पर गांधी के निर्णय अज्ञान-आधारित होने से और भी हानिकारक साबित हुए। क्योंकि वैसे निर्णयों के परिणाम प्रतिकूल आने पर भी गांधी यह समझने में सर्वथा असमर्थ रहते थे कि गड़बड़ी कहाँ हुई? वह ले-देकर संबंधित व्यक्तियों की खुशामद आदि करके मामला सँभालने की कोशिश करते थे, जो पुनः वही अज्ञान प्रदर्शित करता था। खिलफत के अंतरराष्ट्रीय इसलामी आंदोलन (सन् १९१९-२४) को कांग्रेस का सक्रिय राजनीतिक समर्थन दिलाना वैसा ही एक आत्म-घातक मामला था। अकेली एक उस गलती ने, जिसका मोतीलाल नेहरू को छोड़ तब संपूर्ण कांग्रेस नेतृत्व ने विरोध किया था, देश की राजनीति ऐसी गलत पटरी पर डाल दी, जिससे वह एक विभाजन झेलकर भी आज तक नहीं हट सकी है।

बहरहाल, सन् १९२७ में रूस में चार दिन रहकर लौटने के बाद नेहरू पूरी तरह 'अंतरराष्ट्रीयतावादी' कम्युनिस्ट बन गए। तब से विविध मामलों पर नेहरू के बयान रूसी कम्युनिस्टों के विचार, प्रचार से हू-ब-हू निर्देशित होने लगे। दुर्भाग्यवश अन्य भारतीय नेताओं ने अंतरराष्टीय घटनाओं, स्थितियों का अध्ययन, अवलोकन करना कभी जरूरी नहीं समझा था। सुभाष बाबू, डॉ. अंबेडकर जैसे कुछ अपवाद थे (वह प्रवृत्ति अभी तक झलकती है)।

उसका एक परिणाम यह हुआ कि कांग्रेस अधिवेशनों में नेहरू धड़ल्ले से सोवियत-कम्युनिस्ट लाइन वाले प्रस्ताव पास करवाते रहते थे। नेहरूजी ने सन् १९३५ में कांग्रेस का एक 'विदेश विभाग' भी बनवाया, जिसमें दो पक्के कम्युनिस्टों को रखा गया—जेड.ए. अहमद और के.एम. अशरफ। यह विभाग अंतरराष्ट्रीय मुद्दों पर प्रस्ताव बनाता था और विदेशी सम्मेलनों में अपने प्रतिनिधि भेजता था। जैसा सरदार पटेल ने और स्वयं नेहरू ने भी स्वीकार किया है कि कांग्रेस अधिवेशनों में वे प्रस्ताव बिना सोचे-समझे पास किए जाते थे, क्योंकि उन्हें 'अकेडमिक' यानी व्यवहारतः बेमतलब समझा जाता था।[१] इसलिए कोई उस पर माथापच्ची नहीं करता था। गाहे-बगाहे यदि किसी प्रस्ताव पर कोई आपत्ति या संशोधन आता भी, तो गांधीजी के बल पर नेहरू को उसे सारतः कुछ बदले बिना पास करवाने में कठिनाई नहीं होती थी। उन कागजी प्रस्तावों का उपयोग सोवियत कम्युनिज्म अपने अंतरराष्ट्रीय प्रचार के लिए करता था। साथ-ही-साथ विदेशी प्रेस में नेहरू का नाम आता रहता था। उन प्रस्तावों का हवाला

देकर प्रधानमंत्री बनने के बाद नेहरू ने अपने निजी विचारों को 'कांग्रेस की नीति' दिखाकर देश पर लागू करने का उपाय किया। पटेल के जल्द अवसान के बाद उन्हें इसमें कोई बाधा भी नहीं रह गई।

यहाँ एक बिंदु यह भी है कि जिन अंतरराष्ट्रीय मुद्दों पर गांधी को हिचक भी होती थी, उस पर भी वे नेहरू की जिद स्वीकार कर लेते थे। इसके दो कारण थे। एक तो नेहरू के प्रति उनकी निजी कमजोरी, जो उन्होंने स्वयं कई बार स्वीकार की। १४ जून, १९४७ को कांग्रेस महासमिति से भारत का विभाजन तक मनवाने में भी 'नेहरू प्रेम' कारण था, यह गांधी ने स्वयं बताया है।[२] यदि गांधी का स्थायी हस्तक्षेप न होता तो कांग्रेस पार्टी में पटेल या सुभाष के सामने भी नेहरू कभी किसी पद या विचार के लिए जीत नहीं सकते थे। पटेल को कम-से-कम तीन बार, वह भी गंभीर मोड़ पर, गांधी ने कांग्रेस अध्यक्ष बनने से रोका—सन् १९२९, १९३७ और १९४६। इन तीनों ही महत्त्वपूर्ण अवसरों पर नेहरू को अध्यक्ष पद पर केवल गांधी की जिद से बिठाया गया। जबकि कांग्रेस नेतृत्व भारी बहुमत से पटेल को चाहता था। गांधी ने नेहरू को जबरन आगे बढ़ाने के लिए स्वयं पटेल पर दबाव दिया कि वह पीछे हट जाएँ। अन्यथा गांधी समर्थन के बावजूद नेहरू कांग्रेस अध्यक्ष के चुनाव में पटेल से सदैव बुरी तरह हारते। इसीलिए गांधी हर बार आदेश देकर पटेल को उम्मीदवारी अस्वीकार करने को कहते थे।

दूसरा कारण यह कि तब यूरोप में सोवियत-समर्थक वामपंथ एक सशक्त वैचारिक फैशन था। नेहरू उसी प्रभाव में कम्युनिस्ट-वामपंथी बने थे। लेकिन नेहरू की जिद स्वीकारने के पीछे गांधी की शक्तिशालियों से मधुर संबंध रखने की प्रवृत्ति भी थी। इस बिंदु पर कम लोगों का ध्यान गया है, पर यह गांधी में था। दैनंदिन मामलों से लेकर निजी, राजनीतिक, सैद्धांतिक आदि किसी भी प्रसंग पर गांधी वैसे लोगों के प्रति सदैव अधिक, बल्कि विचित्र प्रेम-प्रदर्शन तक के आदी थे, जो किसी-न-किसी रूप में शक्तिशाली एवं प्रभावशाली हों। जबकि उन्हीं बिंदुओं पर किसी सामान्य सहयोगी, यहाँ तक कि अपने भक्त अनुयायी को भी, गांधी बुरी तरह झिड़कने, डाँटने लगते थे। इस प्रवृत्ति के अनुरूप, चूँकि अंतरराष्ट्रीय पटल पर सोवियत कम्युनिज्म एक हस्ती के रूप में उभरा था, इसलिए भी गांधी किसी मामले पर आशंका होने पर भी नेहरू की मान लिया करते थे।

दो

नेहरू के कम्युनिज्म-प्रेम के कारण स्वतंत्रता से पहले भी भारत की एक बड़ी हानि हुई, जो प्राय: छिपी रही है। यह सन् १९४२ का प्रसंग है, जब ब्रिटेन से आया हुआ क्रिप्स-मिशन बिना कुछ दिए द्वितीय विश्वयुद्ध में भारत का समर्थन पाने में सफल रहा।

क्रिप्स स्वयं वामपंथी थे, इसलिए उन्होंने समझने में कोई भूल नहीं की कि गांधी-समर्थित और बड़बोले नेहरू के रूप में उन्हें स्वतः ऐसा प्रचारक प्राप्त है, जो सोवियत संघ को बल पहुँचाने हेतु युद्ध में ब्रिटेन को हर तरह से समर्थन देने के लिए पहले से कटिबद्ध है। चूँकि तब तक विश्वयुद्ध में ब्रिटेन और सोवियत संघ एक तरफ आ चुके थे तथा कम्युनिस्ट फासिज्म को हराने के लिए उनकी मदद का नारा पूरी दुनिया में लगा रहे थे, इसलिए क्रिप्स ने सही अनुमान लगाया कि वे भारत को तत्काल कोई सहूलियत दिए बिना भी कांग्रेस का समर्थन पा सकते हैं। यदि नेहरू जैसे समर्पित कम्युनिस्ट कांग्रेस नेतृत्व में न होते, तो अनिवार्य था कि भारत का पूर्ण समर्थन पाने के लिए क्रिप्स-मिशन तभी कुछ राजनीतिक अधिकारों, सुधारों का प्रस्ताव करता; क्योंकि ब्रिटेन अभूतपूर्व संकट में था। इसीलिए चारों ओर से यह आशा भी थी कि क्रिप्स-मिशन भारत को कुछ देगा। किंतु ऐसा कुछ न हुआ, तो इसीलिए कि सोवियत संघ, ब्रिटेन की मदद करने को नेहरू पहले से ही बिना शर्त उत्साहित थे।

तीन

जब बी.टी. रणदिवे के नेतृत्व में कम्युनिस्ट पार्टी ने २२ फरवरी, १९४९ को भारतीय सत्ता पर जबरन अधिकार करने के लिए हथियारबंद विद्रोह आरंभ किया, तो इसे खत्म करने की काररवाई गृहमंत्री सरदार पटेल ने की। जबकि प्रधानमंत्री के रूप में नेहरू ने 'नरमी' दिखाने की वकालत करते हुए उलटे उस कम्युनिस्ट-षड्यंत्र को नैतिक समर्थन देने का प्रयास किया था, यह सब कहकर कि असली समस्या तो साम्राज्यवाद, आर्थिक शोषण है, आदि। यहाँ तक कि दूर लंदन में भारत के राजदूत कृष्ण मेनन ने इस मुद्दे पर गृह मंत्री पटेल के विरुद्ध भंगिमा लेकर, एक तरह से भारत सरकार के विरुद्ध कम्युनिस्टों की मदद करने की कोशिश की। इसमें मेनन को नेहरू का समर्थन हासिल था। यह तब की और बाद की घटनाओं, दोनों से प्रमाणित होता है। प्रथम, सशस्त्र विद्रोह कर भारतीय सत्ता पर कब्जे की कोशिश करनेवाले कम्युनिस्टों का बचाव करनेवाले राजदूत को बरखास्त नहीं किया गया। दूसरे, जैसे ही पटेल का देहांत हुआ, नेहरू ने न केवल गिरफ्तार कम्युनिस्ट नेताओं को जेल से रिहा किया, बल्कि विविध बयानों और काररवाइयों से उनकी सम्माननीय छवि बनाई।

इस प्रकार यह तथ्य सामने आता है कि सन् १९४९ में कम्युनिस्ट षड्यंत्र को ध्वस्त करने का कार्य पटेल ने किया। दूसरे, नेहरू भी देश में कम्युनिस्ट सत्ता ही बनाने के इच्छुक थे। अन्यथा इसकी कोई व्याख्या नहीं हो सकती कि नेहरू सरकार के विरुद्ध तख्तापलट करनेवाले कम्युनिस्टों के प्रति नेहरू ने वैसा नरम, समर्थक रुख क्यों लिया? अतः यदि तब पटेल न रहे होते तो पूरे भारत में कम्युनिस्ट सत्ता बनती या नहीं, किंतु

नेहरू ने भारत को लाओस, कोरिया, वियतनाम जैसे गृहयुद्ध व विखंडन की स्थिति में अवश्य पहुँचा दिया होता! जिन्हें यह बात दूर की कौड़ी लगती हो, वे कृपया तब के एशियाई इतिहास और नेहरू वाङ्मय का स्वयं तुलनात्मक अवलोकन करें।

चार

सन् १९२८ से लेकर १९६४ तक, अर्थात् जीवनपर्यंत, नेहरू पक्के कम्युनिस्ट और सोवियत-चीनी नीतियों के स्वयंसेवी प्रचारक बने रहे। इसके लिए उन्होंने भारतीय हितों की बार-बार बलि दी। इस भयावह तथ्य की पुष्टि के लिए कहीं और देखने की जरूरत नहीं, स्वयं नेहरू के बिस्तृत वक्तव्यों, क्रिया-कलापों और तत्कालीन घटनाक्रम से उन्हें जोड़कर देखने भर की जरूरत है।

केवल एक उदाहरण लीजिए—सन् १९५५ में संयुक्त राष्ट्र सुरक्षा परिषद् में भारत को स्थायी सीट का प्रस्ताव दिया गया था, यानी दुनिया के सर्वोच्च पाँच वीटो-धारी देशों में एक बनने का, जिसे नेहरू ने कम्युनिस्ट चीन के प्रति अपनी एकजुटता दिखाने के लिए ठुकरा दिया। संयुक्त राष्ट्र की दसवीं वर्षगाँठ के विश्व सम्मेलन (सैन फ्रांसिस्को) से लौटकर नेहरूजी २० जुलाई, १९५५ को मुख्यमंत्रियों को पत्र में स्वयं लिखते हैं—

"अनौपचारिक रूप से ऐसा आश्वासन दिया गया कि चीन को संयुक्त राष्ट्र में ले लिया जाएगा, परंतु सुरक्षा परिषद् में नहीं। इसके बदले भारत को सुरक्षा परिषद् में आने के लिए कहा गया। हम निश्चय ही यह स्वीकार नहीं कर सकते थे, क्योंकि इसका अर्थ होता कि हम चीन के साथ नहीं हैं। फिर सुरक्षा परिषद् में चीन जैसे महान् देश का न होना एक अनुचित बात भी है। इसलिए हमने स्पष्ट कर दिया कि हम इस प्रस्ताव से सहमत नहीं हैं। हम एक कदम और आगे गए और कहा कि भारत इस क्षण सुरक्षा परिषद् में जाने के लिए इच्छुक नहीं है, चाहे एक महान् देश होने के नाते इसे उसमें होना चाहिए। पहली बात यह है कि चीन को उसका उचित स्थान मिले। तब भारत के बारे में अलग से विचार किया जा सकता है।"

यह नेहरू की कम्युनिस्ट-प्रतिबद्धता और देश-हित की खुली अवहेलना का बस एक उदाहरण था। मगर कितना भयंकर उदाहरण! जब 'महान्' कम्युनिस्ट चीन के लिए नेहरू यह त्याग कर रहे थे, उस समय तक चीन का धोखेबाज, विस्तारवादी, साम्राज्यवादी चेहरा तिब्बत के संदर्भ में सामने आ चुका था। जिस पर सरदार पटेल की विस्तृत चेतावनी भी आई थी। बल्कि उसी समय चीन हमारे लद्दाख में भी भूमि हड़पने में लगा हुआ था। जल्द ही भारतीय सैनिकों को चीन से लड़ने में अपना बलिदान देना पड़ा। केवल इस कारण, क्योंकि नेहरू ने अपनी वैचारिक झक में कम्युनिस्ट साम्राज्यवाद को

पहचानने से साफ इनकार कर दिया था। नेहरू अपनी ओर से चीन को कम्युनिस्ट-भाई समझते थे, जबकि चीनी नेता माओ नेहरू को केवल एक बुर्जुआ मूर्ख सनझते थे।

पाँच

वस्तुत: नेहरू अपने कम्युनिस्ट-मतवाद के प्रति इतने गंभीर थे कि सन् १९४९-५० में वे कांग्रेस छोड़कर नई पार्टी बनाने का विचार कर चुके थे। कम्युनिस्ट पार्टी के विचारों से नेहरू का कोई मतभेद न था, यह विभिन्न राज्यों के मुख्यमंत्रियों, राज्यपालों को लिखे नेहरू के कई पत्रों से भी झलकता है। उसमें नेहरू कम्युनिस्टों के विरुद्ध किसी भी कारवाई का विरोध तथा राष्ट्रीय स्वयंसेवक संघ (आर.एस.एस.) के विरुद्ध कारवाई की पैरोकारी करते मिलते हैं। नेहरू की इस मानसिकता में सन् १९४९ में कम्युनिस्ट विद्रोह और हिंसा से भी अंतर नहीं पड़ा था। जबकि वे जानते थे कि यहाँ कम्युनिस्टों ने 'बड़ी संख्या में लोगों की हत्याएँ की हैं। यह ध्यान देने की बात है।'

पर गांधी के अवसान के बाद नेहरू की कांग्रेस पर कोई पकड़ नहीं रह गई थी। उस पर बहुत पहले से पटेल का पूर्ण अधिकार था, नैतिक और व्यावहारिक दोनों। इसलिए गांधी के प्रयाण के बाद नेहरू अपनी चलाने में दिनोदिन असहाय महसूस कर रहे थे। किंतु अपने कम्युनिस्ट विचारों पर उनकी अंधभक्ति ऐसी थी कि उसे देश पर थोपने के लिए कांग्रेस से अलग होकर भी अपना राजनीतिक दाँव खेलने की तैयारी कर चुके थे। सितंबर १९५० में नेहरू के उम्मीदवार जे.बी. कृपलानी कांग्रेस के अध्यक्ष पद का चुनाव बुरी तरह हार गए। तब उन्होंने विरोध में 'डेमोक्रेटिक फ्रंट' बनाया, जो नेहरूवाद की पैरोकारी करता था। उस फ्रंट में नेहरू के एक और विश्वस्त रफी अहमद किदवई सक्रिय हुए। तब स्पष्ट संकेत थे कि नेहरू कांग्रेस छोड़कर उस फ्रंट को ही विस्तार दे सकते हैं। पर देश का दुर्भाग्य! दिसंबर १९५० में सरदार पटेल का निधन हो गया। इसके फौरन बाद वह फ्रंट भंग कर दिया गया। अब नेहरू को उसकी कोई जरूरत नहीं रही, क्योंकि स्वयं कांग्रेस उनके कब्जे में आ गई। यह कुछ महीने चला 'डेमोक्रेटिक फ्रंट' नेहरू का ही आईना था।

इसे समझने की कोशिश करनी चाहिए कि यह तो सन् १९६२ में चीन के तमाचे ने खेल खराब कर दिया, नहीं तो नेहरू भारत को क्यूबा जैसा क्रमश: कम्युनिस्ट राष्ट्र बनाने के रास्ते पर थे। जबकि सरदार पटेल ने तिब्बत पर ही चीन की कारवाई को अत्यंत गंभीरता से लिया था और भारत पर सीधा खतरा महसूस किया था। ऐसे सभी तथ्य पटेल के देहांत के बाद लगभग गायब कर दिए गए। नेहरू-गांधी की अतिशय जयकार के पीछे छिपी मंशा यही थी कि अंतरराष्ट्रीय राजनीति में की गई नेहरू की सारी गलतियाँ किसी बहाने छिपी रह सकें।

छह

ऊपर तृतीय बिंदु के इस तथ्य को अलग से महत्त्व देना जरूरी है कि नेहरू ने प्रधानमंत्री होकर भी लंदन में ऐसे कम्युनिस्ट को राजदूत बनाए रखा, जिसने सन् १९४९ में कम्युनिस्ट विद्रोह के प्रसंग में उलटे भारत सरकार की नीति के विरुद्ध विचार व्यक्त किया था। मेनन के कार्यों, वक्तव्यों का अध्ययन करें तो दिखेगा कि वस्तुत: वे लंदन में भारतीय राजदूत से अधिक रूसी दूत थे। नेहरू इसे समझते थे, लेकिन उन्हें इससे कोई उज्र न था। वस्तुत: लंबे समय से मेनन के माध्यम से ही अंतरराष्ट्रीय प्रेस में नेहरू अपनी 'प्रगतिशील' और अपने देशी विरोधियों की 'प्रतिक्रियावादी' छवि छपवाते रहे थे। फिर उन प्रायोजित समाचारों, टिप्पणियों का इस्तेमाल यहाँ अंदरूनी राजनीति में करते थे कि 'देखो, वहाँ लोग क्या कह रहे हैं!' इस तरह मेनन, नेहरू के निजी एजेंट की तरह कार्य करते रहे थे। इसमें भारतीय हितों की बलि देकर या अनदेखी कर नेहरू और कम्युनिज्म का प्रचार किया जाता था।

दिसंबर १९४८ और जनवरी १९४९ के बीच गृह मंत्री पटेल के संबंध में मेनन और नेहरू में जो पत्र-व्यवहार हुआ, उससे तो दिखता है मानो नेहरू-मेनन की अपनी राजनीतिक-वैचारिक दुनिया थी, जिसमें पटेल जैसे अवांछित लोगों के साथ झूठ-सच बोलकर किसी तरह जीवन चलाना उनकी विवशता थी।[३] ऐसा था गांधी द्वारा चुना गया राजनीतिक उत्तराधिकारी, जिसे देश-हित के सिवाय हर चित्र-विचित्र विचारों, क्रिया-कलापों में पूरी रुचि और संवेदना थी।

सात

विविध स्रोतों, प्रसंगों से अब काफी लोग जानते हैं कि एडविना माउंटबेटन से नेहरू के अंतरंग संबंधों का उपयोग लॉर्ड माउंटबेटन ने सन् १९४७ में किया। उन्होंने भारत का काम जल्द 'निबटाने' के लिए भारत-बँटवारे का निश्चय किया, जो ब्रिटिश संसद् या सरकार का विचार नहीं था। मुसलिम लीग द्वारा विभाजन की माँग स्वीकार कर लेना माउंटबेटन को निजी तौर पर सुविधाजनक लगा था। लेकिन यह भारत में कम लोग जानते हैं कि एडविना सक्रिय अंतरराष्ट्रीय कम्युनिस्ट समर्थक भी थीं।

बाद में भी, स्वतंत्र भारत में अंतरराष्ट्रीय कम्युनिस्ट संगठनों, सम्मेलनों को खुलकर काम करने देने में एडविना ने नेहरू का बार-बार उपयोग किया। यहाँ तक कि जब सन् १९४९ में यहाँ कम्युनिस्टों के सशस्त्र विद्रोह के बाद उनपर अंकुश लगा, अनेक कम्युनिस्ट नेताओं को गिरफ्तार किया गया, तब एडविना को अपने पत्रों में नेहरू इसकी सफाई देते और क्षमा-याचना सी करते दिखाई पड़ते हैं। अपनी यह प्रवृत्ति नेहरू को इतनी स्वाभाविक लगती थी कि वे अपने मंत्रिमंडलीय सहयोगियों को भी कहते थे कि

लेडी माउंटबेटन ने उनसे यह या वह शिकायत की है, इसलिए जरा ध्यान दें। ये शिकायतें प्राय: कम्युनिस्टों के प्रति पूरी उदारता बरतने और आर.एस.एस. के प्रति कठोरता बरतने का अनुरोध हुआ करती थीं।[४]

नोट करने की बात यह है कि तब इंडोचीन (बर्मा, लाओस, कंबोडिया, वियतनाम आदि) में कम्युनिस्ट-विद्रोह की घटनाएँ भारत में हुए एक 'अंतरराष्ट्रीय युवा सम्मेलन' का नतीजा भी थीं, यह स्वयं नेहरू के पत्र से झलकता है। उस जमाने की गतिविधियों का अध्ययन करनेवाले जानते हैं कि तब ऐसे सम्मेलन सोवियत कम्युनिज्म की अंतरराष्ट्रीय कूटनीति का महत्त्वपूर्ण अंग होते थे। वैसे सम्मेलन भारत में आयोजित करने और उसमें दूर देशों के जाने-माने कम्युनिस्टों को आने का वीसा देने के लिए एडविना नेहरू को लिखती रही थीं। यह भारतीय हितों के विरुद्ध था, मगर नेहरू यह खुशी-खुशी करते रहे। सरदार पटेल के निधन के बाद पूरी कांग्रेस सरलता से नेहरू की दास बन गई। इसमें यह दु:खद तथ्य भी छिपा है कि कम्युनिस्टों की करतूतों और नेहरू विचारों को अच्छी तरह समझनेवाले अनेक जानकार कांग्रेसी भी निजी हितों के लिए मौन हो गए। पहले वे बोलते थे, मगर पटेल के जाते ही सबने चुप्पी साध ली, ताकि पदों से छुट्टी न हो जाए। एक, मध्य प्रदेश से द्वारका प्रसाद मिश्र ने आवाज उठाई, तो उन्हें फौरन दंड मिल गया। शेष चुप रहे। यह स्वतंत्र भारत का दुर्भाग्यपूर्ण तथ्य है कि हमारे अधिकांश नेता निजी हितों को देश-हित से ऊपर रखते रहे हैं। यह अभी तक देखा जा सकता है।

हालाँकि उसमें एक तथ्य यह भी है कि कांग्रेस में स्वदेशी चिंतन और भारतीयता की भावनावाला नेतृत्व धीरे-धीरे वैचारिक रूप से दुर्बल हो गया। तिलक के निधन और श्रीअरविंद द्वारा राजनीति छोड़ देने के बाद भारतीयता की बात मुख्यत: गांधी ही करते थे। दूसरे अधिकांश पश्चिमी शिक्षा और नई-नई सोवियत कम्युनिस्ट क्रांति के कारण यूरोपीय, रेडिकल वामपंथी सम्मोहन से प्रभावित थे। लेकिन भारतीय चिंतन के अनुरूप सोचनेवाले राष्ट्रीय नेताओं से वैचारिक पक्ष पर काम करने में भारी चूक हुई। यह चूक पटेल ने भी की। जब स्वतंत्रता-प्राप्ति के बाद नेहरू ने कांग्रेस के पुराने अंतरराष्ट्रीय प्रस्तात्रों के बल पर नीति-निर्माण को कम्युनिस्ट दिशा देने का प्रयास आरंभ किया, तो पटेल ने कहा भी कि उन्होंने कांग्रेस द्वारा पास उन विदेश-नीति संबंधी प्रस्तावों को (उपेक्षणीय मानकर) कभी पढ़ा तक न था। यह दिखाता है कि अंतरराष्ट्रीय राजनीति को उपेक्षित करके हुए राष्ट्रीय आंदोलन चलाना बड़ी भूल थी। स्वतंत्र भारत की विदेश नीति सोवियत अनुचरी में जाने के पीछे इस भूल का भी हाथ था।

उस भूल का एक विरोधाभासी परिणाम यह भी हुआ था कि सन् १९२१ के बाद नेहरू के नेतृत्व में नई-नई फैशनेबल, हवाई, वामपंथी बातें करनेवाले नेता शिक्षित लोगों में लोकप्रिय होने लगे। जबकि संगठन पर वास्तविक पकड़वाले, शांतिपूर्वक कठिन कामों

में लगे रहनेवाले कर्मठ नेताओं की छवि चमकदार नहीं बनी। इसका मुख्य कारण था—वैचारिक कार्य को कम महत्त्व देना। श्री अरविंद राष्ट्रीय आंदोलन के आखिरी नेता थे, जिनकी छवि आकर्षक, प्रभावशाली राष्ट्रवादी विचारक नेता की थी। उनके बाद के सच्चे राष्ट्रवादी कर्मठ, निस्स्वार्थ होते हुए भी शिक्षित वर्ग को जीतने के प्रति उदासीन रह गए, जिसका लाभ वामपंथियों को मिला। उन्होंने आकर्षक मुहावरों को अपना आधार बनाया, जबकि संगठन में छल-प्रपंच से पद हथियाने की नीति रखी। नई सोवियत सत्ता से मिलने वाले भौतिक सहयोग ने भी उनकी इन प्रवृत्तियों को बल पहुँचाया। फिर भी, मगर जब तक पटेल जीवित रहे, वास्तविक नीति-निर्णयों पर वामपंथी हावी नहीं हो सके। सन् १९४९ में सशस्त्र विद्रोह कर असंख्य लोगों की जान लेनेवाले कम्युनिस्ट जेल में बंद थे। लेकिन पटेल के निधन के बाद उन्हें जेल से सादर बाहर लाया गया, इस भाव-भंगिमा के साथ मानो वे त्यागी, बलिदानी हों! इसी अंदाज में कम्युनिस्ट पार्टी ने सन् १९५२ में देश का पहला आम चुनाव लड़ा, जिसमें उनकी सफलता नेहरू द्वारा दिए गए वैचारिक सम्मान के कारण ही हुई। फिर जल्द ही, सन् १९५४ में स्वयं कांग्रेस ने भी उसी 'समाजवाद' को खुलकर अपना ध्येय घोषित किया। अब पश्चिमी, नकलची और हानिकारक विचारों का प्रतिकार करनेवाला और कोई सशक्त नेता कहीं नहीं रह गया था।

यह मोटी सी, मगर बुनियादी बात जोर देकर कहनेवाला कोई नेता नहीं था कि भारत एक प्राचीन सभ्यता है, जिसका एक अपना स्वधर्म है। सामाजिक, वैयक्तिक या राष्ट्रीय विकास एवं उन्नति की अपनी समझ और मार्ग है तथा वही स्वधर्म अंतरराष्ट्रीय नीति समेत हमारी समस्त नीतियों का भी आधार है। यद्यपि श्रीअरविंद इसे अपनी निजी वार्त्ताओं में अंत तक (उनका निधन भी दिसंबर १९५० में ही हुआ था) कहते रहे, किंतु चूँकि वे राजनीति से दूर हो चुके थे, इसलिए उनकी सुननेवाला कोई न था।

नौ

पटेल के अवसान के बाद नेहरू ने कम्युनिस्ट नेताओं को ससम्मान रिहा ही नहीं किया, बल्कि उन्हें नीति-निर्माण में महत्त्वपूर्ण भूमिका भी दी। आखिरकार दोनों उसी सोवियत-चीनी कम्युनिज्म को भारत पर लागू करना चाहते थे। यह देश की नीति ही नहीं, अंदरूनी औद्योगिक, शैक्षिक, सांस्कृतिक नीतियों में भी साफ झलकना आरंभ हो गया। सरकारी और कम्युनिस्ट प्रचार, दोनों ने अपने-अपने तरीके से न केवल पटेल की छवि बिगाड़नी शुरू की, बल्कि जो गलतियाँ स्वयं नेहरू ने की थीं, उन्हें भी पटेल के मत्थे डालने का छल किया गया, जैसे कश्मीर समस्या।

अक्तूबर १९४७ में जम्मू-कश्मीर का भारत में विलय हुआ था। गड़बड़ी दिसंबर १९४७ से शुरू हुई, जब उससे संबंधित कानूनी, तकनीकी व्यवस्था को नेहरू शेख

अब्दुल्ला के साथ निजी तौर पर चुपचाप स्वयं तय करने लगे। गृह मंत्री सरदार पटेल को बताया भी नहीं। नेहरू के लिए यह कार्य निर्विभागीय मंत्री गोपालस्वामी आयंगर देख रहे थे। जब इन बातों की अस्पष्ट सूचना पटेल को मिली तो उन्होंने आपत्ति की। तब नेहरू ने २३ दिसंबर, १९४७ को तैश में पटेल को एक पत्र लिखा कि नेहरू के आदेश से ही आयंगर स्वतंत्रतापूर्वक काम कर रहे हैं। इसलिए पटेल की आपत्ति अपने मंत्रिमंडलीय सहयोगी आयंगर के साथ अनुचित व्यवहार है। ऐसा पत्र पाते ही उसी दिन, उसी क्षण, पटेल ने नेहरू को अपना त्यागपत्र भेज दिया। तब मामला गांधीजी के पास पहुँचा। उनके आग्रह से पटेल सरकार में तो बने रहे, मगर जम्मू-कश्मीर मामला पूरी तरह नेहरू पर छोड़ दिया गया।

तब से कश्मीर मामले में नेहरू-अब्दुल्ला-आयंगर ही सबकुछ तय करते रहे। जब जम्मू-कश्मीर से संबंधित धारा ३०६ 'ए' (जो अनंतर धारा ३७० कहलाई) कांग्रेस समिति के पास पहुँची (अक्तूबर १९४९) तो सबने तीखा विरोध किया। यह कहते हुए कि जो विधि अन्य राज्यों के लिए अपनाई गई, उससे भिन्न क्यों किया जा रहा है? उस मीटिंग के समय नेहरू विदेश में थे। आयंगर की पूरी फजीहत हुई। वस्तुतः नेहरू द्वारा अंतिम प्रारूप तैयार करवाकर विदेश जाने के बाद अब्दुल्ला ने पुनः उसमें कुछ जोड़-तोड़ करवाई थी, जो जम्मू-कश्मीर सरकार को कुछ और अधिकार देती थी। इन सब पर कांग्रेस नेताओं ने आयंगर को खूब खरी-खोटी सुनाई। तब आयंगर सरदार पटेल की शरण में पहुँचे कि किसी तरह उस धारा को स्वीकार करवाएँ।

यदि १७ अक्तूबर, १९४९ की उस मीटिंग में नेहरू मौजूद होते, तो क्या होता, अब यह अनुमान ही किया जा सकता है। पर उनकी अनुपस्थिति में पटेल ने दायित्व समझा कि उस गड़बड़ धारा से असहमति होते हुए भी उसे पास करवाएँ, क्योंकि यह कुछ महीनों के लिए ही रहनी थी। बाद में जब पटेल के सचिव एन. शंकर (आई.सी.एस.) ने पूछा कि उन्होंने उस धारा को क्यों पास करवा दिया? तब पटेल ने कहा कि वह अस्थायी ही है और अंतरराष्ट्रीय नजाकतों को देखते हुए यह किया गया (तब तक नेहरूजी मामला संयुक्त राष्ट्र भी ले जा चुके थे)। पटेल ने कहा कि वह धारा कोई बड़ी चीज नहीं। आयंगर, अब्दुल्ला आदि तो कल नहीं रहेंगे और सबकुछ भविष्य की भारतीय सत्ता की सामर्थ्य पर निर्भर करेगा। फिर भी उन्होंने जोड़ा कि इन सब ऊटपटाँग कामों के लिए 'जवाहरलाल रोएगा'। इसके एक वर्ष बाद ही पटेल का देहांत (१५ दिसंबर, १९५०) हो गया।

वस्तुतः शेख ने शुरू से ही चतुराई बरतते हुए, नेहरू के भोलेपन और अहंकार का उपयोग कर, धारा में गोल-मटोल शब्दावली डाली, फिर उसमें भी धीरे-धीरे और बदलाव करवाया, ताकि बाद में उनका कुछ का कुछ अर्थ करके अपने लिए आजादी

रखी जाए या जहाँ तक संभव हो, ताकत बढ़ाई जाए। शेख की नीयत ठीक नहीं थी, यह बाद की घटनाओं से भी पुष्ट हुआ, जब स्वयं नेहरू ने शेख को गिरफ्तार करवाया (८ अगस्त, १९५३)।

इस प्रकार पटेल का कहा हुआ जल्द ही सही साबित हो गया कि 'जवाहरलाल रोएगा'। पर जब वह समय आया, जब उस अदूरदर्शिता का कुफल दिखना शुरू हुआ, जो नेहरू ने कश्मीर के लिए अनावश्यक विशेष प्रावधान बनाकर और अंतरराष्ट्रीयकरण करके किया—तब उसी नेहरू ने क्षुद्रता दिखाते हुए सबकुछ पटेल के मत्थे डालने की कोशिश की। लोकसभा में नेहरू ने झूठा बयान दिया कि 'सरदार पटेल ही जम्मू-कश्मीर का सब काम देख रहे थे।' (लोकसभा, २४ जुलाई, १९५२)। पटेल के अवसान के बाद यह कहना कितनी घटिया राजनीति थी, इसे पूरी पृष्ठभूमि में ही समझा जा सकता है।

सच्चाई यह थी कि यदि पटेल न रहे होते तो कश्मीर पूरी तरह पाकिस्तान के कब्जे में जा चुका होता। पाकिस्तानी आक्रमण के बाद कश्मीर में फौरन सेना भेजकर आक्रमणकारियों को खदेड़ने के निर्णय में पटेल की मुख्य भूमिका थी। जबकि अकारण मामला संयुक्त राष्ट्र ले जाकर उसका अंतरराष्ट्रीयकरण करने, आधे कश्मीर को पाकिस्तान के कब्जे में छोड़ने तथा पटेल को किनारे कर गुपचुप अब्दुल्ला के साथ जम्मू-कश्मीर के विलय की प्रक्रिया को 'विशेष' मुसलिम-परस्त रूप देने, इस प्रकार सबकुछ पूरी तरह चौपट करने और देश के लिए एक स्थायी सिरदर्द बनाने में केवल नेहरू की भूमिका थी।

इस सरल सत्य को सन् १९५२ में सभी लोग जानते थे। पर पटेल के अवसान के बाद कश्मीर संबंधी गड़बड़ी को पटेल के मत्थे मढ़ने के नेहरू के इस सफेद झूठ को सुनकर दूसरे कांग्रेसी नेता चुप रहे। इससे उस कांग्रेस-कल्चर को पहचाना जा सकता है, जिसमें गांधी-नेहरू की जय के सिवाय केवल निजी स्वार्थ ही सर्वोपरि रहा है। क्या इसमें आज भी कुछ विशेष बदला है? यदि इसे वस्तुतः गांधी और नेहरू की प्रत्यक्ष-अप्रत्यक्ष देन न समझें, तो और किसी तरह इसकी व्याख्या नहीं हो सकती। क्योंकि मोटे तौर पर सन् १९२० से १९७७ तक, और बाद में भी, गांधी-नेहरू के नेतृत्व और वर्चस्व में ही कांग्रेस और भारत सबकुछ करता रहा है।

दस

जो लोग कम्युनिज्म के इतिहास और मानसिकता से परिचित हैं, वे जानते हैं कि सारी दुनिया में कम्युनिस्ट सत्ताधीश अपने अनुयायियों के प्रति भी कठोर, क्रूर रहे हैं। यह उनके वैचारिक अंधविश्वास से जुड़ा है। तदनुरूप, सोवियत सत्ताधीश यह जानते हुए भी कि नेहरू उनके पक्के समर्थक हैं, समय-समय पर नेहरू के प्रति वितृष्णा प्रदर्शित करते थे। उसमें एक मुद्दा यह भी था कि नेहरू सरदार पटेल को कड़ी टक्कर देने में विफल

रहे और कांग्रेस पर पकड़ नहीं बना सके थे। साथ-साथ तब सोवियत कम्युनिस्टों की समझ थी कि भारत स्वतंत्र हुआ ही नहीं है, बल्कि अमेरिकी-ब्रिटिश साम्राज्य का व्यवहारतः गुलाम ही है। तभी यहाँ कम्युनिस्टों ने सोवियत सलाह के अनुरूप सशस्त्र विद्रोह कर सत्ता पर कब्जे की योजना बनाई, जिसे पटेल ने खत्म किया। उसमें सोवियत कम्युनिस्टों ने नेहरू को पटेल के अपराधों में सहभागी माना।

इन सब कारणों से मास्को में भारतीय राजदूत और दूतावास की खुली हेठी की गई। स्वयं नेहरू की बहन विजयलक्ष्मी पंडित वहाँ राजदूत बनकर गई थीं, जिन्हें सोवियत सरकार के प्रमुख से मिलने तक का समय नहीं दिया गया। दूतावास को जरूरी मामूली सुविधाएँ, जैसे फर्नीचर भी खरीदकर देने से इनकार किया गया। मास्को में भारतीय दूतावास को अपनी कुरसी, टेबल भी स्वीडन जाकर खरीदनी पड़ीं। ऐसे खुले अपमानों से रंज होने के बजाय नेहरू ने यहाँ विस्तार से झूठी दलीलें देकर सोवियत संघ का महिमा-मंडन किया। जैसे इस प्रकार की दलीलें, कि रूसी लोग इतने महान् कामों में लगे हैं कि इन सब मामूली चीजों में समय नहीं बरबाद करते, कि वहाँ तो बाजार में कुछ सामान ही नहीं है, कितने कष्टों में वे नव-निर्माण कर रहे हैं, वगैरह-वगैरह। इसलिए यदि हमारे दूतावास को फर्नीचर आदि नहीं मिला तो यह कोई ध्यान भी देने की बात नहीं।[५] विजयलक्ष्मी पंडित ने मॉस्को के अपने अनुभवों और अवलोकनों से अपनी कम्युनिज्म-सहानुभूति त्याग दी, किंतु नेहरू पर कोई असर नहीं हुआ। वे हू-ब-हू वही कम्युनिस्ट प्रचार यहाँ दुहराते रहे, जो सोवियत प्रचारक प्रकाशित करते थे।

नेहरू एक तरह के कम्युनिस्ट-वैचारिक नशेड़ी थे, इस कड़वे सत्य को परखने की जरूरत है; क्योंकि केवल वैसे ही लोग सच्चाई और वास्तविकता की कितनी भी ठोकर खाकर अपनी टेक नहीं बदलते। इसीलिए सरदार पटेल के निधन के बाद नेहरू के विस्तृत वक्तव्य इसके असंदिग्ध प्रमाण हैं कि वे सोवियत कम्युनिज्म को ही भारत के लिए एकमात्र मॉडल मानते थे, और उसी की नकल में सारे नीति-निर्माण कर रहे थे। कोई छिपाकर नहीं, खुले रूप में।[६] यह अवसर उन्हें पटेल के निधन से ही मिला।

ग्यारह

ऊपर हमने उल्लेख किया है कि गांधी ने नेहरू के वामपंथी, अ-भारतीय-विरोधी विचारों और रंगीन-मिजाजी तक को जानते हुए उन्हें अपना 'उत्तराधिकारी' बनाया। जबकि ऐसी कोई आवश्यकता भी नहीं थी। आखिर कांग्रेस कोई गांधीजी की निजी संपत्ति नहीं थी! बल्कि उसके सांगठनिक नियम स्वयं गांधी ने बनाए थे, जिसकी खुली अवहेलना करके नेहरू के पीछे अपना बल लगाकर गांधीजी ने उन्हें देश पर प्रथम प्रधानमंत्री के रूप में थोपा। जबकि कांग्रेस में हुए अंदरूनी चुनाव में वे प्रधानमंत्री पद के

लिए तीसरे नंबर पर आए थे। कांग्रेस की सबसे पहली पसंद सरदार पटेल और दूसरी आचार्य कृपलानी थे और इसके बाद नेहरू। फिर भी गांधी ने जबरदस्ती नेहरू को देश पर थोपा।

प्रश्न है—ऐसा उन्होंने क्यों किया? इसका एक उत्तर दिया जा चुका है कि नेहरू के प्रति गांधीजी में निजी कमजोरी थी। गांधी के अपने ही शब्दों में, वे 'जवाहरलाल के प्रेम में बंदी' थे। मगर बिल्कुल अंतिम दौर में एक और कारण पैदा हुआ था, जिसे कम-से-कम एक गंभीर, विदेशी भारतविद् विद्वान् ने मान्यता दी है। ऐसा विद्वान्, जिनकी सत्यनिष्ठा और विवेक असंदिग्ध है।

वह था गांधी का तथाकथित ब्रह्मचर्य-प्रयोग, जिसका एक सबसे विवादास्पद दौर दिसंबर १९४६ से मार्च १९४७ तक चला था। गांधी अपने बहुत दूर के रिश्ते की एक नाबालिग लड़की, सोलह-सत्रह वर्षीया मनु के साथ नंगे सोने का प्रयोग करते थे।[७] यह नोआखाली में तीन महीने तक चला, जिस पर बहुत विवाद हुआ।[८] गांधी के इस कार्य के विरोध में उनके पुत्र देवदास तथा निकटस्थ सहयोगियों में सरदार पटेल, किशोरलाल, नरहरि आदि ने गांधी से आंशिक या पूर्ण संबंध-विच्छेद तक कर लिया था। अखबार 'हरिजन' भी गांधी से संबंध-विच्छेद के कगार पर था। उस प्रसंग में गांधी का तीखा विरोध करनेवालों में ठक्कर बापा, विनोबा भावे, घनश्याम दास बिड़ला आदि भी थे। उसी प्रसंग में, सरदार पटेल ने कड़ाई से लिखा था कि 'मनु के साथ जिस व्यवहार को गांधी धर्म कह रहे हैं, वह वस्तुत: अधर्म है।'[९]

इसी मामले पर एक शोधकर्त्री राधा राजन ने अपनी पुस्तक 'एक्लिप्स ऑफ द हिंदू नेशन' (कोलकाता : न्यू एज पब्लिशर्स, २०११) में कहा है कि मनु-प्रसंग का विरोध करने के कारण भी गांधी ने पटेल को प्रधानमंत्री नहीं बनने दिया। हमारी राय में असंभव नहीं कि यह कारण रहा हो, क्योंकि अपने शोध के दौरान इस लेखक ने भी कई प्रसंगों में पाया है कि गांधी ऐसी क्षुद्रता से मुक्त नहीं थे। किसी बात पर उनका विरोध करनेवाले अत्यंत भक्त अनुयायियों को भी जली-कटी सुनाना, झिड़कना, कटूक्तियाँ सुनाना उनकी सामान्य आदत थी। विशेषकर यदि अनुयायी सामाजिक, आर्थिक या राजनीतिक हैसियत में कमजोर हो।

इस मनु-प्रसंग में भी गांधी ने कई नेताओं और तत्कालीन कांग्रेस अध्यक्ष जे.बी. कृपलानी को भी परोक्ष धमकी जैसी दी थी (जो स्वयं गांधी के 'कलेक्टेड वर्क्स,' खंड, ९३ में देखी जा सकती है)। कुछ इस तरह की सांकेतिक धमकी कि गांधी का विरोध करके वे उस नाजुक समय में कांग्रेस को कमजोर कर सकते हैं। इसलिए उन्हें कांग्रेस अध्यक्ष के रूप में उस मामले पर बोलना चाहिए। यानी गांधी के पक्ष में बोलना चाहिए, आदि। इसलिए यह बिल्कुल संभव है कि पटेल को किनारे कर नेहरू को प्रधानमंत्री

बनवाने में गांधी द्वारा मनु-प्रसंग में पटेल का कड़ा विरोध भी कारण रहा हो। इस लेखक ने प्रख्यात बेल्जियम विद्वान् कोएनराड एल्स्ट की राय भी जानने की कोशिश की, कि क्या राधा राजन का निष्कर्ष सही है? उन्होंने इसकी पुष्टि की।

वैसे तो गांधी-जीवन के कई प्रसंग, गांधीजी के विविध विचार, कार्य आदि स्वयं प्रमाणित करते हैं कि राजनीतिक नेता और चिंतक, इन दोनों रूप में वे एक साधारण व्यक्ति थे, महापुरुष या महात्मा नहीं। इसलिए नव-स्वतंत्र भारत का प्रथम प्रधानमंत्री, जिसे कई बातों में नई लीक बनाने का महती कार्य करना था—ऐसे पद पर सुयोग्य, निस्स्वार्थ सरदार पटेल को पीछे हटाकर हल्के किस्म के और कम्युनिस्ट नेहरू को पद पर बिठा देना, यह गांधीजी की वास्तविकता के अनुरूप ही था।

संदर्भ—

१. 'जवाहरलाल नेहरू एन ऑटोबायोग्राफी' (लंदन : द बॉडले हेड, १९५५), पृ १६७
२. उस बैठक में यदि गांधीजी न होते तो उसकी पुष्टि नहीं भी हो सकती थी। इसका अभ्यास नेहरूजी को था, इसलिए वह गांधीजी को व्यक्तिगत आग्रह करके ले गए कि वे किसी तरह उसे पास करवाएँ। गांधी उस मीटिंग में जाने से इनकार कर सकते थे। वे उस समिति के सदस्य भी नहीं थे। किंतु वह मात्र नेहरू के प्रेम में गए, यह उन्होंने उसी दिन अपने बेटे मनु गांधी को बताया, "…उसका (नेहरू का) दिल टूट जाएगा, अगर मैं अ.भा. कांग्रेस महासमिति की बैठक में नहीं गया। उसने मुझे अपने प्रेम का बंदी बना लिया है।" ['टॉक विथ मनु गांधी', १४ जून, १९४७, 'कलेक्टेड वर्क्स ऑफ महात्मा गांधी', खंड ८८, (अहमदाबाद: नवजीवन ट्रस्ट, १९८३), पृ. १५०, 'स्पीच एट ए.आई.सी.सी. मीटिंग', १४ जून, १९४७, वही, पृ. १५३-५७] यानी, देश के विभाजन जैसा युगांतरकारी निर्णय गांधी ने व्यक्तिगत राय के आधार पर किया।
३. उस प्रसंग के अधिक विवरण के लिए देखें, सीताराम गोयल, 'जेनेसिस एंड ग्रोथ ऑफ नेहरूइज्म,' वॉल्यूम १; 'कमिटमेंट टु कम्युनिज्म' (नई दिल्ली : वॉयस ऑफ इंडिया, १९९३), पृ. १९२-९६
४. कुछ उदाहरणों के लिए देखें, सीताराम गोयल, 'जेनेसिस एंड ग्रोथ ऑफ नेहरूइज्म,' वॉल्यूम १, 'कमिटमेंट टु कम्युनिज्म' (नई दिल्ली : वॉयस ऑफ इंडिया, १९९३), पृ. १८९-९३, १९६-९७
५. हमने संक्षेप में नेहरू के वक्तव्य को रखा है। विस्तार से उनके शब्दों में देखें, 'जवाहरलाल नेहरूज स्पीचेज,' १९४६-४९ (नई दिल्ली : पब्लिकेशन डिवीजन, १९५८), द्वितीय संस्करण, पृ. २११
६. उदाहरण के लिए देखें, संसद् में २२ मई, १९५२ को नेहरू का भाषण। 'जवाहरलाल नेहरूज स्पीचेज,' १९४९-५३ (नई दिल्ली : पब्लिकेशन डिवीजन, १९५७), द्वितीय संस्करण, पृ. २११; सीताराम गोयल द्वारा उद्धृत, 'जेनेसिस एंड ग्रोथ ऑफ नेहरूइज्म,' वॉल्यूम १, 'कमिटमेंट टु कम्युनिज्म' (नई दिल्ली : वॉयस ऑफ इंडिया, १९९३), पृ. ८५
७. गांधीजी के अपने शब्दों में, "मैं उसे अपने नजदीक सुलाता हूँ। वह नंगी होती है पर गहरी नींद सोती है। जब भी कोई काम पड़े, उसे जगाना पड़ता है, चाहे वह २ बजे हों या ३ बजे। मैं इसे

अच्छा लक्षण समझता हूँ कि वह ऐसे सोती है। मैं आगा खान महल वाले दिनों से जानता हूँ कि वह अपने बारे में पूरी अचेत है। मुख्य बात यह थी कि वह मेरे साथ रहे, मेरे संरक्षण में और तुमसे जुड़कर सीखे। वह हो रहा है।'' देखें, 'लेटर टु प्यारेलाल', ३० दिसंबर, १९४६ 'द कलेक्टेड वर्क्स ऑफ महात्मा गांधी,' वॉल्यूम ९३, (नई दिल्ली, २००१), द्वितीय संस्करण, पृष्ठ २१३

८. विस्तार से जानने के लिए यह पुस्तक देखें, शंकर शरण, 'गांधी के ब्रह्मचर्य प्रयोग' (नई दिल्ली : राजपाल एंड सन्स, २०१२)

९. 'लेटर टु जी.डी. बिरला', १५ फरवरी, १९४७ 'द कलेक्टेड वर्क्स ऑफ महात्मा गांधी,' वॉल्यूम ९३, (नई दिल्ली, २००१), द्वितीय संस्करण, पृष्ठ ४०६

□

पटेल, निजाम और बस्तर की अंतर्गाथा

—रमेश नैयर

भारत को एकजुट करने और राष्ट्र विरोधियों के षड्यंत्रों को विफल करने में सरदार पटेल की निर्णायक भूमिका पर अनेक ग्रंथ प्रकाशित हो चुके हैं। फिर भी कुछेक महत्त्वपूर्ण तथ्य ऐसे हैं, जो राष्ट्र की स्मृति में धूमिल पड़ गए हैं अथवा उनका विस्तार से सम्यक् विवेचन नहीं हो पाया है। इन्हीं में से एक तथ्य है—छत्तीसगढ़ के बस्तर और महाराष्ट्र के विदर्भ क्षेत्र को हथियाने की हैदराबाद रियासत को साथ मिलाकर एक स्वतंत्र देश बनाने की निजाम की साजिश का। भारत को स्वतंत्रता मिलने से एक-डेढ़ दशक पहले से ही निजाम ने बस्तर में अपना जाल बुनना शुरू कर दिया था। उद्देश्य था बस्तर और अन्य कुछ रजवाड़ों को अपनी रियासत में मिलाकर एक बड़े भू-भाग पर काबिज होने के साथ ही गोदावरी नदी के माध्यम से समुद्र तक सीधी पहुँच बनाकर अंतरराष्ट्रीय सीमा से हैदराबाद को जोड़ लेने का। ये वनाच्छादित क्षेत्र विपुल खनिज तथा अन्य नैसर्गिक संपदा में धनी हैं। जिस उत्तम गुणवत्ता के लौह-अयस्क से भिलाई इस्पात संयंत्र सहित अनेक लोहे के कारखाने चल रहे हैं और गत पाँच दशकों से उसका जपान को निर्यात करते हुए भारत खासी विदेशी मुद्रा अर्जित कर रहा है, उसके विपुल भंडार बस्तर में ही हैं।

निजाम ने पिछली सदी के सन् १९३० के दशक के दौरान बस्तर के तत्कालीन नरेश पर उनके राज का सर्वाधिक संपन्न बैलाडीला लौह-अयस्क भंडार प्राप्त करने के लिए डोरे डालना शुरू कर दिया था। रफ्ता-रफ्ता वह अपनी दूरगामी योजना की सफलता के बहुत निकट भी पहुँच गया था। सौभाग्यवश उसी समय देश में कांग्रेस की अंतरिम सरकार बन गई। विदर्भ और बस्तर उस समय मध्यप्रांत के अंतर्गत आते थे। विदर्भ का नागपुर नगर मध्यप्रांत की राजधानी बना दिया गया था। सन् १९३६ में बनी कांग्रेस की अंतरिम प्रांतीय सरकार के प्रथम प्रधानमंत्री एन.बी. खरे थे। श्री खरे की ब्रिटेनपरस्ती शीघ्र उजागर होने लगी। इसके दृष्टिगत कांग्रेस ने उनको हटाकर पंडित रविशंकर शुक्ल

को सन् १९३८ में मध्यप्रांत का प्रधानमंत्री बना दिया। लोकमान्य बाल गंगाधर तिलक के अनुयायी होने के नाते पं. शुक्ल प्रखर राष्ट्रवादी थे। तिलक के प्रति श्रद्धा सरदार वल्लभभाई पटेल की भी थी। समान श्रद्धा के इस सेतु ने शुक्लजी और सरदार पटेल में परस्पर विश्वास विकसित कर दिया था। उस दौर में महाराष्ट्र के अलावा मध्यप्रांत में भी लोकमान्य तिलक की विचारधारा से प्रभावित स्वतंत्रता सेनानियों तथा स्वतंत्रता के समर्थकों की संख्या बहुत बड़ी थी। तब तक मोहनदास करमचंद गांधी का मध्यप्रांत में प्रभाव लोकमान्य तिलक की तुलना में कम था। कालांतर में गांधीजी के अनुयायियों की संख्या बढ़ती चली गई।

हैदराबाद के निजाम ने ब्रिटिश साम्राज्य को प्रसन्न रखने के अलावा मुसलिम लीग से भी संपर्क रखना शुरू कर दिया था। उसने बस्तर पर दावा करते हुए यह प्रचारित करना शुरू कर दिया था कि मूलत: यह क्षेत्र हैदराबाद रियासत के मातहत रहा करता था और हैदराबाद ने उनको लीज पर दे रखा था। सी.पी. तथा बरार का बहुत सा क्षेत्र पहले ही निजाम की रियासत में था।

नए तथ्यों के सामने आने और उस दौर की करवटों के प्रत्यक्ष साक्षियों के दस्तावेजों के अनुसार ब्रिटिश साम्राज्य ने भारत का विभाजन एक दूरगामी षड्यंत्र के तहत किया था। अंग्रेजों की इस दूरगामी योजना का मध्य भारत की सरीला रियासत के वारिस और प्रसिद्ध विचारक, इतिहासकार तथा राजनयिक नरेंद्र सिंह सरीला ने भारत विभाजन पर लिखी अपनी महत्त्वपूर्ण पुस्तक में विस्तार से उल्लेख किया है। श्री सरीला लॉर्ड माउंटबेटन के ए.डी.सी. रहे थे। इस नाते भी उनको भारत के विभाजन के पीछे ब्रिटिश साम्राज्य की असल मंशा की जानकारी थी। फिर उनकी पहुँच उन गोपनीय दस्तावेजों तक भी थी, जिनमें भारत विभाजन के ब्रिटिश मकसद का खुलासा हुआ है। अंग्रेजों को शक था कि आजाद होने के बाद भारत की स्वदेशी सरकार के राजनेता ब्रिटेन को स्वतंत्र भारत में फौजी अड्डा नहीं बनाने देंगे। उस समय सोवियत संघ एक महाशक्ति था। वह मध्य-पूर्व के उन तेलकूपों पर कब्जा करना चाहता था, जो विश्व के लिए ऊर्जा का प्रमुख स्रोत थे। सोवियत संघ का कब्जा उन तेलकूपों पर होने से रोकने के लिए ब्रिटेन के लिए भारत में अपनी सशक्त सैन्य उपस्थिति विश्व में अपना सामरिक वर्चस्व बनाने के लिए आवश्यक थी।

भारत-विभाजन की ब्रिटिश योजना और उसके बहुआयामी तथा दूरगामी उद्देश्यों पर श्री सरीला की पुस्तक प्रामाणिक और प्रत्यक्षदर्शी तथ्यों के द्वारा प्रकाश डालती है। श्री सरीला की यह पुस्तक अत्यंत गोपनीय दस्तावेजी प्रमाणों के हवाले से महात्मा गांधी, मोहम्मद अली जिन्ना, लॉर्ड माउंटबेटन, विंस्टन चर्चिल, क्लीमेंट एटली, लॉर्ड आर्चिबाल्ड, वेवल, जवाहर लाल नेहरू, सुभाष चंद्र बोस, सरदार वल्लभभाई पटेल सहित अनेक

बड़ी हस्तियों की भूमिका को भी स्पष्ट करती है। इस पुस्तक में अमेरिका द्वारा भारत की आजादी के लिए ब्रिटेन की इच्छा के विपरीत भारतीय स्वतंत्रता सेनानियों को दी गई सहायता का विस्तृत उल्लेख है। उसके पीछे अमेरिका की नई उत्तर-औपनिवेशिक विश्व व्यवस्था विकसित करने की महत्त्वाकांक्षा का भी जिक्र हुआ है। अमेरिका अपनी वैश्विक महत्त्वाकांक्षाओं की पूर्ति में भारत की सक्रिय भागीदारी चाहता था।

इस संदर्भ में सरीला की पुस्तक के अलावा उस दौर के अन्य तथ्यों से भी उस अमेरिकी योजना का पता चलता है। मई १९४४ में रेडियो रंगून से आजाद हिंद फौज के लिए प्रसारित नेताजी सुभाष चंद्र बोस ने अपने अंतिम प्रसारण में तीन अत्यंत महत्त्वपूर्ण तथ्यों को रेखांकित किया था। इस प्रसारण में महात्मा गांधी से कहा गया था कि पूरा ध्यान ब्रिटिश साम्राज्यवाद से मुक्ति पर केंद्रित करने की अपेक्षा बदलती हुई वैश्विक परिस्थितियों को भी देखें। नेताजी का कहना था कि द्वितीय विश्वयुद्ध के पश्चात् ब्रिटेन भारत को आजाद करने को विवश हो जाएगा। नेताजी ने साफ-साफ कहा था कि "महात्माजी, ब्रिटेन की अपेक्षा अधिक ध्यान दीजिए उस संयुक्त राज्य अमेरिका पर, जो इसी शताब्दी में विश्व की सर्वोच्च शक्ति बनने का सपना सँजो रहा है।" नेताजी ने उस प्रसारण में दूसरा परामर्श दिया था—"महात्माजी, चीन के साथ न तो निकटता बढ़ाइए और न ही उसकी सहायता कीजिए, क्योंकि चीन भारत का मित्र कदापि नहीं हो सकता। भारत का स्वाभाविक मित्र हो सकता है जापान। उससे प्रगाढ़ता बढ़ाइए।" (भारतीय विद्याभवन द्वारा संकलित ऐतिहासिक भाषणों की पुस्तक 'इंडियन एलोक्वेंस' (Indian Eloquence) में सम्मिलित नेताजी के अंतिम प्रसारण से उद्धृत।)

इस लेख के मूल विषय पर लौटें तो कुँवर नरेंद्र सिंह सरीला की जिस पुस्तक की चर्चा की जा रही थी, उसकी प्रस्तावना में उन्होंने लिखा है कि ब्रिटिश रणनीतिकारों की दृढ मान्यता थी कि सोवियत संघ को तेल-कूपों तक पहुँचने के लिए दक्षिण की ओर बढ़ने से रोकना जरूरी है। उसके लिए भारत में ब्रिटिश सैन्य अड्डा रखना बहुत जरूरी है। १९वीं सदी में भी ब्रिटेन भारत स्थित अपनी फौज के बूते पर ही सोवियत संघ को दक्षिण की ओर बढ़ने से रोक पाने में सफल हो चुका था। जब सन् १९४५ में रूस ने जर्मनी पर बड़ी जीत हासिल करके उसका विभाजन करने में सफलता प्राप्त कर ली थी तो उसकी महत्त्वाकांक्षा और भी बढ़ गई थी। पूर्वी यूरोप के देशों में उसने अपने प्रभाव का विस्तार शुरू कर दिया था। उसके बाद तेल-कूपों तक उसका निर्णायक कूच संभव हो सकता था। पं. जवाहरलाल नेहरू का भी अधिक रुझान सोवियत संघ की ओर था।

सन् १९४५ में ब्रिटेन में गठित प्रधानमंत्री एटली की सोशलिस्ट सरकार भारत को आजाद करने को तैयार हो गई थी। परंतु उसे भारतीय राष्ट्रीय कांग्रेस के राष्ट्रवादी नेताओं पर इस बात का भरोसा नहीं था कि वे भारत में ब्रिटेन को फौजी अड्डा बनाने देने पर

सहमत होंगे। बल्कि उसे इस बात पर भी शक था कि स्वतंत्र भारत की सरकार सोवियत संघ से उसका सैन्य संघर्ष होने की स्थिति में ब्रिटेन की मदद करने को तैयार हो जाएगी या नहीं। उस समय के भारत के उत्तर-पश्चिमी क्षेत्र की सीमाएँ ईरान, सिक्यांग और अफगानिस्तान से लगती थीं। सोवियत संघ के विस्तार को रोकने के लिए इन क्षेत्रों में ब्रिटेन का दखल और उसकी सैन्य उपस्थिति सामरिक दृष्टि से बहुत जरूरी थी। उसी मकसद से ब्रिटिश व्यूह रचनाकारों ने भारत-विभाजन की योजना बनाई। इस योजना के तहत तय किया गया कि मुसलिम लीग के नेता मुहम्मद अली जिन्ना के नेतृत्व में भारत का बँटवारा करके एक नया देश पाकिस्तान बना दिया जाए। ब्रिटेन ने अंततः ऐसा कर भी दिया, जिसकी परिणति आधुनिक विश्व इतिहास के वीभत्स नरसंहार के रूप में हुई।

भारत को अपने सामरिक हितों के लिए दो देशों में बाँटने की योजना पाकिस्तान बनाने तक सीमित नहीं थीं। ब्रिटेन भारत को इस प्रकार शक्तिहीन कर देना चाहता था कि उसकी हमेशा ब्रिटेन पर निर्भरता बनी रहे। उसने भारत की सवा पाँच सौ से अधिक रियासतों को स्वयंभू और स्वतंत्र घोषित कर दिया था। उनके राजाओं, नवाबों और दीगर रियासत प्रमुखों को यह स्वतंत्रता दे दी गई थी कि वे भारत तथा पाकिस्तान में से किसी के भी साथ जुड़ सकते हैं। यदि इनमें से कोई भी उन्हें पसंद न हो तो वे स्वयं स्वतंत्र स्वयंभू देश भी बन सकती हैं। जम्मू-कश्मीर के नरेश महाराजा हरिसिंह अंग्रेजों के झाँसे में आ गए। पश्चिम में जूनागढ़ और दक्षिण में हैदराबाद भीतर-ही-भीतर पाकिस्तान से मिलने की योजना बना रहे थे। उनकी इच्छा को फलीभूत करने के लिए ब्रिटेन ने भारत में अपना गवर्नर जनरल पदस्थ कर रखा था। सरदार वल्लभभाई इसे भाँप गए। किस तत्परता के साथ सरदार पटेल ने इस रियासतों का भारतीय संघ में विलय कराया, उस पर बहुत कुछ लिखा जा चुका है, जिसे दोहराने की यहाँ जरूरत नहीं है।

जूनागढ़ की बेगम अपनी रियासत के पाकिस्तान में विलय के बाद पाकिस्तान भाग गईं और सरदार पटेल के निर्देश पर पुलिस काररवाई से उनके समर्थकों को निहत्था कर दिया गया। सन् १९४७ में ही जूनागढ़ का विलय भारत संघ में कर दिया गया। परंतु हैदराबाद के निजाम ने पूर्वी मध्य भारत की सबसे बड़ी रियासत बस्तर के नरेश प्रवीर चंद्र भंजदेव पर डोरे डालकर उन्हें अपने साथ मिलाकर एक स्वतंत्र देश बनाने की योजना पर काम करना शुरू कर दिया था। निजाम की रियासत काफी बड़ी और संपन्न थी। प्रवीर चंद्र निजाम के फुसलाने में नहीं आए, क्योंकि वे पक्के राष्ट्रभक्त थे। ब्रिटेन में प्रवीरचंद्र रह चुके थे और उन्होंने वहाँ का लोकतंत्र भी देखा था। इसलिए वे स्वस्थ लोकतंत्र के हिमायती थे। इसके साथ ही कुछ अन्य राष्ट्रभक्त रियासत-प्रमुख भारत में विलय के लिए सक्रिय हो गए। उनमें मध्य भारत की रियासत कोरिया के राजा रामानुज प्रताप सिंहदेव ने निर्णायक भूमिका निभाई। श्री सिंहदेव ब्रिटिश राज के दौरान भी भारतीय

परंपरा के लोकतांत्रिक मूल्यों का संवर्धन अपनी रियासत में स्कूली स्तर पर संसदीय बहसों के माध्यम से करा चुके थे। राजा रामानुज प्रताप सिंहदेव छत्तीसगढ़, ओडिशा, त्रिपुरा और कूच बिहार के रजवाड़ों के संघ के अध्यक्ष थे। उस संघ को 'ईस्टर्न स्टेट्स यूनियन' के नाम से जाना जाता था। इन रियासतों के कुछ राजाओं के मन नें भी निजाम ने अनेक संशय भर दिए थे। सबसे बड़ा संशय था—अपनी रियासतों के विलय के बाद आर्थिक संबल खो देने का। सरदार पटेल अद्भुत सूझ-बूझ और दूरदृष्टि के धनी थे। उन्हें यह भाँपने में समय नहीं लगा कि विविध रियासतों के प्रमुखों में इसी प्रकार की आशंका थी।

अपनी बात को मध्य भारत की रियासतों तक केंद्रित रखते हुए चर्चा करें तो उस समय मध्य भारत के मुख्यमंत्री पं. रविशंकर शुक्ल ने कोरिया नरेश राजा रामानुज प्रताप सिंहदेव की सरदार पटेल से मुलाकात निश्चित कराई। राजा सिंहदेव के माध्यम से इस क्षेत्र के सभी रजवाड़ों की एक बैठक आयोजित कर सरदार पटेल ने उन्हें वचन दिया कि उन्हें निरंतर 'प्रिवीपर्स' दिया जाता रहेगा। उसके प्रति भारत सरकार को प्रतिश्रुत करने के ध्येय से सरदार पटेल ने राजाओं को आश्वस्त किया कि प्रिवीपर्स का प्रावधान भारत के संविधान में सुनिश्चित किया जाएगा। सरदार पटेल ने अपनी स्वभावगत दृढता के साथ यह वचन भी सभी नरेशों को दिया कि जब तक वह और जवाहर लाल नेहरू जीवित रहेंगे, तब तक प्रीवीपर्स उन्हें मिलते रहने की गारंटी वे देते हैं। सरदार के इन आश्वासनों का चमत्कारी प्रभाव रियासत-प्रमुखों पर पड़ा। जम्मू-कश्मीर, हैदराबाद और जूनागढ़ को छोड़कर शेष सभी सहमत हो गए। जम्मू-कश्मीर का पेंचदार विलय अंततः भारत में कैसे हुआ, यह एक अलग गाथा है। उसका अन्य रियासतों की भाँति सदा के लिए संपूर्ण विलय क्यों नहीं हो पाया, उसका प्रमुख कारण था—उसकी विलय प्रक्रिया से पटेल को अलग रखकर उसका दायित्व जवाहर लाल नेहरू द्वारा अपने हाथों में ले लेना।

हैदराबाद के निजाम की कुटिल चाल को कोड़िया नरेश के माध्यम से कैसे विफल किया गया, उसके साक्षी राजा रामानुज प्रताप सिंहदेव के कुँवर श्री रामचंद्र सिंहदेव हैं। बहुमुखी मेधा के धनी रामचंद्र सिंहदेव उस समय किशोर वय के थे। उनसे इन पंक्तियों के लेखक द्वारा की गई दो लंबी मुलाकातों से जो अधिकृत तथ्य ज्ञात हुए, उनका संक्षिप्त विवरण इस प्रकार है : बस्तर नरेश प्रवीर चंद्र भंजदेव जब निजाम के कुचक्र में फँसते अनुभव किए गए तो उन्हें निजाम से विरत करने के लिए राजा रामानुज प्रताप सिंहदेव ने उन्हें विश्वास में लेकर रायपुर बुलवा लिया। वहाँ विस्तृत चर्चा से बस्तर नरेश निजाम से दूरी बनाकर भारतीय संघ में अपने राज्य के विलय के लिए सहमत हो गए। फिर उनकी सहमति से उनको कलकत्ता भिजवा दिया। वहाँ प्रवीर को एक अच्छे होटल में ठहराकर यह प्रबंध कर दिया गया कि किसी का भी एजेंट उनके पास न फटक

सके। श्री रामचंद्र सिंहदेव के अनुसार, इस बीच इसी संघ के एक अन्य सदस्य मयूरभंज के राजा ने एक अनोखी चाल चल दी। उन्होंने अपनी रियासत की सत्ता अपनी प्रजा को सौंप देने की घोषणा कर दी। मयूरभंज के राजा ने यह घोषणा अपनी रियासत के विलय-पत्र हस्ताक्षर को टालने के ध्येय से की थी। तर्क यह दिया कि रियासत की सत्ता की स्वामी तो अब वहाँ की प्रजा है। यानी जनता की सहमति लेने के लिए वहाँ एक प्रकार का जनमत संग्रह कराया जाए।

पं. रविशंकर शुक्ल राजा रामानुज प्रताप सिंहदेव के सहयोग से मयूरभंज नरेश को रायपुर ले आए। अंततः मयूरभंज राज्य का विलय भी भारत संघ में कराने में पटेल सफल रहे। परंतु हैदराबाद के निजाम से निबटना अत्यंत दुष्कर था। प्राप्त नए दस्तावेजी प्रमाणों और श्री रामचंद्र सिंहदेव द्वारा दी गई प्रामाणिक जानकारी के अनुसार निजाम को ब्रिटेन की पूरी शह थी। पाकिस्तान बनवाकर ब्रिटेन ने वहाँ अपना स्थायी फौजी अड्डा बनाने की पक्की व्यवस्था कर ली थी। परंतु एक और सैन्य ठिकाना दक्षिण-पूर्व में हैदराबाद के निजाम के माध्यम से बस्तर को एक संप्रभुता संपन्न स्वतंत्र देश बनवाकर वह स्थापित करना चाहता था। सरदार पटेल ने इस योजना को विफल करने के लिए दृढतापूर्वक बल-प्रयोग कर निजाम को घुटने टेककर भारतीय संघ में विलय के पत्र पर हस्ताक्षर करने पर विवश कर दिया। निजाम के सशस्त्र रजाकारों को सरदार के निर्देश पर कैसे शक्तिहीन किया गया, इसे भारत के आधुनिक राजनीतिक इतिहास के ज्ञाताओं ने विस्तार से अनेक पुस्तकों में दर्ज कर दिया है। उस समय मैं आठ वर्ष का था। अपने लुटे-पिटे परिवार के साथ किसी प्रकार बचकर मैं भी भारत आ गया था। मैंने देखा कि हैदराबाद को निजाम से मुक्त कराने के लिए जब जवानों को ट्रकों में भरकर हैदराबाद की ओर रवाना किया जाता था तो स्त्रियाँ थाली में दीये रखकर उनकी आरती किया करती थीं। उनकी विजय की कामना किया करती थीं। उनमें हिंदू और सिख स्त्रियाँ समान उत्साह से 'भारत माता की जय' और 'बोले सो निहाल…' के नारे भी लगाया करती थीं। जब हैदराबाद के विलय की खबर पंजाब पहुँची तो पंजाब में चारों ओर उत्साहपूर्ण जश्न मनाया गया।

□

बीसवीं सदी का चाणक्य सरदार वल्लभभाई पटेल

—जयदेव हसीजा 'प्रेमी'

चाणक्य नामक अति विख्यात राजनीतिज्ञ का नाम आप जानते हैं। वे ३२२ ई.पू. में विद्यमान थे, पर इस पुस्तक का लेखक हमारे देश के बीसवीं सदी के 'चाणक्य' सरदार वल्लभभाई पटेल का वृत्त सुनाने की चेष्टा कर रहा है। इसका प्रेरणास्रोत है वह व्यक्तिगत पत्र, जो हमारे देश के उप प्रधानमंत्री सरदार पटेल ने ७ नवंबर, १९५० को देश के प्रथम प्रधानमंत्री पंडित जवाहरलाल नेहरू को लिखा था, चीन के भारत पर सन् १९६२ में आक्रमण से बारह वर्ष पूर्व। मुझे विश्वास है कि भारत सरकार के रिकॉर्ड में सुरक्षित यह पत्र भारत के तत्कालीन इतिहास के संबंध में कुछ और अधिक ज्ञान-वृद्धि का अवसर प्रदान करेगा। इस पत्र की प्रतिलिपि सरदार पटेल की जयंती पर प्रकाशित स्मारिका से ली है, जिसे दिल्ली की नागरिक परिषद् ने सन् १९७२ में प्रकाशित किया था। यह पत्र अंग्रेजी में लिखा हुआ है। नीचे इसका हिंदी अनुवाद प्रस्तुत है :

डी.ओ. (अर्धसरकारी पत्र), नं. ८२१-डी.पी.एम./५०

नई दिल्ली-७ नवंबर, १९५०

मेरे प्रिय जवाहरलाल!

१. अहमदाबाद से वापसी पर, केवल १५ मिनट पहले मिली सूचना के आधार पर, मुझे उसी दिन की गई मंत्रिपरिषद् की बैठक में सम्मिलित होना पड़ा था। मुझे खेद है, मैं पूरे दस्तावेज नहीं पढ़ पाया था। मैं तिब्बत की समस्या पर चिंतापूर्वक विचार करता रहा हूँ। मैंने सोचा है कि मैं उस समस्या के विषय में अपने मन-मस्तिष्क में उभरे विचार आप से बाँटूँ।

२. मैंने चीन में अपने राजदूत और विदेश मंत्रालय के बीच हुए पत्राचार की फाइल पूरी लगन से पढ़ी है। मैंने जहाँ तक मुमकिन हो सकता था, पूरे-के-पूरे पत्र-व्यवहार के

अनुकूल गंभीर दृष्टिकोण से विचारा भी है, पर मुझे खेदपूर्वक कहना पड़ रहा है कि इससे हमारे अनुकूल परिणाम निकलता दिखाई नहीं देता। चीन सरकार हमें शांतिपूर्ण सद्भावना का झाँसा देने का यत्न करती रही है। मेरी समझ के अनुसार इस छान-बीन की अवधि के बीच चीन सरकार, वहाँ के हमारे राजदूत के मन में, तिब्बत के शांतिपूर्ण हल के तथाकथित अभिप्रायों के प्रति, दृढ विश्वास की एक झूठी भावना बैठाने की व्यवस्था कर चुकी है। इसमें कोई शक नहीं कि पत्र-व्यवहार की इस अवधि में चीन सरकार तिब्बत पर भयंकर आक्रमण की योजना बनाती रही होगी। मेरे विचार में चीनियों के, उस योजना को कार्यान्वित करने के विषय में, विश्वासघात करने में थोड़ा सा फासला बाकी बचा है। सबसे बड़ी खेदजनक विडंबना तो यह है कि तिब्बती हमारे ऊपर आस्थावान् हैं। उन्होंने पथ-प्रदर्शन के हेतु हमें चुना है, परंतु हम उन्हें चीनियों की चालों और उनके दुष्ट इरादों से मुक्ति दिलाने में असफल रहे हैं। वर्तमान परिस्थिति में तो ऐसा जान पड़ता है कि हम दलाई लामा की रक्षा भी नहीं कर पाएँगे। हमारे राजदूत ने चीनी-नीतियों और उनके आचरण पर सफाई हेतु उनसे जवाब-तलबी प्राप्त करने का बड़ा यत्न किया है, जैसाकि उनके एक तार द्वार भेजे गए संदेश में लिखा है कि राजदूत ने हमारी ओर से चीन को जो दो दस्तावेज दिए हैं, उनसे हममें दृढता का ह्रास और बिना वजह क्षमाभाव दिखाई पड़ता है। ऐसा असंभव है कि कोई विचारशील व्यक्ति, तिब्बत में पश्चिमी शक्तियों द्वारा किसी तथाकथित षड्यंत्रकारी कूटनीतिक गतिविधि को, चीन के लिए खतरा होने पर विश्वास कर ले। अत: यदि चीनी इस बात पर विश्वास रखते हैं तो इसका तात्पर्य यह हुआ कि उन्होंने हमारे ऊपर अपने विश्वास को पूरी तरह से खो दिया है और वह हमें पश्चिमी शक्तियों की कूटनोतिक गतिविधियों में उनका एक पिछलग्गू, एक हथियार अथवा उनके निमित्त प्रयोग में आ रहा एक साधन मानते हैं, और इस बात के बावजूद आप उनसे सीधा संपर्क बनाए रखते हैं। चीनी यदि सचमुच यही भावना रखते हैं तो इससे यह साबित होता है कि हम तो चीन को अपना एक मित्र देश मानते हैं, पर चीनी हमें अपना मित्र नहीं मानते। कम्युनिस्टों की मानसिकता कि "जो उनके साथ नहीं, उनका विरोधी है", इस बात की ओर हमारा ध्यान आकृष्ट करने का महत्त्वपूर्ण संकेत है, जिसकी ओर हमें उचित गंभीर ध्यान देना चाहिए। पिछले कई महीनों से, हुसैन कैंप से बाहर रहकर, हम वास्तविक तौर पर अकेले यू.एन.ओ. में चीन के प्रवेश और फारमूसा के विषय में अमेरिका से अभयदान प्राप्त करने में, भरपूर यत्न से, चीन की वकालत करते रहे हैं। हमने वह सबकुछ किया है, जो चीन के मन में हमारे विरुद्ध संदेहों को दूर करने के लिए पर्याप्त था, जैसे कि ब्रिटेन और अमेरिका से पत्राचार और मुलाकातों में हमने चीन के हक की वकालत की है। इस सबके बावजूद वह हमारी निष्पक्षता पर विश्वास करने को तैयार नहीं; बल्कि वह अभी तक प्रत्यक्ष रूप से हमारे प्रति शक प्रकट करता है, शायद शत्रुता और नफरत के मनोवैज्ञानिक

भाव से, एक संदेहात्मक दृष्टि से। मुझे शक है कि हम चीन की खुशनूदी हासिल करने और उसकी मित्रता तथा सहृदयता हेतु कुछ और भी कर सकते हैं। पीकिंग में हमारे एक राजदूत हैं, जो हमारे चीन के प्रति मित्रता भाव को विशिष्ट रूप से जतलाते रहे हैं, यहाँ तक कि अब वह भी चीन की संदेहात्मक भावना को मैत्री भावना में परिवर्तित करने में असफल हो चुके हैं। तार द्वारा प्रेषित चीन के आखिरी पत्र से पूर्णरूपेण हमारे प्रति अमित्र-भावना की दृढता साफ नजर आती है—केवल इस बात में नहीं कि उन्होंने तिब्बत में चीनी फौज भेजने के हमारे विरोध-पत्र को ठुकराया है, बल्कि हमारे विरोध-पत्र को, विदेशियों के दवाब में आकर लिखा गया कहकर, हमारे ऊपर बे-बुनियाद इलजाम भी लगाया है। इसको देखने से ऐसा लगता है, जैसे उस वाणी में किसी मित्र की नहीं, किसी घोर शत्रु की गूँज आ रही है।

३. इस परिप्रेक्ष्य में अब हमें देखना है कि तिब्बत के हाथ से निकल जाने पर, जैसाकि हमें ज्ञात है, हमें कौन सी नई परिस्थितियों और समस्याओं से जूझना पड़ेगा? जैसे विस्तारवादी इरादों से चीन की, हमारे देश के दरवाजों तक पहुँच। शताब्दियों से हमें कभी अपनी उत्तर-पूर्व सीमा के विषय में चिंता नहीं रही। हमें उत्तर में तिब्बत एक मित्र देश मिला हुआ था, जो हमें कोई परेशानी नहीं देता था। चीनी आपस में बँटे हुए थे। उनकी अपनी घरेलू समस्याएँ थीं और उन्होंने कभी हमारी सीमा के विषय में नहीं सोचा था। सन् १९१४ में हमने तिब्बत से एक करार किया था, जिस पर चीन ने प्रति-हस्ताक्षर नहीं किए थे। ऐसा लगता है कि हमने तिब्बत के स्वाधिकार क्षेत्र को (एक स्वतंत्र देश से) संधि-युक्त संबंध तय होना मान लिया था। उस पर चीन के प्रति-हस्ताक्षर होने चाहिए थे। चीन के आधिपत्य की व्याख्या कुछ अन्यथा नजर आती थी। अतः हम इस परिणाम पर पहुँचते हैं कि वह तिब्बत से किए गए सब करारों और संधियों को मानने से इनकार कर देंगे। पिछली आधी शताब्दी से भूतकाल में हमारी सारी स्थापित व्यापारिक संस्थाओं और हमारी सीमा को स्थिर मानकर चली आ रही व्यापारिकता को पुनः अस्थिरता के भँवर में ला खड़ा किया है। चीन अब बिखरा और बँटा हुआ चीन नहीं है। यह संगठित है और ताकतवर है। हमारे उत्तर और उत्तर-पूर्व में बसे लोग रीति-रिवाज और जातीयता के विषय में तिब्बत या मंगोलिया से अलग नहीं हैं। वे हमारी सीना की निशानदेही बिना, हमारी धरती पर बसे उनकी शक्ल और रहन-सहनवालों का होना, हमारे और चीन के बीच गंभीर समस्या के सारे लक्षण समोए हुए है। वर्तमान के और भूतकाल अर्थात् इतिहास के मर्मभेदी तथा कठोर तथ्य हमें यह बताते हैं कि कम्युनिज्म अब उपनिवेशवाद के विरोध में ढाल साबित नहीं हो सकता और कम्युनिस्ट भी उसी प्रकार के उपनिवेशवादी हैं, जैसा कोई और हो सकता है। चीनी महत्त्वाकांक्षाएँ न केवल हमारी ओर की हिमालय की तलहटियों तक ही हैं, बल्कि ये तो आसाम के महत्त्वपूर्ण

भागों को हथियाने तक पहुँचती हैं।

उनकी योजनाओं में बर्मा भी आता दिखाई देता है। बर्मा के लिए तो एक अतिरिक्त कठिनाई है कि उनको घेरे में लेने वाली कोई 'मैकमोहन लाइन' भी नहीं है, जिसे वह किसी सीमा-संधि के आकार का मुखौटा तक पहना सके। चीन का, अपने जैसी जातीयता और रहन-सहन वाली आबादी वाले इलाकों को वापिस छीनने के यत्नों में छिपा कम्युनिस्ट उपनिवेशवाद पश्चिमी शक्तियों के विस्तारवाद और उपनिवेशवाद से भिन्न प्रकार का नहीं है। चीन के पास एक सिद्धांत है, जो इसे दस गुणा खतरनाक बना देता है। उसके सिद्धांतवाद के प्रसार में छुपे झूठ में उसके जातिवाद, राष्ट्रवाद और ऐतिहासिक दावे छुपे हुए हैं। इसलिए उत्तर और उत्तर-पूर्व की ओर से खतरा दोनों कम्युनिस्टों और उपनिवेशवाद से है, जबकि हमारी पश्चिमी और उत्तर-पूर्व की सुरक्षा के लिए खतरा वैसे का वैसा कायम है तथा उत्तर-पूर्व में एक और खतरा पुष्ट हो गया है। अतः अब शताब्दियों के पश्चात् पहली बार भारत की सुरक्षा को, दोनों सीमाओं पर एक ही साथ, सुदृढ करने का जोरदार प्रयास करना होगा। जहाँ तक अपनी सुरक्षा की दृढता का प्रश्न था, अब तक हमारी कल्पना में पाकिस्तान को छोटी शक्ति माना जाता रहा है। अब हमें उत्तर और उत्तर-पूर्व में कम्युनिस्ट चीन का सामना करने की भी सोचनी होगी। चीन, जो अपनी महत्त्वाकांक्षाएँ और लक्ष्य जिस दृढता और आग्रह के साथ अपने सामने रखता है, इससे वह हमारे प्रति मित्रभाव बिल्कुल नहीं रख सकता।

४. अब मेरा खयाल संभावित खतरों से युक्त सीमा के विषय में राजनैतिक गुत्थियों पर जाता है। हमारी उत्तरी अथवा उत्तर-पूर्व सीमा से प्रवेश-पथ में नेपाल, भूटान, सिक्किम, दार्जिलिंग तथा आसाम के आदिवासी क्षेत्र आते हैं। संचार-साधनों की दृष्टि से यह एक कमजोर बिंदु है। अब निरंतर रहनेवाली सुरक्षा-रेखाएँ स्थित नहीं हैं। घुसपैठ की असीमित संभावनाएँ हैं। बहुत थोड़ी सी दूरी पर पुलिस की चौकियाँ स्थापित की जा सकती हैं। वहाँ आज भी कई चौकियाँ नाममात्र को हैं, जहाँ कोई सिपाही नहीं होता। यों इन क्षेत्रों का हमारे साथ संबंध किसी भी तरह बहुत गहरा नहीं है। वहाँ बसी आबादी की, भारत के प्रति वफादारी और आस्था, पूर्ण रूप से स्थापित नहीं हो पाई है। यहाँ तक कि दार्जिलिंग और कालिम्पोंग क्षेत्रों तक की जनता अभी तक मंगोलियन संस्कृति की पक्षपाती है। पिछले तीन वर्षों में हम असम के आदिवासी लोगों और नागाओं तथा अन्य जातियों से अपना उचित संबंध स्थापित नहीं कर पाए हैं। ईसाई मिशन निश्चय ही वहाँ उनके साथ जुड़े रहे हैं और उनपर ईसाइयों का प्रभाव किसी भी तरह भारत और भारतीयों के प्रति मैत्रीपूर्ण नहीं है। कुछ समय सिक्किम में भी राजनैतिक हलचल रही है। वहाँ पर असंतोष में बढ़ोतरी की पूरी-पूरी संभावना है।

भूटान उनकी अपेक्षा हमारे साथ अधिक सहयोग दे रहा है, परंतु भूटानियों के तिब्बती संस्कृति के लगाव से खटास आ सकती है। नेपाल एक कमजोर देश है और अल्प-जन शासित राज्य रहा है, जो जबरदस्ती से ही वहाँ के शासक बने चले आ रहे हैं। उनकी जनता में से कुछ भाग बुद्धिजीवी आधुनिक विचार-संपन्न लोगों का भी है। इन हालात में उन्हें इस नए खतरे की चेतावनी देना और उन्हें इस खतरे के विरुद्ध सुरक्षा के लिए शक्ति-युक्त बनाना बहुत बड़ा कठिन कार्य है। इस कठिनता पर केवल विवेकपूर्ण मजबूती, शक्ति-संपन्नता और निश्चित स्पष्ट नीति पर चलकर ही काबू पाया जा सकता है। मुझे पूर्ण विश्वास है कि चीनी और उसके प्रेरणास्रोत रूस इन कमजोर कड़ियों को उकसाकर लाभ उठाने का कोई मौका चूकेंगे नहीं—कुछ तो उनके सिद्धांतों का वास्ता देकर और कुछ उनकी महत्त्वाकांक्षाओं की पूर्ति का। मेरे मतानुसार यह एक ऐसी स्थिति है, जिसके विषय में हमें संतोष नहीं मिल सकता और न ही हम इस निश्चय से डगमगा सकते हैं। हमें अपने लक्ष्य तय करने होंगे और उन्हें प्राप्त करने हेतु कौन-कौन से तरीके अपनाने होंगे, यह निर्णय लेने होंगे। हम अपना लक्ष्य तय करने के विषय में जो फैसले करेंगे, उसमें किसी प्रकार की कमजोरी नहीं आने देनी होगी। इन उद्‌देश्यों की प्राप्ति के लिए तय की गई नीति पर अमल करने में यदि हम कमजोर पड़ गए तो जो खतरे आज हमें नजर आ रहे हैं, वे बहुत बढ़ जाएँगे।

५. इन बाहरी खतरों के साथ-साथ हमें गंभीर घरेलू समस्याओं से भी जूझना है। मैंने पहले ही श्री आयंगर को इन मामलों के विषय में आई इंटेलीजेंस ब्यूरो की रिपोर्ट्स को विदेश-मंत्रालय को भेज देने का आदेश दे दिया है। अब तक कन्युनिस्ट पार्टी ऑफ इंडिया को विदेशी कम्युनिस्टों से संपर्क कायम करने में और उनसे हथियार, लिटरेचर आदि मँगवाने में कठिनाई आती रही है। उनको पूर्व में बर्मा की ओर पाकिस्तान की सीमा और दूसरी ओर लंबे जलनिधि का सामना करना होता था। अब उनको चीनी कम्युनिस्टों तक पहुँचने के लिए तथा उनके द्वारा विदेशी कम्युनिस्टों के पास पहुँचने के लिए अपेक्षतः आसान साधन मिल जाएँगे। अब जासूसों और षड्यंत्रकारियों तथा कम्युनिस्टों के लिए घुसपैठ करना आसान हो जाएगा। हमें तेलंगाना और वारंगल में अलग-अलग छिपे पड़े कम्युनिस्टों से निपटने के साथ-साथ उत्तर और उत्तर-पूर्व सीमा के साथ-साथ लगे क्षेत्रों में उभरी कम्युनिस्टों की धमकियों से भी निबटना होगा, जहाँ अब उन्हें कम्युनिस्ट चीन द्वारा हथियारों और गोले-बारूद की सामग्री की सप्लाई, बिना किसी भय के, पहुँचाई जा सकती है। अतः ये सब हालात हमारे लिए कई गंभीर समस्याएँ खड़ी कर रहे हैं, जिनके समाधान के लिए हमें शीघ्रता से कुछ निर्णय लेने होंगे। हमें अपनी नीति के लक्ष्य निर्धारित करके, उसके कार्यान्वयन के लिए, ऐसे तरीके अपनाने होंगे, जिससे हम न केवल अपनी सीमा-सुरक्षा रचना की तैयारी में ढील

न आने दें, बल्कि आंतरिक सुरक्षा पर भी आँच न आने दें। हमें शासकीय और राजनीतिक समस्याओं से भी निबटना पड़ेगा, जो सीमा से लगे क्षेत्रों में उभरेंगी।

६. बेशक मुझे अकेले के लिए यह असंभव लगता है कि मैं इन सब समस्याओं का कोई सम्यक् और समूचा समाधान प्रस्तुत कर सकूँ। फिर भी अपने मतानुसार कुछ संभावित समस्याएँ अंकित कर रहा हूँ, जिनके शीघ्र समाधान की आवश्यकता होगी और उनके लिए शासकीय एवं सामरिक नीतियाँ तय करके उनके कार्यान्वयन के लिए उचित कदम उठाने होंगे :

(क) भारत की आंतरिक और सीमा-सुरक्षा को चीन की ओर से खतरे के विषय में, इंटेलीजेंस ब्यूरो तथा सुरक्षा अधिकारियों से मिली, रिपोर्ट्स पर उचित और गंभीर मनन की, और उन्हें मान्यता देने की अति आवश्यकता होगी।

(ख) जिन-जिन क्षेत्रों के विषय में, चीन और हमारे बीच मतभेद होने की संभावनाएँ हैं, वहाँ पर हमें अपनी सुरक्षा की तैयारियों का अवलोकन एवं मूल्यांकन करना होगा और इसके लिए जहाँ-जहाँ जरूरत होगी, हमें अपनी फौजें तैनात करनी होंगी।

(ग) हमें अपनी सेनाओं की सैनिक शक्ति (यानी युद्ध-प्रबंधन एवं रसद आदि) की आवश्यकताओं का मूल्यांकन करके और नए खतरों को सामने रखकर सेना की मोरचाबंदी करती रहनी पड़ेगी।

(घ) हमें अपनी सेना की सब प्रकार की आवश्यकताओं को पूरा करने की एक दीर्घकालीन योजना बनानी होगी। मैं महसूस करता हूँ कि यदि हम सेना को अस्त्र-शस्त्र, गोला-बारूद तथा आधुनिकतम सुरक्षा कवचों की पूर्ति को निश्चित नहीं कर सके तो हम अपनी सेना की सुरक्षा-व्यवस्थाओं को निरंतर कमजोर करने के जिम्मेदार होंगे और हम पश्चिम, उत्तर-पश्चिम, उत्तर और उत्तर-पूर्व की ओर से उभर रहे दो-तरफा खतरों का मुकाबला करने की स्थिति में नहीं होंगे।

(ङ) जहाँ तक चीन के यू.एन.ओ. में प्रवेश का प्रश्न है, चीन की ओर से हमें दिए गए प्रतिघात को सामने रखते हुए और उसके तिब्बत के प्रति अपनाए गए व्यवहार को विचारते हुए, क्या हम आगे भी चीन की वकालत कर पाएँगे? संभवतः यू.एन.ओ. में भी, कोरिया के युद्ध में भागीदार बनने के कारण, चीन को यू.एन.ओ. की बिरादरी (मेंबरशिप) से निकाल देने की धमकी दी जाएगी। हमें भी इस विषय में अपनाए गए अपने कार्यक्रम को नए सिरे से तय करना पड़ेगा।

(च) अपनी उत्तरी और उत्तर-पूर्वी सीमा पर जो शासकीय एवं राजनीतिक कदम

उठाने चाहिए, उसमें समूची सीमारेखा शामिल होनी चाहिए। जैसे कि नेपाल, भूटान, सिक्किम, दार्जिलिंग तथा आसाम के वे क्षेत्र, जिनमें आदिवासी जातियाँ बसी हुई हैं।

(छ) सीमा-प्रदेशों में आंतरिक सुरक्षा को दृढ करने के लिए हम जो कदम उठाएँ, वह उन प्रांतों के सीमांत-प्रदेशों में भी उठाए जाने आवश्यक होंगे। उदाहरणत: उत्तर प्रदेश, बिहार, बंगाल और असम।

(ज) यातायात और संदेशवाहक संचार साधनों का विस्तार अथवा स्थापना, जैसे सड़कें, रेल, हवाई अड्डे तथा वायरलैस साधनों तथा सीमा पर आवश्यक चौकियों की स्थापना तथा उनका आपस में संपर्क-साधन जुटाना।

(झ) सीमा-चौकियों की सतर्कता तथा पहरा।

(ण) तिब्बत की राजधानी में स्थित हमारे दूतावास का भविष्य तथा ग्यांग्सो और यातुंग में हमारे व्यापार केंद्र की तथा जो सेना वहाँ हमारी व्यापारिक व्यवस्था और मार्गों की पहरेदार बनी हुई है, उसके विषय में उचित समाधान।

(ट) 'मैकमोहन लाइन' के विषय में नीति-निर्धारण।

७. यह हैं वे सब समस्याएँ, जो मेरे मन में उभरी हैं। इन समस्याओं के समाधान पर विचार-विमर्श के बीच चीन, रूस, अमेरिका, ब्रिटेन तथा बर्मा के साथ हमारे संबंधों के बड़े जटिल प्रश्न उठ खड़े होंगे। लेकिन ये सब प्रश्न साधारण प्रवृत्ति के होंगे। हालाँकि इनमें से कुछ बुनियादी तौर पर बहुत अहम हो सकते हैं—जैसे हमारा यह सोचना कि क्या हम बर्मा के साथ अपने संबंधों को प्रगाढ़ न करें, ताकि बर्मा चीन से अपने संबंधों में सुदृढ रह सके? मैं इस संभावना से इनकार नहीं कर सकता कि चीन हमारे ऊपर दवाब बढ़ाने से पहले बर्मा पर अपनी धौंस जमाएगा। बर्मा के साथ लगती पूरी की पूरी सीमा रेखांकित नहीं है और चीन के दावे बहुत ही बढ़े-चढ़े हैं। बर्मा की परिस्थितियों को देखते हुए चीन के लिए वह एक सरल समस्या है। इसलिए चीन पहले उधर तवज्जो देगा।

८. मैं सुझाव देता हूँ कि इन समस्याओं पर विचारार्थ वार्त्तालाप के लिए हम शीघ्र मिलें और तय करें कि कौन से कदम फौरन उठाने की आवश्यकता है तथा सीधे तौर पर अन्य समस्याओं के परीक्षण और उनके समाधान के लिए शीघ्रता से उठाए जाने वाले किन-किन कदमों की?

आपका

वल्लभभाई पटेल

सेवा में माननीय पंडित जवाहरलाल नेहरू
प्रधानमंत्री, भारत सरकार
नई दिल्ली

(श्री के.एम. मुंशी लिखते हैं कि सरदार पटेल की ओर से उपर्युक्त प्रस्तावित मीटिंग कभी नहीं हुई। वे कहते हैं कि इस पर कोई टिप्पणी करना भी व्यर्थ है।)

अभी-अभी आपने सरदार पटेल का, भारत की भविष्यवाणी पर आधारित उपर्युक्त पत्र (दिनांक-७ नवंबर, १९५०) पढ़ा, जो उन्होंने उप-प्रधानमंत्री के रूप में अपने प्रधानमंत्री पंडित नेहरू को लिखा था।

इस संबंध में इस पुस्तक के लेखक का कहना है कि आज भारत स्वतंत्रता के ५९ वर्ष पूरे कर चुका है और चीन तिब्बत पर पूर्ण अधिकार कर चुकने और भारत में 'मैकमोहन लाइन' को क्रॉस करके भारतीय सीमा के अंदर कई जगह और हमारी सीमा के साथ-साथ सड़कों का जाल बिछाकर भारतीय धरती का हजारों वर्गमील क्षेत्र अपने कब्जे में ले चुका है। सरदार पटेल की भविष्यवाणी सत्य सिद्ध हो चुकी है तथा पं. नेहरू के ही समय में चीन सन् १९६२ में उसके सबसे बड़े हितैषी पं. नेहरू की पीठ में छुरा घोंपकर उनकी जान ले चुका है और अब भी चीन अपनी आक्रामक कम्युनिस्ट विस्तारवादी नीतियों पर चलते हुए, भारत के उत्तर-पूर्व के प्रदेशों असम, अरुणाचल, नागालैंड, मणिपुर, बिहार, यहाँ तक कि दक्षिण के आंध्र-प्रदेश में तथा नेपाल में कैसे-कैसे गुल खिला रहा है? यदि आपका दृष्टिकोण राजनैतिक रूप से निष्पक्ष है तो आप सरदार पटेल के पत्र में लिखित एक-एक भविष्यवाणी पर अपनी आस्था ले आएँगे और मानेंगे कि भारत को एक बार फिर एक चाणक्य जैसा नीतिज्ञ प्राप्त हुआ था, परंतु जिन्हें पं. जवाहरलाल नेहरू के प्रति महात्मा गांधी के पक्षपाती दृष्टिकोण ने भारत का प्रथम प्रधानमंत्री नहीं बनने दिया अन्यथा आज भारत की गणना संसार के देशों में सर्वशक्तिमान अमेरिका से दूसरे नंबर पर होती।

यदि सरदार पटेल हमारे देश के प्रधानमंत्री होते तो अपनी भविष्यवाणी के अनुसार आचरण करके पूरी-पूरी तैयारी के पश्चात् और अन्य शक्तिशाली चीन विरोधी देशों से मित्रता करके, चीन को युद्ध में परास्त करके तिब्बत को चीन का अंग कभी नहीं बनने देते और अमेरिका द्वारा आई परमाणु बम बनाने की ऑफर को न ठुकराते। वे निश्चय ही कम्युनिस्ट-विरोधी थे और उसे उपनिवेशवादी और विस्तारवादी मानते थे। वे प्रधानमंत्री तो नहीं थे, परंतु उपप्रधान मंत्री तो थे ही। उन्होंने अपने से आयु में कनिष्ठ भ्राता प्रधानमंत्री पं. नेहरू को इन भावी समस्याओं के विषय में परस्पर राय करके उचित उपाय सोचने और उनपर आचरण करने के लिए एक बैठक करने का अनुरोध किया था,

पर प्रधानमंत्री ने, उन जैसे यथार्थवादी उप-प्रधानमंत्री की चिठ्ठी में दिए गए राष्ट्र-हितैषी सुझावों को तनिक भी विचार-योग्य न मानकर, उस चिट्ठी को अपनी विचारधारा के अनुरूप चलनेवाले किसी मंत्री को मार्क करके भेज दी होगी।

सरदार पटेल ने पत्र में जो भी लिखा था, वह देशहित से ओत-प्रोत भावना से लिखा गया था। यदि यह प्रधानमंत्री की राजनैतिक विचारधारा के विपरीत दृष्टिकोण था भी (जैसाकि जनता का मानना था), तो भी पं. नेहरू जैसे देश-हितैषी प्रधानमंत्री को उस पर समग्रत: विचार करने के लिए बैठक अवश्य बुलानी चाहिए थी।

बारदोली

बारदोली एक कृषि-प्रधान अत्यंत उपजाऊ क्षेत्र था। पश्चिमी भाग, पूर्वी भाग से अधिक उपजाऊ और उन्नत था, ज़बकि पूर्वी बारदोली के कई किसान सरमायादारों से लिये ऋण पर जीवन-निर्वाह करने को मजबूर थे।

सरकार की नीति यहाँ के उपजाऊ क्षेत्र होने के कारण किसानों से अधिक-से-अधिक लगान वसूल करने की रहती थी। हर तीन वर्ष बाद लगान बढ़ा दिया जाता था। अंतत: जब ३० प्रतिशत भूमि कर लगा दिया गया तो बहुत विरोध हुआ। फिर भी पहले २९ प्रतिशत, फिर २२ प्रतिशत पर सरकार अड़ गई, २९ प्रतिशत की वृद्धि किसानों के बूते से बाहर थी। दादू भाई तथा अन्य सदस्यों ने यह मामला विधानसभा में उठाया, परंतु सरकार अपने फैसले पर स्थिर रही। मार्च १९२८ में स्वयं सरदार पटेल वहाँ पहुँचे और किसान नेताओं से मिले और स्पष्ट शब्दों में कहा कि ''मैं बिना रिस्क वाले कार्य में कभी दखल नहीं देता। यदि आप मेरी तरह जोखिम उठाने को उद्यत हों तो मैं आपके साथ हूँ।''

सरदार पटेल क्योंकि स्वयं एक देहाती किसान थे, अत: वे स्पष्टत: स्वयं उनकी मुश्किलें समझते थे और उन्हें उनकी ही भाषा (बोली) में निडरता का मंत्र फूँकते थे। परिणामत:, हर गीदड़ शेर बन गया और किसानों के मन से भय भाग खड़ा हुआ और उसका स्थान ले लिया पटेल के मुँह से निकले उत्साह भरे कथनों ने। अंग्रेज गर्वनर के जुल्मों के विरुद्ध हर प्रकार की वेदना सहने और सत्य की लड़ाई में लड़ने-मरने को सत्याग्राहियों की एक फौज तैयार हो गई। सरदार सचमुच इस सेना के कमांडर-इन-चीफ थे।

वल्लभभाई पटेल ने कैसे बारदोली के सत्याग्रह को संगठित करके किसानों में बैठे अंग्रेज गर्वनर द्वारा लगाए गए टैक्स और उसके बढ़ते अत्याचारों, यहाँ तक कि जायदादों की कुर्की तक के भय से मुक्त करके उनके स्वाभिमान को जगाकर उनकी एक फौज खड़ी कर ली, अपनी संगठन-शक्ति को प्रदर्शित करके सत्याग्रह में सफलता प्राप्त

की, बारदोली के सरदार से पूरे भारत देश के सरदार होने का पद अर्जित किया और अन्य अग्रिम नेताओं की पंक्ति में स्थान ग्रहण किया। उन्होंने गरीब किसानों को संगठित करने, भयमुक्त करने, स्वाभिमान जगाने तथा अपनी लड़ाई आप लड़ने को उद्यत किया और किसानों की सेना में अनुशासन स्थापित किया। उनकी तकरीरों ने किसानों में इतना स्वाभिमान जगा दिया कि किसान सरकार से बागी हो गए। सरदार पटेल ने विभिन्न अवसरों पर उनसे कहा—

"तुम्हारा स्वभाव नरम है और भय के कारण और भी नरम हो रहा है। तुम लड़ना-झगड़ना जानते ही नहीं। यह एक अच्छा गुण है, परंतु हमें इतना नरम भी नहीं होना चाहिए कि अपने साथ अन्यायपूर्ण व्यवहार से भी हमें क्रोध न आए। रविशंकर ने तो यहाँ तक कह दिया है कि इस इलाके में किसी अजनबी पर न कोई कुत्ता भौंकता है और न कोई भैंसा किसी पर हमला करता है। यह तो बुजदिल और भीरु होना है। मैं आपके गाँवों में जगह-जगह रात्रि में घूमता-फिरता हूँ, परंतु कोई मुझसे पूछता तक नहीं कि मैं कौन हूँ? आप लोगों का जरूरत से ज्यादा शरीफ होना आपकी सबसे बड़ी मुश्किल है। आपकी आँखें तो स्वाभिमान और गर्व से चमकनी चाहिए, ताकि तुम अपने लिए न्याय की खातिर लड़ना सीख सको।

"किसान के बेटों को डरने और भय खाने की कोई जरूरत नहीं है। उनके अंदर तो दृढ विश्वास और साहस होना चाहिए, ताकि उनके बाप-दादा की धरती उनकी बनी रहे। कोई भी शक्ति किसान से उसकी भूमि अन्यायपूर्वक नहीं छीन सकती।"

वल्लभभाई पटेल किसानों को दिलेर बनाकर ८०,००० कृषक सेना खड़ी करने में सफल हुए। श्री के.एम. मुंशी ने (जो विधानसभा में ग्रेजुएट्स के प्रतिनिधि थे) विधान सभा सीट से त्यागपत्र देने के पश्चात् गर्वनर के नाम ऐतिहासिक पत्र लिखा, जिसमें उन्होंने बारदोली का आँखों देखा हाल लिखा—

"आपकी मदाखलत बारदोली के किसानों की समस्या संतोषजनक रूप से हल करने में सहायक होगी। इसी विश्वास के कारण हम कई हफ्तों से आपको दखल देने के लिए प्रार्थना करते चले आ रहे थे। आज मैं बहुत दु:खी मन से अपनी कर्तव्य-परायणता की भावना के अनुसार आपको यह पत्र लिख रहा हूँ।... वस्तुत: यह बड़े अफसोस की बात है कि इस सूबे की सरकार, जिसने असहयोग आंदोलन के समय उसे दबाने के लिए बेहतर तरीके प्रयोग किए थे, अब ऐसे गए-गुजरे जालिमाना तरीके अपनाने की आज्ञा दे दे कि जिससे न तो सरकार का कोई लाभ हो सकता है और न ही लोगों की वफादारी की भावना को प्रेरित किया जा सकता है।...हकीकत यही है कि बिना वल्लभभाई की आज्ञा-पत्र के कलेक्टर भी रेलवे स्टेशन पर नहीं जा सकता। कुछ गाँवों में जहाँ-जहाँ मैं गया हूँ, न तो किसी मर्द को और न किसी औरत को मैंने अपनी सरकार के विरुद्ध-

भावना से परेशान देखा है, और न ही उनकी आस्था और विश्वास में आई कोई कमी!

''जैसे वल्लभभाई पटेल किसी गाँव से गुजरता है तो मर्द, औरतें और बच्चे उसके लिए अपनी श्रद्धांजलि भेंट करने के लिए बाहर निकल आते हैं, ऐसा मैंने स्वयं देखा है। मैंने अनपढ़ महिलाओं, पुरुषों और नौजवानों को आते देखा है, जिनके तन को चीथड़ों ने नग्न होने से बचा रखा है। वे पटेल के माथे पर तिलक करते हैं, जो उसकी जीत की निशानी है और उसके पैरों पर सिर टेकते हुए, जो भी थोड़ी बहुत राशि (एक-दो रुपया तक) इस आंदोलन की सफलता के लिए अपने योगदान रूप में भेंट चढ़ा देते हैं और सरकार के अत्याचारों के खिलाफ 'बद्-दुआओं' भरे गीत भी गाते रहते हैं।

''...आप इन ८०,००० दृढ संकल्पी मरदों, औरतों और बच्चों की अनुशासित सेना को भूखों मारो या गोली से उनको शूट करवा दो, परंतु इस इलाके में सरकार का अस्तित्व ही नहीं है, जिसकी प्रतिष्ठा को बचाने के लिए इतना जुल्म ढाय जा रहा है। शक्ति द्वारा जुल्म ढाकर प्रतिष्ठा नहीं मिला करती। उसके लिए पात्रता आवश्यक है और उसे लोगों के दिल जीतकर अर्जित करना पड़ता है। मुझे यह कहने में कोई झिझक नहीं है कि जो तरीके बारदोली में अपनाए जा रहे हैं, वे सब अपने आपको सरकार कहने वाली सरकार के लिए अशोभनीय हैं।''

श्री के.एम. मुंशी द्वारा गवर्नर को लिखे गए इस पत्र ने तहलका सा मचा दिया। अंग्रेजी के समाचार-पत्र 'टाइम्स ऑफ इंडिया' ने, (जिसका अंग्रेजी सरकार में काफी रसूख था) अपने स्पेशल प्रतिनिधि के हवाले से (जो अभी-अभी बारदोली का दौरा करके लौटा था) हालात की एक भयभीत तसवीर पेश की, ''बारदोली के किसान बगावत पर आमादा हैं। वल्लभभाई बारदोली में एक क्रांतिकारी सोवियत शासन-पद्धति स्थापित करने को दृढ-संकल्प हैं, जिसमें वे स्वयं लेनिन का रोल निभाना चाहते हैं। जब तक वहाँ के किसानों पर उसकी पकड़ है, वहाँ अमन कायम नहीं हो सकता। वह मरदों को संगठित करने और स्त्रियों की असाधारण आस्था अर्जित करने में सफल हो चुका है। स्वेच्छा से बने सैनिकों अथवा स्वयंसेवकों में बढ़िया अनुशासन है। सरकार के जुल्मों का शिकार होने के बावजूद लोग अपने इरादों पर दृढ हैं।''

इस समाचार को संसार भर में पढ़ा गया। यहाँ तक कि लंदन में 'सेक्रेटरी ऑफ स्टेट फॉर इंडिया' को संसद् में मानना पड़ा कि ''वल्लभभाई पटेल कुछ सफलता प्राप्त कर चुके हैं। अब सरकार के पास दो ही रास्ते बचे हैं—या तो मिलिटरी राज्य कायम करना या फिर आंदोलनकारियों से सुलह। सरकारी शासन जनता के संगठन के आगे घुटने टेक चुका है।''

ब्रिटेन से इशारा मिलते ही समझौता करने के यत्न आरंभ हो गए। १८ जुलाई, १९२८ को वाइसराय से मुलाकात के बाद गवर्नर स्वयं सरदार वल्लभभाई पटेल से मिलने

सूरत आए। सरदार का कद बहुत ऊँचा हो चुका था। जब सरदार ने आंदोलन शुरू किया था तो गवर्नर उनकी चिट्ठी का उत्तर तक देने में हतक समझता था, अब वही गवर्नर स्वयं सूरत में उनसे समझौते की शर्तों की बातचीत करने आया हुआ था। सरदार ने अपनी शर्तें गिनवाईं—

१. आंदोलन के दौरान कैदी बनाए गए सब सत्याग्रही रिहा कर दिए जाएँ।
२. सबकी जब्त की गई कृषि भूमि वापस लौटा दी जाए।
३. जिनके मवेशी जब्त करके बेच दिए गए हैं, उन्हें उसका मुआवजा दिया जाए।
४. सब सरकारी कर्मचारियों को बहाल किया जाए, और
५. इस सारे आंदोलन में किए गए अन्याय की तहकीकात के लिए एक निष्पक्ष कमेटी का गठन किया जाए।

गवर्नर सारी शर्तें मानने को तैयार नहीं था। वह आखिरी पाँचवीं शर्त पर कमेटी के गठन को मानने को तैयार था, बशर्ते कि सब किसान पहले कृषि भूमि लगान अदा कर दें और अपना सत्याग्रह आंदोलन वापस ले लें।

२४ जुलाई, १९२८ को गवर्नर ने विधायिका में अपने भाषण के बीच अल्टीमेटम दे दिया कि यदि १५ दिन के भीतर कोई समझौता नहीं होता तो सरकार वह सब करने का प्रयोग करेगी, जो उसकी शक्ति में होता है। इस भाषण ने आशा और भय दोनों को हवा दी। कुछ लोगों को आशा थी कि कदाचित् अब सत्याग्रहियों को सचमुच देश के प्रति कुर्बानियाँ देने का अवसर मिलेगा, लेकिन अन्य लोगों को ऐसा लगता था कि इस टकराव की नौबत नहीं आएगी।

सरकार चाहती थी कि जनपद सूरत की कौंसल के सदस्य, सर चुन्नी लाल मेहता को (जो गर्वनर की कौंसल में वित्त-सभासद थे), इन शब्दों में एक पत्र लिखकर भेजें—

"हम आपको यह सूचना देने की स्थिति में हैं कि २४ जुलाई को महामान्य गवर्नर द्वारा रखी गई शर्तों को पूरा कर दिया जाएगा।"

सरदार पटेल से अपील की गई कि वे यह पत्र गवर्नर को भेजे जाने को राजी हो जाएँ। उन्होंने पूछा, "क्या सरकार जानती है कि यह पत्र एक खोटा सिक्का है?" उत्तर था, "परंतु यह आश्वासन भी था कि इस पत्र का मूल्य केवल अनादर से बचाव का एक नाममात्र साधन है।" इस पर सरदार ने कहा, "यदि सूरत जनपद के सदस्यों को कोई एतराज नहीं तो मुझे भी नहीं है।" पत्र लिखे जाने की बात मान ली गई।

गवर्नर ने जिम्मेदारी ली थी कि जैसे ही पत्र मिलेगा, वह फौरन 'छानबीन' के आदेश दे देगा। जब्त की गई भूमि वापस कर दी जाएगी और तमाम कर्मचारियों को वापस नौकरी पर बहाल कर दिया जाएगा। सरकार ने केवल एक शर्त मुआवजा देने वाली नहीं मानी।

गवर्नर ने पत्र मिलने पर मानी गई शर्तों पर अमल के लिए आदेश निकाल दिए और सरदार अपनी सब शर्तों को मनवाने में सफल हो गए, सिवाय एक मुआवजे वाली शर्त के। सरकार को एक शर्त न मानकर अपने को निरादर से बचने का बहाना मिल गया। सरकार और सरदार पटेल की सहमति से केवल ६ प्रतिशत लगान स्वीकार कर लिया गया।

पूरे भारत में बारदोली के सत्याग्रह की सफलता को खुशियों का मुजाहरा करके पूरी गर्मजोशी से मनाया गया। वल्लभभाई किसानों के एक वीर योद्धा प्रसिद्ध हुए। उन्होंने किसानों के अधिकारों की लड़ाई सत्याग्रह के रूप में बड़ी चतुराई, विवेक और वीरता से लड़ी थी और उन्हें अपने ऊपर विश्वास करके निडर होकर अन्याय के विरुद्ध डटकर खड़ा होने की हिम्मत का पाठ पढ़ाया था तथा गर्व से जीना सिखाया था। उन्होंने अपने आपको बहुत काबिल संयोजक, प्रबंधकर्ता और उत्तम शासक साबित कर दिया था। 'बारदोली का सरदार' इस अपूर्व सफलता के पश्चात् पूरे 'भारत का सरदार' बनकर राजनैतिक क्षितिज पर सूर्य की तरह उभरा था।

बारदोली के सत्याग्रह की सफलता से कांग्रेस के कलकत्ता सैशन में उपस्थित सब डेलीगेटों के मनों में यह बात घर कर चुकी थी कि सत्याग्रह को एक अभेद्य हथियार मानकर तथा अहिंसा को आधार बनाकर देश की स्वतंत्रता की लड़ाई भी सफलतापूर्वक लड़ी जा सकती हैं। गांधीजी की इस मान्यता को दृढता प्राप्त हुई थी।

श्री मोतीलाल नेहरू ने, जो कांग्रेस के प्रधान थे, सरदार पटेल और बारदोली के किसानों को मुबारकबाद देने के लिए एक प्रस्ताव रखा तो डेलीगेट्स अपनी-अपनी जगह से उनके दर्शनों के लिए चिल्लाए। सरदार पटेल अपने स्थान पर खड़े हो गए। डेलीगेट्स ने खड़े होकर आग्रह किया कि वे स्टेज पर पधारें और अपने मुखारविंद से कुछ शब्द कहें। सरदार ने बहुतेरी ना-नुकर की, परंतु उनकी एक नहीं चलने दी गई। वे स्टेज पर ज्यों ही खड़े हुए, तालियों की गड़गड़ाहट ने उनका हार्दिक स्वागत किया। वे बोले, ''मैं आप सबका धन्यवाद करता हूँ कि आपने बारदोली के मेरे किसान भाइयों को बधाई का पात्र समझा है। यदि आप सब स्वयं उनके सत्याग्रह की दिल से स्तुति करते हैं, जो उन्होंने कर दिखाया है, तो मैं आप सब से यह आशा रखता हूँ कि आप उनके नक्शेकदम पर चलकर दिखाएँगे।''

□

सरदार वल्लभभाई पटेल : अंगारों पर चलने का अभ्यास

—डॉ. कृष्णदत्त पालीवाल

यह हम सभी के लिए अत्यंत पीड़ादायक विचार स्थिति है कि आजादी के आंदोलन के ज्यादातर नेताओं पर तो कई पहलुओं से विचार हुआ, लेकिन सरदार वल्लभभाई पटेल पर चुप्पी साध रखी है। इस चुप्पी में सरदार के मुक्ति-संग्राम में किए-धरे की उपेक्षा है। जिस व्यक्ति ने अपना पूरा जीवन गीता के कर्मयोगी की तरह निर्भय होकर जिया, उस पर यह चुप्पी क्या कहती है? यह चुप्पी कहती है कि हमने सरदार पटेल को हिंदू राष्ट्रवादी कहकर पहले तो अपमानित किया, उनपर गलत तरह से सोचा और दक्षिणपंथी कहकर राजनीति में अछूत घोषित कर दिया। हालत यह है कि आधुनिक भारतीय सामाजिक एवं राजनीतिक चिंतन पर विचार करनेवाली पुस्तकों में सरदार वल्लभभाई पटेल का नाम तक नहीं है। मैंने राजस्थान हिंदी ग्रंथ अकादमी, जयपुर द्वारा प्रकाशित डॉ. पुरुषोत्तम नागर की विशालकाय पुस्तक 'आधुनिक भारतीय सामाजिक एवं राजनीतिक चिंतन' में सरदार पटेल पर चर्चा तो दूर, उनका नाम तक नहीं पाया। यह रूप देखकर मैं कराह उठा कि हमारी वामपंथी दृष्टि का यह रूप कितना गैर-ईमानदारी से भरा हुआ है! सरदार पटेल से ऐसा क्या द्वेष है कि आप राजनीतिक चिंतकों में, विशेषकर भारतीय स्वाधीनता आंदोलन में सक्रिय होकर प्राणों की बाजी लगानेवाले राष्ट्र नायकों का नाम तक न लें? उनसे बचते फिरें! आखिर क्यों?

सरदार पटेल को लेकर इस तरह के तमाम प्रश्न कि वे हिंदू, हिंदुत्व और सांप्रदायिकता के कट्टर समर्थक थे और धर्मनिरपेक्षतावाद की राजनीति से हाथ जोड़कर नमस्कार कहते थे। उन्होंने अपने चिंतन-मनन से समझ लिया था कि आदमी धर्म-निरपेक्ष होकर जी नहीं सकता। उनकी धर्म की उक्त धारणा में विश्व-मानव के लिए जगह थी। उनके समय में जो मुसलिम लीग ने राजनीति पैदा की थी, सरदार उससे

क्षुब्ध थे। लीग से क्षुब्ध होने का मतलब यह नहीं है कि वे मुसलमानों के विरोधी थे। गांधीजी ने प्रार्थना प्रवचन में अपनी मृत्यु से पहले कहा था कि सरदार सीधी बात बोलनेवाले हैं। वे बोलते हैं तो कड़वी लगती है। वह सरदार की जीभ में है। मैंने उनसे कहा कि आपकी जीभ से कोई बात निकली कि काँटा हो गई! तो उनकी जीभ ही ऐसी है कि काँटा है, दिल वैसा नहीं है। उसका मैं गवाह हूँ। उन्होंने कलकत्ते में कह दिया कि सब मुसलमानों को यहाँ रहना है, रह सकते हैं। साथ ही मुझसे यह भी कहा कि उन मुसलमानों का एतबार नहीं करता हूँ, जो कलकत्ता लीग वाले थे और अपने को हिंदू-सिक्ख दुश्मन मानते थे, 'वह जब कल तक ऐसे थे, तब आज एक रात में दोस्त कैसे बन सकते हैं? लीग रहेगी तो वे लोग किसकी मानेंगे—हमारी हुकूमत की या पाकिस्तान की? लीग अभी वैसा ही कहती है तो उनको शक होता है। उनको शक करने का अधिकार है। सबको शक करने का अधिकार है।' जाहिर है कि सरदार पटेल अभिधा में बिना लाग-लपेट के विचार व्यक्त करनेवाले व्यक्तियों में अग्रणी कहे जा सकते हैं।

पूरे देश को सरदार पटेल ने अपने जी-जान से काम करने की कला का कमाल किसान आंदोलनों में दिखा दिया था। यह लोकोक्ति चल पड़ी थी कि वल्लभभाई पटेल पुराने सिपाही हैं और सेवा के सिवाय उनका कोई दूसरा काम भी नहीं है। मैं जानता हूँ कि आज के भारत में 'सेवा' की अवधारणा का अर्थ-संकोच हो गया है। यह 'सेवा' शब्द ध्यान देना होगा कि गांधीजी ने चलाया और इसमें निष्काम सेवा का अर्थ भर दिया था। आज तो 'सेवा' शब्द घूसखोरी के पाले में चला गया है। रिश्वतखोर अफसर बिना 'सेवा' के कोई काम नहीं करते। उनके बिचौलिए आपके दरवाजे आकर कहते हैं कि मुफ्त में काम नहीं होगा, कुछ सेवा कीजिए। इसलिए 'सेवा' बहुत खतरनाक शब्द है, सताया हुआ है, लेकिन इसमें वह भाव आ गया है कि अब हमें सेवावाले नहीं चाहिए। इसलिए सरदार पटेल के संदर्भ में 'सेवा' का अर्थ-पाठ निष्काम कर्न-निष्ठा ही लेना चाहिए, ताकि अर्थ का अनर्थ न हो। 'सेवा से सेवा' प्राप्त करनेवाला हमारी परंपरा का भाव भारतीयता का एक कर्तव्य-पक्ष रखता है। इसलिए सेवाछल धर्म-कर्तव्य से जुड़ा बड़ी पवित्र अवधारणा का बीज भाव है, जिसका हमें मूल से जुड़ा पाठ ही करना होगा।

चारों ओर बारदोली सत्याग्रह को लेकर चकचक हुई और साम्राज्यवादियों ने इस आंदोलन के विरुद्ध दुष्प्रचार के लिए कमर कसी तो गांधीजी को कहना पड़ा—"अभी जो भंयकर अफवाहें उड़ रही हैं, उनको ध्यान में रखकर मुझे यह स्पष्ट कर देना आवश्यक मालूम होता है कि बारदोली से मेरा क्या संबंध है। पाठक जान लें कि बारदोली सत्याग्रह के आरंभ से ही मैं उसमें शामिल हूँ। उसके नेता वल्लभभाई हैं।

उन्हें जब कभी हमारी जरूरत हो, वे मुझे ले जा सकते हैं। यह कोई बात नहीं है कि उन्हें मेरी सलाह की आवश्यकता हो। तथापि कोई भी पार्टी का काम करने से पहले वह मुझसे परामर्श करते हैं। पर वहाँ का सारा काम, चाहे वह छोटा हो या बड़े से बड़ा, वह अपनी जिम्मेदारी पर ही करते हैं। इस बात के विषय में मैंने उनसे पहले ही समझौता कर लिया है कि मैं सभा आदि में नहीं जाऊँगा। मेरा शरीर अब इस लायक नहीं रहा कि मैं हर एक काम में दिलचस्पी ले सकूँ। इस सत्याग्रह में उनके साथ मेरी संपूर्ण सहानुभूति रही है। अब तो गंभीर स्थिति खड़ी होने की संभावना है और उसका समाधान करने के लिए वल्लभभाई जो-जो करेंगे, उसमें भी उनके साथ मेरी पूरी सहानुभूति रहेगी।'' गांधीजी के इस कथन में यह ध्वनित है कि उनका और पटेल का अभिन्न हृदय-संवाद था। दोनों में बहुत सी बातों को लेकर समानता थी और दोनों ने ही लोक कल्याण के लिए वैष्णव जन वाली संत सेवा का आदर्श अपना लिया था। तभी इन दो गुजरातियों का यह अटूट भाव इतिहास विधाता के रथ को आगे हाँक ले जाने में सक्षम सिद्ध हुआ।''

'विजयी बारदोली', के पृष्ठ ३२५ पर यह कथन मौजूद है कि जिस सरदार के सेनापतित्व में आपने इस प्रतिज्ञा का इतना सुंदर पालन किया है, उसी के सेनापतित्व में आप यह भी करें। ऐसा स्वार्थत्यागी सरदार आपको और नहीं मिलेगा। यह मेरे सगे भाई के समान है, तथापि इतना प्रमाण-पत्र उन्हें देते मुझे तनिक संकोच नहीं होता। संकोच कैसे हो—त्याग ने ही पटेल के रूप में शरीर धारण कर लिया था। यह त्यागी सरदार भारत-विभाजन का गुनहगार नहीं है। हिंदू-मुसलिम संघर्ष का भयानक संघर्ष फूटने को था तो सरदार विभाजन पर सहमत हो गए। सरदार पटेल ने कहा है कि ''लोग कहते हैं कि कांग्रेस ने मुल्क के टुकड़े करा दिए। एक तरह से यह बात सच है। हमने सोच-विचारकर यह जिम्मेदारी ली है। किसी के डर या दबाव से नहीं ली। हिंदुस्तान के टुकड़े करने का मैं कट्टर विरोधी था, लेकिन जब मैं केंद्रीय सरकार में आकर बैठा तो देखा कि सांप्रदायिक जहर चपरासी से लेकर ऊँचे अधिकारियों तक फैल गया है। ऐसी हालत में साथ रहकर लड़ते रहने और तीसरे से बीच-बचाव कराते रहने से अलग हो जाना ही अच्छा है।'' यह तो सरदार पटेल का ही जादू था कि उन्होंने खंडित भारत को फिर से जोड़ा और एक अटूट अखंड भारत में परिवर्तित कर दिया। देशी राज्यों का एकीकरण इसका प्रमाण है। आज भी बहुत से इतिहासकार सरकार पटेल के इस कार्य को स्वतंत्रता-प्राप्ति से ज्यादा महत्त्वपूर्ण कार्य घोषित तौर पर मानते हैं। इसी एकीकरण ने भारतवर्ष के इतिहास प्रवाह की दिशा बदल दी और तोड़नेवाली फिरंगी सरकार की नीतियों पर पानी फेर दिया।

गांधी के सत्याग्रह, अहिंसा-सत्य में पटेल जैसी निष्ठा दुर्लभ है। बंबई से ८

फरवरी, १९३९ को पटेल ने जवाहरलाल नेहरू को पत्र लिखा—

"प्रिय जवाहर, तुम्हारा पिछला पत्र बारदोली में मिला, जो मेरे उस आग्रह के उत्तर में था कि तुम संयुक्त वक्तव्य पर हस्ताक्षर करो या एक स्वतंत्र वक्तव्य दो। मैंने तुम्हें यह सुझाव बापू के कहने पर दिया था। तुम्हारा जवाब भी मैंने उन्हें दिखा दिया है और उन्होंने मुझसे कहा है कि इसके बारे में मैं अपने विचार तुम्हें लिख दूँ। वे स्वयं भी उस पत्र से अप्रसन्न हुए, परंतु मैंने उन्हें और ज्यादा कष्ट देना ठीक नहीं समझा। संयुक्त वक्तव्य भी उन्हीं के कहने से जारी किया था। वास्तव में मैंने उनसे कह दिया है कि मुझ पर कीचड़ उछालने का यह एक और बहाना हो जाएगा, लेकिन वे नहीं माने और मैंने उनकी आज्ञा का पालन किया। मौलाना ने अंतिम क्षण पर अपना नाम वापस ले लिया।"

आज का पाठक जब इस पत्र का पाठ करता है तो पाता है कि बापू के लिए सरदार पटेल की भूमिका रामकथा के लक्ष्मण वाली रही है। गांधीजी ने उन्हें आजादी के आंदोलन के दिनों में जो भी काम—चाहे दंगा-भड़कने पर दिल्ली, कलकत्ता सोया हो, वे अपने प्राणों की परवाह किए बिना वहाँ गए और संकट का हल निकालने का प्रयत्न किया।

सरदार पटेल की ही स्वच्छ निर्भयता थी कि वे बात या विचार को विकृत ढंग से छिपाने में विश्वास नहीं रखते थे। 'भय' नाम का शब्द शायद उनके जीवन से बाहर था। यही कारण है झूठा प्रचार करने में माहिर वामपंथियों पर वे शेर की तरह गुर्राते रहे। उन्होंने पंडित जवाहरलाल को ८ फरवरी, १९३९ के पत्र में लिखा है—"जिससे मैं सबसे ज्यादा घृणा करता हूँ, यह वह तरीका है, जो इस लक्ष्य की प्राप्ति के लिए अपने को वामपंथी कहने का दावा करनेवाले लोगों द्वारा और उनसे भी ज्यादा अध्यक्ष द्वारा अपनाया गया, जिनका हम पर यह आरोप है कि हम ब्रिटिश सरकार के साथ षड्यंत्र में शामिल हो गए हैं और स्थायी तौर पर संघ मंत्रिमंडल में बना लिया है। दुश्मनों को भी हमारी ईमानदारी पर भरोसा है, परंतु हमारे अध्यक्ष को नहीं। किसी तरह भी हमें इस बारे में संदेह नहीं है कि हमें क्या कहना है और मैंने सुभाष को भी लिख दिया है कि हम उनकी सुविधा से बाहर निकल आने को तैयार हैं। जीवंत तुम्हें उस पत्र की एक नकल दिखाएँगे, जो मैंने उन्हें कल भेजा है। मैं तुम्हारे विचार नहीं जानता, परंतु इतनी आशा तो है कि हमने जो कुछ करने का सोचा है, उसके लिए कम-से-कम तुम हमें दोष नहीं दोगे। मेरा विचार है कि मेरी किस्मत में ही गालियाँ खाना बदा है। बंगाल के अखबार मुझ पर आगबबूला हैं और खरे तथा नरीमन कांड के लिए वे मुझे दोष देते हैं। हालाँकि मेरे सब साथी भी इन कामों के लिए संयुक्त रूप से जिम्मेदार हैं। तथ्य यह है कि डॉ. खरे के मामले में सुभाष शुरू से आखिर तक उपस्थित थे और

उन्होंने ही सारी चीज का संचालन किया था।

"बड़ौदा में भी मेरे कारण एक बंवडर उठ खड़ा हुआ है। महाराष्ट्र के अखबारों में मेरे विरुद्ध जहर भरा रहता है। वे मेरे खून के प्यासे हैं। राजकोट की वजह से सारे काठियवाड़ में आग सी सुलग रही है। वहाँ जबरदस्त जनजागृति हो गई है। अगर रेजीडेंटों ने दबाव न डाला होता तो नरेश फौरन झुक जाते।"

सरदार वल्लभभाई पटेल के इस पत्र में तत्कालीन राजनीति का इतिहास-भूगोल चक्रवात की तरह उठा दिखाई देता है। सरदार पटेल लौहपुरुष इसी अर्थ में थे कि वे विपत्तियों के सामने घुटने टेकना तो जानते नहीं थे। विपत्तियाँ तो देशी नरेश ही थे, जो समा-शक्ति के दुरुपयोग से बने रहना चाहते थे। सरदार पटेल के इस विचार ने नरेशों की छाती पर साँप लुढ़का दिए थे, जो धमकाते रहते थे। विद्रोही तो सरदार जन्मजात थे और 'गीता' का विद्रोही नायक कृष्ण उनका आराध्य था। इसलिए बौद्धिक जड़ता को गढ़ते हुए नरेशों को लेकर घोषणा की और ११ अगस्त, १९४७ को राजा-महाराजाओं से कहा, "मैं उनसे कहता हूँ कि १५ तारीख तक जो भारतीय संघ में आ गया, वह आ गया। बाद में दूसरी तरह हिसाब होगा। आज जो शर्तें मिलती हैं, वे फिर नहीं मिलेंगी। इसलिए राज सँभालना हो तो अंततः आ जाइए। आज की दुनिया में अकेले रहना मुश्किल है। जब तेज आँधी आती है तो अकेला पेड़ गिर जाता है।" इस तरह की घोषणाओं के कारण सरदार को तानाशाही वाला नंबरदार कहा जाता था। जबकि वे तानाशाह नहीं थे—संकल्पशाह थे।

संकल्पशाह पटेल ने बार-बार पत्रों-भाषणों में पंडित जवाहरलाल के क्रोध में जल्दी आ जाने की चर्चा की है। ३ जुलाई, १९३९ को पटेल ने जवाहर लालजी को लिखा—"प्रिय जवाहर, १ तारीख को बापू से मिले और अपनी क्षेत्रीय योजना के बारे में उनसे बातचीत की। बापू ने उनसे कहा कि इस योजना पर उनसे बातचीत करने की जरूरत नहीं है, लेकिन राजेंद्र बाबू का संदेश उन्हें मिला है और कहा कि उनके मुसलिम लीगी साथी कौमी सवाल को हल करना चाहते हैं तो वे राजेंद्रबाबू और कांग्रेस के दूसरे मित्रों से मिल सकते हैं। इस स्पष्ट समझ के साथ कि किसी भी पक्ष की तरफ से किसी भी बात पर कोई आश्वासन नहीं है। आज रात को वे फिर आ रहे हैं। इसमें कुछ भी नतीजा निकलने वाला नहीं है। बापू ने सीमा प्रांत जाना मुल्तवी कर दिया है, क्योंकि उन्हें बादशाहखान का तार मिला है कि उन्हें ३ जुलाई को रवाना होना चाहिए। उस दिन तुम गुस्से में आ गए और 'हरिजन' में प्रकाशित उनकी मुलाकात के मामले पर बहुत आवेश में बातचीत की। उस बात पर तुमको इतना ज्यादा नाराज देखकर हम सबको बड़ा दुःख हुआ और हमने अनुभव किया कि तुमने बापू के साथ बहुत अन्याय किया। मुझे यह भी लगा कि इस प्रकार की एक-दो घटनाएँ उन्हें

सार्वजनिक जीवन से अलग हट जाने का निर्णय लेने को बाध्य कर देंगी। वे ७१ वर्ष के हैं और उनकी बहुत सी ताकत खत्म हो चुकी है।" इस तरह घटनाएँ साक्षी हैं कि १९३९ के आस-पास ही गांधी और नेहरूजी में खट-पट शुरू हो गई थी। दोनों में वैचारिक विरोध पग-पग पर बढ़ गया था। नेहरूजी गांधीजी को खूसट बूढ़ा समझने लगे थे और गांधीजी के हिंद स्वराज के विचारों से उन्हें गहरी अनास्था हो गई थी। नेहरूजी पर पश्चिम की प्रगति का ऐसा नशा सवार था कि उसके सिवाय उन्हें अन्य कोई मॉडल दिखाई ही नहीं देता था। पश्चिमवाद के साहित्यिक टेंपर के मॉडल को लेकर ही नेहरूजी लकदक करती मॉडर्न इंडिया बनाना चाहते थे। इस तरह गांधी और नेहरू के विचारों में जमीन-आसमान का अंतर आ गया है। अपने विचारों की उपेक्षा से गांधीजी बहुत पीड़ित अनुभव करने लगे थे और अकेले तो हो ही गए थे। इस अकेलेपन ने उन्हें भीतर से तोड़ दिया था। गांधीजी की इसी मानसिकता का विस्तार से विस्फोट 'प्रार्थना प्रवचन' पुस्तक के प्रवचनों में हुआ है।

यह यकीनन हम सभी का सौभाग्य है कि सरदार वल्लभभाई पटेल जैसा निर्भय, आजादी का योद्धा गांधी को मिला। न मिला होता तो गांधी की बहुत सी योजनाएँ चौपट हो जातीं और जवाहरलाल उनपर और ताकत से चढ़ बैठे होते! हम सरदार पटेल के काम की खुलेपन से भारतीय मुक्ति संग्राम में सही समीक्षा करेंगे तो पाएँगे कि विवाद एवं आलोचनाओं के बावजूद उस दौर में सरदार पटेल जैसा कोई दूसरा नहीं था। कभी-कभार मुझे लगता है कि वीर सावरकर का 'हिंदुत्व' भी पूरी ताकत से सरदार पटेल में समा गया था और उनके विचारों में भारतीय ऋषियों, कवियों, संतों-फकीरों, देवताओं का तेज एक नई वैचारिक ऊर्जा के साथ अवतरित हुआ था। सरदार ने ब्रिटिश साम्राज्यवाद से कोई बहस नहीं की और न मुसलिम लीग के लोगों से। उन्होंने देश की सरकारों को गंभीरता से लिया और अपने विचारों से इस देश की भारतीयता की बचाने की कोशिश की है। उनके लिए अंदरूनी बाहरी विभेद अपनी पारस्परिकता में अन्य वाद से दूर रहे। भारत का विमर्शी संसार सरदार पटेल के विचारों का पुनः पाठ करेगा तो पाएगा कि उनमें अलगाववाद का कसैला धुआँ नहीं है। हर साँस में देश की भक्ति या देशभक्ति की अनंत महिमा का ही विस्तार है। नरमपंथियों का विचार है कि सरदार वल्लभभाई पटेल का मन कट्टर दक्षिणपंथ की ओर कुछ ज्यादा ही झुका हुआ था। इस विचार पर स्थान और स्थिति को केंद्र में रखकर पुनः विचार की जरूरत है। स्वामी दयानंद, गांधी और पटेल—इस त्रयी में गुजरात के उस संत दर्शन का खमीर उठा है, जिसमें प्रेम, त्याग और अहिंसा का तप है। इस तप में किसी को भी अन्य मानने की पश्चिमी अवधारणा का एकांत अभाव है। साथ ही भारत ने कभी भी पश्चिमी उग्र राष्ट्रवाद का समर्थन नहीं किया और न

उसे अपने चिंतन में अपनाया। इसी बिंदु से पटेल देशभक्ति के पवित्र पुजारी हैं, उग्र हिंसक राष्ट्रवाद के नहीं। अरविंद ने पश्चिमी राष्ट्रवाद की नोकों को तोड़कर उसे आध्यात्मिकता का बाना पहनाया और सावरकर ने उग्र राष्ट्रवाद में भारत को केंद्रीय स्थान दिया तथा उसकी मुक्ति के लिए जीवन अर्पित कर दिया। भारत में सर मुहम्मद इकबाल ने मुसलमानों के पृथक् राज्य की माँग मिल के विचारों के अनुरूप प्रस्तुत की। रवींद्रनाथ ने 'राष्ट्रवाद' पुस्तक में उन तमाम कमियों की ओर संकेत किया, जिन्हें मिल तथा लार्ड एक्टन ने माना था। गांधीजी ने राष्ट्रवाद को राष्ट्रों की स्वार्थपरता नीति से हटाकर अंतरराष्ट्रीय मानवतावाद के रूप में प्रस्तुत किया। गांधीजी तथा पटेल ने उपयोगितावाद का खंडन किया और नैतिकता को मानवता का मूल्य—केंद्रीय मूल्य घोषित किया।

खेड़ा में सत्याग्रह का घोष उठा तो नैतिकता की बात उठी। गांधी ने पुकार लगाकर कहा, 'मेरे साथ खेड़ा चलने को कौन तैयार है?' पटेल ने निर्भय भाव से कहा, 'मैं तैयार हूँ।' नागपुर झंडा सत्याग्रह के नेता देशभक्त सेठ जमुनालाल बजाज जब कृष्णा मंदिर में जा बिराजे, तब प्रश्न उठा, अब आगे कौन? उस समय पटेल ने सिंह नारा दिया—'मैं आ रहा हूँ।' बोरसद में शासक से जन-जन के न्याय के लिए टक्कर ली और अन्यायी को ढेर कर दिया। विष्णु प्रभाकरजी ने 'हम इसके ऋणी हैं' पुस्तक में खूब अपने मन को तौलकर लिखा है कि बारदोली तो उनके जीवन में इस स्वर्णिम मोड़ के समान थी, जिसने उनके ही जीवन को आलोकित नहीं किया, बल्कि सारे देश में भक्ति को जगमगा दिया। वह प्रकाश देश की सीमाओं को तोड़कर बाहर भी पहुँच गया और अफ्रीका के टांगानिका प्रदेश में जब सत्याग्रह करने का प्रश्न उठा, तब आगरिवा जैसे व्यक्ति की दृष्टि भारत के सरदार पर ही गई। वास्तव में 'सरदार' शब्द ही विद्रोह और विजय का प्रतीक बन गया। खेड़ा के किसान आंदोलन का नेता राजसत्ता के अत्याचारों से झुका नहीं, बल्कि राजसत्ता को झुकने के लिए विवश करके ही दम लिया। निर्भय ऐसे कि तत्कालीन भारत मंत्री सर सैमुएल होर को सैदव 'नंगा' कहा।

इतिहास-विधाता को याद है कि एक बार लॉर्ड लेकी ने अपनी नालायकी में महात्मा गांधी के लिए अपशब्दों का प्रयोग किया। उसके उत्तर में गांधीजी ने एक लंबा पत्र लिखवाया। संयोगवश गांधी के पास बैठे थे सरदार पटेल। उनसे रहा नहीं गया, बोले, इतना लिख रहे हैं, इसके बजाय यह लिखिए न कि तू सरासर झूठा है। इस तरह के उदाहरण सरदार पटेल के जीवन के वे पाठ हैं, जिन्हें अभी पढ़ा ही नहीं गया है। अभी तो उन्हें हिंदी राष्ट्रवादी कहकर गाली देने का ही फैशन चला हुआ है। हमारी परंपरा बहस-विवाद की रही है। निरंतर बहस-शास्त्रार्थ से हमने सच की तलाश में अपने को तपाया है। इसलिए झूठे को झूठा कहने में हमें कोई भय क्यों हो? सरदार

पटेल उसी झूठी बहस शास्त्रार्थ परंपरा की उपज थे। सरदार की स्पष्टवादिता ने सोने से ढके घड़े के मुख को खोलकर भीतर के सत्य को पाने में चूक नहीं की है। उन्होंने सत्य की जय के जीवन मे विजयगान लिखे और किसान के इस बेटे ने पूरी लगन से स्वराज-स्वाधीनता और सत्याग्रह का भाष्य करके हमें नवजागरण की दिशा-दृष्टि दी है। हिंदी में नवजागरण की अवधारणा को माननेवाले हिंदू नवजागरण का नाम आने पर काँपने लगते हैं। उनकी कायरता उन्हें इस नवजागरण के लिए सावरकर और सरदार पटेल का नाम नहीं लेने देती। वे केवल हिंदू राष्ट्रवाद के नाम पर दयानंद, अरविंद को गाली देकर खुश हो जाते हैं। सरदार पटेल का नाम तो उनके लिए अपशब्द है। उसे मुँह पर कैसे आने दें? स्वामी दयानंद, विवेकानंद, तिलक और गांधी के नाम पर वामपंथी बुद्धिजीवियों ने जो चर्चा की है, उसका एक घिनौना इतिहास है। एक गलत दृष्टि से सोचने के कारण 'सबाल्टर्न' हिस्टरी वाले भी भटक गए हैं। यह बड़े ही कष्ट का विषय है, जिससे मुक्त होना होगा।

मैं गांधीजी को परकाया प्रवेश करनेवाला योगी-महात्मा मानता हूँ। इसलिए उन्होंने पटेल के लिए जो कहा है, उसे मैं सत्य मानता हूँ। गांधीजी ने पटेल को लेकर कहा है कि 'सरदार सीधी बात बोलनेवाले हैं। वे बोलते हैं तो कड़वी लगती है। वह सरदार की जीभ में है। मैंने उनसे कहा कि आपकी जीभ से कोई बात निकली काँटा हो गई तो उनकी जीभ ही ऐसी है कि काँटा है, दिल वैसा नहीं है। उसका मैं गवाह हूँ।' गांधी की गवाही का बड़ा अर्थ है। इस अर्थ की कद्र करनी चाहिए। जाने क्यों मुझे जायसी की कृति 'पद्मावत' का हीरामन तोता-नागमती प्रसंग याद आ गया, जिसमें हीरामन ने रानी से कहा कि रानी अपने रूप के विषय में मत पूछो। मैं ठहरा पंडित विद्वान् और पंडित के मुँह में सीधी जीभ होती है, वह कड़वा सच कहने से पीछे नहीं हटता। यही हीरामनी हाल सरदार पटेल का था। जेल में गांधी के साथ न जाने क्या-क्या सहा था, पर सत्य का मार्ग नहीं छोड़ा। जबकि बहुत से विचारों में दोनों का भारी मतभेद था और फिर भी दोनों भारतीय स्वाधीनता संग्राम की अद्वैतवादी शक्ति थे और देशभक्तिवाद के साक्षात् हिमालय। दिनकर ने 'कुरुक्षेत्र' में भीष्म पितामह से युद्धधर्म की जो प्रतिज्ञा करवाई है—सरदार पटेल उसी के प्रतीक थे 'शूरधर्म है अभय दहकते अंगारों पर चलना। शूर धर्म है शोणित असि पर धरकर पाँव मचलना।' आप अंगारों पर चलें और शीतलता का अनुभव हो—यज्ञ अनल से निकला योद्धा सरदार वल्लभभाई पटेल। १५ दिसंबर, १९५० तक वे धधकते रहे और आज भी उनके विचारों के अंगारे बुझे नहीं हैं।

तिलक के संपर्क में आकर जैसे वीर सावरकर को स्वदेशी स्वराज का नया दृष्टिकोण प्राप्त हुआ। ऐसा ही गांधी के संपर्क में आने पर सरदार पटेल में हुआ। दोनों

ने बहुत सा समय कारावास में एक साथ व्यतीत किया। इस जेल-प्रवास को याद करते हुए गांधीजी ने लिखा है—"उनकी अनुपम वीरता से मैं अच्छी तरह परिचित था। परंतु पिछले सोलह महीनों में जिस प्रकार रहा, वैसा सौभाग्य मुझे कभी नहीं मिला था। जिस प्रकार उन्होंने मुझे स्नेह से ढक लिया, वह मुझे मेरी माँ की याद दिलाता है। मैं यह कभी नहीं जानता था कि उनमें माँ के गुण भी हैं। बारदोली और खेड़ा के किसानों के लिए उनकी चिंता मैं कभी नहीं भूल सकता।" यह तो मैंने पढ़ा था कि जब पुरुष में स्त्री के गुण आ जाते हैं, तब वह देवता हो जाता है। इस पुरुष में जब माँ के गुण आ जाते हैं, तब तो वह सबकुछ हो जाता है।

'हिंदी नवजीवन' अखबार के १३ मार्च, १९३० के अंक में गांधीजी ने सरदार पटेल के विषय में जो काव्यात्मक विचार व्यक्त किए हैं, वे भूलने लायक नहीं हैं। यहाँ गांधी का चिंतक और साहित्यकार दोनों एक साथ जागकर कहते हैं—"सरदार वल्लभभाई की अमूल्य सेवाओं के हम पात्र थे या नहीं, इसे प्रमाणित करने का अब अवसर आ गया है। उन्हें गुजरात से आशा क्यों नहीं है? उन्होंने मजदूरों की सेवाएँ में कौन कमी रखी है? डाकवालों और रेलवे के नौकरों ने उनके पास बैठकर स्वराज का पाठ कौन कम पढ़ा है? अहमदाबाद का ऐसा कौन नागरिक है, जो नहीं जानता कि उन्होंने अपना सर्वस्व खोकर इस शहर की सेवा की है? शहर में जब भीषण महामारी फैली हुई थी, उन दिनों गरीबों की सेवा का इंतजाम करनेवाला कौन था? वल्लभभाई। अकाल पड़ने पर अकाल पीड़ितों की मदद के लिए दौड़ पड़नेवाला कौन था? वल्लभभाई। गुजरात में ऐतिहासिक बाढ़ आई, लाखों लोग घर-बार विहीन बन गए, खेतों की फसल बह गई। उस समय सारे गुजरात का संकट टालने के लिए सैकड़ों स्वयंसेवकों को तैयार करनेवाला कौन था? वल्लभभाई ही। और वह भी वल्लभभाई ही थे, जिन्हें बारदोली की जीत के लिए वहाँ जनता ने 'सरदार' कहकर पुकारा और जो संपूर्ण स्वराज की आखिरी लड़ाई के लिए जनता को तैयार कर रहे थे।" गांधीजी ने कितने कृतज्ञ भाव से सरदार पटेल का स्मरण किया कि मन पटेल पर मुग्ध हो जाता है। इस मुग्धता का बड़ा अर्थ सौंदर्य है। इसे कृतज्ञ स्पष्ट शब्दों में व्यक्त नहीं कर सकता। केवल उसकी ज्ञानात्मक संवेदना का अनुभव भर कर सकता है। फिर यह संत भाव का आत्म-प्रसार—"सरदार के लिए सब समान हैं, एक नन्हा बालक भी इसे जानता है। उन्हें तो गरीब मात्र की सेवा करनी है। फिर भले ही वह भंगी हो या ब्रह्मण, गुजराती हो या मद्रासी। राष्ट्र ने उनकी इस विशेषता को पहचाना और पहचानकर राष्ट्रपति बनाया।"

लौहपुरुष सरदार पटेल ने सेवा को सख्ती में बदला तो तमाम चूलें हिल गईं। हर ओर से उनके खिलाफ तूफान उठा, लेकिन वे अडिग रहे। संस्कृत के विद्वान् थे, नीतिशास्त्र को पढ़ा-गुना था कि शुभ कार्य के मार्ग में बाधा आने पर भी जो उसे

झेलकर डटा रहता है, वही अजेय पुरुष है। उनमें संकल्प था तो सिद्धियाँ उनके चरण चूमती थीं। हर तरफ से शिकायतें आती रहें, देशी रियासतों के नरेश रोते-धोते रहें, उन्हें झुकना नहीं था। भारत में उनका मुद्दा क्या एक सेवा का प्रतिमान बना है तो इसलिए उसमें सरदार पटेल का मनोबल, बुद्धिबल, तपबल लगा हुआ था। बड़े ताल ठोंककर मुसलमान भाई कहते थे—'सब अच्छे हैं, सरदार अच्छे नहीं हैं। मैं तो नुसलमानों से कहूँगा कि मुसलमान ऐसा कहेंगे तो कोई बात चलनी नहीं! क्योंकि आपका हामिक वह मंत्रिमंडल है। हुकूमत में न अकेला सरदार हैं और न जवाहर हैं। वह आपके नौकर हैं। उनको आप हटा सकते हैं।'' (प्रार्थना प्रवचन, १३ जनवरी, १९४८) एक प्रकरण और, यह भी ''आपने कहा है कि मुसलमान भाई अपने डर की ओर अपनी असुरक्षितता की कहानी लेकर आपके पास आते हैं तो आप उन्हें कोई ज्वाब नहीं दे सकते। उनकी शिकायत है कि सरदार, जिनके हाथों में गृहविभाग है, मुसलमानों के खिलाफ हैं। आपने यह भी कहा है कि सरदार पटेल पहले आपकी हाँ में हाँ मिलाया करते थे, जी हुजूर कहलाते थे, मगर अब ऐसी हालत नहीं रही। इससे लोगों के मन में यह असर होता है कि आप सरदार का हुक्म पलटने के लिए उपवास कर रहे हैं। आपका उपवास गृह विभाग की नीति की निंदा करता है। अगर इस चीज को साफ करेंगे तो अच्छा होगा।'' इस पर गांधीजी का उत्तर है कि ''कई मुसलमान दोस्तों ने शिकायत की थी कि सरदार का रुख मुसलमानों के खिलाफ है। मैंने कुछ दुःख से उनकी बात सुनी। मगर कोई सफाई पेश नहीं की। सरदार के बात करने के ढंग में एक तरह का अक्खड़पन है, जिससे कभी-कभी लोगों का दिल दुःख जाता है, मगर सरदार का इरादा किसी को दुःखी बनाने का नहीं होता। उनका दिल बहुत बड़ा है। उसमें सबके लिए जगह है।'' (प्रार्थना-प्रवचन, १५ जनवरी, १९४८) लेकिन गांधी की बात को झूठ बताकर वाममंथी सरदार पटेल को मुसलमान विरोधी सिद्ध करते रहे। यह थीसिस आजतक चल रहा है।

कुतर्कवाद के पहाड़ से सरदार पटेल को 'कम्यूनल' सिद्ध करना वाम पक्ष की खोटी नीयत को सामने लाता है। सरदार कुछ भी कहें, वह सब मुसलमान विरोधी है और हिंदुओं का पक्षधर। इस प्रवृत्ति के कारण ही सरदार पटेल पर अधूरा अपर्याप्त-अनर्गल शोधकार्य हुआ है। सरदार ने बंबई में क्या कहा, उसे गौर से पढ़ें तो पता चलेगा कि सरदार और पंडित नेहरू दूर नहीं है। कहने का तरीका अलग हो सकता है, लेकिन कहते एक ही चीज हैं। वे हिंदुस्तान या मुसलमान के दुश्मन नहीं हो सकते। जो मुसलमान का दुश्मन है, वह हिंदुस्तान का भी दुश्मन है, इसमें मुझे कोई शक नहीं। (प्रार्थना-प्रवचन भाग-२ २० जनवरी, १९४८) इस देश में चार-पाँच दशकों से मार्क्सवाद को आधार बनाकर जो शोध विवेकानंद, अरविंद, गांधी और सरदार पटेल पर हुआ

है, उस पर नए सिरे से निष्पक्ष दृष्टि से करारी से करारी बहस के साथ विचार होना चाहिए। गांधी तथा पटेल का दरवाजा तब तक खटखटाते रहना चाहिए, जब तक कि सत्य स्वयं दरवाजा खोलकर सामने खड़ा न हो जाए। भारतीय राजनीति के 'मोदी युग' में यह कार्य तो बुद्धिजीवियों को करना ही होगा। कुछ भी कहिए, सच को सामने लाने का कार्य मार्क्सवाद, लेनिनवाद, नवमार्क्सवाद, नवइतिहासवाद के प्रति अंधश्रद्धा से नहीं हो सकता।

□

वल्लभभाई पटेल :
'सरदार' से 'लौहपुरुष', एक अंतर्यात्रा

—डॉ. मनमोहन सहगल

श्री वल्लभभाई झवेरभाई पटेल भारत के लौह-पुरुष के नाम से जाने जाते हैं। उनका संघर्षशील व्यक्तित्व उनकी जीवन-यात्रा के पाठकों के लिए न केवल प्रेरक और प्रोत्साहक है, वरन् अनुकरणीय भी है। गुजरात के एक साधारण कस्बे करमसद में एक बड़े परिवार के सदस्य के रूप में वल्लभभाई को कोई विशेष सुविधा प्राप्त नहीं हो सकी। निजी संघर्ष से ही वे वकालत की उपाधि प्राप्त कर पाए और गोधरा, बोरसाड़ तथा आणंद में प्रैक्टिस करते रहे। पत्नी श्रीमती झवेरबेन से उनकी एक बेटी मणिबेन तथा एक बेटा डाह्याभाई हुए। अपनी गृहस्थी उन्होंने गोधरा में बसा ली थी और वकालत के क्षेत्र में संघर्ष करने लगे थे। उन्हीं दिनों गुजरात में मारक प्लेग फैला। वल्लभभाई स्वयं रोग की गिरफ्त में आए। उन्होंने परिवार को सुरक्षित स्थान पर भेज दिया और अकेले एक खँडहर से मंदिर में जीवन-मृत्यु से लड़ते रहे। जब वकालत चल निकली तो अकस्मात् पत्नी झवेरबाई कैंसर के ऑपरेशन के समय चल बसीं। श्री पटेल को सूचना उस समय मिली, जब वे एक केस पर अदालत में बहस कर रहे थे। वे टूटे नहीं, बहस पूरी की, केस जीता और तभी मित्रों से दुःख बाँटा। उपरांत आजीवन विधुर जीवन बिताया। एक और घटना, वल्लभभाई पटेल विदेश से बैरिस्टर की शिक्षा पाना चाहते थे। इसके लिए अपनी आमदनी से पैसे जोड़ते रहे और जब उन्हें वीसा और टिकट प्राप्त हुए, तो उस पर नाम वी.जे. पटेल लिखा था। वी.जे. पटेल (विट्ठलभाई झवेरभाई तथा वल्लभभाई झवेरभाई पटेल) इनके भाई का नाम भी था और वह भी इंग्लैंड से वकालत करना चाहता था। उसकी विनती मानकर वल्लभभाई ने जोड़ा हुआ अपना पैसा-पैसा उसे दे दिया और स्वयं फिर एक बार बैरिस्टर बनने के सपने को सँजोए पैसे जोड़ने लगे। यह थी उनकी उदार संघर्षशीलता, जो मैट्रिक परीक्षा से लेकर

बैरिस्टर बनने तक उनका मार्ग कँटीला बनाती रही, किंतु पटेल न डिगे, न डोले, दृढ-संकल्पी रहे।

पटेल अब अहमदाबाद में प्रैक्टिस करने लगे थे। दोनों बच्चों को उन्होंने अंग्रेजी स्कूल में भेज दिया और स्वयं प्रैक्टिस के साथ-साथ महात्मा गांधी के संपर्क में आने के कारण अपने जीवन-संघर्ष के अनुभव को राष्ट्र के बड़े मानचित्र पर आजमाने निकले। नमक-सत्याग्रह के संदर्भ में गांधीजी के डांडी मार्च में पटेल का पूरा सहयोग रहा। परिणामत: रॉस गाँव के निकट उन्हें बंदी बना लिया गया। यह उनकी सर्वप्रथम राजनीतिक गिरफ्तारी थी। गांधीजी को भी बंदी बना लिये जाने पर गुजरात में तो नमक सत्याग्रह को हवा मिली ही, पूरे देश में कर-विरोधी एक विद्रोह जाग्रत् हो गया। गांधी-इर्विन पैक्ट हस्ताक्षरित होने पर कांग्रेस के कराची सेशन में १९३१ में वल्लभभाई पटेल अध्यक्ष चुने गए। राजनीतिक फलक पर यह उनकी बड़ी पहचान बनी और वे राष्ट्र के स्वतंत्रता आंदोलन के प्रथम पंक्ति के नेताओं में शामिल हो गए।

लंदन में गोलमेज कॉन्फ्रेंस के असफल होने पर भारत में ज्योंही स्वतंत्रता आंदोलन में तीव्रता आई, सरकार ने जनवरी १९३२ में गांधी और पटेल, दोनों को गिरफ्तार करके यरवदा जेल में भेजा। जेल में दोनों नेताओं में निकटता बढ़ी। पटेल कभी-कभी गांधीजी के कथन में संशोधन का सुझाव भी देते थे, किंतु गांधीजी का पूरा सम्मान करते और उनके सुझाव मानते थे। पटेल को नासिक जेल में भेज दिया गया था, जहाँ उन्होंने सन् १९३४ में अपने भाई विट्ठल की मृत्यु पर दाह-संस्कार पर उपस्थित रहने के लिए अंग्रेजी साम्राज्य की दया प्रस्तावना को ठुकरा दिया। जेल से छूटने के बाद पटेल ने बंबई (वर्तमान मुंबई) में रहकर ऑल इंडिया कांग्रेस कमेटी के पार्लियामेंटरी बोर्ड के अध्यक्ष तथा कोषाध्यक्ष के तौर पर कांग्रेस का सर्वोच्च पद सँभाला। राज्य विधान सीमाओं, केंद्रीय विधान सभा के चुनावों का पूरा कार्य पटेल की पैनी प्रतिभा के इशारों पर चलने लगा। कई राज्यों में कांग्रेस सरकारें बनीं, जिनके दिशा-निर्देशक वल्लभभाई पटेल बने। उन्हें बाद में 'सरदार' कहा जाने लगा। अब बारी थी 'सरदार' के लौहपुरुष बनने की।

सन् १९४६ में कांग्रेस के अध्यक्ष पद का चुनाव होने वाला था। पटेल और नेहरू दोनों प्रत्याशी थे। महात्मा गांधी ने सभी सोलह राज्यों से नेहरू के पक्ष में मत देने की अपील की, तथापि सोलह में से तेरह राज्यों ने पटेल के पक्ष में मत दिया। गांधीजी नेहरू को अपना उत्तराधिकारी बनाना चाहते थे (निश्चय ही बाद में उनका यह निर्णय देश पर भारी पड़ा), इसलिए उन्होंने पटेल को अपनी उम्मीदवारी ही वापस ले लेने का आदेश दिया। सरदार पटेल गांधीजी का आदर करते थे, अत: उन्होंने बिना ना-नुकर के अध्यक्ष पद नेहरू के पक्ष में छोड़ दिया। गांधी नेहरू को भारत का सर्वप्रथम प्रधानमंत्री देखना चाहते थे।

सरदार पटेल

सन् १९४६ के आम चुनावों में सिंध, पंजाब और बंगाल के राज्यों के अतिरिक्त शेष तेरह राज्यों में कांग्रेस के मंत्रिमंडल बने। पंजाब और बंगाल में गठबंधन सरकारें बनीं और सिंध में मुसलिम बहुसंख्यक होने के कारण मुसलिम लीग का मंत्रिमंडल बना। मुसलिम लीग के अध्यक्ष मुहम्मद अली जिन्ना सदा से मुसलमानों के लिए एक अलग राज्य की पैरवी करते आए थे। उनके दबाव, 'डायरेक्ट एक्शन' तथा सांप्रदायिक दंगों की अव्यवस्था के कारण 'इंडियन इंडिपेंडेंस ऐक्ट' 'इंडिया डिवाइडेड' तथा 'फॉर्मेशन ऑफ पाकिस्तान' का चोला पहनकर आया। गांधीजी ने इस स्वतंत्रता का विरोध किया, किंतु नेहरूजी के प्रति उनकी सद्भावना आड़े आई और गांधीजी को चुप रह जाना पड़ा। शायद नेहरूजी को भारत का प्रधानमंत्री बनने की जल्दी थी। सरदार पटेल को अनदेखा नहीं किया जा सकता था, इसलिए उन्हें गृहमंत्री तो बनाया गया, लेकिन देश के आंतरिक निर्णयों पर उनपर अंकुश लगाने का षड्यंत्र सदैव बना रहा। ऐसे में भी सरदार पटेल ने देश की सैकड़ों इकाइयों को एक सूत्र में पिरोने का जो महान् कार्य किया, उससे संतुष्ट राष्ट्र ने उन्हें 'लौहपुरुष' घोषित कर अपना प्यार ही प्रकट नहीं किया, बल्कि देश को एक संविधान, एक ध्वज और एक प्रशासन के तले शांति और सुख की साँस लेने की व्यवस्था जुटाने के कारण उन्हें 'एकता का पैगंबर' कहा जाने लगा। देश उनकी राष्ट्रीय देन का सदैव ऋणी रहेगा।

भारत को स्वतंत्र करके जाते हुए अंग्रेजों ने कूटनीति का एक बहुत बड़ा दाँव खेला, जिसके परिणाम देश आज तक भोग रहा है। देश के पूर्व और पश्चिम के राज्यों का विभाजन करके उनका एक बड़ा भाग काटकर संसार के मानचित्र पर एक नए देश पाकिस्तान की इबारत लिख डाली। इतना ही नहीं, देश की लगभग ५६२ देशी रियासतों को पुनः खुद-मुख्त्यारी देकर एक प्रकार से देश के अंदर ५६२ स्वतंत्र राज्य खड़े कर दिए गए। इस प्रकार विदेशी सरकार ने बड़ी मक्कारी के साथ भारत में अव्यवस्था फैलाने की योजना बनाई, ताकि वह सिद्ध कर सके कि भारतीय स्वतंत्र शासन चलाने के योग्य नहीं।

देशी रियासतों को अंग्रेज सरकार ने स्वायत्तता देकर उन्हें स्वेच्छापूर्वक भारत या पाकिस्तान के साथ मिलने का अधिकार दे दिया था। उस परिस्थिति में भारत के सर्वप्रथम गवर्नर जनरल लॉर्ड माउंटबेटन तथा स्वयं गांधीजी ने सरदार पटेल और मात्र सरदार पटेल में ही वह साहस और सामर्थ्य देखा, जो इस बिखराव को एक साथ बाँध सकता था एवं देश को बंद मुट्ठी की तरह सशक्त बना सकता था। अतः गांधीजी ने, जो नेहरू के पक्षपाती थे, स्वयं सरदार पटेल से विनती की कि देसी रियासतों की विकट समस्या को केवल वे ही हल कर सकते हैं और उन्हें भारत गणराज्य में शामिल कर सकते हैं, अतः वे इस कार्य को सँभालें। गांधीजी की बात का सम्मान करते हुए सरदार

पटेल ने हिमालय सरीखा यह कार्य स्वीकार कर लिया। ६ मई, १९४७ को ही सरदार पटेल ने देशी रियासतों के शासकों के साथ संपर्क करना शुरू कर दिया था, ताकि वे १५ अगस्त, १९४७ को बननेवाली भारत सरकार के साथ विलीनीकरण स्वीकार करें। भारत की रियासतें, यदि एक अन्य देश पाकिस्तान के साथ संयोग करेंगी, तो निश्चय ही वे भारत गणतंत्र और प्रशासन की स्वायत्तता के लिए खतरा बनी रहेंगी। सरदार पटेल ने देशी रियासतों के शासकों, राजओं, नवाबों को विशेष निमंत्रण पर दिल्ली में अपने घर भोजन अथवा चाय की औपचारिक बैठकों में बुलाकर अपने मंतव्य की ओर कदम उठाने के प्रयास आरंभ कर दिए। उन्हें विश्व-राजनीति के बढ़ते कदमों की जानकारी देने के साथ-साथ पटेल साम-दाम-दंड-भेद की समस्त नीतियों को अपनाते हुए उनके सम्मुख भारत-संगठन में सम्मिलन का प्रस्ताव रखते, लिखा-पढ़ी होती और अधिकतर राजा-महाराजा वर्तमान स्थिति को समझते हुए अपने राजकीय अधिकार भारत को सौंपने को तैयार हो जाते।

जो बड़े महाराजा थे या जिनकी रियासतों का क्षेत्रफल अधिक था, उन्हें अपनी शक्ति तथा आमदनी अधिक दिखती थी, इसलिए उन्हें सरदार पटेल के प्रस्ताव स्वीकारने में कठिनाई हो रही थी। प्रिवीपर्स की योजना तो पहले ही प्रस्तावित थी, अर्थात् अपना अधिकार भारत सरकार के हवाले करनेवाले शासकों को उनके वार्षिक व्यय के अनुपात में धनराशि हर वर्ष देने का प्रावधान बनाया गया था। यह धनराशि ही 'प्रिवीपर्स' कहलाती थी। बड़ी रियासतों के पास अपनी सेनाएँ थीं, करों और मालिया के संग्रह से उनकी मोटी कमाई होती थी। जनता में भी राज-भक्ति के बीज थे, इसलिए उन्हें इस प्रकार अपने अधिकारों से वंचित हो जाना स्वीकार न था।

सरदार पटेल ने बड़ी रियासतों के शासकों को प्रदेश की रियासतों का एक संगठन बनाकर उनका राज-प्रमुख बनाने का प्रलोभन दिया। पंजाब में पेप्सू, गुजरात में सौराष्ट्र, राजस्थान में रियासतो संगठन बनाए गए। इससे भी सरदार पटेल को अपने लक्ष्य में बड़ी सीमा तक सफलता मिली। पटियाला, राजकोट, जयपुर, मैसूर आदि के प्रशासकों का अपने क्षेत्रों में अधिक प्रभाव था, उन्हें राज-प्रमुख बना दिया गया, उनका प्रिवीपर्स भी बढ़ा। सरदार पटेल राजाओं की राष्ट्रभक्ति को प्रोत्साहित करते थे, उनकी प्रजा में बढ़ती विद्रोह-भावना का वास्ता देते थे और अपने बृहद् देश के कल्याण के सुंदर चित्र दिखाते थे। ऐसा करते हुए वे शक्ति प्रयोग का विकल्प भी बनाए रखते थे, जिससे भीतर का भय भी जोर मारता रहे। इस सबका परिणाम यह हुआ कि सरदार पटेल १५ अगस्त, १९४७ (स्वतंत्रता दिवस) से पूर्व ही तीन रियासतों को छोड़कर शेष समस्त रियासतों के शासकों से भारत संगठन में शामिल होने की स्वीकृति प्राप्त कर चुके थे।

कथित तीन रियासतें थीं—जम्मू-कश्मीर, जूनागढ़ और हैदराबाद। तीनों रियासतों के शासक मुसलमान थे और उनकी वफादारी भी मुसलिम देश पाकिस्तान के प्रति थी। वे पाकिस्तान के साथ शामिल होना चाहते थे, लेकिन उनकी प्रजा में हिंदू बहुसंख्या थी और प्रजा पाकिस्तान के साथ जाने के पक्ष में नहीं थी। जूनागढ़ सरदार पटेल के गृह-राज्य गुजरात की एक संपन्न रियासत थी। सोमनाथ का धनवान मंदिर इसी राज्य का भाग था। जूनागढ़ का नवाब सरशाह नवांज भुट्टो के दबाव में पाकिस्तान में मिलना चाहता था। सरदार पटेल ने शक्ति-प्रयोग के साथ कूटनीति बरतते हुए एक ओर पाकिस्तान पर राज्य-स्वीकृति रद्द करने का दबाव बनाया तथा दूसरी ओर भारतीय सेना को तीन ओर से जूनागढ़ को घेरने के लिए भेज दिया। प्रजा में नवाब के विरुद्ध आंदोलन भी खड़ा हो गया और भुट्टो तथा नवाब कराची भागने में सफल रहे। आर्जी हुकूमत बन गई और यथाक्रम नियमानुसार आर्जी हुकूमत की ओर से भारत में विलय के लिए स्वीकृति दे दी गई।

अब शेष दो विकट रियासतें शेष रह गईं। पंडित नेहरू सब काम प्रजातांत्रिक ढंग से करना चाहते थे। समस्या की विकटता को देखकर भी न तो वह दूरदृष्टि अपनाते थे और न ही दूरगामी परिणामों का अनुमान लगा पाने में सक्षम थे। सरदार पटेल दूरगामी परिणामों को पूर्व-कल्पित कर लेनेवाले दूरदर्शी प्रशासक थे। इसलिए जहाँ नेहरूजी इन दोनों रियासतों की समस्या का हल कैबिनेट की बैठक में करना चाहते थे, वहाँ सरदार पटेल कैबिनेट के पास परिणामों को ले जाने के पक्ष में थे। अत: जब नेहरूजी ने हैदराबाद के संबंध में चर्चा के लिए मंत्रिमंडल की मीटिंग बुलाई, तभी सरदार पटेल ने भारतीय सेना के उच्चतम अधिकारी जनरल चौधरी को बुलाकर हैदराबाद पर पुलिस एक्शन का आदेश दे दिया। सेना ने हैदराबाद को चारों ओर से घेरकर आगे बढ़ना शुरू कर दिया। हैदराबाद बहुत बड़ी रियासत थी, तथापि भारतीय सेना को हैदराबादी सेना को जगह-जगह पराजित करते हुए हैदराबाद राजधानी तक पहुँचने में तीन दिन लगे। नेहरूजी ने उसी दिन कैबिनेट मीटिंग बुलाई थी। मीटिंग में गृहमंत्री सरदार पटेल की ओर से पटल पर सूचना दी गई कि नवाब हैदराबाद ने भारत में विलय के कागजात पर हस्ताक्षर कर दिए हैं और नवाब हैदराबाद (नवाब उस्मान अली खान) को वहाँ के प्रशासन का राज-प्रमुख बना दिया गया है। विलय मुकम्मल हो गया है। नेहरूजी की नीति अपनाई होती तो शायद हैदराबाद भी भारत के सीने में आजतक नासूर ही बना रह जाता, जैसाकि नेहरूजी के कारण जम्मू-कश्मीर की रियासत बनी है।

वास्तव में हैदराबाद के कासिम रिजवी के नेतृत्व में आतंकवादियों की एक सेना, जिन्हें 'रजाकार' कहा जाता था, निजाम के प्रति उपेक्षा-भाव बनाकर हैदराबाद की सीमाओं पर भारतीय प्रदेश पर भी आक्रमण करने लगी थी। माउंटबेटन के अनेक

प्रयत्नों के बाद भी इसका हल नहीं निकला तो निजाम के साथ एक 'जैसे थे' इकरार हस्ताक्षरित हुआ था। फिर भी नवाब अपनी बात पर कायम न रहा तो सितंबर १९४८ में सरदार पटेल ने मंत्रिमंडल और गवर्नर जनरल राजगोपालाचारी को हैदराबाद के विरुद्ध सैनिक काररवाई के लिए मना लिया था। किंतु प्रधानमंत्री नेहरू इस काररवाई के लिए मनसा तैयार नहीं हो पा रहे थे। तभी नेहरू यूरोप की यात्रा पर थे, पटेल ने अस्थायी प्रधानमंत्री की हैसियत से पुलिस एक्शन के आदेश दे दिए। इस एक्शन को 'ऑपरेशन पोलो' कहा गया। जब तक नेहरू लौटकर कैबिनेट मीटिंग में पहुँचे, हैदराबाद का निजाम भारत सरकार के साथ विलय के लिए तैयार हो चुका था।

सरदार पटेल की दूर-दृष्टि का एक बहुत बड़ा उदाहरण हम लक्षद्वीप के भारत में विलय के समय देख चुके थे। मद्रास प्रेजीडेंसी के प्रशासनिक अधिकारों के अधीन था यह क्षेत्र। जनसंख्या भी अधिकतर मुसलिम थी, इसलिए संदेह किया जा सकता था कि स्वतंत्रता पाकर ये द्वीप भारत की अपेक्षा पाकिस्तान के साथ विलय होना चाहें! अत: बिना कोई मौका गँवाए सरदार पटेल ने रॉयल इंडियन नेवी के युद्धपोत को लक्षद्वीप पर भारतीय ध्वज फहराने के लिए भेज दिया। भारतीय युद्धपोत ने जब अपेक्षित ध्वजारोहण कर दिया और द्वीपों पर भारतीय अधिकार की प्रशासकीय मोहर लगा दी, तभी पाकिस्तान की रॉयल नेवी का एक युद्धपोत वहाँ पहुँचा, किंतु भारतीय जलसेना की मौजूदगी देखकर बिना चुनौती दिए वहाँ से लौट गया।

सितंबर १९४७ में अफगान कबाइलियों का नाम देकर पाकिस्तान ने जम्मू-कश्मीर की रियासत को बलात् अपने में मिलाने के लिए, अपनी सेनाओं को कश्मीर वादी पर आक्रमण के लिए भेजा। जम्मू-कश्मीर में जम्मू में हिंदू जनसंख्या अधिक थी, कश्मीर में मुसलमानों की बहुसंख्या धी—वहाँ का राजा हिंदू था, जो जम्मू प्रदेश की डोगरा जाति से संबद्ध था। वह चाहता था कि कश्मीर-जम्मू की रियासत खुद-मुख्तार बनी रहे। किंतु जब पाकिस्तान ने आक्रमण करके जम्मू-कश्मीर के बीच के पहुँच-मार्ग पर कब्जा कर लिया, श्रीनगर, बारामूला घाटी और कश्मीर के अधिकांश प्रदेश पर पाकिस्तान का अधिकार हो गया, तब मरता क्या न करता! राजा हरिसिंह ने अपनी रियासत को भारत के साथ विलय के कागजों पर हस्ताक्षर कर दिए। इस पर नेहरूजी, जो कश्मीर के प्रति कुछ भावुक थे, इस मामले को संयुक्त राष्ट्र संघ में ले जाकर फैसला करवाना चाहते थे। सरदार पटेल का कहना था कि यह दो देशों का आंतरिक मुददा है, इसे संयुक्त राष्ट्र संघ में ले जाने की बजाय अपस में निपटा लेना चाहिए। पटेल तो कबाइली आक्रमण की सूचना पाते ही भारतीय सेना को कश्मीर में भेजना चाहते थे, किंतु नेहरूजी और माउंटबेटन तब तक प्रतीक्षा में रहे, जब तक कि राजा ने विलय पर सहमति प्रकट नहीं की। इसी विलंब के कारण पाकिस्तानी सेना लगभग पूरी कश्मीर घाटी पर अपना कब्जा बना चुकी

थी। परिणामत: सरदार पटेल और रक्षामंत्री स. बलदेव सिंह को हवाई मार्ग से सेनाएँ भेजनी पड़ीं, जिन्हें कश्मीर घाटी के केंद्रीय प्रदेश, जहाँ तक अभी कबाइली कब्जा नहीं हुआ था, में उतारा गया। भारतीय सेनाओं ने केंद्र से चारों ओर से बढ़ती पाकिस्तानी सेना को पीछे धकेलने का काम शुरू किया, जो कठिन युद्ध-नीति के विपरीत था। शूरवीर भारतीय सैनिकों ने श्रीनगर से कबाइलियों को धकेला, फिर चारों ओर से उन्हें पीछे हटाते हुए उस रेखा तक ले गए, जहाँ आज एल.ओ.सी. या पी.ओ.के. की क्षेत्रता ने पाकिस्तान और भारत में कश्मीर को बाँट रखा है। सरदार पटेल चाहते थे कि यदि एक-दो दिन का समय भारतीय सेना को और मिल जाता, तो वह पूरा कश्मीर कबाइलियों और पाकिस्तानी सैनिकों से खाली करवाकर भारत में विलय करवा लेते, किंतु पंडित नेहरू ने उनकी इस कोशिश को धक्का पहुँचाया और दोनों देशों की सेनाएँ जहाँ थीं, वहीं युद्ध-विराम करके इस द्विपक्षीय मुद्दे को विश्वजनीन मुद्दा बनाकर संयुक्त राष्ट्र संघ में ले गए। परिणाम आज प्रत्येक भारतीय भुगत रहा है। कश्मीर भारत का सफेद हाथी बना है, देश की कमाई वहाँ लुटाई जाती है, किंतु कश्मीर को भारत का अभिन्न अंग कभी माना नहीं जाता। संयुक्त राष्ट्र के कारण कश्मीर न पाकिस्तान का रहा, न भारत का, आज तक 'विवादित क्षेत्र' का तमगा लटकाए भारत के लिए ही अविश्वास दम भरने लगा है। पं. नेहरू की दूषित नीति के कारण आज धारा ३७० के तहत कश्मीर पर भारतीय धन बेइंतिहा खर्चा जा रहा है, जबकि उसका ध्वज, उसका संविधान और उसकी धरती कश्मीरी है, भारतीय नहीं। एक छोटी सी कोताही के कारण आज कश्मीर देश का नासूर बना हुआ है, सफेद हाथी की तरह देश का धन खाता है, भारत में कानूनी-व्यवस्था और शांति के नित्य चुनौती देता है। कश्मीरी पंडितों को हमेशा के लिए बेघर कर दिया गया है, आतंकवादियों का अड्डा बन गया है, वहाँ से सदैव भारत-विरोध के स्वर सुनाई देते हैं, सांप्रदायिक भेदभाव का सजग आधार बन गया—मुसलमानों के लिए वहाँ जो सुविधाएँ भारत दे रहा है, वहाँ के हिंदुओं को वे उपलब्ध नहीं—इस पर तुर्रा यह कि सरदार पटेल के प्रतिवाद करने पर भी गांधीजी ने उन दिनों पाकिस्तान सरकार को ५५ करोड़ रुपए की राशि सद्भावना कमाने के लिए दिलवाई। इस राशि का उपयोग पाकिस्तान द्वारा 'शायद सद्भावनावश' सीमा के निकट एक नहर और सामरिक चौकियाँ बनवाने एवं गोला-बारूद खरीदने में हुआ। सन् १९६५ के युद्ध में भारत सरकार को वह राशि अपने लिए बारूद रूप में प्रयुक्त होती दीख पड़ी—'अब पछताय क्या होत है जब चिड़िया चुग गईं खेत!' काश! आज सरदार पटेल, पं. नेहरू और गांधीजी जीवित होते, तो कम-से-कम उन्हें पारस्परिक द्वेष, पक्षपात और एक-दूसरे की बात न मानने के कारण कुछ पछतावा तो होता!

सरदार पटेल ने दृढ निश्चय और कठोर नीति से जिस प्रकार ५६२ रियासतों का भारत में विलय करवाया; जूनागढ़, हैदराबाद तथा कश्मीर का तीन-चौथाई भाग देश का

अंग बनाया, देशवासी उस दृढता और योग्यता को देखकर प्यार से सरदार पटेल को 'लौहपुरुष' पुकारने लगे। देश के स्वतंत्र होने पर अंग्रेजों की कूटनीति के कारण देश के अंदर पौने सात सौ के करीब जो स्वतंत्र राज्य एक-एक कर खड़े हो गए थे, उन सबको साम-दाम-दंड-भेद की सुचारू नीतियों के कारण सरदार पटेल ने एक सूत्र में बाँधने में सफलता पाई। इसी उपलब्धि के कारण आज देश उन्हें भारतीय एकता के प्रतीक, राष्ट्रीय जागृति और उत्थान के सजग प्रहरी मानता है। राष्ट्र के लिए सरदार पटेल, लौहपुरुष पटेल आज 'Symbol of Unity' मूर्तिमान ऐक्य-प्रतीक बन गए हैं।

सरदार पटेल ने सन् १९४९ में पूर्वी पाकिस्तान से आनेवाले ८०,००० हिंदुओं को भारतीयता प्रदान की। पं. नेहरू ने इसके लिए लियाकत अली खाँ से मिलकर माइनॉरिटी कमीशन बनाए, जो सदा से असफल रहे। श्यामाप्रसाद मुकर्जी तथा के.सी. नियोगी ने पटेल के पक्ष में नेहरू का तब विरोध भी किया, मंत्रिमंडल से त्यागपत्र भी दिया, किंतु नेहरू अपनी अहितकारी बात पर अड़े रहे। गुजरात के 'अमूल मिल्क प्रॉडक्ट्स' के माध्यम से गुजरात के दुग्ध-उत्पादकों की सहकारी सोसाइटी बनाने, सोमनाथ मंदिर के पुनर्निर्माण के लिए भी सरदार पटेल को श्रेय जाता है। भारतीय प्रशासनिक सेवाओं को राजनीतिक दखल से बचाने में सरदार पटेल की महती भूमिका है। भारतीय संविधान तैयार करने के लिए डॉ. भीमराव अंबेडकर को अध्यक्ष पद पर लाने में सरदार पटेल का बड़ा हाथ है। अकलीयतों, आदिवासियों, पिछड़े वर्गों के अधिकारों की रक्षा तथा संविधान में उनको शामिल करवाने का महत्त्वपूर्ण कार्य सरदार पटेल ने ही करवाया। सच तो यह है कि भारत देश को राष्ट्र बनाने और एकता के सूत्रधार के रूप में मानवीय अधिकार दिलवाने में लौहपुरुष सरदार पटेल सर्वोच्च नेता थे—उन्हें ठीक ही 'बिस्मार्क ऑफ इंडिया' कहा गया है।

□

राष्ट्रीय एकता के साधक : लौहपुरुष पटेल

—डॉ. बद्री प्रसाद पंचोली

सरदार वल्लभभाई पटेल आधुनिक भारत के निर्माता थे। वे कृषक परिवार में पैदा हुए थे, इसलिए भूमि से सहज प्रेम था। 'माता भूमिः पुत्रोऽहं पृथिव्याः' 'अथर्ववेद' के भूमि-सूक्त का मंत्रांश है, जो भारतीयों में मातृभूमि के संस्कार जगाता रहा है। 'ऋग्वेद' में भी कहा गया है—'उप सर्प मातरं भूमिम्।' भूमि के निकट से निकट कृषक ही होता है। वेद का एक आदेश यह भी है कि कृषि ही करो, जिंदगी से जुआ मत खेलो—कृषिमित् कृषस्व। लोक वेद की उक्ति की अनुगूँज—'उत्तम खेती, मध्यम वणिज अधम चाकरी' कहावत में लोक में मिलती है।

जो कृषि नहीं करता, वह जीवन को जुआ बना लेता है। वल्लभभाई कृषिजीवी के संस्कार पाकर सरदार बन गए। उन्होंने जिंदगी को जुआ नहीं बनने दिया। उनके भ्राता विट्ठल भाई को कानूनी शिक्षा पाने के लिए लंदन जाना था। उन्होंने इसके लिए स्वयं को प्रस्तुत कर दिया और लंदन जाकर बैरिस्टर-परीक्षा उत्तीर्ण कर ली। पूत के पाँव पालने में इसी तरह दिखाई देते हैं।

एक बार वे पेट के रोग से पीड़ित थे और पेट की शल्यक्रिया की जानी थी। चिकित्सक ने उनको बेहोश करना चाहा तो उन्होंने बेहोश होने से मना कर दिया और चिकित्सक को कहा कि वह शल्य क्रिया करें। वे अपने पेट को देखते रहेंगे। ऐसा ही हुआ। चिकित्सक ने पेट फाड़कर शल्य क्रिया की और वे यह सब अपनी गरदन ऊँची करके प्रत्यक्ष देखते रहे। उनकी दृढचित्तता, कष्टसहिष्णुता और साहसिकता ने उनको सबसे अलग खड़ा कर दिया और आगे चलकर उनको 'सरदार' बना दिया।

बारदौली के सत्याग्रह में उनके नेतृत्व को चमकने का अवसर मिला। अंग्रेज घुसपैठियों को देश से बाहर निकालने के लिए आंदोलन चल रहा था। गांधीजी ने सत्य और अहिंसा का आश्रय लेकर अंग्रेजों को चुनौती दी। वे गांधीजी के अनुशासित सिपाही के रूप में सर्वप्रिय हो गए। संघर्षरत कार्यकर्ता गरमदल और नरमदल में बँट गए, जब

वल्लभभाई पटेल नरम दल में थे। सारे भारत में उत्साही युवक अंग्रेजों से सीधे लोहा लेने में विश्वास करके जूझ रहे थे। वे देश में क्रांति चाहते थे, जिसकी आग में अंग्रेज घुसपैठिए जल मरें।

सुभाषचंद्र बोस गरम दल के थे, पर अंग्रेजों की नजरबंदी से निकलकर गुप्त वेष में देश से बाहर चले गए। उन्होंने आजाद हिंद सेना बनाकर अंग्रेजों से सीधा युद्ध छेड़ दिया। भारत की राष्ट्रीय सरकार ने नेताजी सुभाषचंद्र की मदद की। उस समय राजा महेंद्र प्रताप सिंह सरकार के सर पेशवा थे। रास बिहारी बोस और सुभाषचंद्र बोस को भारत से बाहर भेजकर आजादी का बिगुल बजाने का काम उसी सरकार ने किया।

राजा महेंद्र प्रताप मनु द्वारा कथित पूर्व समुद्र प्रशांत महासागर से पश्चिम समुद्र (भूमध्यसागर, अरब सागर, लाल सागर, मृत सागर, कृष्ण सागर) तक फैले हुए भारत को अखंड भारत मानते थे। इस सारे भूखंड से अंग्रेजों को बाहर निकालना चाहते थे। सरदार पटेल चाहते थे कि एक बार अंग्रेज घुसपैठिए बाहर निकलें, इसके बाद भारत का पूरी तरह से एकीकरण कर लिया जाएगा। तत्कालीन सेनानायक सरदार पटेल से सहमत थे। चक्रवर्ती राजगोपालाचारी की दुर्मनस्कता के कारण उनको अपने पद से इस्तीफा देना पड़ा।

गांधीजी ने 'अंग्रेजो! भारत छोड़ो' का आदेश दिया, तब अंग्रेजों ने ३० जून, १९४६ को भारत छोड़ने की घोषणा कर दी थी। सत्ता की बंदरबाँट करनेवालों ने अंग्रेजों को एक वर्ष और डेढ़ महीने तक भारत में रखा। अंग्रेजों से गुप्त समझौते भी किए। उनमें से एक था भारत से अंग्रेजों को विदा नहीं किया जाएगा। गुलामी की भाषा आज भी भारत में बनी हुई है—यह उसका परिणाम है।

महात्मा गांधी ने कहा था कि यदि आजादी और हिंदी में से एक को चुनना पड़े तो मैं हिंदी को चुनूँगा, क्योंकि आजादी हिंदी से ही आएगी। अंग्रेज तो चले गए, पर हिंदी की अवहेलना की गई। इससे आधी-अधूरी आजादी ही मिली। सत्तालोलुप नेताओं ने देश में समस्याएँ पैदा कीं। सरदार पटेल भारत को समस्या-मुक्त निरापद देखना चाहते थे।

'महात्मा गांधी' फिल्म में उस दृश्य का बड़ी कुशलता से अंकित किया है, जिसमें महात्मा गांधी के सामने डेस्क लगी हुई है। सरदार पटेल समेत कुछ नेता बैठे हुए हैं। जवाहरलाल नेहरू भी आ गए। गांधीजी बोले, 'लो जवाहर, आज प्रधानमंत्री कौन बनेगा—इस समस्या को भी निबटा लें। जवाहरलाल—'क्या बापू! आप भी···समय पर सब हो जाएगा।'

गांधीजी—'नहीं, आज ही इस काम को निपटाएँ। उन्होंने सहायक से विभिन्न प्रांतीय सभाओं के प्रस्ताव मँगाए। उनको देखा और कहने लगे—२७ प्रांतों की कांग्रेस

समितियों में से २४ के उत्तर आए हैं। उनमें से २१ प्रांतीय समितियाँ ने सरदार पटेल के पक्ष में प्रस्ताव भेजे हैं और केवल तीन समितियों ने जवाहरलाल का नाम प्रस्तावित किया है। जवाहर, तुम तो गए काम से!'

सरदार पटेल खड़े होकर जाने लगे। गांधीजी को जन-समर्थन के आधार पर निर्णय देना चाहिए था। इसके स्थान पर पहले से लिखे प्रस्ताव-पत्र को आगे बढ़ाकर कहा, 'लो सरदार! जाने से पहले इस पत्र पर दस्तखत कर दो।' सरदार ने पहले से ही पेन खोल रखा था। उससे उस पत्र पर हस्ताक्षर कर दिए। उस पत्र में जवाहरलाल को प्रधानमंत्री बनाने का प्रस्ताव था। पक्षपात होगा ही, यह सरदार पटेल को पहले से अनुमान था।

महात्मा गांधी ने जिन्ना के सामने प्रधानमंत्री बनने का प्रस्ताव भी रखा था, ताकि वे पाकिस्तान को बनने से रोकें। वह प्रस्ताव भी दिखावटी था—जिन्ना यह समझ चुके थे। इसलिए उठकर चले गए। देश का बँटवारा निश्चित रूप से रोका जा सकता था। बँटवारा हो भी गया, तो भी उसको सरदार पटेल समाप्त करवा सकते थे। उनको इसके लिए अवसर नहीं दिया गया।

अंग्रेजों से एक समझौता यह भी हुआ था कि सरदार भगतसिंह, उनके साथियों चंद्रशेखर आजाद, रामप्रसाद बिस्मिल, अशफाक उल्ला खाँ आदि आजादी के दीवानों को शहीद नहीं माना जाएगा। विगत दिनों प्रधानमंत्री मनमोहन सिंह ने संसद् में कहा कि शहीदों के नाम की कोई सूची सरकार के पास नहीं है। पर इससे क्या होता है, भगत सिंह तो शहीदेआजम हैं ही! यह छलना है आत्मसंतोष के लिए।

गुप्त समझौतों की बात सप्रमाण गांधीजी के सामने रखी गई। मौलाना आजाद के सामने सुधीर रंजन सरकार से माचिस मँगाकर उस प्रमाण को ही महात्मा गांधीजी ने जला दिया।

विनयशीलता-विनम्रता सरदार वल्लभभाई पटेल की शक्ति थी। किंतु उसका लाभ उठाकर छुटभैयों ने कई स्वार्थ साध लिये। वे मितभाषी भी थे। कम-से-कम बोलते थे। बोलने से ज्यादा करने में विश्वास करते थे। इस विषय में वे श्रीराम के अनुयायी थे, जो कहते थे—'रामो द्विर्नाभि भाषते', अर्थात् राम कर देता है, दुबारा नहीं कहता।

उनके इसी गुण के कारण उन्होंने संकल्पपूर्वक ५०० से अधिक रियासतों को भारत संघ में मिलाकर अखंड भारत का निर्माण किया। समझाने से कई राजाओं ने उनके प्रस्ताव को सहर्ष स्वीकार कर लिया। कश्मीर में कबाइलियों ने आक्रमण कर दिया तो महाराजा हरिसिंह ने भारत विलय प्रवेश-पत्र पर हस्ताक्षर कर दिए। अब कश्मीर भारत का अभिन्न अंग है। उसका एक बड़ा हिस्सा पाकिस्तान के अधिकार में

है। उसको मुक्त कराना ही हमारे लिए कश्मीर समस्या है। कश्मीर का मामला पंडित जवाहरलाल नेहरू देख रहे थे।

हैदराबाद के नवाब ने भारत में मिलने से न-नुच किया तो सरदार पटेल ने नवाब को दिल्ली बुलाया। उसको आरामदेह होटल में ठहराया। अच्छी आवभगत की। स्वयं सरदार पटेल उनसे मिलने के लिए गए। नवाब के गिले-शिकवे सुने। नवाब बार-बार कह रहे थे कि यदि उनकी इच्छा का सम्मान नहीं किया गया तो हैदराबाद के अढाई लाख हिंदुओं को काटकर फेंक दिया जाएगा।

सरदार बोले—आपको अपनी बात कहने के लिए ही यहाँ बुलाया गया है। आपको सुरक्षित हैदराबाद पहुँचा दिया जाएगा। रही बात हिंदुओं को काट फेंकने के लिए, तो आप जब यह सब कर रहे होंगे, तब मैं क्या कर रहा होऊँगा—आपने यह भी अवश्य सोच लिया होगा।

इतना कहा और नवाब से विदा ली! नबाव को हैदराबाद भेज दिया। सोचने का समय दिया। अंत में पुलिस काररवाई करके हैदराबाद को भारत में मिला लिया।

जोधपुर-बीकानेर के राजाओं को पाकिस्तान ने बड़े पदों का लोभ देकर बहका रखा था। वे पाकिस्तान में मिलने के लिए तैयार थे। सरदार पटेल को उन्होंने बुलाया। उनसे तब तक कोई बात नहीं की, जब तक उन्होंने अपने राज्यों को भारत में मिलाने के लिए हस्ताक्षर नहीं कर दिए।

सरदार पटेल को आदमी की परख थी। इसलिए वे यह देख लिया करते थे कि किससे कैसा व्यवहार करें! वे जोधपुर-यात्रा के लिए आए तो उनकी हत्या की योजना बनाई गई थी। रेल पर कोटा राज्य के विश्वसनीय सैनिकों को लगाया गया था। पुलिस दस्ते ने स्टेशन से पहले गाड़ी रुकवा दी। सरदार पटेल ने आस-पास देखा और पुलिस दस्ते के सिपाही को बुलाकर पूछा, 'गाड़ी कैसे रोकी गई?'

'आगे खतरा है, इसलिए रोकी गई।' उत्तर दिया गया। सरदार ने पूछा, 'कहाँ की पुलिस है?'

'कोटा की।' उत्तर था पुलिसकर्मी का।

सरदार—'कितने लोग हो?'

पुलिसकर्मी—'इक्यानबे।'

सरदार—'कितनी देर में एकत्र हो सकते हो?'

पुलिसकर्मी—'डेढ मिनट में।'

सरदार—'तो बुलाओ सबको।'

सीटी बजाकर सभी पुलिसकर्मियों को बुला लिया गया। उनको पीछे के डिब्बे में चढ़ा लिया गया। गाड़ी चल दी। अगले स्टेशन पर षड्यंत्रकारियों को पकड़ लिया गया।

कोटा पुलिस की चुस्त और तत्परता को सराहते हुए सरदार पटेल ने अपने हाथ से लिखकर कोटा पुलिस को प्रमाण-पत्र दिया, जो आज भी कोटा पुलिस लाइन में लगा हुआ है।

सरदार पटेल की दूरदर्शिता की प्रशंसा हर व्यक्ति करता था। वे बहुत गंभीर प्रकृति के थे। सबकुछ पचाकर बैठ जाते थे। मन के भीतर तूफान भी उठता होगा, उसे उन्होंने कभी प्रकट नहीं होने दिया। पंडित नेहरू ने उनको 'कम्युनलिस्ट' कहा। वे उसका उत्तर दे सकते थे, पर उन्होंने एक शब्द भी होंठों पर नहीं आने दिया।

कई लोगों ने सरदार पटेल से कहा कि पं. जवाहर लाल नेहरू ने अपने लिए हिंदुस्तान का राज्य सुरक्षित कर लिया और अपने भाई शेख अब्दुल्ला को कश्मीर का तख्त सौंप दिया। तरह-तरह की बातें सुनकर भी वे चुप्पी साधे रहे, एक शब्द भी नहीं बोले। वस्तुत: ऐसी थोथी बातें सोचने के लिए उनके पास समय ही नहीं था। मंत्रिमंडल की बैठकों में भी वे बहुत कम बोला करते थे।

सरदार पटेल सच्चे देशभक्त थे, पर वे नहीं भूल पाए कि वे उस गुजरत के हैं, जिसमें स्वामी सदयानंद सरस्वती जैसे सत्य अन्वेषक और नरसी जैसे भक्त हुए। अरब सौदागरों के लिए संसार की सबसे प्राचीन पहली मसजिद गुजरात में खंभात में बनी थी—मक्का से भी पहले। गुजरात धर्मनिष्ठ भारत का लघु संस्करण है। धर्महारों की धर्मनिरपेक्षता कभी उनका आदर्श नहीं बनी।

गुजरात के कलिकाल सर्वज्ञ हेमचंद्र की इस वाणी को वे सदैव स्मरण रखते थे—

यं शैवाः समुपासते शिव इति ब्रह्मेतिवेदान्तिनो
बौद्धाः बुच्छ इति प्रमाणपटवः कर्तेति नैयायिकाः।
अर्इन्नित्यथ जैनशासनरताः कर्मेति मीमांसकाः
सोऽयं वो विदधावि वांछिफलं त्रैलोक्यनाथो हरिः॥

यदि इसलाम और ईसाई मत भी होता तो हेमचंद्राचार्य उसका भी उल्लेख कर देते। इस धर्मपरायणता और धर्मांधता का अंतर सरदार पटेल अच्छी तरह से जानते थे। इसलिए सोमनाथ पटण में महमूद गजनवी द्वारा तोड़े गए सोमनाथ मंदिर का पुनर्निर्माण करवाया। डॉ. राजेंद्र प्रसाद की प्रेरणा इस कार्य में सहायक रही।

डॉ. राजेंद्र प्रसाद को उनकी बड़ी बहन ने पाला था। गणतंत्र दिवस पर परेड के समय उनको पता चला कि मातृतुल्या बड़ी बहन नहीं रहीं। वज्रपात से दहल गए, तो भी परेड की सलामी ली। कार्यक्रम के अंत में कुछ अंतरंग मित्रों से उन्होंने कहा और अंत्येष्टि संपन्न की। कर्तव्य को सर्वोपरि माननेवाले सरदार पटेल ने भी ऐसी दुविधा को अनुभव किया था। वे अदालत में बहस कर रहे थे, उसी समय उनके अतीव प्रियजन

की मृत्यु का समाचार प्राप्त हुआ। उन्होंने पहले बहस पूरी की और तब अंत्येष्टि संपन्न की। वे अपने मुवक्किल के विश्वास को खंडित नहीं करना चाहते थे।

वे आस्थावान् और निस्पृह सच्चे हिंदू थे—उदार चरित, जिनके लिए सारा विश्व ही कुटुंब था। पर भारत माता के वे लाडले पुत्र थे। न उन्हें हार मानना अच्छा लगता था, न मन मारना। राष्ट्रीय एकता-साधकों के लिए उनका जीवन सतत प्रेरणा का विषय बना रहेगा। वे अनुशासित थे और दृढ़चेता भी। 'गीता' के धनुर्धर अर्जुन की तरह एकनिष्ठ भी।

□

सरदार वल्लभभाई पटेल की सामाजिक व राजनीतिक पीठिका और उनके नेतृत्व का वर्गीय चरित्र

—डॉ. शिव गजरानी

सामाजिक पार्श्वचित्र

सरदार वल्लभभाई पटेल का जन्म साधारण ग्रामीण संस्कृति के आँचल में छोटे किसान परिवार में हुआ और उसी क्षेत्र में ग्रामीणों के बीच विभिन्न समस्याओं हेतु उन्होंने वकालत की; इसके उपरांत महात्मा गांधी के अद्वितीय सत्य, अहिंसा-सत्याग्रह के मार्ग से सरदार ने ब्रिटिश साम्राज्यवाद से संघर्ष किया और जनता को गांधीजी के सिद्धांत के प्रति बड़े पैमाने पर व्यवहार सिखाया। गांधीजी देश के समाज की आत्मा गाँवों में पाते थे और इसी कारण गांधीवाद ग्रामीण उत्थान पर अधिक बल देता है। ग्रामीण जीवन के संस्कारों तथा जन समस्याओं से परिचित तथा गांधीवादी सिद्धांत के व्यवहार और देश के विकास के मार्ग के लिए सरदार पटेल की एक ऐसे शुद्ध और आत्मनिर्भर भारतीय समाज का निर्माण करने की इच्छा थी, जो गांधीवादी कल्पना का पूरक तथा व्यावहारिक दृष्टि से सफल समाज हो। सार्वजनिक जीवन में प्रवेश करने के समय ही सरदार पटेल ने यह पूर्णतया अनुभव कर लिया था कि गांधीजी के मार्ग से ही देश का भला हो सकता है, चाहे स्वतंत्रता-प्राप्ति का प्रश्न हो अथवा देश के पुनर्निर्माण का प्रश्न हो। सर्वप्रथम सरदार का सामाजिक पार्श्वचित्र गांधीजी का पूरक है और एक सीमा तक गांधीजी के सिद्धांत से मिलता है, जैसे स्वयं एक बार उन्होंने भाषण में कहा था—

''मैं जनता से कहता हूँ कि महात्मा गांधी के पदचिह्नों पर चलें तथा जीवन के हर क्षेत्र में, विशेष क्षेत्रों में भी अस्पृश्यता का निवारण करें। अंतर-सांप्रदायिक एकता और पूर्ण नशाबंदी करें।''[१]

सर्वप्रथम सरदार पटेल भारतीय समाज की सबसे बड़ी बुराई अस्पृश्यता पर बल देते हुए उसकी समाप्ति चाहते हैं। उन्होंने कहा, "मैं नई सरकार के समक्ष भी यह एक निवेदन रखूँगा कि वह जनता के सामाजिक जीवन से छुआछूत को मिटाए। अस्पृश्यता भी एक कारण था, जिसके विरुद्ध महात्मा गांधी अपना संपूर्ण जीवन लड़ते रहे।"[२]

उनका मत था कि छुआछूत धर्म के नाम पर स्पष्ट रूप से एक कलंक है और भारत के नासूर में एक फोड़ा है। वे भावात्मक रूप से यह प्रश्न करते नजर आते हैं कि "हम आत्मा के मोक्ष में विश्वास करते हैं। यदि हम यह इच्छा रखते हैं कि किसी बाधा से स्वतंत्र रहें तो हमें सबसे पहले यह देखना चाहिए कि संपूर्ण देश में सब छुआछूत की बाधा से मुक्त हों।"[३]

सरदार दूसरे विवाह-पद्धति पर भी बड़े चिंतित नजर आते थे। उनका कहना था, "बालिग उमर के लड़के-लड़कियाँ अपनी इच्छानुसार विवाह करें, इसमें माता-पिता या सगे-संबंधियों को बाधा नहीं डालनी चाहिए, बाधा डालें तो यह उनका अत्याचार माना जाएगा।"[४]

क्योंकि "पुरुष और स्त्री के बीच का विवाह संबंध पवित्र है और उसमें एक-दूसरे के प्रति जिम्मेदारी निर्वाह करने का उत्तरदायित्व समाया हुआ है।"[५]

वे बाल-विवाह के तो बड़े ही विरोधी थे। बिहार में एक स्थान पर उन्होंने कहा था—"जब हम सत्ता में आएँगे, हम व्यवस्था करेंगे कि कोई भी वह, जो अपनी लड़की की शादी बारह या तेरह वर्ष में करता है, लटका दिया जाना चाहिए या शूट कर दिया जाना चाहिए। लड़कियाँ चौदह या पंद्रह वर्ष में माँ बन जाती हैं और उनमें से कितनी ही छोटी आयु में विधवा बन जाती हैं। यह कब तब जारी रहेगा? क्या तुम नहीं देखते कि अपनी लड़कियों की हत्या कर रहे हो?"[६]

विधवाओं की स्थिति से भी सरदार चिंतित थे, उनकी दशाओं को जानते थे और मुख्यतया हिंदू विधवाओं जैसी दशा की कल्पना उनके मन में उठती थी। सामाजिक बंधनों और विधवाओं के प्रति समाज का व्यवहार, जिसमें क्रूरता और कठोरता का पार नहीं होता, से सरदार समाज को बचाकर पुनर्विवाह पर बल देते हैं। समाज में बलि प्रथा, जिसमें बच्चों को बलि पर चढ़ाया जाए, से सरदार बड़े दुःखी थे। बिहार में एक सभा में उन्होंने इसके प्रति दिल का रोष उड़ेल दिया था—

"जो ब्राह्मण गुड्डे-गुड़ियों का विवाह करने के लिए 'स्मृतियाँ' उद्धृत् करते हैं, वे ब्राह्मण नहीं, राक्षस हैं, और जो माँ-बाप इन ब्राह्मणों की बात मानकर बच्चों को काली माता को भेंट चढ़ाते हैं, वे स्वयं पशु हैं। मेरे हाथ में कानून हो तो मैं ऐसे लोगों को गोली से उड़ा देने की सजा निश्चित करूँ।"[७]

समाज के निर्माण में सरदार ने शिक्षा पर विशेष बल दिया था, लेकिन स्वदेशी

शिक्षा पर, जिसमें तकनीकी आधार पर विशेष शिक्षा का प्रबंध हो, जैसाकि गांधीजी चाहते थे। साथ ही समान शिक्षा नारी के लिए भी चाहते थे, क्योंकि उनका विश्वास था कि जब तक नारी शिक्षा नहीं होगी, समाज बुराइयों से बचेगा नहीं। उनका इसके लिए भी विशेष आग्रह था—"पिछड़े हुए समाज की कन्याओं को शिक्षित करने का काम महापुण्य का काम है। उसका फल बहुत समय के बाद मिलेगा और जब वह फल मिलेगा तो उसकी मिठास मिलेगी।"[८]

सार यह है कि सरदार पुरुषों के समान ही स्त्रियों को भी आत्मनिर्भर देखना चाहते थे, क्योंकि यदि वे आत्मनिर्भर न बन पाएँ तो समाज का आधा भाग निष्क्रिय रह जाएगा।

सरदार पटेल की छाया समाज पर धर्मनिर्पेक्षता के लिए दिखाई पड़ती है, जिसमें वही नक्शा सामने आता है, जो गांधीजी का था। चाहे किसी रूप में भी नाम लो—ईश्वर एक है तथा सभी उसके हैं, धर्म उस तक जाने के अलग-अलग मार्ग हैं; लेकिन सबसे श्रेष्ठ है मानवता। पर जब धर्म के नाम पर अराष्ट्रीयता का प्रचार किया जाए या जात-पाँत व ऊँच-नीच के विचारों से ऊपर न उठकर देश को हानि पहुँचाएँ, और देश धर्म की संकीर्णताओं में बँधे तो वह पुनर्निर्मित न हो सकेगा। इसलिए उनके मन में बराबर यह चिंता बनी रहती थी कि भारतीय समाज धर्म की ऐसी संकीर्णताओं से ऊपर उठे। सांप्रदायिक सद्भाव को बनाए रखने की उनकी सदेच्छा थी और इसको बिगाड़नेवाले किसी भी व्यक्ति या संघ से वे सख्ती से निपटना चाहते थे, चाहे वह मुसलिम लीग हो, राष्ट्रीय स्वयं सेवक संघ हो, हिंदू महासभा हो, उग्रवादी कम्युनिस्ट हों या कोई अन्य। लेकिन सरदार पूर्णतया समाज में सबको बराबरी का स्थान देना चाहते थे। उनका कथन था कि जब ईश्वर ने सबको बराबर बनाया है तो फिर मालिक और दास कौन हो सकता है? विश्व में किसी की तीन आँखें या चार पैर नहीं होते, सबको दो आँखें और दो पैर दिए गए हैं। अत: सभी समान हैं और यही समानता का भाव समाज में होना चाहिए। भारतीय संविधान सभा में उन्होंने मौलिक अधिकारों की समिति के अध्यक्ष के रूप में इस दृष्टिकोण को व्यवहार में भी बाँधा। यदि समाज में बहुसंख्यक वर्ग भी कोई हो, तब भी वह समान हित से अल्पसंख्यकों की ओर सोचें। उन्होंने कहा था—

"यह बहुसंख्यक समुदाय का उत्तरदायित्व है कि वह अल्पसंख्यकों की सुरक्षा करे, ताकि बादवाले का विश्वास पहले के प्रति बने। अंतत: मुसलमान चार करोड़ हैं और हिंदू तीस करोड़···इसलिए भारत में मुसलमानों की सुरक्षा हो।"[९]

साथ ही अल्पसंख्यक वर्ग भी समानता का उपभोग करते हुए देश व समाज के प्रति पूरी तरह से वफादारी रखें। सरदार इस बात से स्पष्टता या परिचित थे कि प्रत्येक को अपने व्यक्तिगत जन्मस्थान से प्यार होता है, लेकिन प्रांतवाद से एकता को खतरा

होता है और समाज टूटता है। अत: हमें हृदय से पूरे भारत के समाज के प्रति प्यार रखना चाहिए और प्रांतवाद की भावना से ऊपर उठना चाहिए। इस प्रकार सरदार पटेल इन उपर्युक्त व्याप्त बुराइयों पर रोक लगाकर समाज की सुदृढता और स्वच्छता चाहते थे। अब हमें यह देखना है कि वे किस प्रकार के समाज का निर्माण करना चाहते थे!

ग्रामोद्योग का समाजवाद

भारतीय समाज में सच्चा समाजवाद ग्रामोद्योग के विकास में दीख पड़ता है और पाश्चात्य देशों की भारी उद्योग नीति के स्थान पर भारत में ग्रामोद्योगों के माध्यम से बड़े पैमाने पर उत्पादन कर यह संभव है। इससे देश की विभिन्न रोजगार जैसी समस्याएँ हल होंगी तथा देश का ग्राम संसार आत्मनिर्भर बनेगा और समाज का स्वस्थ पुनर्निर्माण होगा। यही गांधीजी की कल्पना थी, जिसके अनुसार सरदार भी स्वतंत्र भारत में सामाजिक उत्थान में इसी प्रकार की आर्थिक उन्नति से सुदृढ समाज की नींव रखना चाहते थे और उत्थान को आवश्यकतानुकूल बनाना चाहते थे, जिसमें हरदिया के अनुसार—"आर्थिक उच्चता संपन्नता की ओर समाज के प्रत्येक अंग के सामूहिक प्रयासों से प्राप्त हो सकती है और उसमें उत्पादन के समस्त स्रोत राष्ट्रीय टीम के रूप में कार्य करें।"[१०]

इससे ही समाज की उन्नति हो सकती है और देश आत्मनिर्भर बन सकता है। उन्होंने कहा था—"...यहाँ बाहर से बहुत अनाज मँगवाना पड़ता है, इससे देश का बहुत नुकसान होता है। इसलिए हम इस निर्णय पर पहुँचे हैं कि जैसे भी बने, बाहर से आनाज मँगाना बंद ही कर देना चाहिए और जितना जरूरी है, उतना देश में उत्पन्न करने का प्रयास करना चाहिए ."[११]

यही समाजवाद है, जिससे समाज स्थिर व आत्मनिर्भर बन सकता है। ऐसे समाजवाद की स्थापना के लिए हमें रचनात्मक कार्यों को अधिकाधिक प्रोत्साहन देना होगा, क्योंकि इससे एक ओर हमारी आत्मनिर्भरता बढ़ेगी, दूसरी ओर हमारा समाज स्वस्थ बनेगा। स्वयं सरदार पटेल ने जीवन भर रचनात्मक कार्यक्रमों को प्राथमिकता दी। अहमदाबाद नगरपालिका के अध्यक्ष के रूप में, परिवर्तनवादी तथा अपरिवर्तनवादी के विवाद के समय, आंदोलनों के समय तथा देश की स्वतंत्रता के उपरांत सरदार पटेल ने रचनात्मक कार्यक्रमों को प्राथमिकता से अपनाने का कदम उठाया। कांग्रेस दल भी रचनात्मक कार्यक्रमों, जैसे वस्त्र-निर्माण, अन्य देशी वस्तुओं का निर्माण, नशाबंदी अभियान, ग्राम-सेवा आदि में अपने को लगा सका।

पुरानी पद्धति पर से नया निर्माण

सरदार ने स्पष्ट कहा था, हमें पुराने विचारों से चिपटे रहकर पुराने रास्तों पर

नहीं चलना चाहिए।[१२] सिद्धांत से नहीं, अपितु व्यावहारिक जीवन की खुली पुस्तक से सरदार इस बात को अच्छी तरह जानते थे कि सदियों से चली आ रही दासता के परिप्रेक्ष्य में क्षण भर में संपन्नता प्राप्त नहीं की जा सकती। इसलिए यह भी संभव नहीं कि जनता को जो आदतें पड़ गई हैं, वे एक दिन में किसी विधायन से समाप्त हो जाएँगी। अत: उन्होंने सर्वप्रथम यही कहा था कि समाज में ''गरीबी की स्थिति से दु:खी नहीं होना चाहिए। जिस गरीबी का हमने स्वेच्छा से स्वागत किया है, उसमें अधिक दु:ख पड़ने पर अधिक आनंदित होना चाहिए।''[१३]

दूसरे, ग्रामों से जिस प्रकार प्राचीन संस्कृति के रूप में देश का विकास था, वहीं से आदर्श रूप में पुन: प्रारंभ करना होगा। वी.पी. मेनन के अनुसार—''समाज को वह पुरानी मजबूत नींवों के आधार पर नए ढाँचे में बनाना चाहते थे।''[१४] लेकिन साथ ही देश में जो व्यक्तिगत उद्योगों की परंपरा है, उसे भी एकदम नहीं तोड़ देना चाहिए, क्योंकि इससे विकास का मार्ग एकदम अवरुद्ध हो जाएगा। फिर जब तक सरकार, उद्योगों को सक्षमता से चलाने की पद्धति से पूर्ण परिचित नहीं हो जाएगी, तब तक केवल उद्योगों का राष्ट्रीयकरण करने का अर्थ कुछ नहीं होगा और इससे देश को अंधकार ही मिलेगा। अत: पुरानी परंपरा एकदम न तोड़ी जाए तथा अधिक महत्त्व ग्रामों के छोटे-छोटे उद्योगों को दिया जाए, ताकि ग्रामोद्योग आत्मनिर्भर भी बन सकें तथा आम व्यक्ति का जीवन-स्तर भी ऊँचा उठ सके।

औद्योगीकरण, पूँजीवाद तथा आर्थिक क्षेत्र का समन्वय

सरदार पटेल अधिक महत्त्व कुटीर उद्योगों को देते थे, परंतु इस बात को भी अच्छी तरह जानते थे कि स्वतंत्र भारत में उन्नति और संपन्नता की दृष्टि से औद्योगीकरण का बड़ा महत्त्व है। यह औद्योगीकरण समाज व राष्ट्र के उत्थान में मुख्य भूमिका निर्वाह करेगा। लेकिन वे औद्योगीकरण का पक्ष विशेष वस्तुओं के निर्माण में लेते थे। साथ ही ऐसे औद्योगीकरण में वे इस कारण अधिक विश्वास नहीं करते थे, क्योंकि वहाँ अमीरों द्वारा गरीबों का शोषण होता है। नीति यह होनी चाहिए कि बड़े उद्योगों के स्थान पर धीरे-धीरे कुटीर उद्योगों का विकास किया जाएगा। उससे व्यक्तियों का शोषण नहीं होगा और उनको (छोटे उद्योगों को) बढ़ावा भी मिलेगा। तो भी औद्योगीकरण की आवश्यकता में—''सरदार चाहते थे कि पूँजीवाद पर सीमा से अधिक विधायन द्वारा रोक लगे और पूँजीपति अपनी पूँजी का प्रयोग ट्रस्टी बनकर करें, ताकि जनता को राहत मिले तथा जनता के हित में उसका सार्वजनिक उपयोग भी हो सके। उनका पूरा जोर इस बात पर था कि—''हमें एक ऐसा वातावरण अवश्य तैयार करना चाहिए, जिसमें हम ऐसे आधारों की उपलब्धि कर सकें, ताकि जनता के रहन-सहन का स्तर और सम्मान सुधर सके।''[१५]

ऐसा समन्वयात्मक दृष्टिकोण उनका था कि सीमाबद्ध पूँजीवाद रहे तथा आवश्यक औद्योगीकरण, जिनसे आर्थिक क्षेत्र में लाभ के साथ जनसामान्य का स्तर सुधरे और समाज का नवनिर्माण हो।

सामाजिक न्याय में व्यक्तिगत संपत्ति का दृष्टिकोण

सरदार का सामाजिक न्याय संबंधी दृष्टिकोण यह था कि नीतियों का ऐसा उद्देश्य होना चाहिए, जिसमें निर्धनों के रहन-सहन के स्तर को उठाने की व्यवस्था हो और प्रत्येक जन गरीबों की दशा के स्तर से देखे। लेकिन यह बात भावनात्मक अपील से संभव है। इसी कारण वे भूमि-सुधारों में बिना उचित मुआवजा भूपति को देने की व्यवस्था के अभाव में या उसे विधि न्यायालय में जाने की व्यवस्था के अभाव में लागू करने के विरुद्ध थे। इस दृष्टिकोण से वे व्यक्तिगत संपत्ति के किसी के द्वारा शोषण के विरुद्ध थे, लेकिन अमीर का मन बदलकर उसे गरीबों की ओर मोड़ने के पक्षपाती थे। दूसरे, सरदार पटेल किसी की भी व्यक्तिगत संपत्ति बलपूर्वक लिये जाने के विरुद्ध थे। गांधीजी के रहने के एक स्थान को उनका स्मारक बनाने की दृष्टि से बलपूर्वक उसके मालिक से उसे लेने का सरदार ने विरोध करते हुए कहा था—

"यदि इस तरह निजी संपत्ति जबरदस्ती से प्राप्त की जाएगी तो उसका अर्थ यह होगा कि किसी को अपने घर में किसी बड़े आदमी को मेहमान की तरह रखना ही नहीं चाहिए। राष्ट्र के नाम से ऐसे निजी मकान लेना मुझे बिल्कुल उचित नहीं लगता और यह सब बापू के नाम से करना तो मुझे गुनाह मालूम होता है। हाँ, जो सार्वजनिक मकान को, अथवा जिसका संबंध मालिक के अपने परिवार के निवासस्थान के रूप में न रहा हो, ऐसे मकानों को लेने में हर्ज नहीं।"[१६]

सरदार का निजी संपत्ति के इसी दृष्टिकोण में संपत्ति के अधिकार को संविधान द्वारा संरक्षित व उसे न्यायालय की परिधि में लाने की व्यवस्था भी सर्वविदित है।

ग्राम-सेवा, किसान व कृषि उन्नति : सरदार पटेल ग्रामों की उन्नति से समाज का निर्माण संभव समझते थे, जिसके लिए उन्होंने अधिकाधिक ग्राम रचनात्मक कार्यक्रमों पर बल दिया और अधिकाधिक ग्राम-सेवा पर बल दिया। ग्रामसेवकों को निर्देश दिया कि वे अटूट धीरज, श्रद्धा और फल की इच्छा के बिना ग्रामोद्धार में जुटे रहें तथा इस बात की कल्पना न करें कि उनकी प्रसिद्धि हो। दूसरे, सरदार पटेल किसान की दशा को अधिकाधिक सुधारकर उसको आत्मनिर्भर बनाना चाहते थे, ताकि देश में उत्पादन बढ़े और समाज आत्मनिर्भर बन सके। देश में ७५ प्रतिशत से अधिक लोग किसान हैं या उनपर आधारित हैं। अत: सरदार का यह दृष्टिकोण बड़ा ही श्रेष्ठ था। किसानों को भी उनका संदेश था—"आत्म-निर्भर बनिए, अन्न और कपास पैदा कर लाज रखिए।"[१७]

इस प्रकार उपर्युक्त सामाजिक विचारों के साथ ही सरदार का आह्वान था कि अपनी-अपनी मर्यादा समझकर प्रत्येक को अपने-अपने क्षेत्र के काम में लग जाना चाहिए। इससे कार्य को गति मिलेगी और समाज का पुनरुत्थान होगा। प्रत्येक अहिंसा के मार्ग से हाथ में हाथ बढ़ाएँ तथा एक-दूसरे के पूर्ण सहयोग से समाज को निर्मित करें।

इस प्रकार आर्थिक व नैतिक नियमों से सरदार एक ऐसे समाजवाद को लाना चाहते हैं, जो गांधीवादी समाजवाद तथा उनकी नीतियों का पूरक हो, लेकिन व्यवहार में लाया जा सके। आर्थिक क्षेत्र में सरदार पटेल उत्तरोत्तर विकास के पक्षधारी थे और किसी भी हिंसक क्रांतिकारी उपायों से औद्योगीकरण के परिवर्तन के विरोधी थे। वे पूँजीपति उद्योगपतियों से मित्र रूप में श्रमिकों के हित के अपेक्षी थे।

राजनीति पार्श्व-चित्र

सरदार वल्लभभाई पटेल की राजनीतिक छाया एक ऐसे प्रजातांत्रिक देश के रूप में भारत को देखने को मिलती है, जो गांधीजी के 'रामराज्य' की कल्पना को उपलब्ध करा सकें, लेकिन व्यवहार तक, यद्यपि उन्होंने स्वयं कहा था—"हम बिल्कुल ऐसी स्वतंत्रता चाहते हैं, जैसी आज इंग्लैंड में हैं और इससे कम में हम संतुष्ट नहीं होंगे।"[१८]

तो भी अपने देश की परिस्थितियों का उनको पूरा ध्यान था और उसमें भी वे त्याग के साथ जन नेताओं की आवश्यकता पर बल देते थे। उन्होंने कहा था—"आजकल के जमींदार और जागीरदार हमारे देश की संस्कृति की विशेषता के प्रतिनिधि नहीं हैं। इस पुण्यभूमि में धनवानों और जमींदारों या सत्ताधारियों की पूजा कभी नहीं हुई है। त्यागियों और तपस्वियों के चरणों में जागीरदार, धनवान और सत्ताधारी सिर झुकाते रहे हैं।"[१९]

तो भी प्रजातंत्र के रूप में भारतीय संस्कृति की मान्यताओं के साथ सरदार ने जो छाप भारतीयों के राजनीतिक समाज पर छोड़ी, उसकी मुख्य विशेषताएँ हैं—

प्रजातंत्र, अनुशासन व प्रजातांत्रिक संस्थाएँ : सरदार पटेल का प्रजातंत्र में पूर्ण विश्वास था, जैसाकि उनके जीवन की विभिन्न घटनाओं से हमने देखा। उन्होंने दलीय नेता के रूप में, एक साथी के रूप में तथा प्रशासक के रूप में कभी भी लोकतांत्रिक मूल्यों की सीमा को पार नहीं किया। लेकिन उनका पूरा विश्वास था कि जब तक प्रजातंत्र अनुशासनबद्ध नहीं होगा और पूर्ण अनुशासनबद्ध नहीं होगा, वह टिक नहीं सकेगा। अनुशासन शासक व शासित सभी के लिए समान रूप से लागू होगा। प्रजातंत्र के बारे में जो उनकी अनुशासनात्मक दृष्टि थी, उसका चित्रण करते हुए श्री मूर्ति लिखते हैं—"सरदार अनुशासन की उच्च विकसित विधि रखते थे। उनके व्यावहारिक अनुभव ने उन्हें सिखाया था कि स्वराज्य केवल वहीं बनाए रखा जा सकता है जहाँ अनुशासन जीवन का एक भाग होता है। विशेष मूलभूत मानवीय मूल्यों से कोई समझौता नहीं हो

सकता। सरदार ने अनुशासन के इन्हीं मूलभूत मूल्यों को मुख्य महत्त्व प्रदान किया।''[२०]

साथ-ही-साथ अनुशासनबद्ध प्रजातांत्रिक वातावरण में ही उन्होंने प्रजातांत्रिक संस्थाओं के प्रभावी रूप से कार्य करने की कल्पना की थी और कहा भी था कि साफ वातावरण में ही उसका अस्तित्व संभव है।

प्रजातंत्र का प्रभाव

सरदार पटेल प्रजातंत्र के प्रभावपूर्ण दृष्टिकोण के प्रति पूर्ण रूप से आश्वस्त थे और उनका कहना था कि ''प्रजा में ताकत होगी तो जिस वस्तु की आवश्यकता उसे होगी, वह मिल जाएगी।''[२१]

यदि प्रजा को यह लगेगा कि उसके साथ अन्याय हो रहा है तो वह स्वशासन में भी सत्याग्रह का मार्ग अपना सकेगी। सत्याग्रह का वही स्वरूप होगा, जो उन्होंने जीवन भर अपनाया। वे धर्म की आड़ से इस प्रचार के विरोधी थे कि सरकार धर्म-विशेष को हानि पहुँचा सकती है। उनक कथन था कि जो ऐसा प्रचार करते हैं, वे नहीं जानते कि आज जनता की सरकार है, इसे लोग जब चाहें, बदल सकते हैं, सुधारना चाहें तो सुधार सकते हैं।

समाचार-पत्रों पर दृष्टि : सरदार पटेल प्रेस व अभिव्यक्ति की स्वतंत्रता के रूप के प्रति पूर्णतया पक्षपाती थे कि वह प्रदान की जाए और संविधान सभा में मौलिक अधिकारों की उपसमिति के अध्यक्ष के रूप में उन्होंने इसकी पूरी व्यवस्था कराई थी। साथ ही उनका यह दृष्टिकोण था कि ''जिस समाचार-पत्र का जन्म स्वतंत्र भारत में होता है, उसे जन्म से ही स्वतंत्र होना चाहिए। गुलामी की हालत से भारत को मुक्त कराने का जो समय था, उस समय समाचार-पत्र का जो धर्म था और जो कार्य था, उसमें और आज के समय में आकाश-पाताल का अंतर है। एक उत्तरदायी पत्रकार की लेखनी जनता पर भारी प्रभाव डाल सकती है। जितना प्रभाव जनता की भलाई पर डाल सकती है, उतना बुराई के लिए भी डाल सकती है।''[२२]

अत: समाचार-पत्र देश के निर्माण में हाथ बँटाएँ, न कि ऐसा कार्य करें, जिससे जन-हानि हो।

दंड व्यवस्था पर दृष्टि

यद्यपि गांधीवादी सिद्धांत के अनुसार बदला लेने की काररवाई को कोई स्थान नहीं तथा सरदार पटेल के संपूर्ण राजनीतिक जीवन में, यहाँ तक कि ब्रिटिश साम्राज्य के विरुद्ध लड़ाई में भी, कोई ऐसा उदाहरण नहीं मिलता, जिसमें बदले की भावना का समावेश हो, तो भी सत्ता में आने के बाद ऐसे कानून बनाने की आवश्यकता पर उन्होंने

बल दिया, जिसमें अपराधियों को दंड देने के निश्चय के स्थान पर उन्हें सुधारने पर अपेक्षित अधिक बल हो। उनके अनुसार—''मित्रता से जितना काम होता है, उतना दंड से नहीं होता। कानून का सहारा कम-से-कम लेना चाहिए। हमारे पास सत्ता आई है। इस सत्ता के अमल के कारण किसी के मन में अरुचि उत्पन्न नहीं होनी चाहिए। यदि हम इस रीति से काम नहीं करेंगे तो सत्ता को बचा नहीं पाएँगे।''[२३]

जहाँ तक संबंध सरकार द्वारा शक्ति के प्रयोग का है, उस पर सरदार का कहना था कि शक्ति का प्रयोग उस समय के लिए हो सकता है, जब सुधार के लिए लोक इच्छा हेतु आवश्यकता हो, लेकिन इसके विपरीत करने से यह सफल नहीं होगी। राज्य का यह बराबर उत्तरदायित्व है कि वह समझे कि तलवार का प्रयोग कमजोर पर कदापि नहीं हो, अपितु यदि हो तो उन्हें सुरक्षित करने के लिए।

सरकार और जनमत पर दृष्टि : सरदार का राजनीतिक दृष्टिकोण यह था कि सरकार बिना लोक सहमति के कार्य नहीं कर सकती और ''यदि हम लोक सरकार चाहते हैं तो हमें अवश्य लोक सहमति और संचालन की स्थापना करनी होगी।''[२४] इसी दृष्टि में सरकार पूर्णतया जनता की, चाहे उसका संबंध किसी भी धर्म से हो, सुरक्षा करेगी तथा धर्मों के हितों को टकराव से रोककर समानता की नीति का अनुसरण करेगी। साथ ही शासक प्रजातंत्र में अपने को जनता का ट्रस्टी समझें, न कि शासक, और इस नीति से काम करेंगे कि राज्य की आय का अधिकांश लोक कल्याण के विषयों एवं कार्यों पर व्यय होगा। उनके ही शब्दों में—

''शासकों को अवश्य जान लेना चाहिए कि वे जनता के ट्रस्टी हैं और राज्य के सेवक। उनके जनता के साथ संबंध पिता और बच्चों की भाँति के हैं। उन्हें जनता के हित में अवश्य सुरक्षा प्रदान करनी है तथा जनता का कल्याण अवश्य उनका परम कर्तव्य है।''[२५]

नागरिकों का कर्तव्य : सरदार पटेल राज्य का पूर्ण उत्तरदायित्व निर्धारित करते हैं तथा नागरिकों को विभिन्न प्रकार की स्वतंत्रताएँ, समानताओं के साथ प्रदान करने के इच्छुक हैं, तो भी उनका आह्वान है कि—''यह प्रत्येक नागरिक का उत्तरदायित्व है कि वह महसूस करे कि देश स्वतंत्र है तथा उसे सुरक्षा प्रदान करने का उसका कर्तव्य है। प्रत्येक भारतीय को अब यह बिल्कुल भूलना चाहिए कि वह एक राजपूत, सिख या जाट आदि है। उसको अवश्य याद रखना चाहिए कि वह एक भारतीय है तथा उसका उत्तरदायित्वों सहित देश पर पूरा अधिकार है।''[२६]

भाषाई व छोटे राज्यों पर दृष्टिकोण : सरदार का राजनीतिक दृष्टिकोण छोटे क्षेत्रीय, मुख्यतया भाषाई आधार पर राज्यों की स्थापना को देश की अखंडता पर हानिकारक मानता है और वे इस प्रकार के प्रांतवाद के विरुद्ध हैं। उन्होंने इसी कारण आंध्र प्रदेश का

तमिलनाडु से पृथक्करण पर विरोध किया था तथा वे सकारात्मक रूप से गुजरात और महाराष्ट्र के पृथक्करण के भी विरोधी थे।[२७]

साथ ही, उनकी छोटे राज्यों, खासकर उस समय के देशी राज्यों को भी यह सलाह थी कि वे अपने भूतकाल में न जाएँ तथा समयानुसार देश के नए कार्यक्रमों में आस्थावान् रहें।

आर्थिक स्वतंत्रता व राजनीतिक समाज पर दृष्टि : लेखक के विचार में—

"यह सरदार का मत था कि राजनीतिक स्वतंत्रता, आर्थिक स्वतंत्रता के बिना अपनी वास्तविक अर्थोंवाली स्वतंत्रता प्रदान करने में असमर्थ रहेगी।"[२८]

अतः उन्होंने कहा था—"मेरी केवल यही इच्छा है कि भारत को अच्छा उत्पादक होना चाहिए।"[२९] तथा "देश में कोई भूखा न रहे, भूख के लिए आँसू न बहाए, इसकी व्यवस्था देश में अधिकाधिक उत्पादन बढ़ाकर की जाए, आयात के भरोसे बैठकर नहीं। आयातित वस्त्रों, अन्न के दानों पर व्यक्ति निर्भर न करे। यह जनता का भी कर्तव्य है, लेकिन शासन का भी।"

इस प्रकार सरदार पटेल उपर्युक्त मुख्य धारणाओं के साथ चुस्त व दृढ़, अनुशासनबद्ध, जिसमें जनता की इच्छा सर्वोच्च हो और राज्य व्यक्ति के लिए तथा व्यक्ति राज्य के लिए श्रेष्ठ करे, ऐसी भावना के साथ राजनीतिक छाया छोड़ते हैं। लेकिन सबसे अधिक शासन को लोकतंत्रात्मक रूप देने के सिद्धांत के विषय में सरदार कोई समझौता करने को तैयार नहीं थे, यद्यपि वे उसकी गति को नियंत्रित करने को तैयार थे।[३०]

पटेल के नेतृत्व का वर्गीय चरित्र

श्री वी.पी. मेनन के अनुसार—"नेतृत्व दो प्रकार का है—एक नेता—जैसे नेपोलियन—जो नीति का निर्माता और व्याख्याता दोनों ही था और अपनी आज्ञानुसार उस पर अमल चाहता था ऐसे सर्वोच्च व्यक्ति रोज-रोज पैदा नहीं होते। सरदार का नेतृत्व दूसरी तरह का था। उन्होंने अपने अधिकारियों का सावधानी से चयन किया और उनपर बिना हस्तक्षेप के नीति-निर्माण का कार्य छोड़ दिया। उन्होंने कभी झूठा दावा नहीं किया कि वे विश्व में सबकुछ जानते हैं। उन्होंने कभी भी एक नीति को स्पष्ट रूप से अपने अधिकारियों की सलाह के बिना स्वीकार नहीं किया। ये विचार-विमर्श अधिकारियों से उन्हें लाभ पहुँचाने वाले थे।"[३१]

स्पष्ट है कि सरदार ने जो भी कदम उठाया, वह पूर्ण विचार-विमर्श के उपरांत ही पूर्ण संतुष्टि के साथ उठाया। चाहे प्रशासन में नीतिगत निर्णय का संबंध हो या संघर्ष के समय सत्याग्रह का संबंध हो।

बारदोली सत्याग्रह में पूर्ण निर्णय तभी उन्होंने किया, जब सहायकों से पूर्ण संतुष्ट हो गए तथा स्थिति की अनुकूलता उन्होंने पाई। इस अर्थ में वह द्वितीय श्रेणी रखकर भी नेपोलियन से श्रेष्ठ थे। फिर सरदार का निर्णय मजबूत और संतुलनमयी था। वे इच्छापूर्ण चिंतन से मुक्त थे तथा उन्होंने सस्ती प्रसिद्धि को कभी नहीं चाहा। उन्होंने जनता को एकदम प्रसन्न करने के मीठे शब्द नहीं बोले, अपितु साफ (स्पष्ट) बोलने में विश्वास किया। विभाजन के बाद उन्होंने इसी कारण स्थान-स्थान पर यह कहा कि देश के साथ सहानुभूति रखनी हो और देश का हृदय से अपने को नागरिक मानना हो, तभी यहाँ रहना चाहिए, अन्यथा जहाँ श्रद्धा हो, वहाँ चले जाना चाहिए। सरदार स्वयं कहते थे—"मैं जो करता हूँ, सो कभी छिपाता नहीं हूँ। कई समर्थ व्यक्तियों के विरुद्ध कारवाई करने में मुझे संकोच नहीं हुआ।" उनकी नाराजगी भी मोल लेकर सार्वजनिक काम में जिसे मैंने अपना कर्तव्य माना, उसका पालन करने में चूका नहीं। इस स्पष्टता में सरदार की कार्य पद्धति का मुख्य मापदंड यह होता था कि कोई नीति-विशेष या घटना देश के हित में है या नहीं। उनकी अधिकांश बातों में देशभक्ति ही कसौटी होती थी। उदाहरणार्थ—भारत के विभाजन को उन्होंने समय व देशहित की कसौटी पर रखा तथा गृहयुद्ध को टालने तथा देश को स्वतंत्रता दिलाने के उद्देश्य से इसे स्वीकार किया। बंबई में जब भारतीय नौ सेना ने सन् १९४६ में विद्रोह किया तो सरदार पटेल को यह बहुत ठीक नहीं लगा। उन्होंने विद्रोहियों की प्रशंसा करने के कारण समाजवादियों को कड़वी बातें सुनाईं और पं. नेहरू को भी समाजवादियों को खुश करने की नीति अपनाने से मना किया। सरदार दूरदर्शितापूर्ण मस्तिष्क से, देश के भविष्य की ओर सोचते थे और इसी कारण विद्रोह का मूल्यांकन उन्होंने भविष्य के लिए किया था। अंग्रेज देश छोड़ जाएँ, इसके उपरांत राष्ट्र को विद्रोह जैसी घटना भुगतनी पड़े, ऐसी परंपरा सरदार डालना नहीं चाहते थे।

इस प्रकार सरदार, हस्तक्षेप रहित प्रशासन, जिसमें अधिकारियों से पूर्ण नीतिगत लाभ लिया जा सके और प्रशासक दृढता के साथ सार्वजनिक कर्तव्य निभाएँ, देश के हित को सर्वोच्च रखना चाहते थे—ऐसा उनके नेतृत्व का चरित्र था। और इस प्रकार वे नेपोलियन की भाँति राष्ट्रहित की सर्वोच्चता तो चाहते थे, परंतु बिना किसी बुरी परंपरा की नींव डाले प्रजातांत्रिक प्रकृति से कार्य करनेवाले राष्ट्रवादी थे।

"कार्य निस्संदेह पूजा है, लेकिन हँसना ही जिंदगी है।" इस अमर वाक्य के परिप्रेक्ष्य में सरदार पटेल का संदेश है कि जो जीवन को बहुत गंभीरता के साथ लेता है, उसे अपने अस्तित्व की खातिर जूझना होगा। और वह, जो दुःख व आनंद को समानता के साथ स्वीकार करता है, वास्तव में श्रेष्ठ जीवन पाता है। दुःख सहन करने से जीवन का अंत सुखद बनता है और भावी पीढ़ियों के लिए विरासत बनती है। स्वयं उन्होंने

दु:ख स्वीकार किया, दीनता स्वीकार की, भावी पीढ़ियों का जीवन सुखी करने के लिए। जीवन भर सत्याग्रह किए, कष्ट झेले, परिवार का बलिदान किया और अस्तित्व के लिए जूझे। इस विशेषता में सरदार का नेतृत्व महान् क्रांतिकारी लेनिन की श्रेणी का है। उनके व्यक्तित्व में असंख्य विशेषताएँ थीं, जिसमें स्वयं कष्ट भोगना, लेकिन बलिदान करना, आदर करना, सत्य बोलना, निस्स्वार्थ रहना, श्रद्धा रखना, स्पष्ट कहना और आशावादी रहना, दूरदर्शिता रखते हुए विरोधी को जीतें। अनुशासनबद्धता को मानना, आत्म-सम्मान रखते हुए समान व्यवहार करना और दृढ इच्छा रखना आदि शामिल हैं।

लेनिन ने भी जीवन भर संघर्ष किया, भावी पीढ़ियों का मार्ग प्रशस्त करने के लिए कष्ट उठाए और स्वयं दीनता स्वीकार की, ताकि रूस के आम जन का अस्तित्व बन जाए। उनका भी अमर संदेश सरकार पटेल की भाँति यही था—दु:ख सहन करके अस्तित्व की खातिर जूझें। लेनिन एक विचारक तथा जन्मजात नेतृत्वकारी था और सरदार पटेल एक सुदृढ संघर्षकर्ता व नेतृत्वकारी। सिद्धांतों में दोनों में मतभेद हो, परंतु जीवन में कर्म को दोनों बराबर स्थान देते थे।

किसान को धरती पर सिर उठाकर गर्व से चलने का अधिकार है, क्योंकि वह धरती से धन-धान्य उत्पन्न करनेवाला है। इस बात में सरदार का पूर्ण विश्वास था। साम्यवादी चीन के निर्माता माओत्से तुंग के नेतृत्व की श्रेणी सरदार पटेल से इस रूप में मिलती है। दोनों नेतृत्वकारी क्रिसानों के संगठन को समान महत्त्व देनेवाले थे। यद्यपि माओत्से तुंग का सिद्धांत साम्यवादी था और सरदार का गांधीवादी। लेकिन माओ ने चीनी साम्यवादी दल को जो मजबूत संगठन दिया और जिससे चीन में क्रांति संभव हुई, उसी की भाँति सरदार पटेल ने भारतीय राष्ट्रीय कांग्रेस को अधिकतर गतिशील संगठन बनाया और उससे देश को स्वतंत्रता प्राप्त हुई। फिर अहिंसक मार्ग से कांग्रेस ने जो उपलब्धियाँ प्राप्त कीं, उनकी तो मिसाल भी मिलनी मुश्किल है।

इस प्रकार, सरदार पटेल के नेतृत्व का वर्गीय चरित्र एकपक्षीय नहीं बल्कि बहुपक्षीय था। वे बिस्मार्क से श्रेष्ठ लौहपुरुष, नेपोलियन से श्रेष्ठ कार्यपद्धतिवाले, लेनिन जैसे कर्मप्रिय तथा माओत्से तुंग जैसे कृषक नेतृत्वकारी नेता थे।

संदर्भ—

१. 'फॉर ए युनाएटेड इंडिया स्पीचीज ऑफ सरदार पटेल', प्रकाशन विभाग, नई दिल्ली, पुनर्मुद्रण, १९८२, पृ. २५

२. वही

३. 'ए नेशनल होमेज', पी.डी. सग्गी, ओवरसीज पब्लिशिंग हाउस, बंबई, फर्स्ट एडीशन, १९५३, पृ. ३१

४. 'सरदार की सीख', नवजीवन प्रकाशन मंदिर अहमदाबाद, प्रथम संस्करण १९५८, पृ. ४४
५. 'सरदार की सीख', नवजीवन प्रकाशन मंदिर, अहमदाबाद, प्रथम संस्करण १९५८, पृ. ५३
६. 'ए नेशनल होमेज', पी.डी. सग्गी, ओवरसीज पब्लिशिंग हाउस, बंबई, फर्स्ट एडीशन, १९५३, पृ. २१
७. 'सरदार पटेल के भाषण,' नरहरि पारिख, उत्तमचंद शाह, नवजीवन प्रकाशन मंदिर, अहमदाबाद, प्रथम संस्करण, १९५०, पृ. २१२
८. 'सरदारजी के विशिष्ट और अनोखे पत्र-२', मणिबहन वी. पटेल, सरदार पटेल स्मारक भवन, अहमदाबाद, प्रथम संस्करण, १९८१, पृ. १८१
९. 'फॉर ए युनाएटेड इंडिया, स्पीचीज ऑफ सरदार पटेल', प्रकाशन विभाग, नई दिल्ली, पुनर्मुद्रण १९८२, पृ. २५
१०. 'ए पैट्रियट फॉर मी,' एस. हरदिया-ओरिएंट लोंगमेंस, बंबई, फर्स्ट एडीशन, १९८२, पृ. १६९
११. 'सरदारजी के विशिष्ट एवं अनोखे पत्र-१' मणि बहन वी. पटेल, सरदार पटेल स्मारक भवन, अहमदाबाद, प्रथम संस्करण, १९८१, पृ. ३२१
१२. 'सरदार की सीख', नवजीवन प्रकाशन मंदिर, अहमदाबाद, प्रथम संस्करण, १९५८, पृ. ४४३
१३. 'सरदार की सीख', नवजीवन प्रकाशन मंदिर, अहमदाबाद, प्रथम संस्करण, १९५८, पृ. ३
१४. 'ए नेशनल होमेज', पी.डी. सग्गी, ओवरसीज पब्लिशिंग हाउस, बंबई, फर्स्ट एडीशन, १९५३, पृ. ३०
१५. 'फॉर ए युनाएटेड इंडिया, स्पीचीज ऑफ सरदार पटेल', प्रकाशन विभाग, नई दिल्ली, पुनर्मुद्रण, १९८२, पृ. ३६
१६. 'सरदारजी के विशिष्ट और अनोखे पत्र-१', मणि बहन वी. पटेल, सरदार स्मारक भवन, अहमदाबाद, प्रथम संस्करण, १९८१, पृ. ३२१
१७. 'सरदार पटेल के भाषण', नरहरि पारिख, उत्तमचंद्रशाह, नवजीवन प्रकाशन मंदिर, अहमदाबाद, प्रथम संस्करण, १९५०, पृ. २१२
१८. 'ए नेशनल होमेज', पी.डी. सग्गी, ओवरसीज पब्लिशिंग हाउस, बंबई, फर्स्ट एडीशन, १९५३, पृ. १९१९
१९. 'सरदार पटेल के भाषण', नरहरि पारीख, उत्तमचंद शाह, नवजीवन प्रकाशन मंदिर, अहमदाबाद, प्रथम संस्करण, १९५०, पृ. ३०७
२०. 'सरदार पटेल : दी मैन एंड हिज कंटेंपोरेरिज', आर.के. मूर्ति, प्रथम संस्करण, १९७६, स्टर्लिंग पब्लिशिंग हाउस, पृ. १३
२१. 'सरदार की सीख', नवजीवन प्रकाशन मंदिर, अहमदाबाद, प्रथम संस्करण १९५०, पृ. ५२
२२. 'सरदारजी के विशिष्ट और अनोखे पत्र-१', मणि बहन वी. पटेल, सरदार स्मारक भवन, अहमदाबाद, प्रथम संस्करण, १९८१, पृ. ३२६
२३. 'सरदारजी के विशिष्ट और अनोखे पत्र-१', मणि बहन वी. पटेल, सरदार स्मारक भवन, अहमदाबाद, प्रथमसंस्करण, १९८१, पृ. २५४
२४. 'फॉर ए युनाएटेड इंडिया, स्पीचीज ऑफ सरदार पटेल', प्रकाशन विभाग, नई दिल्ली, पुनर्मुद्रण, १९८२, पृ. ४५
२५. 'फॉर ए युनाएटेड इंडिया स्पीचीज ऑफ सरदार पटेल', प्रकाशन विभाग, नई दिल्ली, पुनर्मुद्रण, १९८२, पृ. २७

२६. 'फॉर ए युनाएटेड इंडिया, स्पीचीज ऑफ सरदार पटेल', प्रकाशन विभाग, नई दिल्ली, पुनर्मुद्रण, १९८२, पृ. २७

२७. 'फैक्ट्स ऑफ सरदार पटेल', बी.के. अहलूवालिया, कल्याणी प्रकाशन, लुधियाना, प्रथम संस्करण, १९७४, पृ. १६२

२८. 'ए पैट्रियट फॉर मी' एस. हरदिया, ओरिएंट लोंगमैंस, बंबई, फर्स्ट एडीशन, १९८२, पृ. १६८

२९. 'ए नेशनल होमेज', पी.डी. सग्गी, ओवरसीज पब्लिशिंग हाउस, बंबई, फर्स्ट एडीशन, १९५३, पृ. १९

३०. 'चुना हुआ पत्र-व्यवहार, भाग-१', वी. शंकर, नवजीवन प्रकाशन मंदिर, अहमदाबाद, प्रथम संस्करण, १९७६, पृ. २०४

३१. 'ए नेशनल होमेज-लाइफ एंड वर्क ऑफ सरदार पटेल', एडीटेड बाय पी.डी. सग्गी, ओवरसीज पब्लिशिंग हाउस, बंबई, फर्स्ट एडीशन, १९५३, पृ. २

□

राष्ट्रीय कर्मयोगी : सरदार वल्लभभाई पटेल

—डॉ. नंदलाल मेहता 'वागीश'

आधुनिक भारत राष्ट्र के निर्माता रूप में सरदार वल्लभभाई पटेल का ऐतिहासिक योगदान स्वर्णाक्षरों में अंकित किए जाने की पात्रता रखता है। स्वतंत्र भारत में पं. जवाहरलाल नेहरू के प्रधानमंत्रित्व में गठित प्रथम सरकार में सरदार पटेल ने केंद्रीय गृहमंत्री और उपप्रधानमंत्री के रूप में महत्त्वपूर्ण एवं निर्णायक भूमिका का निर्वहण किया। भारत-विभाजन की विषम विभीषिका से व्युत्पन्न विखंडन के खतरों को ध्वस्तीकृत करते हुए सरदार पटेल ने जिस साहसपूर्ण राजनीतिक कौशल से पाँच सौ पचास से अधिक देशी रियासतों का भारत में विलय कराया, वह चमत्कारपूर्ण कार्य विश्व के इतिहास में विलक्षण, अनुपम और अद्वितीय है। कश्मीर से लेकर कन्याकुमारी तथा कच्छ (गुजरात) से लेकर कामरूप (आसाम) तक आज भारत की जिस भौगोलिक अवस्थिति का भान हमें होता है, उसे इस रूप में संगठित करने का अपूर्व श्रेय अकेले सरदार वल्लभभाई पटेल को जाता है। राष्ट्रीय स्तर पर उनका यह कार्य उन्हें 'लौहपुरुष' कहे जाने की प्रशस्ति संज्ञा प्रदान करता है।

व्यक्तित्व के गुण-कर्म

परंपरा और आधुनिकता के संगुंफित भावों से सज्जित सरदार पटेल का व्यक्तित्व एक ऐसे राष्ट्रीय कर्मयोगी का था, जिसके जीवन का प्रत्येक पल देशसेवा हेतु अर्पित था। उनके व्यक्तित्व के सभी गुण-कर्म राष्ट्रीय स्वाभिमान की प्रतीति कराते थे। वे सतत जागरूक थे। राष्ट्र-हित उनके लिए सर्वोपरि था, शेष बातें गौण थीं। उनमें गजब की दृढता थी। वे निडर और पराक्रमी थे। निर्भीक और साहसी थे। उनके निश्चय का स्वर मौन में भी मुखरित होता था। उनका व्यक्तित्व गरजनेवाले मेघ की अपेक्षा बरसनेवाले मेघ सरीखा था। यों सामान्य रूप से वे मितभाषी थे, किंतु उनकी विनोदप्रियता बहुत कुछ कह देती थी। वे स्पष्ट वक्ता थे और आवश्यक होने पर अपनी असहमति को भी

तर्कपूर्ण रीति से प्रस्तुत करते थे। सरदार पटेल का व्यक्तित्व, परस्पर-विरोधी भासित होने वाली अनेक विलक्षण विशेषताओं व कार्य-परिणामी उपलब्धियों से निर्मित हुआ था। वे वज्र की तरह कठोर तो फूल की तरह कोमल भी थे। उनके स्वभाव की दृढता उन्हें परिस्थितियों से मुँह चुराने नहीं देती थी। उनके संबंध में मौलाना शौकत अली के ये शब्द बहुत ही सारगर्भित हैं कि—'वल्लभभाई बरफ से ढका हुआ ज्वालामुखी हैं।'

भारत के पूर्व राष्ट्रपति और तत्त्ववेत्ता दार्शनिक डॉ. सर्वपल्ली राधाकृष्णन ने सरदार पटेल के विषय में सटीक टिप्पणी करते हुए कहा कि "वे कम बोलते थे, किंतु जो कुछ भी बोलते थे, वह दृढ तथा असंदिग्ध ढंग का होता था। उनकी वाणी राष्ट्र की वाणी थी।" सरदार पटेल का व्यक्तित्व अनेकायामी था। समाज-विचारक श्री जयदेव हसीजा 'वानप्रस्थी' ने उन्हें 'बीसवीं सदी का चाणक्य' कहा है।

सरदार वल्लभभाई पटेल के श्वासों में भारत का स्वाभिमान स्पंदित होता था। धैर्य, त्याग, संयम, साहस, निर्भीकता, निर्णय-क्षमता, संगठन-शक्ति, नेतृत्व-कौशल, दूरदर्शिता व स्पष्टवादिता के सरदार पटेल के जिन निश्चयात्मक गुणों पर, भारत का जन-जन गर्वित होता आया है, वे सभी गुण उनके द्वारा आचरित राजनीतिक-सामाजिक जीवन के अंग रहे हैं। उनकी गुण-समग्रता पर आचार्य चंद्रशेखर शास्त्री की यह टिप्पणी बहुत ही महत्त्वपूर्ण और सार्थक है कि "सरदार पटेल ने भारत की भाग्य-लिपि अपनी लौह-लेखनी से लिखी है। यह लिपि देश का अखंड-अनश्वर भूगोल बनकर उनके नेतृत्व-कौशल की जयजयकार कर रही है।" एक अन्य स्थल पर वे लिखते हैं कि "सरदार पटेल ने काल के वज्रदाँतों को अपने पराक्रम से तोड़ा है।"

सरदार पटेल के व्यक्तित्व के संदर्भ में डॉ. राधाकृष्णन ने एक और महत्त्वपूर्ण बात कही है—"वे परिस्थितियों के निर्णायक, भावी रूप के विधाता तथा सुदूर भविष्य को ठीक-ठाक देख लेने की क्षमता रखते थे।" संकटों और कष्टों के बीच भी वल्लभभाई पटेल अडिग, निश्चय और अडोल प्रवृत्ति के थे। एक दिन अदालत में वे मुकदमा लड़ रहे थे, तो उन्हें एक तार मिला। शांतिपूर्वक तार पढ़कर उन्होंने उसे अपनी जेब में रख लिया। बहस समाप्त होने के बाद जब वे कक्ष से बाहर आए तो मित्रों के पूछने पर उन्होंने बताया कि वह तार उनकी पत्नी के निधन का था। अपनी सहचरी के शरीरांत का तार पाकर भी उन्होंने अपेक्षित सार्वजनिक दायित्व को बाधित नहीं होने दिया। इंग्लैंड में रहते हुए सन् १९११ में उनके पैर में नेहरूआ रोग हो गया। पैर के माध्यम से शरीर में घुसनेवाले एक जानलेवा कीड़े का यह भयानक रूप है, जो केवल ऑपरेशन द्वारा ही कठिनता से उपचारित हो सकता है। परिस्थितियाँ ऐसी बनीं कि सरदार पटेल ने बिना क्लोरोफार्म के ऑपरेशन करवाया और काफी देर तक चले ऑपरेशन में सिसकारी तक नहीं भरी। इस पर चकित डॉक्टर की टिप्पणी थी कि ऐसा विकट साहसी रोगी हमने पहली बार देखा है।

भारतरत्न शिरोमणि

अपने मानवीय गुणों और मूल्य-आधारित भारतीय राजनीति के गौरव पुरुष सरदार पटेल सही अर्थों में राष्ट्र के रत्न थे। यद्यपि देश के अनुदार राजनीतिक धुरंधरों ने सरदार पटेल की सुपात्रता को अनपेक्षित विलंब से 'भारतरत्न' सम्मान से सत्कृत किया, और वह भी मात्र इसलिए कि जिससे कि पहले के सपक्ष निर्णय, लोक-आलोचना का विषय न बनने पाएँ। एवं गते, कौन नहीं जानता कि अनेक 'भारतरत्न' प्राप्तकर्ताओं की अपेक्षा मरणोपरांत 'भारतरत्न' सरदार पटेल बहुत पहले से ही 'भारतरत्न-शिरोमणि' के रूप में लोकहृदय में पूजित-प्रतिष्ठित थे।

कुल-परिवार-वंशधरता

ऐसे भारतरत्न शिरोमणि सरदार पटेल का जन्म ३१ अक्तूबर, १८७५ को बोरसद तालुके के एक गाँव करमसद में हुआ। पाँच भाइयों के परिवार में तीन उनसे बड़े और एक उनसे छोटा था। उनसे बड़े विट्ठलभाई पटेल इंग्लैंड से बैरिस्टरी करके आए थे। अपनी मैट्रिक स्तरीय शिक्षा वल्लभभाई पटेल ने बड़ौदा से प्राप्त की। आगे चलकर उन्होंने इंग्लैंड से बैरिस्टरी परीक्षा उत्तीर्ण की और भारत आकर वे वकालत करने लगे। सन् १९१५-१६ से ही वे सार्वजनिक जीवन में सक्रिय हुए और सन् १९१९ में वकालत छोड़कर भारत के स्वाधीनता संघर्ष में कूद पड़े।

स्वाधीनता के बाद सरदार पटेल अधिक काल तक जीवित नहीं रहे। स्वाधीनता पूर्व संघर्षपूर्ण जीवन और स्वाधीनता-पश्चात् के अतिव्यस्त कार्य-कलापों से वे अपने शरीर के प्रति अपेक्षित ध्यान नहीं दे पाते थे। बार-बार लौटकर आने वाली बीमारी के अपघात से अंततोगत्वा आधुनिक भारत राष्ट्र के अजेय योद्धा सरदार पटेल ने १५ दिसंबर, १९५० को अपने जीवन की अंतिम श्वास ली।

साहस, संयम और दृढता पारिवारिक गुण के रूप में सरदार पटेल को प्राप्त हुए थे। उनके पिता श्री झवेरभाई पटेल परम स्वाभिमानी वीर पुरुष थे, जिन्होंने सन् १८५७ के स्वतंत्रता संग्राम में रानी झाँसी की फौज में भरती होकर अंग्रेजों के विरुद्ध हुए संघर्षों में सक्रिय सहभागिता की थी।

सरदार वल्लभभाई पटेल के कुल में परंपरा से ऐसी मान्यता चली आ रही है कि उनकी वंशधरता का संबंध मर्यादा पुरुषोत्तम भगवान् राम के पुत्र लव से है। वस्तुतः गुजरात की जिस कुरमी नामक क्षत्रिय जाति में सरदार पटेल का जन्म हुआ, उसमें 'लेवा' और 'कदवा' नाम की दो उपजातियाँ क्रमशः लव और कुश की वंशजा मानी जाती हैं। सरदार वल्लभभाई पटेल का जन्म लेवा जाति में हुआ था। भले ही वंश-स्रोत की इस मान्यता का ऐतिहासिक प्रमाण आज संभव न हो, किंतु सरदार पटेल के जीवन

में जिन उच्चतर मानवीय गुणों की भूमिका आचरित हुई है, सहज ही ऐसे महनीय गुण यदि भगवान् राम के जीवन को आदर्श गुण-स्रोतस्विनी में स्नान करके स्वयं को कृतार्थ अनुभव करते हैं, तो आचरण के ऐसे उत्कर्षण पर आश्चर्य कैसा?

महात्मा गांधी के यथार्थ उत्तराधिकारी

स्वाधीनता पूर्व के ऐतिहासिक घटनाक्रम के संदर्भ में यह उल्लेखनीय है कि पं. जवाहरलाल नेहरू और सरदार पटेल, इन दोनों को महात्वा गांधी के घनिष्ठ साथी व अनुयायी के रूप में जाना जाता है। सामान्य स्तर पर यह कथन ठीक है, किंतु विवेक के स्तर पर यदि देखा जाए तो यह निष्कर्ष निकलेगा कि राष्ट्र जागरण का जो मंत्र महात्मा गांधी ने फूँका था, लक्ष्य-रूप में उसे संगठित करने और एक जनशक्ति के रूप में उसे परिणत करने का कार्य सरदार पटेल ने ही किया। महात्मा गांधी के सिद्धांत-सूत्रों को व्यवहार रूप में परिणत करने का श्रेय भी सरदार पटेल को ही जाता है। इस अर्थ और इस कोण से पं. जवाहरलाल नेहरू की भूमिका उतनी उल्लेखनीय नहीं है। वस्तुतः महात्मा गांधी की दृष्टि, कार्य की प्रयोग-पद्धति और भारत के लोगों की उनकी ऐतिहासिक समझ बहुत ही व्यापक और बहुत ही गहरी थी। रामराज्य उनके राजनीतिक चिंतन का केंद्रबिंदु था। वे परंपरा-समृद्धि की प्रेरणा से परिचालित थे। इसलिए क्षेत्र चाहे धर्म-अध्यात्म का हो, शिक्षा का हो, अर्थ और उद्योग नीति का हो, सामाजिक उत्थान और समरसता का हो अथवा भारत की स्वाधीनता व प्रगति का हो, महात्मा गांधी सर्वांग भारतीय दृष्टि से संपन्न थे। इन सभी प्रश्नों के समाधान और लक्ष्यों की प्राप्ति हेतु वे भारत की धरती, प्रकृति, परिवेश, परंपरा, जीवन-पद्धति, परिवार-रचना और अतीत अनुभवों के आलोक में इनका निदान ढूँढ़ते थे। उनके पाँव यथार्थ की भूमि पर थे तथा दृष्टि परंपरा और आधुनिकता के गुण-पक्षों पर थी। सरदार पटेल महात्मा गांधी की समग्र दृष्टि के उत्तराधिकारी थे। इसलिए वे भारतीय मन को अच्छी तरह समझते थे, जबकि पं. जवाहरलाल नेहरू भारतीय मन और संघर्ष को बहुत कुछ पश्चिमी संस्कारों से देखते थे। महात्मा गांधी का नेतृत्व उन्हें इसलिए स्वीकार्य था, क्योंकि वह उनकी राजनीतिक आकांक्षाओं की पूर्ति में कहीं बाधक नहीं था। इसलिए वे गांधीजी का परामर्श मानते रहे। किंतु सन् १९२७ में रूस से लौटने के उपरांत महात्मा गांधीजी की कार्य-पद्धति के प्रति नेहरूजी की निष्ठा विनय की अपेक्षा तर्काश्रित होने लगी थी।

कुशल संगठनकर्ता

सरदार पटेल कुशल संगठनकर्ता थे। स्थिति की वास्तविकता को समझनेवाले वे एक ऐसे नेता थे, जो स्वयं कार्यकर्ता के स्तर पर अपने कार्यकर्ताओं से जुड़े रहते थे।

जून १९३४ से दिसंबर १९५० तक की लगभग साढ़े सोलह वर्ष की दीर्घावधि में वे कांग्रेस संसदीय बोर्ड के अध्यक्षीय पद पर रहे। अखिल भारतीय कांग्रेस समितियों के अधिसंख्य सदस्य मार्गदर्शन के लिए सरदार पटेल पर निर्भर थे। तभी १५ प्रांतीय कार्य समितियों में से १२ समितियों ने सरदार पटेल के प्रधानमंत्री बनने के पक्ष को समर्थित किया था। स्वयं महात्मा गांधी इस तथ्य को मुक्त मन से स्वीकार करते थे कि उनके आंदोलनों की सफलता में सरदार पटेल की संगठन क्षमता का बहुत बड़ा योगदान होता था। एक जगह उन्होंने स्वयं कहा है कि 'यदि वल्लभभाई पटेल मुझे न मिले होते तो जो आज हुआ है, वह न हुआ होता।'

महात्मा गांधी की प्रेरणा से किसानों द्वारा लगान न देने (करबंदी) का जो सत्याग्रह आंदोलन शुरू हुआ था, उसका एक महत्त्वपूर्ण पक्ष बारदोली का सत्याग्रह था। सूरत जिले के बारदोली मंडल के सत्याग्रह की कमान सरदार पटेल के हाथों में थी। सन् १९२१ से पहले किसी ने बारदोली का नाम भी नहीं सुना था। किंतु आज 'बारदोली सत्याग्रह' भारतीय स्वतंत्रता संग्राम के इतिहास में महात्मा गांधी की अहिंसात्मक्र प्रतिकार-पद्धति के सफलतम प्रयोग और परिणाम के रूप में दर्ज है। चट्टान की तरह दृढ सरदार पटेल के साहसपूर्ण निर्णयों ने अंग्रेज शासन की राजसत्ता को ध्वस्त कर दिया। बारदोली सत्याग्रह के किसानों की सभी माँगों के समक्ष अंग्रेजी शासन ने घुटने टेक दिए। लगभग आठ वर्ष तक अनवरत रूप से बारदोली सत्याग्रह के सफल संचालन एवं शुभ परिणामों का संपूर्ण श्रेय सरदार पटेल को जाता है। बारदोली सत्याग्रह की सर्वांग सफलता से वल्लभभाई पटेल, 'सरदार-सम्मान-पदता' से ऐसे शोभित हुए कि वे भारतीय इतिहास में सदा के लिए 'सरदार' हो गए।

बिस्मार्क से कहीं आगे

भारत को सुदृढ एवं संगठित करने के सरदार पटेल के कार्य को प्रशंसित करने की दृष्टि से कुछ इतिहासकारों ने उन्हें 'भारत का बिस्मार्क' कहा, किंतु सरदार पटेल का कार्य बिस्मार्क की पृष्ठभूमि और परिणाम-उपलब्धि से बहुत आगे का है। बिस्मार्क जर्मनी के राजपुरुष थे, जिन्होंने बल-प्रयोग द्वारा जर्मनी के ३२ राज्यों को प्रशासन का नेतृत्व स्वीकारने को बाध्य कर जर्मनी को संयुक्त रूप में गठित किया, जबकि सरदार पटेल ने लोकतांत्रिक पद्धति से अपनी राजनीतिक दृढता का परिचय देते हुए ५५० से भी अधिक रियासतों का भारत-संघ में विलय कराकर भारत राष्ट्र-राज्य को गठित किया। इस प्रकार सरदार पटेल का कार्य व्यापक क्षेत्रीय, जटिल और चुनौतीपूर्ण था। विशेषकर उस स्थिति में जबकि अंग्रेजों की कूटनीति का लाभ उठाकर अनेक रियासतें भारत-संघ में सम्मिलित होने की अपेक्षा अपना स्वतंत्र अस्तित्व बनाए रखना चाहती थीं। ऐसी

स्थिति में यह सरदार पटेल ही थे, जिनकी साम-दाम-दंड-भेद नीति की संपूर्ण परिणति शांतिपूर्ण कार्य-संपन्नता में फलित हुई।

दूरदर्शितापूर्ण साहस

सरदार पटेल के जीवन के दूरदर्शितापूर्ण साहस की एक झलक आचार्य चंद्रशेखर शास्त्री के द्वारा लिखित पुस्तक 'राष्ट्र निर्माता सरदार पटेल' में देखने को मिलती है। सन् १९४८ में सरदार पटेल भारतीय युद्धपोत के द्वारा गोवा के निकट से जब निकल रहे थे, तो उन्होंने कमांडिंग अफसर से कहा कि युद्धपोत को गोवा के जल-सीमा में ले चलो, जिससे हम गोवा को अच्छी प्रकार देख सकें। जब कमांडिंग अफसर ने सरदार पटेल को तटवर्ती सामुद्रिक सीमा के नियम का स्मरण कराया तो सरदार मुसकराकर बोले, 'कोई बात नहीं, बढ़े चलो, तनिक देखें तो सही।' उस समय गोवा पुर्तगाली शासन के अधीन था। सरदार के आदेश पर कमांडिंग अफसर जहाज को पुर्तगाल की सामुद्रिक सीमा के एक मील भीतर तक ले गया। तब सरदार ने गंभीर होकर उस अफसर से पूछा कि युद्धपोत में इस समय कितने सैनिक हैं? कप्तान ने उत्तर दिया कि ८०० सैनिक हैं। इस पर सरदार पटेल ने पूछा कि गोवा पर अधिकार करने के लिए क्या यह सैनिक टुकड़ी पर्याप्त है? सरदार पटेल और कमांडिंग अफसर का यह प्रसंग उस समय के भारतीय इतिहास का एक प्रकट पृष्ठ है। इस संवाद-क्रम के अंतिम सिरे पर सरदार पटेल के शब्द थे, 'मैं यही सोचता हूँ कि हम वापस चलें, तुम जानते हो कि पीछे क्या होगा? जवाहरलाल इस पर आपत्ति करेंगे।' हम सभी इस बात से अवगत हैं कि आगे चलकर सन् १९६१ के अंत में पंडित नेहरू को सैनिक काररवाई द्वारा पुर्तगाली शासन से मुक्त कराकर गोवा को भारतीय गणराज्य का हिस्सा बनाने का निर्णय लेना पड़ा।

वास्तव में भारत की अखंडता और सुरक्षा के संबंध में सरदार पटेल की नीति बहुत ही स्पष्टता, दूरदर्शिता व व्यावहारिक दृष्टि से ओत-प्रोत थी। भारत को सुदृढ और सुरक्षित राष्ट्र बनाना उनका उद्देश्य था। चीन द्वारा तिब्बत को हस्तगत कर लिये जाने पर चीन की आलोचना करते हुए उन्होंने कहा था कि शांति के उपासक तिब्बत पर बलात् अधिकार करना न्यायविरुद्ध है। सरदार पटेल तिब्बत-संबंधी पंडित नेहरू की नीति से सहमत नहीं थे। वे इसके दुष्परिणामों को समझ रहे थे। इसलिए उन्होंने समय रहते पंडित नेहरू को एक लंबा पत्र लिखकर चेताया था कि आगे चलकर चीन भारत पर हमला कर सकता है।

परराष्ट्र संबंधी पं. नेहरू की अनिश्चयात्मक नीति के कारण कश्मीर समस्या एक भयानक चुनौती के रूप में भारतीय मन को क्षत-विक्षत कर रही है। हालाँकि कश्मीर नरेश ने भारत संघ के विलय-पत्र पर विधिवत् हस्ताक्षर भी कर दिए थे, तो भी

शेख अब्दुल्ला के प्रति पं. नेहरू के अनावश्यक मोह ने कश्मीर-विलय को विवादित स्थिति तक पहुँचा दिया। सरदार पटेल का मानना था कि यदि कश्मीर का मामला उनके हाथ में होता तो वे इसे १५ दिन के भीतर ही भारत-पक्ष-परिणति तक पहुँचा देते।

निराधार प्रवाद

सरदार पटेल के संबंध में दो-एक निराधार प्रवाद प्रचलित हैं। पहला तो यह कि सरदार वल्लभभाई पटेल पं. नेहरू के प्रति उदार नहीं थे। दूसरा प्रवाद यह है कि वे मुसलमानों के विरोधी थे। पर ऐतिहासिक घटनाएँ सरदार वल्लभभाई पटेल पर लगाए गए इन आरोपों का समर्थन नहीं करतीं। सच तो यह है कि अपनी यथार्थ दृष्टि के कारण सरदार पटेल सभी विषयों और समस्याओं पर वस्तुनिष्ठ रीति से सोचते थे। उनके मन में कोई पूर्वग्रह नहीं रहता था। गुण-अवगुण के आधार पर वे पक्षपात रहित होकर निर्णय लेते थे। हाँ, राष्ट्रीय हित और राष्ट्रीय परंपरा का भान उन्हें था। राष्ट्रीय हित की कीमत पर परितोषणा करना उन्हें स्वीकार्य नहीं था।

जहाँ तक पंडित नेहरू का संबंध है, तो सामान्य रूप से सरदार पटेल उनके प्रति स्नेही व सहृदय थे। यदि ऐसा न होता तो वे उनके प्रधानमंत्री बनाए जाने के मार्ग में उचित रूप से बाधा बन सकते थे, किंतु उन्होंने ऐसा नहीं होने दिया और स्वयं ऐसा नहीं किया। मई १९४६ में कांग्रेस अध्यक्ष बने पंडित नेहरू को जब प्रधानमंत्री बनाए जाने का परामर्श प्रस्तुत हुआ तो कुल १५ प्रांतीय समितियों में से १२ कांग्रेस-समितियों ने सरदार पटेल के पक्ष में अपनी राय दी। मात्र तीन प्रांतीय समितियों ने पंडित नेहरू के पक्ष में मत व्यक्त किया। ऐसा होने पर भी सरदार पटेल ने महात्मा गांधीजी के अनुरोध पर पंडित नेहरू को प्रधानमंत्री बन जाने दिया। इससे कई बातें सिद्ध होती हैं। पहली तो यह कि प्रधानमंत्री-पद-प्राप्ति को अपने पक्ष में वैध रीति से सुरक्षित जानकर भी सरदार पटेल ने पंडित नेहरू के लिए पद-त्याग कर दिया। उनके मन में पंडित नेहरू के प्रति यदि जरा सा भी दुर्भाव होता तो वे पंडित नेहरू को प्रधानमंत्री पद से वंचित कर सकते थे। इस प्रसंग की दूसरी बात यह है कि पंडित नेहरू के प्रति प्यार के साथ-साथ वे महात्मा गांधी के प्रति असीम आदर का भाव रखते थे। हालाँकि वे उन दोनों से कभी-कभी असहमत भी होते थे। वस्तुत: विचार-भिन्नता एक अलग विषय है और वह व्यक्तित्व की पहचान भी है। पंडित नेहरू से अपनी वैचारिक भिन्नता को सरदार पटेल ने स्वयं स्वीकार किया है। किंतु इसका यह अर्थ नहीं कि पंडित नेहरू के प्रति उनकी प्रीति में कोई कमी थी। दोनों का वैचारिक संस्कार अलग-अलग था। यद्यपि यह भी ऐतिहासिक सच्चाई है कि उनके मरणोपरांत पंडित नेहरू उनके प्रति अपेक्षित न्याय नहीं कर सके थे।

जहाँ तक मुसलमानों के प्रति सरदार पटेल पर अनुदारता का आरोप है, ऐतिहासिक

घटनाएँ इस आरोप को निरस्त करती हैं। उस समय कुछ निहित स्वार्थी व्यक्तियों के छोटे समूह द्वारा सरदार पटेल के प्रति भ्रामक प्रचार किया गया। ऐसे लोग सरदार पटेल के विरुद्ध महात्मा गांधी और पंडित नेहरू के कान भरते रहते थे। इसमें कोई संदेह नहीं है कि सरदार पटेल मुसलिम लीगी सांप्रदायिक कट्टरता के विरोधी थे। उन दिनों मुसलिम लीग ने देश भर में सांप्रदायिक दंगों की शुरुआत करा दी थी। समस्त भारत में २९ जुलाई, १९४६ से १६ अगस्त, १९४६ तक जिन्ना द्वारा 'सीधी काररवाई' की योजना से अनेक प्रांतों में मुसलिम दंगाइयों को शह मिली थी। बंगाल के शाहिद सुहरावर्दी के मुसलिम लीगी मंत्रिमंडल द्वारा १६ अगस्त, १९४६ को छुट्टी घोषित करना एक प्रकार से मुसलमानों को दंगा करने की खुली प्रेरणा देना था। लीगी सांप्रदायिकता के इस खेल को जारी रखने के संबंध में उस समय फिरोज खाँ नून ने एक सभा में कहा था कि भारत में मुसलमान ऐसी स्थिति पैदा कर देंगे कि लोग चंगेज खाँ और हलाकू खाँ के हत्याकांडों को भी भूल जाएँगे। इसका परिणाम यह रहा कि कलकत्ता नगर पर चार दिनों तक दंगाई मुसलमानों का आधिपत्य रहा। आचार्य चंद्रशेखर शास्त्री ने लिखा है कि कलकत्ते की गलियों में खून बहने लगा। इसमें चार हजार लोग मारे गए और हजारों घायल हो गए। आजादी से पहले की अंतरिम सरकार में शामिल एक मुसलिम लीगी सदस्य गजनफर अली ने २ दिसंबर, १९४६ को कराची की एक चुनावी सभा में कहा था कि अंदर से सीधी काररवाई का दबाव बनाने के लिए मुसलिम लीग अंतरिम सरकार में सम्मिलित हुई है। कहना न होगा कि सरदार पटेल ऐसे ही सांप्रदायिक मुसलिमों का विरोध करते थे।

भारतीय धर्म-सहिष्णुता में पले-बढ़े सरदार वल्लभभाई पटेल मुसलमानों के साथ किसी भी रूप में अन्याय नहीं होने देना चाहते थे। जनसंख्या परिवर्तन के समय पश्चिमी पंजाब-पाकिस्तान में हिंदू-सिखों पर हुए नरसंहार की प्रतिक्रिया में सिखों ने जब अमृतसर से मुसलमानों के गुजरने का हिंसक प्रतिरोध करने का निश्चय किया, तब भारत छोड़कर जानेवाले मुसलमानों को सुरक्षित पहुँचाने हेतु सरदार पटेल वी.पी. मेनन को साथ लेकर स्वयं अमृतसर पहुँचे और सिख नेताओं को समझा-बुझाकर, उनसे भावुक अपील कर मुसलमानों को सुरक्षित रास्ता दिलवाया।

मुसलिम लीगी सांप्रदायिकता के साथ-साथ सरदार पटेल मार्क्सवादी बौद्धिक गुलामी करनेवाले उन भारतीय कम्युनिस्टों का भी विरोध करते थे, जो एक ओर अंग्रेजों की मुखबिरी करते थे और दूसरी ओर द्वितीय विश्व युद्ध को 'लोकयुद्ध' का नाम देकर अंग्रेजों के पक्ष में भारतीय जनमानस को मोड़ना चाहते थे।

ऐतिहासिक योगदान

स्वतंत्रता संग्राम के दौरान सन् १९१५ में सार्वजनिक जीवन के प्रारंभ से लेकर

एकता-अखंडता की प्रतिमूर्ति

सरदार पटेल

स्वतंत्रता-प्राप्ति के साढ़े तीन वर्षों सहित ३५ वर्षों के राष्ट्रीय आंदोलनों और सेवा-कार्यों में सरदार पटेल की समर्पित भूमिका से भारत राष्ट्र के अनेक ऐतिहासिक कार्य संपन्न हुए। अहमदाबाद नगरपालिका के एक प्रभावी सदस्य के रूप में उन्होंने भारत में प्रथम बार स्थानीय स्वराज्य की दृष्टि से नगरपालिका संस्था की भूमिका निर्धारित की। सरदार पटेल ने नगरपालिका के लिए जो आचार संहिता तैयार करवाई, उसमें स्वराज्य के हित में विभिन्न समितियों में सरकार द्वारा मनोनीत किसी भी सदस्य को नहीं लिया गया। इतना ही नहीं, सरदार पटेल ने सरकारी सदस्यों को मानपत्र देने की प्रथा भी बंद करवा दी। उन्होंने नगरपालिका के हरिजन कर्मचारियों के लिए आवास बनवाकर दिए। उल्लेखनीय है कि स्वराज्य के अथक सिपाही सरदार पटेल ने अपने संपादन में अप्रैल १९१९ को 'सत्याग्रह' पत्रिका का प्रकाशन भी शुरू किया। उस समय इस पत्रिका का संपूर्ण कार्यभार वे स्वयं सँभालते थे। राजनीतिक संघर्ष की व्यस्तताओं के बीच भी सन् १९२० में उनके द्वारा 'गुजरात विद्यापीठ' की स्थापना किया जाना शिक्षा-क्षेत्र में भारतीयों को स्वावलंबी बनाने की उनकी योजना का एक दूरगामी निर्णय था।

स्वाधीनता-प्राप्ति के बाद सरदार पटेल ने अपने नेतृत्व-कौशल में जो महत्त्वपूर्ण ऐतिहासिक कार्य संपन्न कराए, उनमें गुजरात में स्थित सोमनाथ मंदिर का पुनर्निर्माण, गांधी स्मारक निधि की स्थापना, अखिल भारतीय सेवाओं की संकल्प-योजना तथा भारतीय संविधान परिषद् के स्वरूप को आकारित करने के सद्प्रयास सम्मिलित हैं।

वस्तुतः बारदोली सत्याग्रह में वल्लभभाई पटेल के विलक्षण नेतृत्व और अजेय साहस ने उन्हें लोक-हृदय में 'सरदार' रूप में प्रतिष्ठित कर दिया था। हैदराबाद रियासत के विलय को उन्होंने जिस साहस से सफल परिणाम तक पहुँचाया, वह उनकी पराक्रमशीलता का अनुपम उदाहरण है। देश-विभाजन की अराजक स्थितियों में उन्होंने जिस अद्भुत और नीतिपूर्ण दूरदर्शिता का परिचय दिया, उससे स्वतंत्र भारत की आधारशिला को, भविष्य की चुनौतियों को सँभालने का वज्र सरीखा सामर्थ्य प्राप्त हुआ। स्वयंभू स्वतंत्रता की पक्षधर पाँच सौ पचास से भी अधिक देशी रियासतों को राजनीतिक दृढता और कौशल से भारतीय संघ में सम्मिलित करने का अपूर्व कार्य उनकी अमर कीर्ति को 'यावच्चन्द्रदिवाकरौ' प्रतिष्ठित करता रहेगा।

□

आधुनिक भारत के निर्माता : लौहपुरुष सरदार वल्लभभाई पटेल

—डॉ. परमानंद पांचाल

लंबे संघर्ष के बाद १५ अगस्त, १९४७ को भारत को ब्रिटिश साम्राज्यवाद से स्वतंत्रता प्राप्त हुई। यह स्वतंत्रता प्राप्त तो हुई, लेकिन भारत के त्रासदीपूर्ण विभाजन के रूप में। अंग्रेजों ने भारत को छोड़ते समय पाकिस्तान को ही अलग राष्ट्र घोषित नहीं किया, बल्कि भारत की देशी रियासतों को भी इस शर्त के साथ स्वतंत्र छोड़ दिया कि वे चाहें तो पाकिस्तान के साथ मिलें या भारत के साथ अथवा स्वतंत्र रहें। यह भारत के लिए कठिन परीक्षा थी। यदि देशी रियासतें भी अपनी स्वतंत्रता की घोषणा कर देतीं तो भारत इतना खंडित राष्ट्र रह जाता, जिसकी कल्पना करना कठिन है। स्वतंत्र भारत के साथ इन देशी रियासतों का विलय एक कठिन परीक्षा थी, जिसे सरदार वल्लभभाई पटेल जैसे कुशल राजनीतिज्ञ ने विना कोई रक्त बहाए कर दिखाया। इन देशी रियासतों को भारत संघ में मिलाकर उन्होंने वह ऐतिहासिक कार्य किया, जिसके लिए वे भारतीय इतिहास के निर्माता के रूप में सदैव याद रहेंगे।

सदा खेलता रहा समझकर जीवन को खेल।
राजनीति का कुशल खिलाड़ी यह सरदार पटेल॥

सरदार पटेल अदम्य साहस के दूरदर्शी राजनेता थे। वे अंदर से विनम्र स्वभाव के थे, किंतु व्यवहार में एक चट्टान की तरह अडिग रहनेवाले दृढ निश्चयी व्यक्ति थे। स्वतंत्रता के आंदोलन में उन्होंने जो भूमिका निभाई और महात्मा गांधी के अनुयायी होते हुए भी जिस दृढ निश्चय का परिचय दिया, उसके लिए वे सदा स्मरण रहेंगे। उन्होंने कहा था, ''आप लोग डरते-डरते नम्र स्वभाव के बन गए हैं। आप लड़ना-झगड़ना नहीं जानते। यह आपका गुण है। लेकिन इससे आपका स्वभाव इतना नम्र नहीं बन जाना चाहिए कि अन्याय का विरोध करने की चिढ़ धी आपमें न रह जाए। यह तो कायरता है।''

एकता-अखंडता की प्रतिमूर्ति

सरदार पटेल

सरदार पटेल का जन्म खेड़ा जिले के करमसद गाँव में ३१ अक्तूबर, १८७५ को हुआ था। उनके पिता झवेरभाई ने सन् १८५७ के स्वतंत्रता संग्राम में अंग्रेजों के विरुद्ध संघर्ष में भाग लिया था। उन्होंने झाँसी की रानी लक्ष्मीबाई की सेना में भरती होकर अंग्रेजों के साथ युद्ध किया था।

सरदार पटेल ने गाँव करमसद तथा बड़ौदा में शिक्षा प्राप्त की। मैट्रिक पास करते हुए उन्होंने उच्च शिक्षा प्राप्त करने का मन बनाया, किंतु परिवार की आर्थिक स्थिति ठीक नहीं थी। वे विलायत जाकर उच्च शिक्षा प्राप्त करना चाहते थे, किंतु धन-अभाव के कारण वे ऐसा नहीं कर पा रहे थे। उन्होंने मुखतारी की परीक्षा पास कर गोधरा जिले में वकालत आरंभ कर दी, जिसमें उन्हें आशातीत सफलता मिली। इससे कुछ धन प्राप्त करने के बाद वे इंग्लैंड गए और कानून की परीक्षा पास की। फिर अहमदाबाद में वकालत करने लगे। सन् १९१६ में लखनऊ कांग्रेस अधिवेशन में शामिल हुए। चंपारण में जब गांधीजी ने नील की खेती को लेकर आंदोलन किया था, तो वे महात्मा गांधी के संपर्क में आए।

सन् १९१७ में वे अहमदाबाद नगरपालिका के सदस्य निर्वाचित हुए। फिर उन्होंने इतिहास प्रसिद्ध 'खेड़ा सत्याग्रह' में सक्रिय भाग लिया।

सन् १९१९ में रोलट बिल को लेकर गांधीजी ने जब राष्ट्रव्यापी सत्याग्रह आरंभ किया तो इसमें इन्होंने प्रमुख भूमिका निभाई। असहयोग आंदोलन में उन्होंने अपनी फलती-फूलती वकालत को तिलांजलि दे दी। सन् १९२१ में अहमदाबाद के कांग्रेस अधिवेशन में स्वागताध्यक्ष रहे, जिसमें सविनय अवज्ञा आंदोलन छेड़ने का प्रस्ताव पास हुआ। बारदोली में करबंदी आंदोलन में प्रमुख रूप से भाग लिया। गांधीजी के रचनात्मक कार्यों चरखा, खादी, अछूतोद्धार, किसान संगठन तथा व्यावहारिक शिक्षा के कार्यों में सक्रिय रूप से सम्मिलित हुए और खादी आंदोलन को आगे बढ़ाया। असहयोग आंदोलन में इन्होंने भारतीयों से अंग्रेजों की नौकरी छोड़ने का आह्वान किया।

वल्लभभाई पटेल को जिस आंदोलन ने 'सरदार' बनाया, वह था सन् १९२८ ई. का बारदोली आंदोलन, जिसमें उन्होंने बहुत ही दृढता के साथ धैर्य का परिचय दिया और यह सिद्ध कर दिया कि कोई भी देश यदि अपने मिथ्या भय को त्यागकर अपने अधिकारों की प्राप्ति और त्याग के लिए निर्भय होकर तत्पर हो जाए तो विश्व की कोई बलशाली से बलशाली सरकार भी उसको मार्ग से विचलित नहीं कर सकती। असहयोग आंदोलन में उन्होंने किसानों की भूमि बचाने के लिए संघर्ष किया और किसानों का आह्वान किया और नारे गूँज उठे—

'विराट रूप हो किसान,
स्वराज्य आज लो किसान'

बारदोली आंदोलन में पटेल ने जो अग्रणी भूमिका निभाई, उसी पर गांधीजी ने उन्हें 'सरदार' की उपाधि से विभूषित किया। उन्होंने १२ मार्च, १९३० को 'नमक सत्याग्रह' में भाग लिया। सन् १९३१ में वे कराची कांग्रेस अधिवेशन के अध्यक्ष रहे। सन् १९४२ में जब 'भारत छोड़ो आंदोलन' आरंभ हुआ तो उसमें उनकी सक्रिय भूमिका रही। २५ जून, १९४५ को उन्होंने 'शिमला कांग्रेस' में भाग लिया। २ दिसंबर, १९४६ को जब केंद्र में अंतिरिम सरकार बनी तो उन्हें गृह मंत्रालय का भार सौंपा गया, किंतु मुसलिम लीग के असहयोग के कारण यह सरकार नहीं चल पाई। १६ अगस्त, १९४६ को मुसलिम लीग ने 'पाकिस्तान दिवस' मनाया, जिससे देशभर में सांप्रादायिक दंगे हुए। मुहम्मद अली जिन्ना ने ऐलान किया, 'मुसलमानों की स्वीकृति के बिना स्वतंत्रता दी गई तो हिंदुस्तान में तलवार चल जाएँगी, खून की नदियाँ बह जाएँगी।' तब सरदार पटेल ने जवाब दिया था, 'तलवार का जवाब तलवार से दिया जाएगा और खून की नदियाँ बहानेवालों को भी क्षमा नहीं किया जाएगा।' उन्होंने ऐसी स्थिति में जनता को समझाया था कि आत्म-रक्षा के लिए हथियार उठाना हिंसा नहीं है। अहिंसा निर्बलों का नहीं, वीरों का अस्त्र है।

स्वतंत्रता मिलने के बाद देश के सामने जो सबसे बड़ा कार्य था, वह था देश की अखंडता को बनाए रखना। ५८४ रियासतों को अंग्रेजों ने कहा था कि चाहे वे भारत के साथ रहें या स्वतंत्र रहें। यह इतना बड़ा संकट था कि यदि ये रियासतें स्वतंत्रता की घोषणा करतीं तो सारा भारत बिखर जाता। इनको भारत के साथ विलय करने का जो कार्य सरदार पटेल ने किया, वह इतिहास में स्वर्ण अक्षरों में लिखा जाएगा।

इन रियासतों में से जूनागढ़ और हैदराबाद ने अपनी स्वतंत्रता की घोषणा कर दी। सर्वप्रथम जूनागढ़ को भारत के साथ मिलाया गया। जहाँ तक हैदराबाद रियासत का संबंध है, इसके लिए सरदार पटेल की भूमिका विशेष रूप से उल्लेखनीय है। यहाँ मैं इस घटना के संबंध में उस वक्तव्य का उल्लेख करना चाहूँगा, जो तत्कालीन रक्षा राज्यमंत्री श्री महावीर त्यागी ने दिल्ली की एक सभा में दिया था। उन्होंने कहा था—''हैदराबाद में अव्यवस्था एवं अत्याचार बढ़ रहा था और रियासत के निजाम ने पाकिस्तान से संपर्क करने आरंभ कर दिए थे। वह स्वतंत्र राज्य के रूप में भारत से अलग रहना चाहता था। यह एक कठिन समय था। सरदार पटेल ने मुझे प्रातः बुलाया और चर्चा की। उन्होंने वहाँ पुलिस एक्शन की बात कही। मैंने कहा कि कल ही मोहम्मद अली जिन्ना का देहांत हुआ है, हमें अभी हैदराबाद पर पुलिस एक्शन नहीं करना चाहिए। सरदार पटेल ने उत्तर दिया कि हमारी सेनाएँ हैदराबाद में प्रवेश कर गई हैं। हमारा कार्यक्रम तो पहले से निर्धारित था, जिन्ना से पूछकर नहीं। जिन्ना की मौत का इससे कोई लेना-देना नहीं।'' उन्होंने यह भी कहा कि हमने यह कारवाई पंडित जवाहरलाल नेहरू से

पूछकर नहीं, बल्कि एक गृहमंत्री के रूप में देश की आंतरिक सुरक्षा के लिए की है। सरदार पटेल, जिनके दृढ निश्चय के कारण देश एक विघटन से बचा, उन्हीं के कारण हैदराबाद का विलय हुआ। कश्मीर को छोड़कर सभी रियासतें भारत संघ में मिला दी गईं। यदि कश्मीर पर भी सरदार पटेल की नीति पर अमल किया जाता तो यह स्थिति न देखने को मिलती; क्योंकि कश्मीर को पंडित जवाहरलाल नेहरू स्वयं सुलझाना चाहते थे। दुर्भाग्य से यह मसला अनंतकाल के लिए उलझ गया। कश्मीर के प्रश्न को संयुक्त राष्ट्र में ले जाना पंडित जवाहरलाल नेहरू की सबसे बड़ी भूल थी। आज सभी लोग इस बात को स्वीकार कर रहे हैं। रियासतों के विलीनीकरण की इस नीति को इतनी कुशलता और सफलता के साथ निभाया गया कि बिना कोई रक्त बहाए यह कार्य सफलता से हो गया, जिसकी कल्पना भी नहीं की जा सकती। इसका श्रेय सरदार पटेल, केवल सरदार पटेल को ही दिया जा सकता है। पंडित जवाहरलाल नेहरू ने भी स्वीकार किया था कि यह काम सरदार के बूते का ही था। उन्होंने संसद् में कहा था, ''मैं समझता हूँ कि इस टेढ़ी और कठिन विषय की स्थिति से निपटने के लिए यह सभा सहमत होगी कि हम पर मेरे मित्र तथा सहयोगी उपप्रधानमंत्री सरदार पटेल का बड़ा आभार है ''

लौहपुरुष सरदार पटेल ७५ वर्ष की आयु के बाद इस संसार से विदा हो गए और उनसे जो अधूरा कार्य कश्मीर को लेकर रह गया, वह आज भी भारत के लिए सिरदर्द बना हुआ है। विदेशी पत्रकारों ने उनके लिए 'भारत के लौहपुरुष' की जो संज्ञा प्रदान की थी, वह सार्थक ही थी। उन्हें जो कहना होता था, डंके की चोट पर कहते थे और स्पष्ट कहते थे। वे आधुनिक भारत के शक्तिपुरुष थे और उस 'लौहदंड' के प्रतीक थे, जिसे मनु ने 'शासक' की संज्ञा प्रदान की है। उनका नाम इतिहास में सच्चे राष्ट्र निर्माता के रूप में स्वर्ण अक्षरों में लिखा जाएगा। आज उनकी विश्व की सबसे विशाल और उच्चतम लोहे की प्रतिमा बनाए जाने का जो संकल्प भारत के नए प्रधानमंत्री श्री नरेंद्र मोदीजी ने लिया है, वह निश्चय ही उस लौहपुरुष के लिए हमारी सबसे बड़ी श्रद्धांजलि होगी और आने वाली पीढ़ी के लिए प्रेरणा का अजस स्रोत भी।

□

सरदार पटेल : भारत का लौहपुरुष

—डॉ. केशव प्रथमवीर

कभी-कभी किसी नाम के पूर्व का विशेषण किसी व्यक्ति विशेष के नाम के साथ इतना लोकप्रिय हो जाता है कि वह फिर किसी अन्य नाम के साथ उतना आकर्षक नहीं लगता। इतिहास पर नजर डालिए, स्वतंत्रता से पूर्व इस देश में राजा-महाराजाओं की कमी नहीं थी। किंतु 'राणा' शब्द के सुनते ही महाराणा प्रताप की अश्वारोही वीर मूर्ति दिखाई देने लगती है। 'छत्रपति' के साथ ही मर्द मराठा 'शिवाजी महाराज' और इसी तरह 'महात्मा' शब्द सुनते ही 'गांधीजी' की आकृति मानस-पटल पर उभर आती है। भले ही इस देश में 'महात्मा' नामधारी व्यक्तियों की असंख्य टोलियाँ घूमती हैं। इसी तरह देशभर में नेताओं की कमी नहीं है। सफेद, लाल, नीली आदि विभिन्न रंगों की टोपियों के साथ यहाँ हर गली में कम-से-कम एक नेताजी तो होता ही है। किंतु 'नेताजी' शब्द के साथ आजाद हिंद फौज के अधिनायक 'बाबू सुभाषचंद्र बोस' की 'सैनिकी सलामी' स्वीकारनेवाली मूर्ति प्रकट हो जाती है। साथ ही उभर आते हैं उस कालखंड की हवा में गूँजने वाले कुछ शब्द 'जयहिंद', 'तुम मुझे खून दो, मैं तुम्हें आजादी दूँगा', 'चलो दिल्ली', 'कदम-कदम बढ़ाए जा…' आदि-आदि। हालाँकि हमारे देश में एक पूरा प्रांत ही सरदारों का है, फिर भी 'सरदार' विशेषण या तो शहीदे आजम सरदार भगत सिंह के साथ असर पैदा करता है या फिर भारतीय 'लौहपुरुष' सरदार वल्लभभाई पटेल के साथ। ये दोनों 'सरदार' भारतीय स्वतंत्रता संग्राम और राष्ट्रीय एकता के दीपस्तंभ हैं। भारतीय इतिहास के बेजोड़ जगमगाते सितारे हैं।

भारतीय जीवन-दर्शन में मानव शरीर प्राप्त करना एक दुर्लभ उपलब्धि है। महाकवि तुलसी के शब्दों में, 'बड़े भाग मानुष तन पावा। सुर दुर्लभ सब ग्रंथन गावा'। लेकिन इससे भी बड़ी बात तो यह है कि मनुष्य देह धारण कर उसका उपयोग किस तरह किया गया? यह मानव देह कर्मभूमि मानी जाती है। कोई व्यक्ति कितने दिन या कितने वर्ष जिंदा रहता है, इसका महत्त्व उतना नहीं है, जितना इस बात का महत्त्व है

कि वह किस तरह से जीवित रहता है। अपने और अपने परिवार के हित में ही जीवन खपा देना तथा कुछ भौतिक संपत्ति इकट्ठी करके छोड़ जाना अति सामान्य सी बात है। प्राय: सभी प्राणी ऐसा ही जीवन जीते हैं। किसी विचारक कवि का कथन है—"चार दिन की जिंदगी, खुद के लिए जिए तो क्या जिए? बात तो तब है, जब खप जाएँ औरों के लिए।" सरदार पटेल जैसे महापुरुषों का जीवन अपने आप में इस बात की एक मिसाल है।

उनका जन्म एक साधारण किसान परिवार में (१५ अक्तूबर, १८७५) हुआ। सन् १८९७ में लगभग २२ वर्ष के बाद उन्होंने मैट्रिक की परीक्षा पास की। इससे चार वर्ष पूर्व उनका विवाह भी हो चुका था। इतनी बड़ी उम्र में मैट्रिक पास करने का अर्थ यह नहीं है कि वल्लभभाई पटेल पढ़ने-लिखने में मंद बुद्धि थे। तथ्य यह है कि आज से सौ-डेढ़ सौ वर्ष पहले के भारतीय ग्रामीण समाज की स्थिति ही ऐसी थी। आज भी भारत के देहातों में ऐसे असंख्य परिवार हैं, जो अपने बालकों को पढ़ाने-लिखाने की अपेक्षा उनके शादी-विवाह को अधिक महत्त्व देते हैं। वल्लभभाई पटेल बचपन से ही तीव्र बुद्धि, दृढ निश्चयी, परिश्रमी और धुन के पक्के थे। मैट्रिक करने के बाद उनकी इच्छा वकील बनने की हुई। उस कालखंड में दो तरह के वकील हुआ करते थे। एक छोटे दर्जे के वकील, जिन्हें 'मुखत्यार' कहते थे और दूसरे बड़े वकील थे, जिन्हें 'बैरिस्टर' कहा जाता था। बैरिस्टर की पदवी प्राप्त करने के लिए इंग्लैंड जाना पड़ता था। इसलिए उन्होंने मैट्रिक के बाद तीन वर्ष तक कानून की पढ़ाई की और 'मुखत्यार' बनकर बोरसद (गुजरात) के तहसील न्यायालय में वकालत करने लगे।

बहुत जल्दी ही उन्होंने अपने परिश्रम तथा तर्क-बुद्धि के बल पर अपने कार्य में प्रतिष्ठा प्राप्त कर ली। परंतु उनके मन में एक बात हमेशा खटकती रहती थी कि उनके पास वह अधिकार नहीं हैं, जो 'बैरिस्टरों' के पास हैं। अत: उन्होंने इंग्लैंड जाकर बैरिस्टर बनने की ठान ली। आवश्यक धन का प्रबंध भी किया। किंतु इसी बीच उनकी पत्नी का देहांत हो गया। दो छोटे बच्चों की परवरिश की समस्या दीवार बनकर खड़ी हो गई। किंतु वे हार माननेवाले व्यक्ति नहीं थे। तीव्र इच्छाशक्ति और निरंतर प्रयास करने पर कोई-न-कोई रास्ता निकल ही आता है। इस सिद्धांत पर उन्हें पूरा भरोसा था। बच्चों की देखभाल का उचित प्रबंध करके वे सन् १९१० में इंग्लैंड चले गए। इंग्लैंड में जहाँ वे रहते थे, वहाँ से ग्रंथालय १०-११ मील दूर था। वे प्रतिदिन पैदल चलकर सुबह ९ बजे से संध्या के ६ बजे तक ग्रंथालय की पुस्तकों में से मधुमक्खी को तरह ज्ञानार्जन करते थे। अनेक विषम परिस्थितियों के होते हुए भी अपनी निष्ठा और परिश्रमशीलता के बल पर उन्होंने बैरिस्टरी की परीक्षा में संपूर्ण यूरोप के अंतर्गत प्रथम श्रेणी में 'सर्वप्रथम' स्थान प्राप्त किया। उनकी यह सफलता सदैव ही महत्त्वाकांक्षी युवकों को

प्रेरणा देती रहेगी। कार्य के प्रति उनकी एकनिष्ठा और श्रमशीलता के पीछे की प्रेरणा के बारे में उनसे पूछा जाता था, तो वे कहा करते थे, ''मेरा विकास कच्ची झोंपड़ियों में, गरीब किसान के खेतों की भूमि में और शहरों के गंदे मकानों में हुआ है।''

बैरिस्टरी की परीक्षा के बाद सरदार पटेल अहमदाबाद में वकालत करने लगे। वे अपने मुकदमों का बड़ी बारीकी और गहनता से अध्ययन करते थे और अपनी विलक्षण युक्तियों से विरोधी वकीलों और न्यायाधीशों को चमत्कृत कर देते थे। वे वकालत में 'सर्जन' माने जाते थे। वे बहुत कम बोलते, परंतु जो भी बोलते, वह अतर्क्य, अकाट्य और निशाने पर सटीक चोट करनेवाला होता था। सरदार पटेल भले ही मितभाषी थे, किंतु साथ ही उनके व्यक्तित्व में खिलाड़ीपन तथा विनोदप्रियता का गुण भी मौजूद था। उस समय उनका रहन-सहन अंग्रेजी ढंग का था। अच्छा खाना-पीना, अच्छी पोशाक, खेलना और व्यंग्य-विनोद करते हुए मौज-मस्ती के साथ रहना ही उस समय उनका जीवन था। 'ताश' और 'ब्रिज' खेलने में वे इतने निपुण थे कि अच्छे-से-अच्छे खिलाड़ी भी उनके सामने ठहर नहीं पाते थे। किंतु उनका इस तरह का जीवन अधिक दिनों तक नहीं चल पाया। जब गांधीजी दक्षिण अफ्रीका से लौटकर साबरमती आश्रम में रहने लगे तो गुजरात के बुद्धिजीवियों में उनका प्रभाव बढ़ने लगा। प्रारंभ में तो बैरिस्टर पटेल उनसे बिल्कुल भी प्रभावित नहीं हुए। बताया जाता है कि जब अहमदाबाद कोर्ट की बार कौंसिल में पहली बार गांधीजी का भाषण हुआ तो बैरिस्टर पटेल थोड़ी देर में ही गांधीजी के भाषण से ऊब गए। वे सभागृह से उठकर बगल के टेनिस रूम में सिगरेट पीते रहे और गांधीजी को कोसते रहे। बाद में भी वे गांधीजी के रहन-सहन और सिद्धांतों की खिल्ली उड़ाया करते थे। लेकिन धीरे-धीरे गांधीजी के व्यक्तित्व और कार्यों का जादू उन पर ऐसा चढ़ा कि वे अपना ठाठ-बाट का सारा जीवन छोड़कर फकीरी बाने में गांधीजी के आजन्म अनुयाई बन गए। उन्होंने अपना सारा जीवन स्वतंत्रता संग्राम तथा राष्ट्रीय एकता-अखंडता के लिए समर्पित कर दिया।

सरदार पटेल के राष्ट्रीय कार्यों को दो रूपों में देखा जा सकता है—एक तो स्वतंत्रता सेनानी के रूप में और दूसरे स्वतंत्रता के बाद एक सुयोग्य प्रशासक तथा राष्ट्र-निर्माता के रूप में। वे हर मोरचे पर बड़ी दृढता, अटल निश्चय तथा गहरी सूझबूझ के साथ कार्य करते रहे। स्वतंत्रता से पूर्व उनके पराक्रम की सर्वाधिक उल्लेखनीय घटना सन् १९२८ का 'बारदोली सत्याग्रह' माना जाता है। सन् १९२८ में खेड़ा जिला के अंतर्गत 'बारदोली' तालुका के किसानों ने लगान बढ़ाने के विरोध में 'सविनय कानून भंग आंदोलन' किया। इस आंदोलन का संपूर्ण संचालन सरदार पटेल के कुशल नेतृत्व में हुआ। ७-८ महीने सरकार ने किसानों को बड़ी-बड़ी यातनाएँ दीं। लेकिन सरदार पटेल के फौलादी व्यक्तित्व के सामने सरकार को झुकना पड़ा। ब्रिटिश शासन की पराजय और वल्लभभाई पटेल की

विजय ने उन्हें सारे देश में मशहूर कर दिया। किसी ने उन्हें 'बर्फ से ढका ज्वालामुखी' कहा, तो किसी ने उन्हें 'किसान की आत्मा' कहकर अपना सम्मान प्रकट किया। आम जनता उन्हें 'सरदार' और 'लौहपुरुष' के रूप में देखने लगी। तभी से वे 'लौहपुरुष सरदार वल्लभभाई पटेल' के नाम से लोकप्रिय हो गए।

स्वतंत्रता-प्राप्ति के बाद सरदार पटेल भारत के उपप्रधानमंत्री बने और गृह मंत्रालय का कार्य सँभाला। उनके सामने अनेक भयंकर समस्याएँ सुरसा के मुँह की तरह उपस्थित थीं। देश में अन्न-वस्त्र तथा दवाइयों की कमी, देश-विभाजन से उत्पन्न शरणार्थियों की व्यवस्था, सांप्रदायिक दंगे आदि इसी प्रकार की अनेक समस्याएँ थीं। किंतु पटेल के सामने सबसे बड़ी समस्या थी—देश के छोटे-बड़े ५६२ राजा-राजवाड़ों की, जिन्हें अंग्रेज स्वतंत्र कर गए थे। इसके कारण यह भय पैदा हो गया था कि यह स्वतंत्रता अधिक दिनों तक नहीं टिक सकेगी। अंग्रेज चाहते भी यही थे। किंतु सरदार पटेल की सूझबूझ और अप्रतिम राजनैतिक प्रतिभा के सामने अंग्रेजों के मंसूबे धूल में मिल गए। उन्होंने खून की एक बूँद भी गिराए बिना ही, तीन को छोड़कर शेष सभी राजाओं के मुकुट उतरवाकर भारत माता के चरणों में अर्पित करा दिए।

सरदार पटेल बहुत पहले से ही अंग्रेजों की चालबाजियों को भाँप रहे थे। इसके लिए उन्होंने आजादी से पहले ही कार्य करना प्रारंभ कर दिया था। ५ जुलाई, १९४७ के दिन 'रियासत विभाग' की स्थापना की गई। उन्हें खबर मिली थी कि उड़ीसा में सोने की खदानोंवाले इलाके को हैदराबाद का नवाब वहाँ के राजाओं से खरीदना चाहता है। बस उन्होंने अपना झोला उठाया और पी.वी. मेनन को साथ लेकर निकल गए उड़ीसा के लिए। वहाँ के सभी छोटे-बड़े राजाओं को समझा-बुझाकर भारत में विलय हो जाने के लिए राजी कर लिया गया। वहाँ से वे नागपुर की ओर बढ़े। उधर छोटी-बड़ी ३८ रियासतें थीं। वे सभी 'सैल्यूट स्टेट' कहलाती थीं। उनके यहाँ यह रिवाज था कि वे मेहमानों का स्वागत 'तोपों की सलामी' से करते थे। उनकी यह 'सलामी' (सैल्यूट) अंतिम रूप से सरदार पटेल के लिए ही दी गई और वे स्वतंत्र भारत का अंग बन गईं। जिन राजाओं और नवाबों ने कुछ आना-कानी की तो उन्हें कूटनीति के सहारे वश में कर लिया गया। फरीदकोट के नवाब साहब कुछ जवाब नहीं दे पा रहे थे, तब उन्होंने फरीदकोट के नक्शे को सामने रखा और उस पर लाल पेंसिल का घेरा लगाते हुए पूछा, "बताइए, क्या मरजी है?" नवाब साहब तुरंत मान गए। १५ अगस्त, १९४७ तक जम्मू-कश्मीर, जूनागढ़ और हैदराबाद को छोड़कर शेष सभी रियासतें स्वतंत्र भारत का अंग बन गईं। जूनागढ़ की जनता ने वहाँ के नवाब के खिलाफ विद्रोह कर दिया। नवाब साहब रियासत छोड़कर पाकिस्तान भाग गए। १७ सितंबर, १९४८ को हैदराबाद के विरुद्ध सैनिक कारवाई (ऑपरेशन पोलो या 'हैदराबाद पुलिस कारवाई') की गई।

१०० घंटे में ही हैदराबाद के नवाब साहब राजी हो गए। जम्मू-कश्मीर के मामले में नेहरूजी ने पटेलजी को कोई उचित काररवाई नहीं करने दी और मामला अटक गया। इस संबंध में उन्होंने व्यंग्य-विनोद के साथ कहा था कि सभी जगह मेरी बात मान ली गई, किंतु 'नेहरूजी की ससुराल' पर मेरा कोई वश नहीं चलता है। इसी प्रकार सन् १९५० में एक दिन मंत्रिमंडल की बैठक में उन्होंने पूछा कि 'क्या हम गोवा जाएँगे, केवल दो घंटे की बात है।' इस बात पर नेहरूजी बहुत नाराज हुए। परिणाम यह हुआ कि गोवा को भारत में सम्मिलित करने के लिए सन् १९६१ तक प्रतीक्षा करनी पड़ी।

कुछ भी हो, इतना निर्विवाद है कि सरदार पटेल ने भारतीय एकता और नवीन राष्ट्र के निर्माण के लिए जो कुछ भी किया, वह विश्व के इतिहास में बेजोड़ है, बेमिसाल है। जानकारों के मत में 'बिस्मार्क' (सन् १८१५-१८९८, जिसे जर्मन का 'आयरन चांसलर' कहा जाता था) की सफलताएँ सरदार पटेल के सामने तुच्छ सी लगती हैं। भारत के राजनीतिक इतिहास में वे 'बेताज के बादशाह' और 'लौहपुरुष' के रूप में सदैव याद किए जाएँगे। उन्होंने सिद्ध कर दिया कि वे 'ताश-पत्ते' और 'ब्रिज' के कुशल खिलाड़ी ही नहीं, वल्कि राजनीति के भी अपराजेय खिलाड़ी थे। कवि ने उचित ही कहा है—

"रहा खेलत सदा समझकर इस जीवन को खेल।
राजनीति का कुशल खिलाड़ी था सरदार पटेल॥"

इस बेताज बादशाह की सादगी भरे रहन-सहन का एक मार्मिक किस्सा स्वतंत्रता सेनानी तथा तत्कालीन सांसद, जो सरदारजी के मुँहलगे और हँसोड़ व्यक्ति थे—श्री महावीर त्यागी ने अपनी पुस्तक—'मेरी कौन सुनेगा?' में लिखा है, जो यहाँ स्मरणीय है। उन्हीं के शब्दों में—

"एक बार 'मणिबेन' (सरदार पटेल की पुत्री) पटेल साहब को कुछ दवाई पिला रही थीं। मेरे आने-जाने पर कोई रोक-टोक तो थी नहीं। मैंने कमरे में दाखिल होते ही देखा कि मणिबेन की साड़ी में एक बहुत बड़ी थेगड़ी (पैबंद) लगी है। मैंने जोर से कहा, "मणिबेन, तुम तो अपने आप को बहुत बड़ा आदमी मानती हो! तुम एक ऐसे बाप की बेटी हो, जिसने साल भर में इतना बड़ा चक्रवर्ती अखंड राज्य स्थापित कर दिया, जितना न रामचंद्रजी का था, न कृष्ण का, न अशोक का, न अकबर का और न अंग्रेजों का। ऐसे बड़े राजों-महाराजों के सरदार की बेटी होकर तुम्हें शर्म नहीं आती?" बहुत मुँह बनाकर और बिगड़कर मणि ने कहा, "शर्म आए उनको, जो झूठ बोलते हैं और बेईमानी करते हैं, हमको क्यों शर्म आए?" मैंने कहा, "हमारे देहरे शहर (देहरादून) में निकल जाओ तो लोग तुम्हारे हाथ में दो पैसे या इकन्नी रख देंगे, यह समझकर कि एक भिखारिन जा रही है। तुम्हें शर्म नहीं आती कि थेगड़ी लगी धोती पहनती हो?" मैं

तो हँसी कर रहा था। सरदार भी खूब हँसे और कहा, "बाजार में तो बहुत लोग फिरते हैं। एक-एक आना करके भी शाम तक बहुत रुपया इकट्ठा कर लेगी।"

"पर मैं तो शर्म से डूब मरा, जब वहाँ उपस्थित 'सुशीला नायर' ने कहा, "त्यागीजी, किससे बातें कर रहे हो, मणि बहन दिन भर सरदार साहब की सेवा में खड़ी रहती हैं, फिर डायरी लिखती हैं और फिर नियम से चरखा कातती हैं। जो सूत बनता है, उससे सरदार साहब के कुरते-धोती बनते हैं। आपकी तरह सरदार साहब खद्दर भंडार से कपड़ा थोड़े ही खरीदते हैं। जब सरदार साहब के धोती-कुरते फट जाते हैं, तब उन्हीं को काट-सिलकर मणि बहन अपनी साड़ी-कुरता बनाती हैं।" मैं राक्षस-रूप उस देवी के सामने अवाक् खड़ा रह गया। कितनी पवित्र आत्मा हैं मणिबेन! उनके पैर छूने से हम जैसे पापी पवित्र हो सकते हैं। फिर सरदार बोल उठे, "गरीब आदमी की लड़की है, अच्छे कपड़े कहाँ से लावे? उसका बाप कुछ कमाता थोड़े ही है।" सरदार ने अपना चश्मे का केस दिखाया। शायद बीस वर्ष पुराना था। इसी तरह तीसियों वर्ष पुरानी घड़ी और एक कमानी का चश्मा देखा, जिसके दूसरी ओर धागा बँधा था। कैसी पवित्र आत्मा थी! कैसा नेता था? महावीर त्यागी के इस संस्मरण की प्रतिक्रिया में आज के हमारे भाग्य-विधाता नेताओं के रहन-सहन पर कुछ टिप्पणी करना व्यर्थ है।

अपने इसी संस्मरण में महावीर त्यागी ने सरदार साहब के व्यक्तित्व के अपेक्षाकृत कुछ अछूते पहलुओं पर संक्षिप्त प्रकाश डाला है। वे लिखते हैं—

"लोग उन्हें लौहपुरुष कहते थे, पर यह पता बहुत कम को है कि लोहे के पिंजड़े की तरह, उनके वक्षस्थल के भीतर, एक चकोर जैसा निर्दोष और बच्चों जैसा चंचल हृदय गतिमान था। मुझे शक है, शायद उनका दिल आँखों में हो, क्योंकि उनकी पलकें भारी और पुतली सुस्त नजर आती थीं। मेरे एक मित्र का कहना है कि आँखों की अपेक्षा उनके दिल की झलक होंठों पर अधिक दिखाई देती है। लोग यह भी कह सकते हैं कि दिल जबान (जिह्वा) में था। कुछ भी हो, था वह एक अनोखा दिलवाला दिलावर! यह हँसता था तो सारे दीवार-दरवाजे, बाग-बगीचे हँस पड़ते थे और वह बोलता था तो दुनिया एकचित्त और एकांत होकर सुनती थी।"

तो ऐसे थे हमारे 'लौहपुरुष सरदार पटेल!' किंतु स्वतंत्रता के बाद की हमारी भारतीय राजनीति की विडंबना देखिए कि हमारी स्वतंत्रता और एकता के प्रखर दीपस्तंभ, राष्ट्र निर्माता, लौहपुरुष 'सरदार' को उनके देहांत (१५ दिसंबर, १९५०) के ४१ वर्ष बाद सन् १९९१ में भारत का सर्वोच्च सम्मान 'भारतरत्न' प्रदान करने की याद आई! जबकि तब तक जाने कितने 'अपने-अपनों' को यह सम्मान बाँट दिया गया था। (यही सलूक किया गया था जन-जन के 'हृदय सम्राट्', नेताजी सुभाष चंद्र बोस के साथ) क्या

कहें इस विडंबना के लिए? ठीक है, कुरसी की राजनीति-स्वार्थों की राजनीति की घटाओं से सूरज का तेज क्या सदैव के लिए ढका जा सकता है? इतिहास बनानेवाले ये महापुरुष किसी सम्मान के भूखे नहीं होते। इसके विपरीत, ऐसे ही महापुरुषों से राष्ट्र सम्मानित होता है और वह गौरव हमें प्राप्त है। अंत में इस लौहपुरुष सरदार को समर्पित कवि की निम्नांकित पक्तियों के साथ शत-शत नमन—

"है समय नदी की धार कि जिसमें सब बह जाया करते हैं।
है समय बड़ा तूफान प्रबल पर्वत उड़ जाया करते हैं।
सब लोग समय की धारा में नित गोते खाया करते हैं।
पर कुछ ऐसे होते हैं, जो इतिहास बनाया करते हैं।"

□

कोमल मन, कठोर निर्णय

—मृदुला सिन्हा

सरदार वल्लभभाई पटेल का नाम सामने आते ही उनके लिए दिया गया विशेषण 'लौहपुरुष' मन में कौंध जाता है। बिना विचार किए यह भाव जगता है कि वे अपने निर्णयों में बड़े कठोर रहे होंगे। थोड़ा और विस्तार से अपने मन की स्थिति का अध्ययन करें तो लौहपुरुष का अर्थ निकलता है कि वह व्यक्ति कठिन से कठिन परिस्थितियों में भी झुकने और बार-बार झुककर टूटनेवाला नहीं था। ऐसे व्यक्ति के जीवन में शब्द भी संकल्प हो जाते हैं।

परंतु मानव-मन के पाठक यह भी बताते हैं कि अपने किसी संकल्प के पूर्ण करने की ताकत उस विषय के प्रति संवेदना से उत्पन्न होती है, हर पल संवेदना से सिंचित होता संकल्प पुख्ता होता रहता है। संकल्प की जन्मदात्री संवदेना है, अर्थात् संकल्प संवेदना द्वारा, संवेदना का और संवेदना के लिए है। दरअसल, वह व्यक्ति अपने काम के प्रति विशेष आग्रही होता है, जिसके हृदय में उस काम के प्रति विशेष संवेदना है। उसके लिए वह काम अति आवश्यक होता है। उस व्यक्ति की नीयत भी ईमानदार होती है। तभी तो वह अपने लक्ष्य तक पहुँच जाता है।

ऐसे व्यक्ति को ही 'लौहपुरुष' कहा जाता है, जिसकी नीयत साफ हो, ध्येय स्पष्ट हो और ध्येयपूर्ति के साधन भी पवित्र हों। निश्चय ही लौहपुरुष का दिल और भावनाएँ कोमल होती हैं। उन्हीं कोमल भावनाओं की पूर्ति के लिए वह कठिनतम परिश्रम करता है, कठोरतम निर्णय लेता है। विषय स्वयं, परिवार, समाज अथवा राष्ट्र से ही जुड़ा क्यों न हो! ऐसा व्यक्ति समाज को सही दिशा दे सकता है, समस्याओं के व्यावहारिक समाधान ढूँढ़ सकता है। इतना ही नहीं, राष्ट्र को भी उसकी पुरातन पहचान के आधार पर वर्तमान में गौरवान्वित कर सकता है। युग बदल जाता है, वह लौहपुरुष समाज में जीवित रहता है। माताएँ लोरियों में उसकी कहानियाँ पिरोकर अपनी संतान को वैसा ही बनाने के सपने देखती हैं। युवा पीढ़ी अपनी नसों में राष्ट्रहित में खौलता

खून का रंग उस लौहपुरुष के खून से मिलाती नहीं थकती। वृद्धजन अपने राष्ट्रपुरुष की कृतियाँ स्मरण करते रोमांचित होते कुछ-न-कुछ करने को तत्पर हो उठते हैं।

'लौहपुरुष' विशेषण का विश्लेषण करते हुए यही सूत्र हाथ लगता है कि सरदार वल्लभभाई पटेल अतीव संवेदनशील पुरुष थे। सामाजिक और राष्ट्रीय समस्याओं को समझने में उनकी तीव्र संवेदनाएँ जब जाग्रत् होती हैं तो घ्राणशक्ति, दूरदर्शिता, स्पर्श और श्रवणशक्ति सचेत हो जाती हैं। इन चारों इंद्रियों की संवेदनाएँ एकाकार होकर मुख में एक स्वाद पैदा करती हैं। वह मीठा, कड़वा या खट्टा स्वाद ही उचित कर्म की ओर प्रेरित करता है और तब तक चलायमान रखता है, जब तक लक्ष्य प्राप्त न हो।

इन सूत्रों के आधार पर वल्लभभाई पटेल के जीवन और कर्म को खँगाला जा सकता है। ३१ अक्तूबर, १८७५ को कठियावाड़ (गुजरात) के एक छोटे से नगर नाडियाद के उस संपन्न परिवार में, जहाँ लाडबाई (पटेल की माँ) का जन्म हुआ था, को कहाँ पता था कि उनकी लाड़ली की कोख से जनमा चौथे क्रम का पुत्र एक दिन राष्ट्र की सेवा में अव्वल आएगा? नाना-नानी का परिवार संपन्न था। उन्हें मालूम था कि उनके घर जनमा नाती अपने पैतृक गाँव करमसद का ही लाल कहलाएगा। उसी गाँव के स्कूल में वल्लभभाई को पढ़ाते हुए शिक्षकों को यह अनुभव हुआ 'पूत के पाँव पालने में ही दिखते हैं। वल्लभभाई पटेल में संघर्ष करने के साथ-साथ नेतृत्व की भी क्षमता अंकुरित होकर आकार लेने लगी। उसी समय का प्रसंग है, विद्यालय ने पाठ्यक्रम की पुस्तकें विद्यालय में ही खरीदना अनिवार्य ही नहीं किया, बल्कि मनमाने ढंग से कीमत भी लगाने लगे। साधारण किसान परिवार के विद्यार्थियों की समस्याओं को वल्लभभाई पटेल ने सर्वप्रथम अपनी संवेदनाओं के बल पर ही अनुभव किया। उन्होंने इस निर्णय के विरुद्ध आवाज उठाई और वह विद्यार्थी विरोधी नियम विद्यालय द्वारा खत्म करवाया। विद्यार्थियों को राहत मिली। आंदोलन की सफलता ने वल्लभभाई पटेल की हिम्मत बढ़ाई।

एक शिक्षक द्वारा एक छात्र की बेंत से बुरी तरह पिटाई क्या हुई, मानो संवेदनशील छात्र वल्लभभाई की पीठ पर बेंत बरसने लगीं। उन्हें उस छात्र से भी अधिक पीड़ा हुई। तभी उस शिक्षक के विरुद्ध उठाए कदम ठोस थे। इरादे बुलंद थे। संकल्प पक्का था। इसीलिए सफल हुआ आंदोलन। शिक्षक ने वचन दिया कि आगे वे किसी छात्र को नहीं मारेंगे।

जितनी गहरी संवदेना, उतना सफल अभियान! विद्यार्थी जीवन के ही छोटे-छोटे साहसपूर्ण प्रसंगों ने उनके मन में इस विश्वास का बीजारोपण भी कर दिया कि जीत अंततः सत्य की होती है। उनका विवाह १८ साल की उम्र में ही झवेरबा बेन से सन् १८९३ में हो गया। पत्नी की उम्र १३ साल की थी। २२ वर्ष की अवस्था में मैट्रिक पास

करने के बाद वल्लभभाई पटेल ने नाडियाद में एक वकील के पास सहायक के रूप में काम करना शुरू किया। सन् १९०० में मुख्तारी की परीक्षा भी उत्तीर्ण कर ली। उनकी क्षमता देख नाडियाद के कई वकीलों ने अपने साथ नौजवान वल्लभभाई पटेल को जोड़ना चाहा, लेकिन उन्होंने स्वतंत्र काम करना पसंद किया। कुछ मुकदमों में जीत भी हासिल की, लेकिन आमदनी बहुत कम थी। वे गोधरा छोड़कर बोरसद आ गए। उनमें अभूतपूर्व तर्कशक्ति थी, जो वकालत के लिए बड़ा गुण होता है। सरदार पटेल ने निरपराध लोगों को फँसाने के लिए पुलिस के हथकंडों का अध्ययन किया था। उनकी वकालत चल निकली थी। आर्थिक संकट भी कम हुआ था। वे इंग्लैंड जाकर वकालत की पढ़ाई करना चाहते थे, लेकिन बड़े भाई विट्ठलभाई ने अपने इंग्लैंड जाने के लिए पैसा माँग लिया और कहा कि मेरे लौटने के बाद तुम जाना। सरदार पटेल का मानना था—"हम अपने सगे भाई की तरक्की और ऐश्वर्य देखकर जलते हैं। उन्हें सह नहीं सकते। धरतीवासियों में यह एक दुर्गुण है, उसे खत्म करना होगा।" उनसे पैसे लेकर बड़े भाई इंग्लैंड गए और अपनी पत्नी-बच्चों को इनके भरोसे छोड़ गए। इन्होंने सब सँभाला। फिर एक बार वह कचहरी में थे, तब अचानक पत्नी बीमार पड़ीं और उनकी हालत बिगड़ गई। सन् १९०९ में वह स्वर्ग सिधार गईं। वल्लभभाई को तार द्वारा पत्नी की मृत्यु की खबर मिली। उस समय वे किसी हत्या के मामले में जिरह कर रहे थे। उन्होंने अपने मुवक्किल की जिंदगी बचाना प्रथम कर्तव्य मानकर आंतरिक व्यथा का विषपान किया। विट्ठलभाई की पत्नी का भी अचानक देहांत हो गया।

सरदार पटेल अगस्त १९१० में बैरिस्टरी की पढ़ाई के लिए इंग्लैंड रवाना हुए। पैसे कम थे, इसलिए बहुत किफायती ढंग से खर्च करते। अपने कठोर परिश्रम के परिणामस्वरूप परीक्षा में प्रथम श्रेणी से उत्तीर्ण हुए। अपनी पढ़ाई के साथ वे इस जानकारी से प्रसन्न हुए कि इंग्लैंड के निवासी अपने नागरिक अधिकारों के प्रति कितने सजग थे। उन्होंने अंग्रेजी खान-पान और पहनावा भी अपना लिया। १३ फरवरी, १९१३ को वे सूट-बूट में स्वदेश लौटे। उन्होंने निश्चय किया कि वे बंबई नहीं, अहमदाबाद में प्रैक्टिस करेंगे। वल्लभभाई स्वयं विशेष पश्चिमी पहनावे में रहते थे। अपना दफ्तर भी पश्चिमी साज-सज्जा से बनाया था। सन् १९१५ में महात्मा गांधी के भारत लौटने पर उन्होंने उनको जानना प्रारंभ किया। सन् १९१७ में अहमदाबाद में प्लेग की महामारी फैली। अतिसंवेदनशील तो वे थे ही। एक नागरिक समिति का गठन किया और राहत कार्यों में जुट गए। जान का खतरा भी था। परंतु सरदार पटेल ने निजी सुरक्षा की चिंता नहीं की।

इसी वर्ष एक निर्धन किसान राजकुमार शुक्ला के बुलावे पर गांधीजी चंपारण के किसानों की व्यथा-कथा सुनने वहाँ पहुँचे। गांधीजी ने वहाँ नील की खेती करनेवाले

किसानों का शोषण करने के विरुद्ध एक सत्याग्रह छेड़ा। इस सत्याग्रह ने वल्लभभाई पटेल को गांधीजी के प्रति विशेष आकर्षित किया। चंपारण के बाद दूसरा सत्याग्रह खेड़ा (गुजरात) में प्रारंभ हुआ। अतिवृष्टि के कारण फसल बरबाद हो गई थी और किसान भुखमरी के कगार पर थे। सरकार लगान वसूलने पर आमादा थी। गोरी सरकार ने वसूली के लिए भी गलत आँकड़े इकट्ठे किए थे। वल्लभभाई पटेल ने इसके लिए बंबई सरकार को पत्र लिखकर लगान माफ करने के लिए कहा। खत बेअसर होने पर सरदार पटेल ने गांधीजी को विषम परिस्थिति से अवगत करवाकर किसानों की समस्या के लिए संघर्ष का नेतृत्व करने का आग्रह किया। गांधीजी ने गुजरात सभा से उनके साथ एक व्यक्ति का होना आवश्यक बताया। पटेल ने तुरंत अपनी सेवाएँ देने का विश्वास जताया। आंदोलन सफल रहा। सरकार को झुकना पड़ा। इस आंदोलन से सरदार पटेल की राष्ट्रीय नेतृत्व की क्षमता उभरकर देश के सामने आई। सन् १९२४ में सरदार पटेल अहमदाबाद नगर निगम के अध्यक्ष चुने गए। इस पद पर रहते हुए भी उन्होंने जनता के साथ गोरी सरकार के आतंक के विरुद्ध संघर्ष किया। देश में स्थिति बदल रही थी। अंग्रेजों द्वारा तरह-तरह से अन्याय करने के समाचार सामने आ रहे थे। सरदार पटेल का संवेदनशील मन अत्यंत दुःखी था। परंतु उस दुःख की बुनियाद पर ही एक सत्याग्रह, विदेशी वस्त्रों की होली जलाने की शुरुआत की। अहमदाबाद में २ अक्तूबर, १९२१ को एक बड़ा जुलूस निकाला गया और खानपुर में विदेशी वस्त्रों की होली जलाई गई। 'असहयोग आंदोलन' अपने पूरे जोश पर था, तभी चौरी-चौरा की घटना सामने आ गई। भिन्न-भिन्न प्रकार के सत्याग्रहों और आंदोलनों में बड़ी संख्या में लोगों की उपस्थिति यह सिद्ध करती थी कि भारत की जनता को वल्लभभाई पटेल की बातों में कितना विश्वास था! कारण यह था कि आंदोलन का आह्वान भी उनके दिल से निकली आहें थीं। तभी तो एक दिल की बातें सहस्रों दिलों में पहुँचती थीं।

प्रथम विश्वयुद्ध की संकट की घड़ी में गांधीजी से हर तरह से ब्रिटिश हुकूमत को साथ देने का वादा किया था। गुजरात के गाँव-गाँव में घूमकर सेना में भरती होने के लिए जनसाधारण को प्रेरित करते समय वल्लभभाई भी उनके साथ थे। दोनों को विश्वास था कि युद्ध समाप्त हो जाने के बाद ब्रिटिश हुकूमत 'होम रूल' की माँग स्वीकार कर लेगी। परंतु ब्रिटिश सरकार ने अपनी कृतघ्नता ही प्रकट की। बोरसद में अकाल की मार से त्रस्त किसानों के प्रति गोरों के अन्याय से उनका हृदय अति व्यथित हो उठा। उन्होंने जनजागरण प्रारंभ किया। आंदोलन के लिए धन भी एकत्रित किया। जनता से की गई उनकी अपील ने जादू सा असर दिखाया। लोगों ने एकजुट होकर सत्याग्रह में भाग लिया।

सन् १९२७ में गुजरात में भयंकर बाढ़ आई। हजारों मकान ढह गए। पुनः सरदार पटेल का लौह हृदय पिघला। उनके साथ पुलिस और प्रशासन के लोग भी रहते थे।

उन्होंने तत्कालीन वाइसराय से अहमदाबाद आने का आग्रह किया। वाइसराय आए और उन्होंने वहाँ की स्थिति को देखकर एक करोड़ रुपए की बड़ी रकम अहमदाबाद को दी। काठियावाड़ का बारदोली तालुका अपनी उपज के लिए मशहूर था। इस क्षेत्र पर गोरी सरकार की लालची नजर थी। सरकार ने बहुत कहर ढाए। ३० प्रतिशत लगान बढ़ा दिया। पुनः आंदोलन हुआ। सरदार ही इसके नायक थे। वल्लभभाई ने बड़ी जीवंतता से किसानों की लड़ाई लड़ी और सफलता पाई। सारे देश की नजर बारदोली पर थी। सारे देश के किसान उनके साथ हो गए। बारदोली का आंदोलन ऐसा था कि सरदार पटेल एक राष्ट्रीय नायक बन गए। उसी आंदोलन के बाद उनके नाम के पूर्व 'सरदार' जुड़ गया।

वे गांधी के और करीब आ गए। गांधी उन्हें बहुत चाहने लगे। वे राष्ट्र जागरण के लिए निकले और राष्ट्रनायक बन गए। उन्होंने महाराष्ट्र, तमिलनाडु और तदुपरांत कर्नाटक का दौरा किया। वे अपने भाषणों में किसानों की समस्या के साथ-साथ तत्कालीन समाज की समस्याओं के निराकरण की भी बात करते थे। उनके भाषण का जादुई असर देखकर सन् १९३९ में सरकार ने उन्हें गिरफ्तार कर लिया। जनाक्रोश फूट पड़ा। अहमदाबाद में ७५ हजार लोगों की विशाल जनसभा हुई। सरदार पटेल ने मोतीलालजी के बाद कांग्रेस अध्यक्ष बनने पर देशवासियों के लिए एक ही संदेश जारी किया—'संघर्ष जारी रखो।' सारा देश जल रहा था। सरदार पटेल जेल में थे। गोरी पुलिस ने उनके परिवारवालों को सताना शुरू किया। ८० साल की उनकी माँ को बहुत तंग किया। सरदार पटेल उन घटनाओं को सुनकर भी शांत रहे। सबसे शांति बनाए रखने और अहिंसा बरतने का आग्रह किया। जुलाई में वल्लभभाई को रिहा कर दिया गया। विभिन्न गतिविधियाँ जारी रहीं। पुनः बापू के साथ वे यरवदा जेल गए। जेल में शारीरिक कष्ट भी सहे। सन् १९३२ में उनकी माँ का देहांत हो गया। सरदार पटेल को सरकार की शर्तों पर रिहा होना मंजूर नहीं था। सन् १९३३ में उनके बड़े भाई विट्ठलभाई का विदेश में निधन हो गया। इन सब घटनाओं से सरदार का कोमल मन दुःखता रहा और जेल में स्वास्थ्य भी गिरता गया।

सन् १९३५ में विधानसभाओं का चुनाव कराने का फैसला लिया गया। वल्लभभाई पटेल उपसमिति के अध्यक्ष बनाए गए। इस पद पर अध्यक्षता रहते हुए उन्होंने अपने-पराए का भेद नहीं किया। उम्मीदवार बनाने में बड़ी कठोरता से निर्णय लिया। कुछ लोगों ने उन्हें 'हिटलर' तक कह दिया। सन् १९३९ में कांग्रेस का अधिवेशन त्रिपुरा में होना था। सन् १९४२ का 'भारत छोड़ो आंदोलन', १९४५ के शिमला सम्मेलन के बाद अंतरिम सरकार और सन् १९५६ में मुसलिम लीग का बनना, इन सारी ऐतिहासिक घटनाओं में सरदार पटेल की प्रमुख भूमिका थी।

१६ अगस्त, १९४६ को मुसलिम लीग ने 'सीधी कारवाई दिवस' बनाया। देश

में दंगे प्रारंभ हो गए। सन् १९४७ में लॉर्ड माउंटबेटन को भारत का वाइसराय बनाया गया। उनके आने से भारत को स्वाधीन करने की प्रक्रिया तेज हो गई। नेहरू और सरदार पटेल ने और कोई विकल्प न देखकर देश के विभाजन का प्रस्ताव स्वीकार कर लिया। ब्रिटिश हुकूमत ने १५ अगस्त को भारत छोड़ने और सभी देशी रियासतों पर से भी अपना शासन समाप्त करने की घोषणा कर दी। आशय यह था कि देश केवल दो टुकड़ों में ही नहीं बँटेगा, बल्कि देशी रियासतों के ५६२ टुकड़े और हो जाएँगे। सरदार पटेल देशी रियासतों के अलग शासन व्यवस्था के विरोधी थे। उन्होंने प्रमुख राजनेताओं से बात करनी प्रारंभ की। उधर जिन्ना देशी रियासतों, विशेषकर नवाबों की अलग सत्ता कायम रखने के पक्षधर थे। उन्होंने वैसे ही प्रयास भी किए। इसलिए सभी देशी रियासतों के मिल जाने के निर्णय पर भी जूनागढ़, भोपाल और कश्मीर की रियासतें हठ कर गईं।

सन् १९४७ की आजादी खून-खराबे की बुनियाद पर मिली थी। जमकर हिंदू-मुसलिम दंगे हुए। सरदार पटेल का हृदय भाई-भाई में अलगाव हो जाने के साथ-साथ शरणार्थियों की भी समस्या देखकर उद्विग्न था। वे तन-मन-धन से शरणार्थियों की सेवा में लग गए। मानवतावादी, उदारचेत्ता वल्लभभाई को जितनी चिंता हिंदुओं की थी, उतनी ही मुसलिमों की भी थी। वे सस्ती लोकप्रियता नहीं चाहते थे।

जवाहरलाल नेहरू प्रधानमंत्री और सरदार वल्लभभाई पटेल उपप्रधानमंत्री तथा स्वतंत्र भारत के प्रथम गृह मंत्री बने। दरअसल नए गृह (भारत) को सँभालने की जिम्मेदारी उन्हीं पर थी। वैसा गृह, जिसके कई कोने भीषण कष्ट से कराह रहे थे। शरणार्थियों का पुनर्वास करना था, गृह को ५६२ देशी रियासतों में बँटे रहने से बचाना था। सरदार पटेल को देशहित में कठोर निर्णय लेने का अभ्यास हो चुका था। परतंत्र देश में दुश्मन के दाँत खट्टे करने थे, स्वतंत्र देश में संपूर्ण समाज में एकता स्थापित करनी थी। उन्होंने अपने कुशल नेतृत्व-क्षमता और दृढ निश्चय के आधार पर तीन वर्षों में ही बहुत कुछ सँभाल दिया। कश्मीर की समस्या भी जवाहरलाल के कारण अटक गई, जो आज तक अटकी पड़ी है। रियासतों का विलय न होता तो आज कितने खंडों में बँटा रहता भारत?

१५ जनवरी, १९५० को ही वे स्वर्ग सिधार गए। आज की समस्याओं को देखकर अकसर लोग कहते हैं—"काश! आज सरदार पटेल होते!"

सरदार पटेल का नाम आते ही देशभक्ति, दृढता और अत्यंत समावेशी व्यक्तित्व का मिला-जुला स्वरूप आँखों के आगे आता है। लौहपुरुष का हृदय अतीव संवेदनशील था। मेरी कविता की पंक्तियाँ हैं—

"ममता से ओतप्रोत, समता आधारित समाज हो
संवेदना हृदय का भूषण, इससे सजा समाज हो।"

आज देश-निर्माताओं के अंदर संवेदना-स्रोत सूख गया है। तभी प्राकृतिक और भौतिक संसाधनों के साथ मानव संसाधन के बहुतायतवाले भारतवर्ष में अब कोई सरदार पटेल पैदा नहीं होता। कोमल दिल में राष्ट्र की समस्याएँ हिलोरें नहीं लेतीं, तो समाधान के लिए कठोर निर्णय कौन ले? ऐसे में आवश्यकता है एक सरदार पटेल की।

□

भारत के लौहपुरुष सरदार पटेल

—शत्रुघ्न प्रसाद

बीसवीं सदी की भारतीय राजनीति के लौहपुरुष के संपूर्ण जीवन और उनके अवदान पर अब गंभीरता से विचार होने लगा है। कारण है कि उनके निष्ठावान् समर्पणमय जीवन और उनकी राष्ट्रीय उपलब्धियों को विस्तृत करने का योजनाबद्ध प्रयत्न सन् १९५० से १९६३ तक होता रहा है। आज सभी सोचने लगे हैं कि यदि सरदार पटेल स्वतंत्र भारत के प्रथम प्रधानमंत्री होते तो सद्यः स्वतंत्र भारत सक्षम, सशक्त एवं सुसंगठित राष्ट्र के रूप में अवतरित होता। अपने देश को प्रखर राष्ट्रीय दृष्टि एवं सम्यक् दिशा मिल जाती। दुर्भाग्य से वे प्रधानमंत्री नहीं बन सके और उनका देहावसान भी सन् १९५० में ही हो गया। संभवतः अहंमन्यता, ईर्ष्या एवं द्वेष से ग्रस्त जवाहरलाल नेहरू उनके देहांत से आत्मतुष्ट हुए होंगे। वे निरकुंश हो ही गए थे। यह भी सच है कि बाद में डॉ. श्यामा प्रसाद मुखर्जी तथा डॉ. राम मनोहर लोहिया की सार्थक आलोचनाओं से उनकी अहंग्रस्तता, निरंकुशता तथा पूर्वग्रह लिप्तता विफल हो जाती थी।

मुझे बचपन का स्मरण आता है कि सन् १९४७ में मेरे उच्च विद्यालय के साथी ने विद्यालय के प्रांगण में कहा था कि सरदार पटेल उद्योगपति बिड़ला से संबद्ध हैं। दूसरे शब्दों में, उन्हें पूँजीपतियों के मित्र के रूप में बताया गया था। मैं मौन रहा। बाद में स्पष्ट हो गया था कि कांग्रेस के नेहरू खेमे की ओर से सरदार के विरुद्ध यह प्रचारित किया जा रहा था, जिससे उनकी छवि धूमिल हो जाए। सन् १९४८ में अफवाह उड़ाई गई थी कि गांधीजी की हत्या पटेल की असावधानी से ही हुई थी। यह भी अफवाह थी कि पटेल ने गांधीजी की सुरक्षा कम कर दी थी। राष्ट्रवादी गांधीजी के योग्य शिष्य के रूप में मान्य तथा स्वाभिमानी सरदार पटेल के विरुद्ध नेहरू खेमे के षड्यंत्र का यह परिणाम था। कारण था कि सरदार पटेल कांग्रेस संगठन तथा जनता दोनों में अति प्रिय थे। सन् १९४६ में १५ प्रदेश कांग्रेस समितियों में से १२ प्रदेश समितियों ने सरदार पटेल को ही कांग्रेस की अध्यक्षता के लिए प्रस्तावित किया था। शेष तीन ने आचार्य कृपलानी

का नाम रखा था। गांधीजी ने आ. कृपलानी से कहकर नाम वापस कराकर नेहरूजी का नाम रखवा दिया था। बाद में महात्माजी ने नेहरू और पटेल को एक साथ बैठाकर कहा था कि अगर सरदार पटेल चाहें तो नेहरू अध्यक्ष बन सकते हैं। सरदार पटेल ने अपने गुरु गांधीजी के निर्देश को समझकर अपना नाम वापस ले लिया। उनके इसी त्याग के कारण नेहरू सन् १९४६ में कांग्रेस के अध्यक्ष बने और फलतः प्रधानमंत्री भी बन गए। यदि सरदार पटेल सबके समर्थन से अध्यक्ष बन जाते तो प्रधानमंत्री भी बन जाते। नियति ने गांधीजी को सम्यक् निर्णय नहीं लेने दिया। संभवतः मोतीलाल नेहरू और उनके पुत्र जवाहर लाल नेहरू के उच्चस्तरीय राजनीतिक प्रभावपूर्ण दबाव और पिता-पुत्र की चाटुकारिता ने गांधीजी को मोहग्रस्त कर दिया और नेहरू का अहंजन्य लाभ आज तक उनके वंशजों में दिख रहा है। तभी तो हमें दुर्दिन में सरदार पटेल का स्मरण आ रहा है।

यह सच है कि नेहरू खेमे के इन कुप्रचारों से सरदार पटेल दुःखी हो गए थे। संघर्षशील जीवन को अधिक चोट लगी थी, जब गांधीजी की हत्या में उनकी असावधानी का भ्रम फैलाया गया था। स्वाधीनता आंदोलन में गांधीजी के परम शिष्य तथा विश्वसनीय सहयोगी होने के कारण सरदार पटेल विभिन्न आंदोलनों में अग्रणी सेनानी के रूप में प्रस्तुत हुए थे और स्वाधीनता के बाद अंग्रेजी साम्राज्यवाद से प्राप्त बिखरे भारत को सुसंगठित कर देने का राष्ट्रीय पौरुष प्रदर्शित किया था। इसलिए नेहरू खेमे के कुप्रचार से वयोवृद्ध हृदय को सांघातिक चोट लगी। फलतः १५ दिसंबर, १९५० को उनकी असमय मृत्यु हो गई। जाग्रत् राष्ट्र को दारुण पीड़ा हुई थी, पर नेहरू ने उनके महाप्रस्थान पर श्रद्धांजलि नहीं दी। वे केवल राजाजी के साथ मुंबई (बंबई) पहुँच गए थे। राष्ट्रपति राजेंद्रप्रसाद को वहाँ जाने से रोक दिया था। जिस व्यक्ति के त्याग से वे प्रधानमंत्री बन गए, उस व्यक्ति की मृत्यु के बाद भी नेहरू ईर्ष्या-द्वेष पालते रहे। यह 'महान्' नेहरू की महान् क्षुद्रता थी। देश के श्रेष्ठ नेताओं, साधकों तथा त्यागियों के प्रति नेहरू वंश की यह क्षुद्रता आज तक प्रकट होती रही है।

स्पष्ट है कि पटेल स्वाधीनता के पहले गांधीजी के शिष्य होने के कारण सत्य-अहिंसा पर निष्ठा रखनेवाले जन-आंदोलनों के सेनापति व सरदार के रूप में लोकप्रिय होते गए हैं। यह स्मरणीय है कि सन् १८५७ के स्वतंत्रता संग्राम में उनके पिता श्री झवेरभाई पटेल ने भाग लिया था। वे गुजरात के नाडियाद के एक सामान्य किसान थे। किसान जीवन की श्रमशीलता, कठोरता, संवेदनशीलता तथा देशभक्ति—इन चारों मानवीय गुणों के साथ वल्लभभाई ने जन्म लिया था। विट्ठलभाई पटेल उनके अग्रज थे। ऐसा लगता है कि दोनों भाइयों में सन् १८५७ को क्रांति की ऊष्मा विद्यमान थी। उसी देशभक्ति की ऊष्मा तथा भारत माँ के प्रति समर्पण के संकल्प ने किसान परिवार के वल्लभभाई को उच्चतम शिक्षा तथा देशसेवा के लिए प्रेरित कर दिया था। वे इंग्लैंड से विधि (लॉ) की

उच्चतम शिक्षा प्राप्त कर अहम्दाबाद में वकालत करने लगे थे। परंतु वे तो गांधीजी के चंपारन (१९४७) सत्याग्रह के महत्त्व को समझ गए थे। उन्होंने गहरी अनुभूति प्राप्त कर ली थी कि गांधीजी स्वाधीनता आंदोलन को गाँवों तक, गाँवों के किसानों तक ले जाना चाह रहे हैं। इसीलिए तो वे सन् १९१८ के खेड़ा सत्याग्रह में सम्मिलित हो गए। वे असहयोग आंदोलन में वकालत की आजीविका से मुक्त होकर आ गए। परंतु यह भी सही है कि वे असहयोग आंदोलन में खिलाफत आंदोलन को शामिल करने से सहमत नहीं थे। पर वे गांधीजी का विरोध नहीं कर सके। खिलाफत आंदोलन असफल रहा। दु:खद रहा। सरदार पटेल ने भारतीय नीति की इस कमजोर कड़ी को समझ लिया, जैसे स्वामी श्रद्धानंद ने समझ लिया था। तथापि देश की स्वाधीनता के प्रमुख आंदोलन बारदोली आंदोलन, नमक आंदोलन और सविनय अवज्ञा आंदोलन में गांधीजी के सेनानी के रूप में आगे आए। यह ज्ञातव्य है कि गांधीजी ने बारदोली आंदोलन में उनकी संगठनशीलता तथा नेतृत्व-कुशलता के कारण उन्हें 'सरदार' की उपाधि से विभूषित किया था। उन्होंने भी स्वयं को अपने गुरु गांधीजी के सच्चे अनुयायी के रूप में प्रस्तुत किया था। परंतु नेहरूजी नेतृत्व की प्रतिस्पर्धा में आगे निकल जाना चाहते थे। सुभाष चंद्र बोस तो गांधीजी के प्रति श्रद्धा के बाद भी उग्र राष्ट्रवादी थे। अत: गांधीजी तथा नेहरूजी दोनों ने नेताजी सुभाष को आगे नहीं बढ़ने दिया तो उन्होंने अपना मार्ग अलग कर लिया। परंतु सरदार पटेल ने गांधीजी के प्रति पूरी निष्ठा दिखाई। अंत तक निभाई भी। कांग्रेस संगठन और जनता में प्रिय होने के बाद गांधीजी के संकेत पर नेहरू के लिए त्याग भी कर दिया। पर नेहरू अंत तक सरदार पटेल के राष्ट्रवादी लौहपुरुष को सह नहीं सके थे। प्रतिस्पर्धी कलुषता का विष नेहरू के मन में भरा हुआ था।

यह पूरे विश्वास से कहा जा सकता है कि यदि सन् १९४६ में सरदार पटेल कांग्रेसाध्यक्ष होते तो अंग्रेज शासक तथा उनके प्रतिनिधियों के साथ वार्त्ता में अधिक यथार्थता, निर्भीकता तथा संकल्प के बल पर वार्त्ता करते। नेहरू तो माउंटबेटन-एडविना के परामर्श पर पश्चिम पंजाब में हो रहे अल्संख्यक हिंदू-सिखों पर भीषण हमलों के दबाव और सत्ता-लाभ में विभाजन को अधूरे रूप से स्वीकार कर गांधीजी से समर्थन के लिए याचना करने लगे। न तो पहले दंगों के दमन तथा अल्पसंख्यकों की सुरक्षा की चिंता की गई और न ही डॉ. अंबेडकर के ऐतिहासिक तथ्यों से प्रसूत जनसंख्या की अदला-बदली पर विचार हो सका। सिंध के एक जिला हिंदू बहुल और पूर्वी बंगाल का बौद्ध बहुल चटगाँव के पहाड़ी भाग के भाग्य का निर्णय नहीं हो सका। गांधीवादी सरहदी गांधी के प्रदेश पश्चिमोत्तर सीमा प्रदेश को कट्टरपंथियों के भरोसे छोड़ दिया गया। इस विषम स्थिति में सरदार पटेल ने सोच लिया कि पाकिस्तान के बन जाने या भारत के विभाजन से भारत दंगे-फसाद-दमन-तुष्टीकरण की समस्या से मुक्त हो

जाएगा और फिर शेष भारत को बलशाली बनाया जाएगा, जहाँ हिंदू शांतिपूर्वक रह सकेंगे। ग्राम केंद्रित कृषि एवं उद्योग के विकास के माध्यम से भारत को समृद्ध किया जा सकेगा। पर नेहरू की दृष्टि थी कि किसी प्रकार सत्ता को पाकर बुढ़ापे में भारत का सर्वोच्च शासक बना जाए। अन्यथा वार्द्धक्य अपने अंक में लेकर यम को सौंप डालेगा।

जैसे स्वाधीनता आंदोलन के समय सरदार पटेल का जन-नेतृत्व दिखाई पड़ा, उससे भी बढ़कर स्वाधीनता के बाद सन् १९४७ अगस्त से लेकर १९५० तक के उपप्रधानमंत्री और गृहमंत्री के रूप में सरदार पटेल का लौह व्यक्तित्व दीख पड़ा। जहाँ नेहरूजी कश्मीर की समस्या, तिब्बत और चीन की समस्या के संदर्भ में पूर्णत: असफल हुए, वहीं सरदार पटेल का लौह व्यक्तित्व नए रूप में प्रकट हुआ। पहले सत्य-अहिंसावादी, अब भारत की नवरचना के लिए कठोर यथार्थवादी के रूप में सामने आए। अब अहिंसावाद नहीं, शक्तिवाद के कठोर पथ पर बढ़ते हुए बिखरे भारत को सही रूप प्रदान कर दिया। उनकी इस ऐतिहासिक उपलब्धि के समक्ष नेहरू कबूतर उड़ानेवाले भावुक वाग्वीर और असफल शासक सिद्ध हुए। अपने वंश को आगे बढ़ाने में वे अवश्य ही सफल हुए। यह राजनीतिक चातुर्य नेहरू, इंदिरा तथा इटालियन वधू मैडम माइनेर में स्पष्ट होता रहा है। देश त्रस्त रहा है। आज इस वंश-तंत्र से मुक्ति के लिए देश छटपटा रहा है।

भारत और समूचे संसार ने देखा कि अंग्रेज साम्राज्यवाद ने मुसलिम लीग से दुरभि संधि करके अमानवीय दंगों के दबाव में नेहरू को विभाजन के लिए तैयार कर दिया। जैसे-तैसे विभाजन करके सत्ता का हस्तांतरण कर दिया। साथ ही अपने षड्यंत्र के द्वारा भारत के सारे देशी राज्यों को भी स्वतंत्र कर दिया। भारत बिखरा-बिखरा लगा। पाँच सौ से अधिक देशी राज्यों को भारत में विलय कराने की भीषण समस्या सामने आ गई। कश्मीर और हैदराबाद जैसे बड़े देशी राज्यों की समस्या सबसे भिन्न और जटिल थी। कपोत उड़ानेवाले वाग्वीर और गुलाब की गंध में मस्त रहनेवाले नेहरू से इन समस्याओं का समाधान संभव नहीं था। सरदार पटेल जैसे लौहपुरुष के अटूट संकल्प तथा कठोर कर्म से ही यह संभव हो सकता था। गृहमंत्री के नाते सरदार पटेल को ही यह कार्य करना था। उन्होंने भारत के गृहमंत्री के कठोर निर्णयानुसार किसी देशी राज्य को समझाकर, किसी को धमकाकर और किसी को यथोचित सत्कार का आश्वासन देकर अधिकांश को भारत में विलय कर लिया। इंग्लैंड में चर्चिल देखते रह गए और पटेल ने छोटे-छोटे राज्यों के बिखराव को भारत संघ में समाहित कर दिया। भारत विशाल बना।

हैदराबाद के शासक निजाम और कासिम रिजवी के रजाकारों ने भारत के विरुद्ध षड्यंत्र आरंभ कर दिया था। बहुसंख्यक हिंदू प्रजा पर रजाकार जुल्म कर रहे थे,

दूसरी ओर निजाम भी स्वतंत्र होने की घोषणा करने की मुद्रा में आ रहा था। नेहरू सरदार पटेल को काररवाई से रोक रहे थे। परंतु स्थिति की विषमता की गहरी अनुभूति कर, नेहरू के अव्यावहारिक परामर्श को अनसुना कर इन्होंने निजाम हैदराबाद पर सैनिक अभियान शुरू कर दिया। निजाम को आत्मसमर्पण करना पड़ा। यदि ऐसा न होता तो हैदराबाद भी कश्मीर के समान अथाह कष्ट देना रहता। और आज नेहरू वंश के सेकुलर शासन में जनाब नूरावी साहब ने हैदराबाद पर पुस्तक लिखकर सिद्ध कर दिया कि सरदार पटेल ने सैनिक काररवाई करके, हजारों का कत्ल करके हैदराबाद को बलात् भारत में मिला लिया। इस पुस्तक का लोकार्पण हो चुका है। यह तो देशद्रोह है, पर इस सेकुलर शासन में देशद्रोह स्वतंत्रता के अंतर्गत मान्य है। तभी तो उधर जब-तब हैदराबाद के विलय से असहमति प्रकट कर दी जाती है।

सीमा पर स्थित जूनागढ़ रियासत ने पाकिस्तान में मिलने का षड्यंत्र रच लिया था। सरदार पटेल ने हल्की सैनिक काररवाई से इसका भी समाधान कर लिया। उन्होंने मंत्रिमंडल की बैठक में गोवा के लिए दो घंटे चाहे। पर नेहरू ने काररवाई करने से मना कर दिया। परंतु नेहरू को अंततः सन् १९६२ में गोवा में सैनिक अभियान करना पड़ा, क्योंकि गोवा का पुर्तगाली शासन उछल-कूद और उपद्रव करने से बाज नहीं आ रहा था, तब पटेल के परामर्श को सर-आँखों पर लेना पड़ा।

प्रथम प्रधानमंत्री नेहरू ने कश्मीरी होने के कारण कश्मीर की समस्या को सरदार पटेल के गृह मंत्रालय से लेकर अपने पास रख लिया था। दूसरी महत्त्वपूर्ण बात यह थी कि मुसलिम कांफ्रेंस बाद में नेशनल कांफ्रेंस के नेता शेख अब्दुल्ला से उनकी दोस्ती थी। शेख अब्दुल्ला 'राजा हरिसिंह कश्मीर छोड़ो' का आंदोलन कर रहा था। मजहबी रूप तो था ही। नेहरू उसकी मदद को गए थे। महाराजा हरिसिंह ने नेहरूजी को कैद कर कश्मीर से बाहर कर दिया था। नेहरू का दंभ एवं दर्प उबल उठा था। 'महान्' नेहरू का महान् विद्वेष भारत की अखंडता के लिए नहीं, महाराजा हरिसिंह के प्रति प्रज्वलित होने लगा था। इसीलिए आरंभ में हरिसिंह ने कश्मीर में विलय नहीं किया। वे पाकिस्तान जा नहीं सकते थे, इसलिए पाकिस्तान ने कश्मीर को हड़पने के लिए आक्रमण कर दिया। नेहरू ने मित्रतावश लॉर्ड माउंटबेटन को दिल्ली के राजभवन में बिठा रखा था अंतिम गवर्नर जनरल के रूप में। माउंटबेटन अपनी साम्राज्यवादी बुद्धि से कश्मीर को उलझाकर रखना चाह रहा था। नेहरू साम्राज्यवादी चाल को समझने में असमर्थ थे। भारत के राष्ट्रवादी गृहमंत्री सरदार पटेल कश्मीर को समस्या बनते देख परेशान थे। पाकिस्तान की कबाइली कौम अक्तूबर १९४६ में श्रीनगर तक पहुँचने वाली थी। हरिसिंह ने विलय-पत्र दिल्ली को भेज दिया। नेहरू ने सशर्त स्वीकार किया और सबके परामर्श पर सेना को भेज दिया। भारतीय सेना पाकिस्तानी फौज को परास्त करती

हुई आगे बढ़ गई। नेहरू ने माउंटबेटन के परामर्श पर अपनी सेना को रोक दिया। माउंटबेटन की चतुराई और नेहरू की अदूरदर्शिता के कारण समस्या का पूर्ण समाधान नहीं हो सका। सरदार पटेल शेख अब्दुल्ला की नीयत और नीति को अच्छी तरह समझते थे, पर नेहरू का विश्वास शेख के प्रति असीम था। सरदार के परामर्श को वे टाल गए थे। फलतः ६६ वर्षों से कश्मीर भयानक समस्या के रूप में शेष भारत को कष्ट दे रहा है।

इसी प्रकार हमारे प्रथम प्रधानमंत्री ने लाल चीन की विस्तारवादी नीति और उसकी माओवादी साम्राज्यवादी चेतना को समझने में आत्मघातक गलती की। नेहरूजी का मार्क्स दृष्टिकोण छिपा-छिपा रहा, पर वह चीन के संबंध में प्रकट हो गया। सबसे पहले नेहरूजी ने लाल चीन को मान्यता दे दी। उसने तिब्बत को अहिंसावादी धर्म प्रधान देश को बलात् हड़प लिया। तिब्बत चीन और भारत के मध्य का सुरक्षात्नक देश रहा है। स्वतंत्र रहा है। परंतु नेहरूजी ने अविवेक के कारण चीन की हड़प नीति को भी हृदय से स्वीकार कर दिया। और तब चीन ने गुप्त रूप से भारत की सीमा में घुसपैठ शुरू कर दी। सरदार पटेल ने तो चीन की भारत विरोधी मानसिकता तथा विस्तार दृष्टि के संबंध में अपनी मृत्यु के पहले एक पत्र भी नेहरूजी के नाम से लिखा था। वह पत्र ऐतिहासिक महत्त्व का है। तिब्बत को हड़पने तथा भारत के विरुद्ध रचे जाने वाले कूटनीतिक षड्यंत्र को इंगित करते हुए ७ नवंबर, १९५० को अपने प्रधानमंत्री को सरदार पटेल ने जो पत्र लिखा था, उसका एक अंश है—"चीनी सरकार ने शांतिपूर्ण इरादों की अपनी घोषणाओं से हमें भुलावे में डालने का प्रयत्न किया है। मेरी अपनी भावना तो यह है कि किसी नाजुक क्षण में चीनी सरकार ने हमारे राजदूत में तिब्बत की समस्या को शांतिपूर्ण उपायों से हल करने की अपनी तथाकथित इच्छा में विश्वास रखने की झूठी भावना उत्पन्न कर दी। इसमें कोई संदेह नहीं हो सकता कि चीनी सरकार अपना सारा ध्यान तिब्बत पर आक्रमण करने की योजना पर केंद्रित कर रही होगी। मेरी राय में चीनियों का अंतिम कदम विश्वासघात से जरा भी कम नहीं है। करुणता तो यह है कि तिब्बतियों ने हम पर भरोसा रखा व हमारे मार्गदर्शन में चलना पसंद किया और हम उन्हें चीनी कूटनीति के जाल से बाहर निकालने में असमर्थ रहे।...हम तो अपने को चीन का मित्र मानते हैं, परंतु वे हमें अपना मित्र नहीं मानते।

"मेरा यह सुझाव है कि हम जल्दी ही मिलें, ताकि इन समस्याओं पर हम सामान्य चर्चा करें और ऐसे कदम उठाने का निर्णय करें।"

स्पष्ट है कि नेहरूजी पटेल के साथ चीन के संबंध में विचार नहीं कर सके। इधर शेख अब्दुल्ला और उधर वे माओ-चाऊ पर पूर्ण विश्वास करके चल रहे थे। जब वे अपने उपप्रधानमंत्री की सलाह नहीं मान सके तो अन्य नेताओं की क्यों सुनते? वे

'भारत-चीनी भाई-भाई' के नारे लगा रहे थे। परिणाम यह हुआ तिब्बत पर अधिकार के बाद चीन द्वारा सन् १९६२ में भारत पर छलपूर्ण आक्रमण! और सरदार तो अपने पत्र से समझाकर सन् १९५० के अंत में ही मृत्यु की गोद में चले गए।

भारतीय प्रदेश कश्मीर और चीन के संबंध में सरदार पटेल के विचार यथार्थ पर आधारित थे। नेहरू ने पूर्वग्रह के कारण सही निर्णय नहीं लेने के कारण भारत को ही संकट में डाल दिया। आज भी भारत कश्मीर की अलगावादी, दहशतगर्दी और चीन की साम्राज्यवादी नीति से संत्रस्त हैं। आज हम सरदार के यथार्थवादी चिंतन, सम्यक् निर्णय तथा संकल्पित कर्मण्यता का स्मरण कर पुलकित हो जाते हैं। आज उनकी याद अधिक आ रही है। हमारी चाह है कि सरदार का लौह व्यक्तित्व तथा कर्मण्य पौरुष भारत के नेतृत्व में अवतरित हो। इसकी झलक तो मिलने लगी है। यदि उनकी लौह प्रतिमा प्रतिष्ठित हो जाती है तो वे हमें सर्वदा अनुप्राणित करते रहेंगे।

□

स्वतंत्रता संग्राम के 'सरदार'

—इला कुमार

लौहपुरुष सरदार वल्लभभाई पटेल के बारे में लिखने के क्रम में सबसे पहले उन्नीस सौ छियालीस (१९४६) की आर.आई.एन. हड़ताल का उल्लेख करना चाहूँगी, जिसके दौरान तोपों का मुँह बंबई की ओर मोड़ दिया गया था और शहर का विनाश निश्चित था। हड़ताल की यह घटना १९४६ के फरवरी महीने के अंतिम सप्ताह की है, तब ब्रिटिशों को सबक सिखाने के तहत हड़तालियों ने शस्त्रों के प्रयोग की सोची थी और बदले की भावना के तहत बीस सशस्त्र पोतों को एक-एक कर जलाने का उपक्रम शुरू किया जा रहा था, लेकिन भारतवर्ष के भाग्यवश विवेकी सलाहकार के रूप में सरदार वल्लभभाई पटेल ने आगे आकर बात सँभाली। उन्होंने हड़तालियों को समझाया कि ऐसे में स्थिति और भी तनावपूर्ण हो जाएगी, जिससे बंबई के विनाश को रोका नहीं जा सकेगा।

सरदार पटेल ने उन लोगों को समझाया कि शस्त्र और हिंसा का प्रयोग करना भूल है, क्योंकि इसके परिणाम घातक होंगे और इस तरह उनकी विलक्षण व्यावहारिक सूझ-बूझ के कारण बंबई शहर पर आया खतरा टल गया था। इसके साथ ही सरदार पटेल के सुझाव पर अधिकृत रूप से यह सूचना सही जगह पर पहुँचाई गई थी कि हड़ताली अगली सुबह आठ बजे तक ब्रिटिश हाई कमांड के सामने अपने जहाजों को समर्पित कर देंगे। इस सूचना को पहुँचाया जाना उस नाजुक से समय में बहुत ही ज्यादा जरूरी था। कारण कि हड़तालियों के नाम पर उपद्रवी तत्त्वों ने हिंसा और मार-काट मचाना शुरू कर दिया था।

सरदार वल्लभभाई पटेल की प्रथम सोच के अंतर्गत हमेशा भारत, भारतीयता एवं भारतवासियों की भलाई ही रही।

सरदार पटेल का जन्म गुजरात के जिस गाँव (करमसद, नाडियाद तालुका) में हुआ था, वहाँ के पाटीदारों ने भारत के प्रथम स्वतंत्रता युद्ध में महान् कार्य किए थे।

एकता-अखंडता की प्रतिमूर्ति

सरदार पटेल

सरदार पटेल के पिता झवेरभाई तथा पूर्वज सत्यनिष्ठ एवं पुरुषार्थी थे, जिसका असर वल्लभभाई के व्यक्तित्व पर भी प्रतिबिंबित हुआ—"व्यक्तिगत जीवन को पवित्र रखना और सहयोगियों की सहायता करना" यह उनके वंश की परंपरा थी और उन्होंने भी अपने जीवनकाल में इसका पालन किया। सरदार पटेल ने छोटी अवस्था से ही अनुशासन एवं न्याय को अपना लिया था और यह बार-बार उनके व्यवहार से प्रमाणित होता रहता था। स्कूल के दिनों की एक घटना का वर्णन इस प्रकार आता है कि जब वे नाडियाद में स्कूल में थे, तो उन्होंने एक अध्यापक को पाठ्य-पुस्तकों और पेंसिलों को 'ब्लैक' करते हुए पकड़ा और अध्यापक को ऐसा करने से उन्होंने रोका, लेकिन जब उसका कोई प्रभाव नहीं पड़ा तो उन्होंने स्कूल में छह दिनों की हड़ताल करवा दी, तब जाकर अध्यापक ने भविष्य में ऐसा न करने की शपथ ली और इस तरह उन्होंने सत्याग्रहात्मक विजय पहली बार छोटी उम्र में ही पा ली, सत्य के प्रति आग्रह उनके साथ ताउम्र रहा।

३१ अक्तूबर, १८७५ में जनमे सरदार पटेल को भारतीय इतिहास का ऐसा महानायक कहा जाता है, जिसके लिए लौहपुरुष का विशेषण ही सर्वथा उपयुक्त माना गया। उनके पूरे जीवन पर नजर डालते हुए हम महत्त्वपूर्ण घटनाओं को इस क्रम में पाते हैं—

सरदार वल्लभभाई पटेल लंदन से बैरिस्टरी की परीक्षा पास करके सन् १९१३ में बंबई लौटे। सन् १९१६ में वे गांधीजी के संपर्क में आए तथा सन् १९१८ में खेड़ा-सत्याग्रह में विशेष रूप से भाग लिया। सन् १९२१ में गुजरात प्रांतीय कांग्रेस कमेटी के प्रथम अध्यक्ष चुने गए तथा १० जुलाई, १९२३ से नागपुर-झंडा-सत्याग्रह के सर्वे-सर्वा अधिकारी रहे। सन् १९३० के मार्च में वल्लभभाई पटेल प्रथम बार बंदी बनाए गए एवं तीन महीने जेल में रहे। उसके बाद अनेक बार जेल गए। सन् १९४२ में अहमदाबाद दुर्ग में नजरबंद रहे। सन् १९४५ में निर्णायक शिमला कॉन्फ्रेंस में सम्मिलित हुए और सन् १९४५ में ही दिल्ली में देश की प्रथम अस्थायी सरकार के गृहमंत्री बने तथा सन् १९४७ में स्वतंत्र भारत के प्रथम उपप्रधानमंत्री का कार्यभार उन्होंने सँभाला। सन् १९४८ में देशी रियासतों के एकीकरण के अभूतपूर्व कार्य का श्रीगणेश कर उसे पूरा किया। सन् १९५० के अप्रैल महीने में भारत एवं पाकिस्तान के व्यापारिक संधिपत्र पर हस्ताक्षर किए। १५ दिसंबर, १९५० सारे देश के लिए बहुत ही दुःख का दिन था, जब उन्होंने शरीर छोड़ा।

जहाँ तक राष्ट्रपिता महात्मा गांधीजी की बात है, तो गांधीजी वल्लभभाई पटेल को प्रेमपूर्वक अपना 'सरदार' कहा करते थे। गांधीजी के नेतृत्व में वे सत्याग्रहों और रचनात्मक कार्यों में भाग लेते थे तथा उनकी नीति कम बोलने व ज्यादा काम करने की थी। इसी कारण यह मान्यता है कि भारत के स्वतंत्रता-संघर्ष के इतिहास को सरदार वल्लभभाई पटेल के कार्यों का उल्लेख किए बिना पूरा जान पाना असंभव है। लौह के सदृश दृढता उनके अंदर कुछ इस प्रकार थी कि वे जटिल से जटिल समस्याओं का हल

धीरता एवं योग्यतापूर्वक किया करते थे और शायद इसी कारण उन्हें 'लौहपुरुष' के नाम से पुकारा गया।

सरदार पटेल के बारे में उनके सहयोगियों की राय थी कि उनके अंदर गहराई तक पहुँचनेवाली दृष्टि, मानवीय शक्ति, कमजोरियों का अटूट ज्ञान एवं व्यवहार की आवश्यक जानकारी तथा योग्य बातों की अनूठी पकड़ थी। सहयोगियों ने समय-समय पर उन्हें संगठन की व्यवस्था करते, चुनाव-व्यवस्था करते, उम्मीदवार तय करते, मंत्रिमंडल बनाते, उनपर नियंत्रण रखते और संतुलित आदेश देने की शक्ति दिखाने के साथ-साथ विरोधी तत्त्वों को नष्ट करके नई शक्तियों को गढ़ते देखा था और इसकी प्रशंसा मुक्त कंठ से की थी।

सरदार पटेल ने समय-समय पर अनेक सारगर्भित भाषण दिए। पुरातन शास्त्रों में इंगित किया गया है कि वाक् में अग्नि प्रतिष्ठित है, तो इसका प्रत्यक्ष उदाहरण उनकी ओजस्वी वाणी द्वारा उचारे गए वाक्य हैं, जिनका एक-एक शब्द तीर की तरह हृदय को भेदने की क्षमता रखता है। उनके भाषणों में सच्चाई, तथ्यपरक आँकड़े और वास्तविकता का पुट दिखता था। इन सबके ऊपर जो तत्त्व सभी शब्दों के ऊपर लिपटा रहा करता था, वह था भारत की भलाई, भारतवासियों की उन्नति और देश का पुनरुत्थान।

यहाँ पर मैं उनके द्वारा सन् १९४८ में दिए गए कुछ भाषणों की कुछ पंक्तियों को उद्धृत करना चाहती हूँ—

"आपने पूछा है कि हमने विभाजन क्यों स्वीकार किया? यह एक लंबी कहानी है, पर आपको यह अच्छी तरह इसलिए समझ में आ जाएगी कि कलकत्ता लीग मिनिस्ट्री का फल चख चुका है। व्यापारियों ने नगर छोड़ जाने का निश्चय कर लिया था, पर मैंने उन्हें रुकने की सलाह दी, क्योंकि मेरा निश्चय था कि संसार की कोई शक्ति कलकत्ते को हमसे नहीं ले सकती। यद्यपि इसके लिए हम सभी को विभाजन से दुःख तो पहुँचा है, फिर भी अगर हम बुराई में से भलाई निकाल सकें तो हमें अंत में लाभ होगा और इस सौदे में नुकसान नहीं उठाना पड़ेगा। अब हमें पुनर्निर्माण के काम में लग जाना चाहिए। गत कई महीनों से हमें ऐसी जिम्मेदारी उठानी पड़ी है, जो किसी भी हुकूमत की कमर तोड़ सकती थी, पर मेरा विश्वास है कि ऐसे नाजुक समय पर भी हमने अपना अच्छा परिचय दिया है। आगे जो काम है, उसके लिए हमें श्रम और पूँजी को साथ लेना पड़ेगा। अगर हम इसमें असफल हुए तो हमें निराशा का सामना करना पड़ेगा। मुझे इसमें बिल्कुल संदेह नहीं है कि श्रम और पूँजी का और ऐसे मौके पर हुकूमत का भी संघर्ष देश के लिए घातक सिद्ध हुए बिना नहीं रहेगा। हमने शोषण का एक अध्याय अभी समाप्त किया है। हमें यह देखना चाहिए कि हम दूसरे ऐसे परिच्छेद में प्रवेश न कर जाएँ, जिसमें हमारा शोषण भिन्न-भिन्न प्रकार की ऐसी शक्तियाँ न करने

लगें, जो भीतरी होने के कारण और भी खतरनाक हैं।'' (कलकत्ता-१९४८)

''पाकिस्तान कायम होते ही मुसलमानों के लिए बहिश्त (स्वर्ग) बन जाने का वादा किया गया था। वे बहिश्त कायम कर लें तो हमें खुशी ही होनी चाहिए। उन्हें समझ लेना चाहिए कि पाकिस्तान का दुश्मन उसके अंदर ही है, बाहर नहीं। अगर पाकिस्तान भंग होता है तो वह उनकी अपनी गलती और पापों से समाप्त होगा।

''आज मैं उन दिनों की याद करता हूँ, जब लखनऊ शहर में दो राष्ट्र के सिद्धांत की बुनियाद रखी गई थी। कहा गया था कि मुसलिम संस्कृति और परंपरा हिंदुओं की संस्कृति और परपंरा से नहीं मिलती। मुसलमान एक अलग राष्ट्र है। इस सिद्धांत की वकालत करने में वहाँ (लखनऊ) के मुसलमानों ने बहुत महत्त्वपूर्ण हिस्सा लिया था। सारे भारत में मुसलिम लीगवालों ने पृथक्करण और विभाजन के सिद्धांत का प्रचार किया। मुसलिम नवयुवक उसके प्रभाव में आ गए। उन्होंने उसे एकदम सच समझा। इसीलिए उनके और कांग्रेस अनुयायियों के बीच दीवार खड़ी कर दी गई।

''उन्होंने ५ अगस्त को कलकत्ते में 'सीधी काररवाई' (डायरेक्ट एक्शन) शुरू किया, जिससे उन लोगों को आघात पहुँचे, जो अभी भी द्वि-राष्ट्र-सिद्धांत में विश्वास नहीं करते थे। जब हमने सोचा कि अगर देश का विभाजन ही होना है तो होने दो, हम अपना सँभाल लेंगे। आखिर हमें विदेशी ताकत को यहाँ से हटाना था। विदेशी शासन से छुटकारा पाने की समस्या उस समय हमारे सामने थी। इसीलिए हमने देश का विभाजन सैद्धांतिक रूप से स्वीकार कर लिया और सोचा कि विभाजन बाद में हो जाएगा।

''अगर मुसलिम लीग पाकिस्तान को बहिश्त (स्वर्ग) बना सके तो मैं प्रसन्न होऊँगा। अगर पाकिस्तान मजबूत, समृद्ध और सुखी बन जाए तो मुझे खुशी होगी, पर हम नहीं जानते थे कि विभाजन के बाद भी हमें साँस लेने की फुरसत नहीं मिलेगी! आज यह कहा जाता है कि हिंदुस्तान में पाकिस्तान को बरबाद करने की योजनाएँ तैयार हो रही हैं, पर मैं आप सबको विश्वास दिलाता हूँ कि पाकिस्तान को नष्ट करने की योजनाएँ इस देश में नहीं बन रही हैं—वहीं बन रही हैं! पाकिस्तान की परिस्थिति ही उसे बरबाद करके रहेगी!

''कभी-कभी यह कहा जाता है कि हिंदू, सिख और केंद्रीय भारत सरकार तीनों ही उनके लिए दिक्कतें पैदा कर रहे हैं, पर मैं आपको बता देता हूँ कि अगर पाकिस्तान का पतन होता है, तो हमारे कारण नहीं, उसके अपने ही अंदर रहनेवाले दुश्मनों द्वारा होगा।'' (६ जनवरी, १९४८)

''भविष्य इस बात पर निर्भर करता है कि हम खाद्य वस्तुओं, कपड़ों, लोहा-फौलाद, सीमेंट आदि जरूरी चीजों का उत्पादन कहाँ तक करते हैं, जिससे नागरिक और देश-रक्षा के प्रयत्नों में उनसे काफी मदद मिले और उनकी जरूरतें पूरी हो सकें। यह

सिर्फ देश की भूख और बीमारी दूर करने के लिए नहीं, बल्कि उस आजादी को मजबूत बनाने के लिए जरूरी है, जिसे हमने वर्षों के संघर्ष के बाद प्राप्त किया है।

"आज मजदूर वर्ग दोराहे पर खड़ा है, अगर वे ठीक रास्ते पर चलकर देश को ताकतवर बनाने में अपनी शक्तियाँ लगाएँगे तो भारत का भविष्य शानदार होगा, पर अगर वे बहकावे में आकर गलत रास्ते पर चल पड़े तो वे खड्डे में गिरेंगे और उससे मजदूरों तथा दूसरों को भी बरबादी तथा विनाश का मुँह देखना पड़ेगा।

"मजदूरों को याद रखना चाहिए कि वे सिर्फ अपनी गुजर-बसर करने के लिए काम नहीं करते। वे कोई जानवर नहीं हैं, जिन्हें चाबुक से हाँका जाए। वे देश के प्रति अपने महत्त्वपूर्ण कार्य को समझें और अपने-आप से पूछें कि वे किसके लिए काम कर रहे हैं। उनकी कुशलता और मेहनत पर ही देश की महानता निर्भर करती है। उन्हें अपनी मेहनत का नतीजा उन करोड़ों अधभूखे और अधनंगे देशवासियों पर देखना चाहिए, जो गाँवों में रहते हैं। मजदूरों का फर्ज है कि वे उनके बारे में सोचें। उनके हितों को हानि पहुँचाने के लिए कुछ भी नहीं करना चाहिए।" (२० जनवरी, १९४८, बंबई)

अपने भाषणों के द्वारा उन्होंने भारत की जनता के बीच सही रास्तों के चुनाव को दरशाया और उन रास्तों पर चलने की हिम्मत भी जगाई।

सरदार पटेल ने भारत के संगठनात्मक नव-निर्माण हेतु जिस सूझ-बूझ और कौशल द्वारा देशी रजवाड़ों एवं राजाओं को स्वतंत्र भारत का हिस्सा बनने के लिए मना लिया, वह अपने आप में एक मिसाल है। सरदार वल्लभभाई पटेल की तुलना जर्मनी के ओटो एडुअर्ड लिओपॉल्ड वॉन बिस्मार्क से की जाती है, जिन्होंने होओहेनजॉलनर्स और ऑगस्टेनबर्ग के बीच की तकरार को साम, दाम-दंड-भेद नीति के तहत लभगभ खत्म करने के कगार पर ला दिया और प्रूसिया भूखंड को केंद्रित करके जर्मन एंपायर को पूरी तरह से खड़ा कर दिया था।

लेकिन इसमें कोई संदेह नहीं कि सरदार पटेल ने गांधीजी के अहिंसा सूत्र को सामने रखते हुए बिना खून-खराबा के देशी राजाओं को स्वतंत्र भारत में मिल जाने के लिए राजी कर लिया था। यह किसी से छिपा हुआ नहीं है कि ब्रिटिश शासकों ने जब भारतवर्ष के शासन को हाथ से निकलते देखा तो बंदरबाँट की नीति के तहत मतभेद को प्रोत्साहन देते हुए देशी नरेशों को स्वतंत्र कर दिया, ताकि पूरा देश अराजकता की चपेट में आ जाए। हुआ कुछ ऐसा कि सन् १९४७ में जब अंग्रेजों को मजबूरी में भारत छोड़कर जाना पड़ा तो उन्होंने जाते-जाते यह सुलगता हुआ पलीता छोड़ा कि जो पाँच सौ से भी अधिक देशी राजा और रजवाड़े हैं, वे चाहें तो स्वतंत्र भारत में शामिल हो जाएँ या फिर पाकिस्तान में या खुदमुख्तार बने रहें।

ऐसे कठिन समय में सरदार पटेल राज्य-राज्य, यहाँ-से-वहाँ गए, राजाओं-

रजवाड़ों को समझाया-बुझाया और उन्हें स्वतंत्र भारत में मिल जाने के लिए प्रेरित किया। इस तरह ५६२ रियासनों के देशी राज्यों को स्वतंत्र भारत के साथ मिलाकर उन्होंने अद्वितीय राजनीतिक नाचक का परिचय दिया और देश में गृहयुद्ध की ज्वाला को भड़कने से रोक दिया।

यहाँ पर उनके इन शब्दों को मैं उद्धृत करना चाहूँगी—"यह देश अपने प्रतिष्ठानों सहित यहाँ के निवासियों की गर्वपूर्ण देन है। यह तो संयोग की बात है कि कुछ लोग देशी राज्यों में रहते हैं और कुछ ब्रिटिश भारत में। किंतु ये सभी उसकी संस्कृति और चरित्र में एक रूप से भाग लेते हैं। हम सब रक्त और भावना के अतिरिक्त स्वहित के पारस्परिक बंधन में बँधे हैं। हमें कोई अलग नहीं कर सकता। हमारे अंदर कोई बाधक दीवार नहीं खड़ी की जा सकती।"

सरदार पटेल के सुझाव पर ब्रिटिश संसद् में 'इंडियन डोमिनियन बिल' शीघ्र पास करवाया गया था और भारत के संविधान बनने पर उसमें कुछ अध्याय उनकी देन थे, जोकि समाज-कल्याण की विचारधारा एवं निजी संपत्ति एवं जमींदारियों की जब्ती के विरुद्ध संरक्षण के लिए थे। इससे निजी क्षेत्र के भारत के उद्योगों को बड़ी राहत मिली।

सरदार पटेल ने जीवन भर बड़े-बड़े कार्य किए, जिनकी गिनती करना संभव नहीं। उनके विचारों की ध्वनि-प्रतिध्वनि हमारे साथ हमेशा बनी रहेगी, जिनमें इंगित शब्द ये हैं—"अपने प्रांतीयतावाद का त्याग करो। घृणा का विष फैलने मत दो। हमें भारत को सुदृढ बनाकर उसकी शक्ति को सुरक्षित रखना है।"

□

उदात्त जीवन-मूल्यों के प्रेरक : सरदार वल्लभभाई पटेल

—डॉ. रामशरण गौड़

सरदार वल्लभभाई पटेल भारत की ऐसी विभूति थे, जिन्होंने एक युग का निर्माण किया। वे भारत के आर्थिक, सामाजिक मूल्यों एवं राजनीतिक परिस्थितियों से भलीभाँति परिचित थे। उन्हें इस बात का भलीभाँति से ज्ञान था कि 'सोने की चिड़िया' कहे जानेवाला भारत किन कारणों और परिस्थितियों से गुलामी, निर्धनता और पतन के अतल में पहुँचता चला गया। वे ऐसे प्रकाशस्तंभ थे, जिन्होंने दासता और बुराइयों के गहन अंधकार में सैकड़ों वर्षों से डूबे राष्ट्र का मार्ग प्रशस्त किया। उनका जन्म एक किसान परिवार में हुआ था। वे क्षत्रिय लेवा जाति के थे। इस क्षत्रिय जाति को भगवान् श्रीराम के पुत्र लव का वंशज माना जाता है। सादा जीवन, कर्मठता और उच्च विचारों के पारिवारिक संस्कारों और वंश-परंपरा ने उनके व्यक्तित्व के निर्माण में महत्त्वपूर्ण योगदान दिया। दूरदर्शिता, साहस, अडिगता, संघर्ष शक्ति, सहनशीलता, कर्मठता, सदाचरण, मानवता, राष्ट्रभक्ति और भारत की जनता से अदम्य प्रेम आदि समन्वित गुणों ने उनके व्यक्तित्व का ऐसा निर्माण किया, जिनसे वे लौहपुरुष सरदार वल्लभभाई पटेल बने। उन्होंने ऐसे युग का निर्माण किया, जिससे उन्हें राष्ट्रीय कर्णधार के रूप में युग-युगों तक स्मरण किया जाएगा। यदि वे भारत के प्रधानमंत्री होते और उनकी नीतियों और दिशा-दृष्टि का अनुपालन किया गया होता तो आज भारत का स्वरूप और स्थिति कुछ और ही होती, इसमें कोई संदेह नहीं है।

सादा जीवन उच्च विचार

भारत में सामाजिक और नैतिक मूल्यों के शिथिलीकरण के कारग राजनीतिक मूल्यों का ह्रास हुआ, सरदार वल्लभभाई पटेल ने इस बात को बड़ी गहराई से समझा।

भारतीयों का व्यक्तिगत स्वार्थ, अनैतिकता, जातीय अहंकार, द्वेष, विलासिता और आलस्य जैसे कुसंस्कार भारत के समग्र पतन का कारण बने। 'श्रीमद्भगवद्गीता' में कहा गया है कि श्रेष्ठ पुरुष जो-जो आचरण करते हैं, वे जो कुछ प्रमाण कर देते हैं, समस्त लोक (मानव समुदाय) उसी के अनुसार व्यवहार करता है—

यद्यदाचरति श्रेष्ठस्तत्तदेवेतरो जनः।
स यत्प्रमाणं कुरुते लोकस्तदनुवर्तते॥ (३/२१)

लोक में प्रचलित 'यथा राजा तथा प्रजा' की कहावत भी प्रसिद्ध है। अतः उन्होंने भारत के उन मूल्यों का पहले स्वयं आचरण किया, जिनसे भारत को नैतिक रूप से सुदृढ बनाया जा सके। वस्तुतः वे भारत की आत्मा थे, अतः देश की प्रत्येक धड़कन को अनुभव करते थे। 'सादा जीवन उच्च विचार' भारत की एक उत्कृष्ट जीवन पद्धति रही है। यह श्रेष्ठतम जीवन का आदर्श है। संतुष्टिपूर्ण जीवन आदर्श जीवन-दृष्टि की राह है। अतः वे इस सूत्र को अपने व्यवहार में लाए। उनके सादा जीवन ने लोगों को सहज ही आकर्षित कर उनका अनुकरण करने के लिए प्रेरित किया। वे स्वयं खादी का कुरता और धोती पहनते थे। जब उनका कुरता कुछ पुराना हो जाता था तो वे उसे अपनी सुपुत्री मणिबेन के पास भेज देते थे। वह उसमें से अपना ब्लाउज बनाकर पहन लेती थीं। इसका उनके एक साथी नेता को पता चला तो उन्होंने सरदार पटेल से कहा कि आप देश के इतने बड़े नेता हैं, देश के उपप्रधानमंत्री हैं, फिर आपकी पुत्री ऐसा क्यों करती हैं, पुराने कपड़े के ब्लाउज सीकर पहनती हैं? इसे सुनकर सरदार पटेल ने उत्तर दिया कि मणिबेन देश के एक गरीब किसान की बेटी है। यदि वह ऐसा करती है तो इसमें बुराई क्या है? इसे सुनकर वे सज्जन निरुत्तर हो गए। कारण बड़ा स्पष्ट सा है, नेता का चारित्रिक बल और नैतिक दिशा-दृष्टि ही देश की जनता का सही मार्गदर्शन कर सकती है। वितयनाम के राष्ट्रपति हो-ची मिन का उदाहरण हमारे सामने है। वे अपने पहनने के लिए स्वयं कपड़े सीते थे। उनके सादा जीवन और नैतिक बल के कारण ही वियतनाम अमेरिका जैसे शक्तिशाली देश से बारह वर्ष तक लोहा लेता रहा। सरदार पटेल चाहते थे कि देश का प्रत्येक व्यक्ति चारित्रिक और नैतिक रूप से सुदृढ हो। समाज के अग्रणी लोगों की विलासिता और आडंबरपूर्ण जीवन ने देश को कहाँ से कहाँ पहुँचा दिया है! उनका अनुकरण कर भारतीय कहाँ तक पहुँचा गए! देश की यह स्थिति उन्हें पीड़ित करती थी।

'सादा जीवन उच्च विचार' के समर्थक होते हुए भी वे 'कूपमंडूकता' के पक्षधर नहीं थे। जब वे बैरिस्टर की उपाधि प्राप्त करने के लिए इंलैंड गए तो उन्होंने पश्चिम के उस समाज और न्याय-व्यवस्था को जानने का भी प्रयास किया, जिससे इंग्लैंड विश्व के अनेक देशों पर राज कर रहा था। सर्वप्रथम उन्होंने इंग्लैंड के न्यायालयों में जाकर

उनकी न्याय-व्यवस्था और कार्यप्रणाली को देखने और समझने का प्रयास किया। साथ ही वहाँ की न्यायालयी कारवाइयों को देखकर अंग्रेजों की न्याय व्यवस्था की विभिन्न बारीकियों को जाना। इसके अतिरिक्त उन्होंने इंग्लैंड के सामाजिक परिवेश की गहराइयों तक जाने का प्रयास किया। उनके बीच में जाकर उन्होंने यह जाना कि इंग्लैंड के निवासी अपने अधिकारों के प्रति कितने जागरूक हैं। उन्हें अपने अधिकारों का तनिक भी हनन सहन नहीं है। पश्चिमी समाज मानव अधिकारों को कितना महत्त्व देता है! परंतु उसके चरित्र के दोहरे व्यवहार ने सरदार पटेल को अत्यंत व्यथित किया; क्योंकि जो अंग्रेज इंग्लैंड में रहकर मानव अधिकारों को महत्त्व देते थे, वे भारत में आकर कितने निरंकुश और मानव अधिकारों का निर्ममता से हनन करनेवाले हो जाते हैं! उनके तौर-तरीकों को समझने के लिए, उसमें सहज रूप से विचरण करने के लिए उन्होंने अंग्रेजी खान-पान और पहनावे को अपनाया। भारत हो या इंग्लैंड, उस समय ऐसी ही जीवन-शैली का आदर होता था और बैरिस्टर जैसी व्यावसायिक सफलता के लिए यह आवश्यक भी था। परंतु इससे अधिक ऐसा करके पटेल इंग्लैंड के सामाजिक परिवेश में प्रवेश करने में सफल हुए। उन्होंने खेड़ा के सत्याग्रह के समय इस वेश-भूषा का परित्याग कर दिया तथा खादी का कुरता-धोती उनका पहनावा हो गया।

न्यायप्रियता

संस्कृत में एक उक्ति है कि 'जो आचरण न्याययुक्त है, वही धर्म है'—'आरम्भो न्याययुक्तो यः स धर्म इति स्मृतः।' सरदार पटेल इस आप्त वाक्य का आचरण करनेवाले थे। उनके जीवन की अनेक घटनाएँ उनके इस आचरण को प्रमाणित करती हैं। बिहार में अंग्रेजों और उनकी समर्थक सरकार द्वारा नील की खेती करनेवाले किसानों का शोषण किया जा रहा था। सन् १९१७ में एक निर्धन किसान द्वारा वहाँ के किसानों के कष्ट बताने के लिए गांधीजी को बुलावा भेजा गया। गांधीजी ने अंग्रेजों द्वारा बिहार के इन किसानों पर किए जा रहे अन्याय के विरुद्ध सत्याग्रह छेड़ा। समाचार-पत्रों में यह समाचार पढ़कर सरदार पटेल अंग्रेजों के इस अन्याय के विरुद्ध आवाज उठाने से बहुत प्रभावित हुए; उन्होंने गांधीजी का समर्थन किया और उनके निकट आ गए। जबकि उससे पूर्व वे गांधीजी का उपहास उड़ाया करते थे। परंतु न्यायप्रियता के उनके गुण ने उनको अन्याय का विरोध करने के लिए बाध्य कर दिया।

अन्याय किसी भी प्रकार का हो, चाहे वह अंग्रेजों द्वारा भारतीयों पर किया जा रहा हो या भारत के निवासियों द्वारा एक-दूसरे पर, वे किसी भी प्रकार के अन्याय को सहन करने के पक्ष में नहीं थे। वे गांधीजी के कहने से दक्षिणी भारत के वेदारण्य में तमिलनाडु राजनीतिक सम्मेलन की अध्यक्षता करने के लिए गए। उस समय वहाँ

ब्राह्मणों और गैर-ब्राह्मणों के बीच वैमनस्य चल रहा था। इससे व्यथित होकर उन्होंने उस सम्मेलन में लोगों से परस्पर वैर-विरोध भुलाकर एक होने का आह्वान किया। उन्होंने कहा कि 'केवल नारेबाजी करके प्रस्ताव पारित करने से कोई नतीजा हासिल नहीं किया जा सकता। ठोस रचनात्मक कार्यों और अन्याय के विरुद्ध संघर्ष का मार्ग अपनाने से ही लक्ष्य प्राप्त किए जा सकते हैं।' (लौहपुरुष सरदार वल्लभभाई पटेल, सुशील कपूर, पृष्ठ ६७)

इसके अतिरिक्त ऐसी अनेक घटनाएँ हैं, जो उनके अन्याय के विरुद्ध खड़े होने की साक्षी हैं और न्याय के पक्षधर होने के लिए प्रेरित करती हैं। चाहे ये घटनाएँ अंग्रेजी सरकार की दमन नीति की परिचायक हों या इनमें स्वार्थी, चापलूस, लोभ-लालची भारतीयों का हाथ रहा हो। भारत में अंग्रेजों ने गाँववालों से बेगार लेने की एक परंपरा का सूत्रपात कर दिया था, जिसमें उनका साथ जमींदार और ताल्लुकेदार आदि देते थे। इसके विरुद्ध उन्होंने उत्तरी विभाग के तत्कालीन कमिश्नर मिस्टर प्रेट को पत्र लिखा और उनके प्रयासों से ग्रामीणों को बेगार करने से राहत मिली।

एक अन्य घटना खेड़ा की है, जहाँ से उनका अंग्रेजों के अन्याय के विरुद्ध सत्याग्रह आरंभ हुआ। सन् १९१७ में ही भयंकर वर्षा के कारण खेड़ा में फसलें बरबाद हो गई थीं और किसान भुखमरी तक पहुँच गए थे। सरकार ने किसानों से लगान वसूल करने के लिए झूठे आँकड़ों का सहारा लिया। तब सरदार पटेल किसान आंदोलन में कूद पड़े और किसानों को लगान देने से रोका। अंततः सरकार को किसानों के सामने झुकना पड़ा।

यही नहीं, सरदार पटेल की न्याय के प्रति आस्था भारत-विभाजन के समय भी देखने को मिली। उस अवसर पर जिन्ना ने भारत के वाइसराय माउंटबेटन के राजनीतिक प्रमुख कोनेड कोरफील्ड को अपने साथ मिलाकर पाकिस्तानी सीमा के पास पड़नेवाली हिंदू रियासतों को पूर्ण स्वतंत्रता का लालच देकर अपने साथ मिलाने का लक्ष्य बनाया, जिसमें नवाब भोपाल ने विशेष भूमिका निभाई। मुसलिम लीग कुछ रियासतों को बहला-फुसलाकर पाकिस्तान में विलय करने का प्रयास कर रही थी, जबकि दूसरी ओर स्वेच्छा से बहावलपुर के नवाब और कुलात के खान ने सरदार पटेल के सामने भारत के साथ रहने का प्रस्ताव रखा। परंतु दूरदर्शी, न्यायप्रिय एवं उदारचेता सरदार पटेल ने इसे स्वीकार नहीं किया। उन्होंने इन दोनों लोगों को समझाया कि भौगोलिक स्थिति को दृष्टिगत करते हुए उनका पाकिस्तान के साथ रहना अधिक अच्छा और श्रेयष्कर होगा। उनका कहना था कि जो न्याय का स्वयं आचरण नहीं करता, वह न्याय की माँग कैसे कर सकता है—"हम खुद ही अन्यायी बन जाएँ, तो हम दूसरों से न्याय को माँग कैसे कर सकते हैं? गलती करनेवाले को माफ कर दो। उसके साथ मुहब्बत करो।" (सरदार पटेल के भाषण, पृष्ठ ९८)

मानवतावादी दृष्टि

सरदार पटेल में मानवतावादी दृष्टि उनके व्यक्तित्व में भारत की उन परंपराओं से आगत थी, जिनमें सभी प्राणियों में एक ही आत्मतत्त्व समाहित होने का उल्लेख किया जाता है। सन् १९१७ में अहमदाबाद में प्लेग की बीमारी फैली, जिससे अनेक लोग मृत्यु के गाल में जा रहे थे। यह देखकर वे व्यथित हो उठे। वे सभी कार्य छोड़कर लोगों को इस महामारी से बचाने के कार्य में जुट गए। यह कोई सुगम कार्य न था, क्योंकि इससे अपनी जान जाने का भी खतरा था। उन्होंने अपनी जान की सुरक्षा की चिंता न करके इस लोकहित के कार्य को अधिक महत्त्वपूर्ण और आवश्यक समझा। उनकी मानवतावादी दृष्टि ने उन्हें अपने लोगों के कष्टों को दूर करने के लिए सदैव प्रेरित किया। प्लेग की महामारी के समय उन्होंने अनुभव किया कि इस बीमारी के अधिक फैलते जाने का कारण इस बीमारी से बचने के उपायों की जानकारी न होना है। अतः इस महामारी से बचने और इसके निवारण के लिए एक कमेटी बनाई और इससे बचने और उपचार की लोगों के बीच में जाकर जानकारी दी।

संवेदना व्यक्ति के व्यक्तित्व को परिष्कृत करती है। इससे दूसरों की पीड़ा का अनुभव करने का सजग विकास होता है। संवेदना विकसित होने से एक-दूसरे के प्रति समझ उत्पन्न होती है। यह मानवता का ऐसा आंतरिक गुण है कि यह जितना गहन होता है, उतना ही हमारे संबंधों को प्रभावित करता है और हमारी ओर आकर्षण भी बढ़ाता है। सरदार पटेल के इसी गुण के करण उनके प्रति देश के लोगों के मन में आत्मीयता का भाव उत्पन्न हुआ और वे उनके कथन को ब्रह्मवाक्य समझकर अनुपालन भी करते थे। जुलाई १९२७ में गुजरात के अनेक नगरों में भीषण बाढ़ आई। उस समय ६८ इंच रिकार्ड-तोड़ बारिश से अनेक नगरों के मकान ध्वस्त हो गए। अकेले अहमदाबाद में ही ५,०९३ मकान ढह गए। बाढ़ की इस त्रासदी से गुजरात में भयंकर विनाश-लीला हुई। सरदार पटेल तब अहमदाबाद नगरपालिका के अध्यक्ष थे। उन्होंने नगर का भ्रमण कर बाढ़ग्रस्त लोगों की सहायता की और बाढ़ सहायता कोष बनाया, जिसमें लोगों ने हस्तमुक्त होकर सहयोग किया। वे न सिर्फ अहमदाबाद में हुई विनाश-लीला से दुःखी थे, वरन् उस समय की संपूर्ण गुजरात की स्थिति से परेशान थे। अतः उन्होंने अपने बड़े भाई विट्ठलभाई दादूभाई को गुजरात की स्थिति के संबंध में पत्र लिखा। सूचना मिलने पर वे गुजरात आए और गुजरात का दौरा किया तथा गुजरात की जनत की दुर्दशा देखकर उस समय के वाइसराय लॉर्ड इरविन को पत्र लिखा। उनके अनुरोध पर लॉर्ड इरविन अहमदाबाद आए और नगर का दौरा किया। उन्होंने वल्लभभाई के प्रभाव और प्रयत्नों से गुजरात के बाढ़ग्रस्त मकानों को पुनः बनाने और बाढ़ पीड़ितों के पुनर्वास के लिए एक करोड़ रुपए की सहायता की। सरकार ने बाढ़ के संकट के समय में वल्लभभाई

पटेल द्वारा किए गए सहायता कार्यों और प्रयत्नों की अत्यंत प्रशंसा की और मानवता का सच्चा सेवक मानकर उनका सम्मान किया।

एकता, समता और शुचिता के पक्षधर

वे राष्ट्र की एकता, समता और शुचिता के पक्षधर थे। जैसाकि पहले उल्लेख किया गया है, सरदार पटेल दक्षिणी भारत में ब्राह्मण और गैर-ब्राह्मणें के पारस्परिक वैमनस्य, ईर्ष्या-द्वेष और विवादों से बहुत दु:खी थे। जब वे चक्रवर्ती राजगोपालाचारी के निमंत्रण पर तमिलनाडु गए तो उन्होंने दोनों वर्गों को समझाते हुए कहा, ''आप ब्राह्मणों के प्रति इतना द्वेष-भाव क्यों रखते हैं? आखिर उन्होंने आपका क्या बिगाड़ा है? क्या आप जानते हैं कि उन गैर जातवाले अंग्रेजों ने ब्राह्मणों और आप दोनों को कितनी हानि पहुँचाई है? पाँच हजार मील दूर से आकर वे लोग आप पर शासन कर रहे हैं। वे विजातीय हैं। फिर भी ब्राह्मणों और आप दोनों उनकी इस तरह पूजा करते हैं, मानो वे सच्चे ब्राह्मण हों! अगर यह मान भी लें कि ब्राह्मणों ने आपको हानि पहुँचाई है, तो भी उनके जितनी तो नहीं। ब्राह्मण ऊँचे कैसे हैं? सबसे ऊँचा तो वह है, जो अन्न उपजाकर दूसरों को भोजन देता है। फिर आप ब्राह्मणों को ऊँचा और खुद को नीचा कैसे समझते हैं?'' (लौहपुरुष सरदार वल्लभभाई पटेल, पृष्ठ ६७)।

उन्होंने देश के लोगों को भारतीय संस्कृति के महत्त्व को समझाते हुए कहा कि अपनी संस्थाओं सहित यह देश अपने निवासियों की एक विरासत है, जिस पर गर्व किया जा सकता है। यहाँ के सभी लोग एक ही संस्कृति के अनुपालक और पुजारी हैं।

उन्होंने चरित्र की शुचिता पर बल देते हुए युवकों से अपने दोषों की समीक्षा करने और अपने अंदर से अवगुण निकालने और आत्म-त्याग की भावना को जाग्रत् करने के लिए कहा, ''यदि हमें न्याय प्राप्त करना हो और आजादी लेनी हो, तो अपने खुद के दोष देखना और उन्हें सुधारना, सहनशीलता, आत्म-श्रद्धा और धैर्य रखना, त्याग करना; गरज यह कि जिनसे हमें न्याय लेना है, उनके दोष देखने के बजाय उनके बड़े गुणों और चरित्र का अनुकरण करना सीखना चाहिए।'' (सरदार पटेल के भाषण, पृष्ठ २२)

उन्हें यह अच्छी प्रकार से ज्ञात था कि भारत के लोगों के स्वार्थ और महत्त्वाकांक्षाओं ने न केवल समाज की समरसता एवं एकता को खंडित किया है, बल्कि देश को परतंत्रता की बेड़ी में जकड़ दिया। अत: उन्होंने आत्म-त्याग करने के लिए देशवासियों को प्रेरित किया तथा सुदृढ लोकतंत्र के लिए इसे आवश्यक बताया—''हममें आत्म-त्याग की भावना न हो, हम निजी महत्त्वाकांक्षाओं को देशव्यापी हित के सामने गौण समझने को तैयार न हों। हमारा धारासभाओं में जाना बेकार है। अगर हम ऊँचे दरजे की हिम्मत, ऊँचे प्रकार की शक्ति और ऊँचे दरजे के बलिदान की भावना नहीं दिखा सकते,

तो हम देश के साथ और हमें मत देनेवाले लोगों के साथ क्या न्याय करेंगे?'' (सरदार पटेल के भाषण, पृष्ठ ३२९)

इसके साथ उन्होंने अहिंसा, साहस, अनुशासन, आत्मबल, आदर, आलस्य, त्याग, उत्साह, कर्तव्यनिष्ठा, श्रमनिष्ठा, स्वावलंबन, दया, नम्रता, प्रेम, मैत्री, लोकसेवा, आदि जीवन-मूल्यों के प्रति नैष्ठिक भाव जाग्रत् करने के लिए समय-समय पर देशवासियों को प्रेरित किया। वे ऐसी शिक्षा के पक्षधर थे, जो केवल लड़कों को ही नहीं, लड़कियों को भी मधुर आचार-विचार में विनयशील और विवेकशील बनाए। वे चारित्रिक विकास को अधिक महत्त्व देते थे। उन्होंने बुद्धिजीवियों को संदेश देते हुए कहा कि पुस्तकीय ज्ञान से अधिक महत्त्वपूर्ण चरित्रवान् और उद्यमी होना है—''तुम एक भी पुस्तक न पढ़ो तो काम चल सकता है। चरित्र का विकास होगा, तो बुद्धि का विकास तो हो ही जाएगा। पुस्तकें पढ़नेवाले हमेशा सद्चरित्र होते हैं, सो बात नहीं है। विद्या-विलासियों में चरित्रवान् भी होते हैं और भोग-विलासी भी होते हैं, ऐसा मेरा अनुभव है। चरित्र-शुद्धि कठिन काम है। मगर उद्यमी जीवन बितानेवाले को चरित्र-भंग करने के अवसर कम आते हैं।'' (सरदार पटेल के भाषण, पृष्ठ २१४)

इस प्रकार सरदार वल्लभभाई पटेल भारतीयों में उदात्त जीवन-मूल्यों के उत्कर्ष और आचरण की शुद्धि परम आवश्यक मानते थे। इन्हीं जीवन-मूल्यों के आधार पर वे राष्ट्र के युग-परिवर्तन के नायक के रूप में प्रतिष्ठित हुए। इन्हीं मूल्यों के बल पर भारत की ५६२ छोटी-छोटी रियासतों को भारतीय संघ में विलय करने में सफल हुए और 'लौहपुरुष' कहलाए। अपनी राजनीतिक दक्षता, कौशल और इच्छाशक्ति से भारत को नई पहचान तथा दिशा दी। उनका राष्ट्र को समर्पित जीवन-आदर्श सदैव भारतीयों को प्रेरणा देता रहेगा। देशवासी उनका युगों-युगों तक एक युगपुरुष के रूप में वंदन करते रहेंगे।

□

बहुमुखी व्यक्तित्व के धनी : सरदार वल्लभभाई पटेल

—डॉ. राजेंद्र टोकी

सरदार वल्लभभाई पटेल का व्यक्तित्व अत्यंत विराट् था, जिसके कारण उनको चंद सफहों में समेट पाना संभव नहीं है। पटेल का व्यक्तित्व इतना बहुआयामी था कि जो भी उनके संपर्क में आया, उसने उनके व्यक्तित्व की कोई-न-कोई छवि अवश्य देखी। पंडित जवाहरलाल नेहरू ने उन्हें 'राष्ट्रीय एकता के शिल्पी' कहा तो महात्मा गांधी ने उन्हें 'सरदार' कहकर पुकारा। बी. शंकर उन्हें 'यथार्थवादी' मानते हैं, जबकि मौलाना अब्दुल कलाम उन्हें 'एक निर्भीक और उत्साही सोनापति' मानते हैं। श्रीमन्नारायण अग्रवाल की दृष्टि में वे 'शक्ति स्तंभ' हैं, बाबूभाई जे. पटेल उन्हें 'लौहपुरुष' पाते हैं। दिग्विजय सिंह उनको 'महान् सेनानी' मानते हैं। चमनलाल बी. पारिख उन्हें निर्भीक और सतनुगामी मानते हैं, तो कैलाशनाथ काटजू पटेल को 'अद्वितीय कोटि के बुद्धिमान एवं जनसेवक' पाते हैं। लॉर्ड मांउट बैटन उन्हें 'सच्चा मित्र और मावनता के प्रतीक' मानते हैं। ऐसे ढेरों लोगों के दृष्टिकोण सरदार पटेल के बारे में उद्धृत किए जा सकते हैं, लेकिन फिर भी उनके व्यक्तित्व का पूरा आकलन नहीं हो सकता। फिर भी उनके व्यक्तित्व के चंद पक्षों को यहाँ उद्घाटित करने का प्रयत्न है।

गुजरात के करमसद गाँव में पले-बढ़े पटेल एक सफल वकील थे। अपनी वकालत प्रारंभ करते समय उनके पास विद्या और योग्यता के सिवाय कुछ नहीं था। कर्ज से बरतन, फर्नीचर आदि लेकर अपनी दक्षता, तर्कपूर्ण बुद्धि, कार्यपटुता आदि के कारण दो वर्ष में ही उन्होंने गोधरा में पर्याप्त ख्याति अर्जित कर ली। यही नहीं, जहाँ शेष वकील ऑफिसरों और अधिकारियों की चाटुकारिता एवं जी-हुजूरी से अपनी आजीवका, प्रभाव और प्रतिष्ठा को आगे बढ़ाते थे, वहाँ पटेल ने अपनी स्वतंत्र चेतना, कार्य-योग्यता एवं वाक् पटुता के चलते अपनी साख-धाक जमाई। दो वर्ष बाद गोधरा

से बोरसद चले आने पर वे वहाँ भी शीघ्र ही प्रसिद्ध हो गए। उनकी प्रसिद्धि का इससे बड़ा प्रमाण और क्या हो सकता है कि उनके कारण खेड़ा आंदोलन के अभियुक्त छूटने लगे तो सरकार को परेशान होकर अदालत आणंद में ले जानी पड़ी! जब वल्लभभाई ने भी अपना डेरा आणंद में डाल दिया और स्थिति ज्यों-की त्यों रही, तो एक वर्ष बाद अदालत फिर बोरसद में आ गई। अपने फौजदारी मुकदमों की दक्षता के कारण वे लोगों के लिए 'देवदूत' सदृश थे। उनकी वकालत से संबंधित अनेक बातें प्रचलित हैं। यहाँ केवल दो घटनाओं का उल्लेख पर्याप्त होगा, जो उनके सफल वकील होने के साथ-साथ उनके साहस और निर्भीकता को भी प्रकट करती है।

खेड़ा को सरकार एक फौजीदारी अपराधों का जिला मानती थी। कानूनी मामलों में वे अगल-अलग मापदंड अपनाते थे। खेड़ा के अधिकांश फौजदारी मामले अहमदाबाद कोर्ट में होते और न्यायाधीश भी वहीं के होते। खेड़ा के केस न्यायाधीश विशेत्र सलाहकारों की सहायता से करते थे। यह एक बड़ा दुर्भाग्य था खेड़ा के लोगों के साथ, क्योंकि अधिकारियों के खेड़ा जिले के फौजदारी अपराधों का जिला होने का पूर्वग्रह दोषियों को न्यायाधीश के निर्णय के रूप में भोगना पड़ता।

एक कत्ल के मामले में दो भाइयों पर मुकदमा चला, जबकि उनके विरुद्ध प्रारंभिक प्रमाण तक नहीं थे। उनकी जमानत तक न हुई। मुकदमे के दौरान वल्लभभाई न्यायाधीश पर क्रोधित थे कि दोषियों को जमानत क्यों नहीं? पुलिस का तर्क था कि दोषियों ने प्रमाणों के साथ छेड़-छाड़ की है और वे खेड़ा से हैं, अतः खतरनाक हैं। वल्लभभाई ने मुकदमे के प्रारंभ में जमानत के लिए अरजी दी और कहा, "मुझे बेहद दुःख है कि खेड़ा के किसी दोषी का इस कोर्ट में निष्पक्ष मुकदमा नहीं होता। यदि उसके विरुद्ध प्रमाण हैं तो इस प्रमाण के आधार पर उसे दोषी मानो और यदि कोई प्रमाण नहीं हैं, तो भी उसे अपर्याप्त प्रमाणों के आधार पर दोषी मानें, क्योंकि वह खेड़ा का है, इसे बदल देना चाहिए। प्रमाण हो, चाहे न हो, लोग अपराधी समझे जाते हैं, दोषी अवश्य बंदी हो। इस कोर्ट का यही तर्क है। यदि ऐसा नहीं था तो मुझे समझ में नहीं आता कि इस केस में जमानत क्यों नहीं दी जाती, जबकि यहाँ प्रारंभिक प्रमाण तक दोषी होने का नहीं है?" सारे कोर्ट में वकीलों के सामने वल्लभभाई ने यह कहा। न्यायाधीश भी सामने के इस आक्रमण से भौचक्का हुआ। उसे भी बचाव पक्ष की सच्चाई की चेतना थी। कोर्ट ने कहा, "मि. पटेल आप निश्चित रूप से उत्तेजित स्थिति में थे, जब आपने कोर्ट पर इतना गंभीर आरोप लगाया है। हम रुख्सत होते हैं और आधे घंटे के बाद मिलते हैं।"

न्यायाधीश अपने कमरे में गया और उसी समय जमानत का हुक्म दे दिया, जिससे वह कुछ समय पूर्व इनकार कर चुका था। कहने की आवश्यकता नहीं कि वह

मुकदमा दोषी की रिहाई पर समाप्त हुआ। इस प्रकार वल्लभभाई ने अपनी निर्भीकता और साहस का परिचय दिया, जो उनके सफल वकील होने का प्रमाण तो है ही, यह भावी राजनीतिक जीवन में एक महत्त्वपूर्ण गुण बनकर भी उभरा।

दूसरी घटना का उल्लेख सेठ गोविंद दास ने पटेल साहब की जीवनी में अपने विशिष्ट अंदाज में किया है—"यह मामला रेलवे पुलिस इंस्पेक्टर का था। संयोग से वे वल्लभभाई के मित्र थे। उनकी अपने ऊपर के अधिकारी के साथ, जो सुपरिंटेंडेंट था, नाइत्तफाकी थी। सुपरिंटेंडेंट ने उस इंस्पेक्टर को एक नाचीज मामले में फँसाकर उसे बहुत बड़ा रूप दे दिया। रेल के डिब्बे से लगभग एक रुपए की कीमत की जलाऊ लकड़ी अपने नौकर से चोरी कराने का इलजाम लगाकर इंस्पेक्टर को कैद करवा दिया। सुपरिंटेंडेंट बहुत प्रभावशाली अंग्रेज था। उसका भाई बंबई सरकार में होम मेंबर था। इन दिनों रेलवे में इस तरह की छोटी-बड़ी चोरी-डाके की वरदातें बहुत होती थीं। इसी बहाने इस तुच्छ मामले को बहुत बड़ा रूप दे दिया गया और यह बताकर कि अभियुक्त प्रभावशाली है, मुकदमा चलाने के लिए एक विशेष मजिस्ट्रेट की नियुक्ति कराई गई। मामला खेड़ा जिले में चलने वाला था, किंतु अहमदाबाद के सरकारी वकील को उसकी पैरवी के लिए खास तौर पर रखा गया। मामला अदालत में भेजने से पहले सारी जाँच उस सुपरिंटेंडेंट ने स्वयं की थी। ऐसे मामलों में आम तौर पर अभियुक्त को पहले भी कभी सजा हुई है, इस प्रश्न पर पुलिस बहुत गौर करती है, और यदि कोई सुराग मिल जाए तो अभियुक्त सजायाफ्ता है, यह सिद्ध करने का पूरा-पूरा प्रयत्न करती है। अत: इस मामले में भी सुपरिंटेंडेंट यह जानकारी प्राप्त करने के लिए भरपूर प्रयत्न में जुट गया। इंस्पेक्टर को जब यह बात मालूम हुई कि सुपरिंटेंडेंट उसे सजायाफ्ता सिद्ध करना चाहता है, तो उसने वल्लभभाई को यह जानकारी दी और वल्लभभाई की सलाह से स्वयं भी सुपरिंटेंडेंट के पास जाकर कह दिया, "आप फिजूल इतने परेशान हो रहे हैं। मैं खुद स्वीकार करता हूँ कि मुझे पहले एक बार नौ महीने की सजा हुई थी और सारे समय एकांत कैद में रखा गया था। परंतु इस बात को तो बहुत समय हो गया। तीस बरस पहले यह सजा भुगती थी, इसलिए उसका कोई महत्त्व नहीं हो सकता।"

यह हकीकत सुपरिंटेंडेंट ने चार्जशीट पर दर्ज दी और मुकदमा अदालत में भेज दिया। जब मामला पेश हुआ, तब सरदार बीमार थे। इसलिए अभियुक्त की ओर से पैरवी करने के लिए उनके बजाय विट्ठलभाई गए। सरकारी वकील के साथ उनकी खूब झड़पें हुईं और तकरार हो गई। जैसा प्राय: तय था, उसी के अनुसार मजिस्ट्रेट ने अभियुक्त को अपराधी ठहराकर छह मास की सख्त कैद की सजा दे दी और फैसले में विट्ठल भाई के विरुद्ध कड़ी आलोचना की। बाद में मुकदमे की अपील वल्लभभाई ने अहमदाबाद के सेशन कोर्ट में कराई। अभियुक्त को जमानत पर छोड़ने की दरख्वास्त

देने के लिए वहाँ के एक मशहूर बैरिस्टर को रखा गया। सरकार की ओर से जमानत पर छोड़ने का कड़ा विरोध किया गया और सरकारी वकील ने मामले के महत्त्व पर खास जोर देकर जमानत की अरजी नामंजूर करा दी। अत: वल्लभभाई ने अपील की सुनवाई तुरंत ही करने की माँग की, जो मंजूर हो गई और दो-तीन दिन में मामले की सुनवाई के लिए पेशी भी मुकर्रर हो गई। ऐसे मामले कठिनाई से पकड़े जाते हैं। अभियुक्त स्वयं चोरों को पकड़नेवाला पुलिस का अफसर है, इस बात पर जोर देकर मामला बहुत कमजोर होने पर भी सरकारी वकील जोश के साथ बहस करते थे। सफाई के वकील सिर्फ यह दलील देते थे कि जब तक जुर्म साबित न हो जाए, तब तक इस बात पर ध्यान नहीं दिया जा सकता कि अभियुक्त कौन है? न्यायाधीश अनिर्णीत अवस्था में घिरा हुआ था। सरकारी वकील ने एक और दलील दी कि अभियुक्त पहले नौ मास की सजा भुगत चुका है, अत: यह बात भी ध्यान में रखी जाए। यह कहकर प्रमाण-रूप में उसने चार्जशीट पर किया हुआ इस बात का उल्लेख जज को बताया।

यह सुनते ही सफाई के बैरिस्टर तो स्तब्ध हो गए और जज ने इसका जवाब माँगा तो वे वल्लभभाई पर बहुत नाराज हुए और कहने लगे कि यदि इस बात की मुझे पहले ही जानकारी दे दी होती, तो मैं अपील न करने की सलाह देता। यह कहकर वे बैठ गए। अभियुक्त का भविष्य तराजू पर रखा था। मामला रस्साकसी का होने के कारण सारी अदालत खचाखच भर गई थी। उस वक्त वल्लभभाई ने खड़े होकर अदालत से प्रार्थना की कि अभियुक्त को पहले सजा होने का सबूत हमें दिखाया जाए। जज ने वह उल्लेख वल्लभभाई को दिखाने का हुक्म दिया। सरकारी वकील क्रुद्ध होकर तर्क करने लगे कि अभियुक्त ने स्वयं स्वीकार किया है कि उसे पहले एक बार नौ महीने की सजा हो चुकी है और उस उल्लेख पर अभियुक्त के स्वयं हस्ताक्षर भी हैं, फिर और क्या सबूत चाहिए? वल्लभभाई ने स्वयं वह उल्लेख देखकर जज को बताया। उसमें लिखा था कि तीस साल पहले मुलजिम को नौ महीने की एकांत जेल की सख्त सजा हुई थी। इसके बाद वल्लभभाई ने चार्जशीट में अभियुक्त की उम्र तीस वर्ष की लिखी हुई थी, उसकी तरफ अदालत का ध्यान खींचा। अदालत में बैठे हुए सब लोग ठहाका मारकर हँस पड़े। सरकारी वकील का चेहरा फक पड़ गया। फिर वल्लभभाई ने अपना सपाटा चलाया कि जाँच करनेवाले सुपरिंटेंडेंट में कितनी बुद्धि होनी चाहिए! और ऐसी बातों पर जोर देनेवाले सरकारी वकील को खास तौर पर अहमदाबाद से बुलवाकर सरकार का व्यर्थ खर्च-खराबा कराने वाले और ऐसे तुच्छ मामले को अनुचित महत्त्व देकर विशेष मजिस्ट्रेट नियुक्त करानेवाले सभी अधिकारियों पर कठोर प्रहार करके विट्ठल भाई पर की गई आलोचनाएँ रद्द करने और अभियुक्त को निर्दोष करार देकर छोड़ देने के लिए, मजेदार पर जोरदार बहस की। अभियुक्त छूट गया। विट्ठल भाई पर

की गई आलोचनाएँ रद्द की गईं तथा उल्टे सुपरिंटेंडेंट की सख्त आलोचना हुई, जिसके कारण उसे इस्तीफा देना पड़ा।''

वल्लभभाई के व्यक्तित्व में जोखिम उठाने का साहस तथा विपरीत परिस्थितियों में भी डटे रहने के गुण विद्यमान थे। अपने बड़े भाई को अपनी जगह बैरिस्टरी की डिग्री लेने के लिए भेजने की घटना, जहाँ उनकी बड़े भाई के लिए सम्मान भावना को प्रकट करती है, वहाँ उनकी जोखिम उठाने की प्रवृत्ति को भी प्रकट करती है, क्योंकि बड़े भाई के लौट आने पर भी वे जा पाएँगे यह डिग्री लेने या नहीं, कहा नहीं जा सकता था। यही नहीं, बड़े भाई के जाने पर अपनी भाभी, काशी भाई और भावज, जो उनके बड़े भाई के यहाँ रहते थे, को भी अपने यहाँ बुला लिया। उनकी भाभी जब फिजूलखर्ची करने लगीं, उन्होंने इसको भी बरदाश्त किया। देवरानी-जेठानी में जब रोज झगड़ा होने लगा तो उन्होंने अपनी पत्नी को पीहर भेज दिया। इस प्रकार परिवार के बढ़े खर्चे के बोझ को उठाने, पत्नी को पीहर भेजने और बड़े भाई को खर्च भेजने की व्यवस्था के साथ-साथ अपनी वकालत का काम भी बड़े मनोयोग से करते रहे।

वल्लभभाई के विपरीत परिस्थितियों में भी स्थिर रहने का एक महत्त्वपूर्ण उदाहरण उल्लेखनीय है। विट्ठलभाई सन् १९०८ में बैरिस्टरी की डिग्री लेकर बंबई में अपनी वकालत करने लगे थे। तभी वल्लभभाई पटेल की पत्नी बीमार पड़ीं। विट्ठल भाई उन्हें बंबई के अस्पताल में ले गए। झावेरबा को अँतड़ियों का रोग था। डॉक्टर ने पंद्रह दिन बाद ऑपरेशन की बात कही वल्लभ भाई ऑपरेशन के निश्चय पर बुला लेने की बात कहकर आणंद लौट आए, क्योंकि एक महत्त्वपूर्ण मुकदमें में उनका पेश होना जरूरी था। डॉक्टर ने तार से ऑपरेशन की सूचना दी, मगर दूसरे ही दिन उनकी तबीयत बिगड़ी और उनका निधन हो गया। जिस समय वल्लभभाई को इस अत्यंत दु:खद घटना का तार मिला, वे हत्या के एक ऐसे मुकदमे की पैरवी कर रहे थे, जहाँ स्थिति निर्णायक होने वाली थी। हत्या का मुकदमा, एक ऐसे गवाह से जिरह, जिससे सावधानी से जिरह न करने पर अभियुक्त को फाँसी की सजा, तिस पर पत्नी की मृत्यु का अप्रत्याशित आघात! धैर्य और दृढता का परिचय देते हुए उन्होंने बड़े मनोयोग से अपना काम निपटाया और बाद में सबको यह दारुण समाचार सुनाया। तैंतीस वर्ष की आयु में अपनी पत्नी का सदा का वियोग जिस धैर्य और साहस से उन्होंने सहा, विपरीत परिस्थिति में भी वे जिस दृढता के साथ खड़े रहे, यह उनके विलक्षण व्यक्तित्व का ही प्रमाण है।

उनके साहस का एक और उदाहरण देना यहाँ समीचीन होगा। बैरिस्टरी के लिए वे सन् १९१० में लंदन गए वहीं उनके पैर में नहरुआ का रोग हुआ। नहरुआ बहुत पतला तथा बहुत लंबा एक कीड़ा होता है, जो शरीर में अंदर घुसता जाता है। इसे ऑपरेशन से निकालने के लिए वे एक नर्सिंग होम में दाखिल हुए। दो बार ऑपरेशन के

असफल रहने पर जब तीसरी बार ऑपरेशन करवाया तो वल्लभभाई ने यह ऑपरेशन बिना क्लोरोफार्म के करवाया और सिसकी तक न ली। डॉक्टर ने भी हैरान होकर कहा, ''ऐसा साहसी रोगी हमने पहली बार देखा है।'' बहरहाल यह ऑपरेशन सफल रहा।

वल्लभभाई में निस्स्वार्थ सेवा भावना और तत्परता के गुण भी विद्यमान थे। इसके उदाहरण प्रस्तुत किए जा सकते हैं। गोधरा में प्लेग फैला तो अदालत के नाजिर के बेटे की सेवा-शुश्रूषा की और स्वयं इसकी चपेट में आ गए। नाडियाद जाकर वे अच्छे हुए। सन् १९१७ में जब अहमदाबाद में प्लेग फैला तो म्यूनिसिपैलिटी के सैनिटरी कमेटी के चेयरमैन होते हुए उन्होंने तत्परता से सारे नगर के लोगों को निकालकर जंगलों में बसाया और उनकी प्राण-रक्षा की। वे यह सारा कार्य अपने निरीक्षण में बिना किसी भय के अहमदाबाद में रहकर करवाते रहे। सन् १९१८ में जब अहमदाबाद में इन्फ्लुएंजा फैला, तब उन्होंने घर-घर इन्फ्लुएंजा मिक्स्चर निशुल्क बँटवाया। इस प्रकार वे जनता के श्रद्धा भाजन बन गए। सन् १९२७ में जब गुजरात में भयंकर बाढ़ आई, तब वल्लभभाई ने अहमदाबाद ही नहीं, गुजरात के सुदूर गाँवों में अपने सहकर्मियों के साथ घूमकर दिन-रात एक कर दिया। अहमदाबाद म्यूनिसिपैलिटी के चेयरमैन के नाते उनसे जो तात्कालिक सेवा और सहायता हो सकती थी, उन्होंने दी। उल्लेखनीय है कि ऐसा जल-प्लावन पहले कभी नहीं हुआ था, और न ही ऐसा व्यवस्थित और व्यापक पैमाने पर राहत कार्य ही पहले हुआ था। वल्लभभाई के योग्यतम और निस्स्वार्थ सेवाभाव को उस समय समूचे देश ने सराहा था। राष्ट्र-निर्माण का गुरुतम दायित्व पटेल की इसी निस्स्वार्थ सेवा का ही परिणाम था। समूचे देश को स्वतंत्रता के बाद एक सूत्र में पिरोनेवाले भी पटेल ही थे। संभवतः इसलिए एस. रामकृष्णन वल्लभभाई पटेल को एक 'निष्काम कर्मयोगी' मानते हैं, क्योंकि राष्ट्र-निर्माण का जो कार्य उन्होंने किया, वह इतिहास में अन्यतम है। वी.पी. मेनन भी उन्हें इसी 'कर्मयोगी' के नाम से अभिहित करते हैं और कहते हैं, ''सरदार श्रेष्ठतम में भी श्रेष्ठ थे, क्योंकि वे अपने पीछे एक शक्तिशाली, संगठित और स्थायी भारत को देखना चाहते थे। अपने इस कर्तव्य को उन्होंने बिना किसी सम्मान की चाह के एक सच्चे कर्मयोगी की भाँति पूरा किया। ऐसा करके वे समय की रेत पर अपने अमिट पद-चिह्न छोड़ गए हैं।''

मणिबेन पटेल ने उनके व्यक्तित्व के सर्वाधिक महत्त्वपूर्ण पक्ष पर प्रकाश डालते हुए लिखा है—''युवावस्था के प्रारंभ में ही उन्होंने नेतृत्व और अनुशासन के गुणों का विकास किया था। बाद के जीवन में इन्हीं गुणों ने कार्य के लिए लोगों का एक बड़ा संगठन तैयार कर लिया था। बारदोली आंदोलन से पहले गुजरात से बाहर शायद ही उन्हें कोई जानता हो। गांधीजी की सन् १९२२ की छह वर्षीय जेल से पहले वे गुजरात से बाहर नहीं गए।

वी.पी. मेनन ने उनके नेतृत्व के एक महत्त्वपूर्ण गुण पर प्रकाश डालते हुए कहा, ''नेतृत्व दो प्रकार का होता है—एक नेता नेपोलियन जैसा होता है, जो नीति और उसके विस्तार दोनों में दक्ष होता है। उसे केवल अपने आज्ञापालन के लिए साधन चाहिए। ऐसे 'सुपरमैन' रोज पैदा नहीं होते। सरदार का नेतृत्व दूसरे ढंग का था। वे सावधानी से अपने अधिकारी चुनते थे और उन्हें अपनी नीति को लागू करने के लिए बिना किसी बाधा के छोड़ देते थे। वे कभी यह प्रदर्शित नहीं करते थे कि वे संसार में सबकुछ जानते हैं। वे अपने अधिकारियों से पूरे एवं खुले परामर्श के बिना कोई नीति लागू नहीं करते थे। यह परामर्श उन्हें और उनके अधिकारियों के लिए लाभप्रद होता था।''

वल्लभभाई पटेल का सर्वाधिक महत्त्वपूर्ण और चर्चित गुण था, उनकी दायित्व और नेतृत्व की अद्‍भुत क्षमता, जिसका गुणगान आज सारा भारत करता है। ये दोनों गुण अन्योन्याश्रित हैं। पटेल में दायित्व की भावना शुरू से ही थी। बेगार विरोधी आंदोलन जब चला, तब उसे मूर्त रूप देने का दायित्व वल्लभभाई पर आया, जिसे उन्होंने बड़े उत्साह और लगन से अपनाया तथा परिणाम तक पहुँचाया। इसी ने वल्लभ भाई की निकटता गांधीजी से की और उनका राजनीतिक मार्ग प्रशस्त हुआ। अतिवृष्टि के कारण जब किसानों की विनष्ट हुई फसल के बावजूद लगान-वसूली का पालन कड़ाई से हुआ तो गांधीजी के आह्वान पर उनके साथ खेड़ा जानेवाले पहले व्यक्ति वल्लभभाई थे। गांधी के निर्दिष्ट कार्यक्रम को पूरा करने के लिए सन् १९१८ में उन्होंने गाँव-गाँव घूमकर अपढ़ किसानों में 'कर बंदी सत्याग्रह' का महत्त्व और उनका संदेश पहुँचाया। करबंदी का आंदोलन सरकार ने कुर्कियाँ करके दबाने की कोशिश की, मगर अंततः वल्लभभाई की विजय हुई और वे गांधीजी के हृदय में जा विराजे। इस सफलता के पूर्णाहुति समारोह में गांधीजी ने कहा, ''यदि मुझे वल्लभभाई न मिले होते तो जो काम हुआ है, वह न होता। यह वल्लभभाई के दायित्व, कार्य-कुशलता और नेतृत्व-कुशलता का ही परिणाम है।''

नागपुर कांग्रेस के बाद महासमिति की बैठक में 'तिलक स्वराज्य फंड' के लिए जब गुजरात के हिस्से दस लाख रुपए एकत्रित करना, तीन लाख सदस्य बनाना और एक लाख चरखे चालू करवाना आया तो वल्लभभाई ने इसी दायित्व और नेतृत्व-क्षमता का परिचय देते हुए अपने अनथक परिश्रम से दस के बजाय पंद्रह लाख रुपए ही एकत्रित नहीं किए, सदस्यों और चरखों का लक्ष्य भी प्राप्त करके दिखाया। गांधीजी के जेल चले जाने पर उनके एक सच्चे सेनापति की भाँति उन्होंने जिस उत्साह, लगन और निष्ठा से कांग्रेस की रचनात्मक प्रवृत्तियों, जिनमें, चरखा, खादी, स्वदेशी प्रचार, किसान संगठन और शिक्षा आदि प्रमुख थे, को जैसे आगे बढ़ाया, वह उनके नेतृत्व और संगठन शक्ति का ही परिणाम था। नागपुर का झंडा-सत्याग्रह, बोरसद तालुके से दंडस्वरूप दो

लाख चालीस हजार की कर-वसूली के विरुद्ध सत्याग्रह आंदोलन को वल्लभभाई इसी गुण के कारण, सरकार के हर प्रकार के अत्याचारों के बावजूद, सफलता दिला सके। इन सबका विस्तार से वर्णन करना यहाँ संभव नहीं है।

सन् १९२८ में बारदोली तालुके की जमाबंदी में लगभग ३० प्रतिशत का अन्यायपूर्ण और अवांछनीय लगान बढ़ा दिया गया। लोग सरकार के रवैए से तंग आ चुके थे। उन्होंने पुनः वल्लभभाई को पुकारा। वल्लभभाई ने अनिष्ट कारण, आशंकाओं और आने वाले कष्टों से लोगों को आगाह करके, सरकार के तोप, बंदूक और पशुबल के यथार्थ से सबको परिचित करवाकर सत्याग्रह का युद्ध प्रारंभ किया। सरकार के अत्याचारों के विरुद्ध वल्लभभाई के तीखे और तूफानी भाषण लोगों का हौसला बढ़ाते रहे। इस आंदोलन को गांधीजी के साथ-साथ देश का समर्थन मिलने लगा। समाचार-पत्रों में इस सत्याग्रह और वल्लभभाई के नेतृत्व की चर्चा होने लगी। वल्लभभाई के साहसी व्यक्तित्व, दिन-रात का परिश्रम और संगठन-शक्ति ने अपना रंग दिखाया और वे एक शक्तिशाली नेता के रूप में उभरे। सरकार का दमनचक्र रुकने का नाम नहीं ले रहा था। गवर्नर सर लेस्ली और ब्रिटिश संसद् में लॉर्ड विंस्टन के उत्तेजक और सरकार के समर्थन के भाषणों के बावजूद, कुर्कियों की तेजी के बावजूद लोग वल्लभभाई से जुड़े रहे। परिणामतः सरकार के पाँव उखड़े और उसे वल्लभभाई की सभी शर्तें माननी पड़ीं। इस प्रकार अक्तूबर १९२८ में वल्लभभाई को विजय प्राप्त हुई और उन्हें 'सरदार' की उपाधि मिली। इन आंदोलनों के बाद स्वाधीनता तक सभी आंदोलनों, कार्यक्रमों, कारावास, कष्ट सहन आदि में वल्लभभाई को ढूँढ़ न पाना, कठिन ही नहीं, असंभव है।

वल्लभभाई के व्यक्तित्व को एक श्रेष्ठ ऊँचाई प्रदान करनेवाला, यह दायित्व वहन करने और नेतृत्व का गुण उनके देश में स्वतंत्रता-प्राप्ति के बाद राष्ट्र-निर्माण के कार्य में दिखाई पड़ता है। अपनी सूझ-बूझ, चतुराई, कूटनीति और निपुणता, गहरे ज्ञान और उन्नत चरित्रबल से जिस प्रकार ५६२ देशी रियासतों, जो अंग्रेजी राज्य की सुदृढ चौकियाँ थीं और जिन्हें अंग्रेज स्वतंत्रता का दर्जा दे गए थे, एकत्रित करके, राजाओं को कुछ धनराशि देकर, भारत का हिस्सा बनाकर 'अखंड' राष्ट्र बनाया, वह आज भी सरदार पटेल की कीर्ति का आधार है। यह महत्त्वपूर्ण मगर उलझनों और जटिलताओं से भरा कार्य वल्लभभाई ने कैसे संपन्न किया, इसका अंकन करने के लिए एक पूरी पुस्तक अपेक्षित है। आचार्य विनोबा भावे ने ठीक ही कहा है, "पटेल के दो महत्त्वपूर्ण कार्यों ने उन्हें भारतीय इतिहास में अमर बना दिया—प्रथम बारडोली सत्याग्रह (१९२८) तथा द्वितीय देशी रियासतों का एकीकरण।" सरदार पटेल के इस दूसरे कार्य पर विस्तार से चर्चा की आवश्यकता है। संभवतः उनके इस विराट् व्यक्तित्व को देखकर ही मुबारक सिंह ने उन्हें 'रहस्य का समुद्र' कहकर पुकारा है।

डॉ. राधाकृष्णन ने उनके व्यक्तित्व के महत्त्वपूर्ण पक्ष पर प्रकाश डालते हुए लिखा है—''वह कम बोलते थे, किंतु जो कुछ भी वह बोलते थे, वह दृढ तथा असंदिग्ध ढंग का होता था। उनकी वाणी राष्ट्र की आवाज होती थी, जिसके संबंध में न तो कोई अशुद्धि कर सकता था और न भ्रांति हो सकती थी। वे कम बोलते थे, किंतु कार्य करने में दृढ थे।'' मुबारक सिंह इस बात को यों कहते हैं, ''वह बहुत कम शब्द बोलनेवाले व्यक्ति थे। वे कार्य में विश्वास करते थे, बातों में नहीं। उनके चेहरे से उनके घमंडी होने का निष्कर्ष निकालना गलत होगा। दूसरी ओर उनमें विनम्रता थी। म्यूनिसिपैलिटी का प्रधान होते हुए अहमदाबाद की गलियों को झाड़ू से साफ करने की कहानी इसका प्रमाण है।''

यही कारण है कि उनके भाषण संक्षिप्त होते थे और सीधे हृदय में उतरते थे। उनके शब्दों की ताकत अप्रतिरोध्य थी। आश्चर्य नहीं कि उनके श्रोता उनके लिए कुछ भी करने के लिए बँध जाते थे।

अल्पभाषी होने के कारण ही वह प्रवाह में बोलते थे, मगर भावना के साथ। बकौल के.एम. मुंशी—''उनकी भाषा श्रोताओं और अवसर के अनुकूल होती थी। वह गाँव के मुहावरे में बोल सकते थे। अगले ही पल वे साहित्यिक गुजराती में अपने वाक्यों को बदल लेते थे। उनके शब्द उनके हथियार थे, जो निशाना कभी नहीं चूकते थे।'' मुबारक सिंह की दृष्टि में व्यंग्य उनकी सबसे बड़ी शक्ति थी। फ्रैंक ऐंथनी ने भी उनके अल्पभाषी होने की बात को कुछ इस प्रकार व्यक्त किया है, ''अनावश्यक शब्द अथवा बहस कभी उनकी बुनावट का हिस्सा नहीं रहा।'' फ्रैंक ऐंथनी की दृष्टि में उनका सबसे बड़ा गुण, जिसके कारण वे सफल संगठनकर्ता और अनुशासनज्ञ रहे, उनकी मानव को पहचानने की विलक्षण पारखी दृष्टि थी। एक बार में वे व्यक्ति को पहचान लेते थे, जिसमें वे अधिक समय नहीं लेते थे, वह अपनी पहचान और निर्णय पर डटे रहते थे।'' आर.आर. दिवाकर तो इस संदर्भ में यहाँ तक कहते हैं कि सरदार मानव को परखने में चतुरतम थे, बाह्य कृति उन्हें भ्रमित नहीं कर सकती थी।

अल्पभाषी और संक्षिप्त भाषण देने के गुण के साथ-साथ उनमें एक और कीमती गुण था, जो प्राय: नेताओं में देखने को नहीं मिलता—उनकी स्पष्टवादिता। वे स्पष्ट वक्ता थे। आचार्य चंद्रशेखर शास्त्री इस संदर्भ में कहते हैं, ''स्पष्टवादिता यद्यपि गंभीरता और विवेक की कमी को सूचित करती है, किंतु वल्लभभाई इसके भी अपवाद थे। वैसे वे बोलते बहुत कम थे, किंतु जब बोलते थे तो हृदय खोलकर रख देते थे। नोआखाली कांड के पश्चात् 'मेरठ कांग्रेस' में दिया हुआ उनका भाषण इसका एक उदाहरण है। इस भाषण में उनकी स्पष्टवादिता पर कांग्रेसी मुसलमानों ने भी विरोध प्रकट किया था। ''… स्पष्टवादिता में एक बड़ा गुण है कि वह मनुष्य को ईर्ष्या, द्वेष और धोखे से मन-

ही-मन में बातें रखकर पिशाच होने से बचा लेती है। स्पष्टवादी के हृदय में तूफान आता है और चला जाता है, साथ ही उसके हृदय का मैल भी निकल जाता है। वह मन में ही पड़ा रहकर कीचड़, काई और सड़ाँध उत्पन्न नहीं करता। वस्तुत: ऐसा व्यक्ति यथार्थवादी होता है। वह सच को छुपा नहीं सकता।''

पटेल एक यथार्थवादी व्यक्ति थे। वे सदैव तथ्यों से समझौता करने और उनका सामना करने के लिए तैयार रहते थे। उनकी यही यथार्थ दृष्टि भारत के ५६२ देशी राज्यों को भारत में विलय करने में सक्षम रही।

जी.वी. मावलंकार ने पटेल के इस यथार्थवाद के साथ-साथ उनके एक अनछुए या कम वर्णित पक्ष पर भी प्रकाश डाला है। वे कहते हैं, ''वे प्रेम करनेवाले मित्र थे और सभी स्थितियों तथा हालातों में अपने साथियों एवं मित्रों के प्रति सच्चे रहने का दुर्लभ गुण रखते थे। वे अत्यंत नम्र और उदार हृदय थे, जिसे संभवत: उन्होंने अपनी कठोर और संयमित दृष्टि में छिपा रखा था।...जिन्हें वे विश्वासपात्र समझते थे, उनके सामने एक बच्चे की भाँति सरल और सहज विश्वासी थे। अपने मित्र के पक्ष में खड़ा होना वे सम्मान का विषय समझते थे।...वे सबकुछ मापते थे और अपना दृष्टिकोण तथा व्यवहार बदल लेते थे, उसे प्राप्त करने के लिए, जो देश के हित में हो। उनकी हाजिरजवाबी और हास्यपूर्णता उनका अपना गुण था। अत्यंत बुरी स्थिति में भी आप उनकी उपस्थिति में प्रसन्न रह सकते थे।

वल्लभभाई के इसी पक्ष पर प्रकाश डालते हुए सेठ गोविंदलाल ने लिखा है, ''उनका मजाक केवल मनबहलाव अथवा मनोरंजन के लिए नहीं होता था, अपितु उसमें भी एक मुद्दा रहता और मनोरंजन के इन क्षणों में भी उससे एक पल को भी उनकी दृष्टि नहीं हटती थी।'' वास्तव में पटेल का हास्य कोरा हास्य नहीं था, उसमें व्यंग्य की मात्रा रहती थी, जो उनके आक्रामक व्यक्तित्व के अनुरूप थी। उनके इस रूप के दो उदाहरण पर्याप्त होंगे—

''सरकार ने अपने एक आदेश द्वारा आम रास्तों के नजदीक या मुहल्लों में या सार्वजनिक स्थान पर ढोल वगैरह बजाने को जुर्म करार दे दिया था। इसी अरसे में वालोड़ में सरकारी थाने के सामने एक सभा हुई। वहाँ वल्लभभाई भाषण दे रहे थे। जब उनका भाषण समाप्त होने को आया, तब थाने में बंद कुर्क की हुई भैंसों की चिल्लाहट सुनाई देने लगी। वल्लभभाई तत्काल बोले, ''सुनो इन भैंसों की चीख! रिपोर्ट करो कि वालोड़ के थाने में भैंसें भाषण दे रही हैं! हमारे ढोल-नगाड़ों की आवाज से यह राज्य उलट रहा था, अब इन भैंसों की पुकार सुन लो! अगर अब तक तुम यह नहीं समझते कि यह राज्य कैसा है, तो ये भैंसें पुकार-पुकारकर तुमसे कह रही हैं, इस राज्य में इनसाफ मुँह छिपाकर भाग गया है।''

एकता-अखंडता की प्रतिमूर्ति

सरदार पटेल

२४ मार्च, १९६२ के अखबार में एक शीर्षक आया—'गांधीजी की रचनात्मक गफलतें', इस पर महादेव भाई ने बापू से पूछा—"रचनात्मक गफलत कैसी होती होगी?"

वल्लभभाई कहने लगे, "जैसे आज तुम्हारी दाल जल गई थी, वैसी।"

बापू खिलखिलाकर हँस पड़े। वास्तव में नया कुकर आया था। वल्लभभाई को अच्छी दाल नहीं मिली थी और आज अच्छी दाल मिलने की आशा थी। किंतु यहाँ तो प्रथम दिन ही दाल में पानी कम रहने और आँच अधिक होने के कारण दाल जल गई।

सरदार पटेल में एक ऐसा गुण भी था, जिसे आज के नेता बहुत बड़ा दोष मानते हैं, क्योंकि आज वे जिंदा ही इस तथाकथित गुण (वास्तव में दोष) के कारण हैं। यह दोष है आत्म-प्रदर्शन, आत्म-विज्ञापन। जब गुजरात में प्रलयंकारी बाढ़ आई और वल्लभभाई ने अपनी कार्यकुशलता, श्रेष्ठ नेतृत्व का परिचय दिया, तब सरकार के बाढ़ निवारण विशेष अधिकारी मि. गैरेट ने उनकी और उनके कार्यकर्ताओं को तमगे देने की बात की तो उनका स्पष्ट जवाब था—"मेरे साथी आपके तमगों से कोसों दूर भागनेवाले हैं। उन्हें सेवा-कार्य में ही आनंद आता है। उन्हें तो कीर्ति या विज्ञापन भी नहीं चाहिए।" उनके इस नायाब गुण पर प्रकाश डालते हुए आचार्य चंद्रशेखर शास्त्री ने लिखा है—"उन्हें आत्म-प्रदर्शन पसंद नहीं था, भले ही उससे अच्छा काम बनता हो। विज्ञापनबाजी भी उन्हें पसंद नहीं थी। और थी भी तो आवश्यकता भर, बहुत कम। उसमें भी व्यक्तित्व का विज्ञापन तो लेशमात्र भी नहीं। वे गरजनेवाले मेघ नहीं, वरन् बरसनेवाले धुआँधार मेघ थे। वे ठोस वीरता के पुजारी थे, लल्लो-चप्पो के शब्द उन्हें आकर्षित नहीं कर सकते थे।"

वल्लभभाई पटेल अनेक गुणों की खान थे। उन सभी का वर्णन एक लेख में संभव ही नहीं है। उनके व्यक्तित्व के अनेक पक्ष अभी पूर्णतया वर्णित नहीं हुए हैं। मसलन वे व्यक्तिगत उद्देश्य से किसी पर प्रहार नहीं करते थे, न शत्रु पर चोट करते थे। उनका मस्तिष्क इंडेक्स कार्डों जैसा था, तभी तो अवसरानुकूल उसी समय सटीक निर्णय ले लेना उनका महत्त्वपूर्ण गुण था।

ऐसा नहीं कि वल्लभभाई अपने प्रति सचेत नहीं थे। लोग उन्हें क्या समझते हैं, क्या कहते हैं, कैसे उनके वक्तव्यों को तोड़ा-मरोड़ा जाता है, इन सब बातों की जानकारी उन्हें थी। इस संबंध में उनके अपने वक्तव्य दृष्टव्य हैं—"लोग मुझे हर तरह के दोष लगाते हैं। उनका अपनी संपत्ति रखने के लिए मैं अवश्य स्वागत करूँगा। पर मुझे लोगों की दृष्टि में गिराने के लिए वास्तविक तथ्यों को क्यों गलत रूप दे दिया जाता है? मैं आपके सामने एक छोटा उदाहरण रखूँगा। उस दिन मैं कराची में था। मुझको पत्रों के संवाददाता मिले और उनमें से एक ने पूछा, 'क्या आप अपने को हिटलर की तरह

समझते हैं?' मैंने कहा, 'लोग मुझे क्या कहते हैं, इसकी कोई अहमियत नहीं है। चाहे वे मुझे हिटलर कहें, चाहे अति-हिटलर।' कई दिनों बाद मैंने इस बात का नतीजा देखा। मेरी कही हुई बात इस तरह फैलाई गई कि 'मैं न केवल हिटलर हूँ, बल्कि मैं एक अति-हिटलर हूँ'।''

''हाँ, मैं फासिस्ट कहलाता हूँ। मुझे यह मालूम है। पार्लियामेंटरी बोर्ड के अधिनायक की हैसियत से सार्वजनिक आक्रमण का लक्ष्य मैं ही हूँ। मुझको सब चीज समझाने दीजिए। मेरे हाथ में देश भर में चुनाव के लिए कांग्रेस के उम्मीदवारों को खड़ा करने की ताकत है और आप हर किसी को खुश नहीं कर सकते। एक आदमी को छाँटने के अकसर मानी हैं, कई आदमियों को अप्रसन्न करना। पर किसी-न-किसी को छाँटना पड़ता है और वह छाँटा जाता है। तब क्या होता है? वल्लभभाई ने यह कर दिया और वह कर दिया। वे फौरन दोषारोपण करने लगते हैं। परिणाम क्या होता है? वल्लभभाई के विरोधी गुट यहाँ-वहाँ और सब जगह बनने लगते हैं। इसको सौ गुना कर दीजिए और आपको सारे देश में वल्लभभाई की विरोधी भावना की एक लहर मिलती है। पर इसको रोका नहीं जा सकता।''

इन सब आलोचनाओं के बावजूद वल्लभभाई पटेल को आज भी यह देश स्मरण करता है, जवाहरलाल नेहरू और गांधी की तरह, तो केवल इसलिए कि वे सच्चे देशभक्त ही नहीं, वर्तमान भारत के निर्माता भी थे।

□

पसंद मेरी : जरूरत देश की

—डॉ. देवेंद्र दीपक

मैं ८० वर्ष पूरे कर चुका हूँ। विद्यार्थी जीवन से लेकर आज तक की सामाजिक और राजनैतिक उथल-पुथल मेरे सामने है। विद्यार्थी जीवन में भी सरदार पटेल मेरी पसंद थे। आज भी वे मेरी पसंद हैं। दसवीं कक्षा में संघ सत्याग्रह में जेल गया था। सहारनपुर और आगरा जेल में रहा। जेल से छूटा तो दसवीं की परीक्षा में जुट गया। मैंने विभाजन की विभीषिका देखी। गांधीजी की हत्या से पूर्व गांधीजी के प्रति देश की जनता में गहरा आक्रोश था।

सहारनपुर में इंटर की कक्षा में था। सिविक्स का पीरियड था। मास्टर केवल कृष्ण सिविक्स पढ़ा रहे थे। बीच में ही समाचार आया कि सरदार पटेल का निधन हो गया। मैं नहीं जानता कि क्या कारण था, लेकिन कक्षा में बैठे-बैठे रुलाई आ गई। स्वयं मास्टर साहब का चेहरा भी उदास हो गया। मास्टर केवल कृष्ण कांग्रेसी थे, लेकिन आदर्शवादी शिक्षक थे। वह दिन और मृत्यु का समाचार सुनकर आँखों का भर आना मुझे आज भी याद है। इतने समय तक कोई घटना यादों में यों ही तो नहीं टिकी रहती!

विद्या भारती की राष्ट्रीय सभा की बैठक गुजरात में करमसद में हुई। करमसद वल्लभभाई पटेल की जन्मभूमि है। वहाँ उनका एक स्मारक है—बहुत छोटे-छोटे कमरों का दुमंजिला भवन। भवन में सरदार पटेल से संबंधित बड़े-बड़े फोटो! मैं 'देवपुत्र' के संपादक श्री कृष्ण कुमार अष्ठाना और शिक्षाविद् डॉ. प्रेम भारती के साथ वहाँ गया। वहाँ की भूमि को प्रणाम किया। कुछ मिट्टी उठाकर माथे पर लगाई। स्मारक जैसा नहीं लगा। कोफ्त हुई।

ऐसे अनेक लोग हैं, जो गांधीजी के संपर्क में आए और उनकी काया ही पलट गई। ऐसे लोगों में सरदार वल्लभभाई पटेल भी थे। वैभव और विलास भरा जीवन था बैरिस्टर वल्लभभाई पटेल का, लेकिन बाद में वे एक साधारण व्यक्ति की तरह रहे। एक किसान, पटेल अपने विषय में लिखते हैं—''मैं किसान का लड़का हूँ। किसान की जबान

में मिठास नहीं होती। मेरी जीभ कुल्हाड़े जैसी है''मैं साफ बात पसंद करनेवाला हूँ।''

सरदार पटेल के इन शब्दों को सुनिए—''मैं किसानों को भिखारी बनते नहीं देखना चाहता। दूसरों की मेहरबानी से कुछ मिल जाए, उसे लेकर जीने की इच्छा की अपेक्षा अपने हक के लिए मर-मिटना मैं ज्यादा पंसद करता हूँ।''

विख्यात साहित्यकार, शिक्षाविद् एक संस्कृतकर्मी

सरदार पटेल बारदोली के किसान आंदोलन के प्रमुख थे। आंदोलन के प्रमुख होने के कारण वल्लभभाई 'सरदार' कहलाए।

किसान आज आत्महत्या कर रहे हैं। यह दुःखद है। इस विषय में समाज की उपेक्षा और भी दुःखद है। सरदार पूर्ण सिंह के ये शब्द याद आते हैं—'अन्न पैदा करने में किसान भी ब्रह्म के समान है। खेती उसके ईश्वीय प्रेम का केंद्र है। उसका सारा जीवन पत्ते-पत्ते में, फूल-फूल में बिखर रहा है।'' प्रेमचंद किसान को इस रूप में याद करते हैं—'वह परोपकारी है, त्यागी है, परिश्रमी है, किफायती है। दूरदर्शी है, हिम्मत का पूरा है। नीयत का साफ है। दिल का दयालु है, बात का सच्चा है, धर्मात्मा है, नशा नहीं करता। और क्या चाहिए?'

सरदार पटेल ने किसान को अपनी सोच के केंद्र में रखा। वे कहते हैं—''इस धरती पर अगर किसी को सीना तानकर चलने का अधिकार है, तो वह धरती से धन-धान्य पैदा करनेवाला किसान का ही है।'' किसान किन परिस्थिति में काम करता है, उसके विषय में सरदार पटेल कहते हैं—''किसान के बराबर सर्दी, गरमी, मेह और मच्छर-पिस्सू आदि का उपद्रव कौन सहन करता है?''जो किसान मूसलधार बरसात में काम करता है, कीचड़ में खेती करता है, मरखने बैलों से काम लेता है और सर्दी-गरमी सहता है, उसे डर किसका?''

हमारे आज के शासक-प्रशासक और योजनाकार सरदार पटेल के इस कथन पर ध्यान दें—''सारी दुनिया किसान के आधार पर टिकी हुई है। दुनिया के आधार किसान और मजदूर हैं। फिर भी सबसे ज्यादा जुल्म कोई सहता है, तो ये दोनों ही सहते हैं। क्योंकि ये दोनों बेजुबान होकर अत्याचार सहन करते हैं।'' सरदार पटेल की इस चुनौती और चेतावनी को भी सुनिए—

''किसान ही राज्य का पालनकर्ता है। ऐसे किसानों की बरबादी करनेवाला राज्य अनजाने ही राज्य की इमारत की जड़ें खोदता है।''

सरदार पटेल के इस निष्कर्ष को क्यों नहीं माना जाना चाहिए कि 'जहाँ किसान सुखी नहीं, वहाँ राज्य भी सुखी नहीं है और साहूकार भी सुखी नहीं है।' बहुत संभव है कि जब लालबहादुर शास्त्री ने 'जय जवान और जय किसान' का नारा दिया होगा, तब

उनके जेहन में यह सब रहा ही होगा।

चापलूस-चाटुकार सदा ही अधिसंख्यक रहे हैं। गांधी और पटेल दोनों ही इनसे बचने की सलाह देते रहे हैं। गांधी का अनुभव कहता है—'खुशामद और शुद्ध सेवा में उतना अंतर है, जो झूठ और सच में है।' सरदार पटेल अपने साथियों को सचेत करते हैं—'सभ्यता, शिष्टाचार और खुशामद में फर्क करने की आदत डालिए।' साथ ही यह भी कि 'जिन्हें खुशामद प्रिय होती है, उन्हें सच्ची-मीठी भाषा में बात कही जाए, तो भी कड़वी लगती है।' आज के सारे राजनीतिक परिदृश्य पर दृष्टि डालें, सभी राजनीतिक दलों की कार्य-प्रणाली को देखें, सामाजिक स्वैच्छिक संगठनों को देखें, हर जगह वफादार उपेक्षित हैं। उपेक्षित ही नहीं, अकसर लांछित भी।'

आज समाज में वाग्वीरों का वर्चस्व है। बातें बड़ी-बड़ी, लेकिन काम परिणाम के नाम पर शून्य! सरदार पटेल कहते हैं, अपने दीर्घाअनुभव के आधार पर कहते हैं—''मनुष्यों के दिल सुंदर व्याख्याओं से नहीं हिलाए जा सकते, और हिलाए जा सकते हों, तो भी क्षण भर के लिए ही। यदि हमें कोई बड़ा काम करना हो, तो करके ही दिखाना होगा।'' भारत का आधुनिक इतिहास इस बात का साक्षी है कि सरदार पटेल ने जिस काम को अपने हाथ में लिया, उसे पूरा किया। इसे लोक भाषा में कहते हैं—'बेल को मँडवा पर चढ़ाना'।

आज के राजनीतिक परिदृश्य में दिखाई देता है कि हमारे नेताओं में दो वृत्तियाँ प्रमुख हैं। पहली है, शीघ्र से शीघ्र सबकुछ पा लेना। दूसरी है, एक साथ दो-दो पालों पर निगाह रखना। इधर भी, उधर भी। सुबह इधर, शाम को उधर, दो घोड़ों की सवारी। अच्छा लगे या बुरा, सरदार पटेल का परामर्श है—'जो आदमी सीधा नेता बन जाता है, वह किसी-न-किसी दिन लुढ़क जाता है।' दो घोड़ों पर सवारी करनेवालों के लिए उनका कहना है, 'सच्ची बात यह है कि दो घोड़ों की सवारी नहीं हो सकती। एक घोड़े पर ही सवारी होगी। अपना घोड़ा पसंद कर लो।'

सरदार पटेल स्वतंत्रता आंदोलन में जन-जागरण के लिए अपने संबोधनों में भारतीय जनता को भारतीय जीवन-दर्शन की याद दिलाते थे। अपने एक संबोधन में वे कहते हैं—''यह शरीर मिट्टी का बना हुआ है, मिट्टी के पुतले की तरह टूट जाने वाला है। लाठियों से सिर के टुकड़े हो जाएँगे, मगर दिल के टुकड़े नहीं होंगे। आत्मा को गोली या लाठी नहीं मार सकती। दिल के भीतर की असली चीज को, आत्मा को कोई हथियार नहीं छू सकता।''

इसी बात को अन्यत्र विस्तार देते हुए सरदार कहते हैं—''प्राण लेने का अधिकार तो ईश्वर को है। सरकार की तोप-बंदूकें हमारा कुछ नहीं कर सकतीं।''

आज हम कहीं भी झुकने को तैयार हैं। कहीं भी सिजदा करने को तैयार रहते

हैं। सरदार पटेल की बात को मानना आप पर है, लेकिन पहले थोड़ा धैर्यपूर्वक ध्यान लगाकर सुन तो लीजिए—"भगवान् के आगे झुकना चाहिए, दूसरों के आगे नहीं झुकना चाहिए। हमारा सिर कभी न झुकनेवाला होना चाहिए। ऐसे अनझुके शीश जहाँ कहीं हैं, उनको मेरी वंदना!"

सरदार वल्लभभाई के बड़े भाई थे विट्ठलदास, दोनों बैरिस्टर, दोनों स्वतंत्रता संग्राम सेनानी। इन दोनों भाइयों के विषय में इंद्र विद्या वाचस्पति की टिप्पणियाँ हैं—"दोनों भाई एक ही मिट्टी के बने हुए थे। उनकी आँखों में तेज था और हृदय में निर्भीकता थी, जैसे समुद्र की ऊँची-से-ऊँची लहरें भी सह्याद्रि की चट्टानों को नहीं हिला सकतीं और टूटकर वापस चली जाती हैं, वैसे ही विरोधियों के बड़े-से-बड़े प्रहार उन दोनों वीर सहोदरों को दृढ निश्चय से नहीं डिगा सकते थे।"

सरदार वल्लभभाई ने अपनी काया-पलट की जानकारी देते हुए सन् १९२१ में अपने एक भाषण में कहा था—"मैं तब एक छैल-छबीला रसिक था। राजनीति में भाग लेने की अपेक्षा ताश खेलने को हजार गुना अच्छा समझता था। मुझे उन दिनों की प्रचलित मक्कारी और मसखरेपन की राजनीति से बहुत घृणा थी। सहसा इस क्षेत्र में गांधीजी प्रकट हुए। उन्होंने चमत्कार ही तो कर दिया। मेरी काया पलट दी।" वे एक साधारण किसान की तरह रहे।

पंडित जवाहरलाल नेहरू और सरदार पटेल अपनी वैचारिकी की परिधि में एक-दूसरे के पूरक थे और विरोधी भी। दोनों की पूरकता का एक प्रसंग है—सन् १९३७ के धारासभाओं के चुनाव। इस चुनाव में कांग्रेस को अच्छी सफलता मिली। मद्रास, युक्तप्रांत, मध्यप्रांत, बिहार और उड़ीसा में कांग्रेस बहुमत में आई। १,५८५ सीटों के लिए चुनाव लड़ा गया था। उनमें कांग्रेस ने ७१२ सीटें जीती थीं। इतिहासकारों ने इस जीत को बड़ी जीत माना था। इसका श्रेय नेहरू और पटेल की जोड़ी को था। इंद्र विद्याचस्पति 'भारतीय स्वाधीनता संग्राम का इतिहास' में लिखते है—"रणक्षेत्र में जोश दिलाने का श्रेय नेहरू को था, तो सेना-संचालन का श्रेय सरदार पटेल को था। यदि दोनों का यह श्रेयस्कर गठजोड़ न होता तो चुनाव युद्ध में इतनी सफलता संभव नहीं थी।" काशी नागरी प्रचारिणी सभा के 'विश्वकोश' में लक्ष्मी शंकर व्यास सरदार पटेल संबंधी प्रविष्टि में लिखते हैं—"एक बार स्वर्गीय श्री जवाहर लाल ने उनके (पटेल) बारे में कहा था—वे युद्ध और शांति में समान रूप से हमारे नायक हैं।' आगे श्री व्यास फिर लिखते हैं—"वे तत्त्वतः एक सेनापति थे। परिस्थितियों की प्रतीक्षा न करके स्वयं उनका निर्माण कर लेने में विश्वास करते थे।"

भारतीय स्वतंत्रता संग्राम के इतिहास में कांग्रेस के लाहौर अधिवेशन (१९२९) का महत्त्वपूर्ण स्थान है। इस अधिवेशन के अध्यक्ष बने पंडित जवाहर लाल नेहरू।

अध्यक्ष पद के नेपथ्य की कहानी रोचक है। इंद्रविद्या वाचस्पति लिखते हैं—''उसके अध्यक्ष के चुनाव में तीन नाम आए थे। दस ने महात्मा गांधी के लिए, पाँच ने सरदार पटेल के लिए और तीन ने पंडित जवाहर लाल के लिए मत दिए थे। महात्माजी ने और सरदार पटेल ने अपने नाम वापस ले लिये। एक ही नाम शेष रह जाने से जवाहरलालजी अध्यक्ष निर्वाचित हो गए। महात्माजी और सरदार पटेल का नाम वापस लेना देश की बदली हुई परिस्थिति का सूचक था। पुरानी पीढ़ी नई पीढ़ी को रास्ता दे रही थी।'' इस कथन की अंतिम पंक्ति को रेखांकित करना चाहता हूँ कि पुरानी पीढ़ी नई पीढ़ी को जगह दे रही थी। उल्लेखनीय है कि जवाहरलाल नेहरू आयु में महात्मा गांधी से २० वर्ष और सरदार पटेल से १४ वर्ष छोटे थे।

सरदार पटेल ने कराची अधिवेशन में अध्यक्ष पद को सुशोभित किया। इस अधिवेशन में जो प्रस्ताव पास हुए, वे सरदार पटेल की राजनैतिक और सामाजिक वरीयताओं को प्रकट करते हैं। मन्मथनाथ गुप्त ने कांग्रेस के सौ वर्ष में पारित प्रस्तावों की चर्चा की है—''कांग्रेस ने अन्य अनेक प्रस्ताव पास किए, जिनमें सत्याग्रहियों को अभिनंदित किया गया, सांप्रदायिक दंगों की निंदा की गई, शराब बंदी की प्रशंसा की गई, खद्दर के प्रचार का समर्थन किया गया, शराब तथा विलायती कपड़ों की दुकानों पर शांति पूर्ण पिकेटिंग की सिफारिश की गई।''… कराची में मौलिक अधिकारों पर भी एक प्रस्ताव पास हुआ। प्रस्ताव की कुछ खूबियाँ थीं : किसी को खिताब नहीं दिया जाएगा, मृत्युदंड नहीं रहेगा, लगान घटाने का वादा किया गया, तय किया गया कि किसी सरकारी नौकर को ५०० रु. से अधिक तनख्वाह नहीं मिलेगी, विदेशी वस्तु तथा विदेशी सूत को देश से निकालने का वादा किया गया, कहा गया कि प्रधान उद्योग-धंधों पर, खानों, रेलों, मार्गों, जहाज तथा यातायात के अन्य सार्वजनिक साधनों पर राष्ट्र का कब्जा रहेगा, किसानों की कर्जदारी घटाने तथा प्रत्यक्ष या अप्रत्यक्ष सूदखोरी पर नियंत्रण करने का वादा किया गया तथा सब नागरिकों को सैनिक शिक्षा देने का वादा किया गया। इस सूची को विस्तार से यहाँ उल्लेख करने का आशय आज की कांग्रेस को शीशा दिखाना था। पुरानी कांग्रेस क्या सोचती थी! आज की अंग्रेज सरकार क्या कर रही है? प्रस्ताव के अंतिम बिंदु में 'सब नागरिकों को सैनिक शिक्षा दी जाए,' इस प्रस्ताव को जब-जब भी किसी ने उठाया, उसे भगवाकरण के नाम पर खारिज कर दिया गया। एक बार फिर प्रस्तावों की इस सूची को पढ़िए और आज के हालात पर अपना निजी स्वतंत्र अभिमत बनाइए।

सरदार पटेल कड़क थे। अपनी जगह पर स्थायी नहीं, स्थिर! लोक ने यों ही नहीं उन्हें 'लौहपुरुष' माना और कहा। लोक बड़े कठोर परीक्षण के बाद किसी को किसी ऐसी संज्ञा से विभूषित करता है। अपने कड़कपन और दो टूक बयानी के कारण

कभी उनको अपनी संस्था के लोगों ने 'फासिस्ट' कहा, लेकिन उन्होंने कभी इस बात की चिंता नहीं की।

सरदार पटेल में तथ्यों में निहित सत्य को पहचानने की अद्‌भुत शक्ति थी। यह सही है कि उन्होंने राष्ट्रीय स्वयंसेवक संघ पर प्रतिबंध लगाया, लेकिन यह भी सत्य है कि उन्होंने उस प्रतिबंध को हटाया भी।

सरदार पटेल धर्मनिरपेक्ष थे, लेकिन उनकी धर्मनिरपेक्षता नेहरूवादियों की धर्मनिरपेक्षता से भिन्न थी।* मैं यहाँ 'विश्वकोश' की लक्ष्मीशंकर व्यास की सरदार पटेल विषयक प्रविष्टि के इस वाक्य को उद्‌धृत करना चाहता हूँ—''वे कल्याणवादी या आदर्शवादी नहीं थे, वे हर वस्तु और परिस्थिति को उसके व्यावहारिक रूप से देखते थे।'' सरदार पटेल स्वतंत्रता आंदोलन में समय-समय पर नए-नए रूप में प्रकट होती मुसलिम मानसिकता के साक्षी थे। इन सब को याद रखते हुए ही वे अपनी धर्मनिरपेक्षता का स्वरूप और उसकी सीमा निर्धारित करते थे। नेहरू की तरह पटेल का सोच वायवी नहीं थी।

सरदार पटेल अलगाववादी मुसलिम प्रवृत्ति की ओर दुर्लक्ष्य करनेवालों में नहीं थे। २८ अगस्त, १९४७ को संविधान सभा में दिए गए उनके भाषण के कुछ अंश—''भारत का नया राष्ट्र किसी भी प्रकार की विध्वंसात्मक प्रवृत्तियों को सहन नहीं करेगा। यदि फिर वही अपनाया जाना है, जिसके कारण देश का विभाजन हुआ, तो जो लोग पुन: विभाजन करना चाहते हैं और फूट के बीज बोना चाहते हैं, उनके लिए यहाँ कोई स्थान नहीं होगा, कोई कोना नहीं होगा...किंतु मैं अब देखता हूँ कि उन्हीं युक्तियों को फिर अपनाया जा रहा है, जो उस समय अपनाई गई थीं, जब देश में पृथक् निर्वाचन-मंडलों की पद्धति लागू की गई थी। मुसलिम लीग के वक्ताओं की वाणी में प्रचुर मिठास होने पर भी अपनाए गए उपाय में विष की भी भरपूर मात्रा है। सबसे बाद के वक्ता (श्री नजीरुद्‌दीन अहमद) ने कहा, 'यदि हम छोटे भाई का संशोधन स्वीकार नहीं करेंगे तो हम उसके प्यार को गँवा देंगे।' संशोधन यह था कि यदि देश में स्थानों के आरक्षण वाली संयुक्त निर्वाचन पद्धति को अपनाया जाता तो आरक्षित स्थान से खड़े होने वाले प्रतिनिधियों को जीतने के लिए यह अनिवार्य होना चाहिए कि वे समुदाय के कम-से-कम ३० प्रतिशत मत प्राप्त करें। मैं उस स्थान को गँवाने के लिए तैयार हूँ, अन्यथा बड़े भाई की मृत्यु हो सकती है। आपको अपनी प्रवृत्ति में परिवर्तन करना चाहिए, स्वयं को बदली हुई परिस्थिति के अनुकूल ढालना चाहिए। यह बहाना बनाने से काम नहीं चलेगा कि 'मेरा आपसे घना प्यार है।' हमने आपका प्यार देख लिया है। अब

* उन्हें छद्‌म से चिढ़ थी। धर्मनिरपेक्षता की ओट में तुष्टीकरण उन्हें स्वीकार्य नहीं था। वे झाँसे में आनेवाले आदमी नहीं थे।

उसकी चर्चा छोड़िए। आइए, हम वास्तविकताओं का सामना करें। प्रश्न यह है कि आप वास्तव में हमसे सहयोग करना चाहते हैं या तोड़-फोड़ की चालें चलना चाहते हैं? मैं आपसे हृदय-परिवर्तन का अनुरोध करता हूँ। कोरी बातों से काम नहीं चलेगा, उससे कोई लाभ नहीं होगा। आप अपनी प्रवृत्ति पर फिर से विचार करें। यदि आप सोचते हैं कि इससे आपको लाभ होगा तो आप भूल कर रहे हैं। मेरा आपसे अनुरोध है कि बीती को बिसार दें, आगे की सुध लें। आपकी मनचाही वस्तु मिल गई है। और स्मरण रखिए, आप ही लोग पाकिस्तान के लिए उत्तरदायी हैं, पाकिस्तान वासी नहीं। आप लोग आंदोलन के अगुआ थे। अब आप क्या चाहते हैं? हम नहीं चाहते कि देश का पुनः विभाजन हो।''

इस उद्धरण पर किसी टिप्पणी की कोई आवश्यकता नहीं है। आवश्यकता इतनी भर है कि हमारे राजनेता और बुद्धिजीवी अल्पसंख्यकवाद पर विमर्श करने से पूर्व सरदार पटेल के भाषण के इस अंश को पढ़ें और इसमें निहित गूढार्थ को समझें। कोशिश होनी चाहिए कि अल्पसंख्यक के नाम पर विघटनकारी तत्त्व हमारे निर्णयों को प्रभावित न करें, कोई माने या न माने, लेकिन भारत की आम जनता में अवधारणा यही रही है कि काश! नेहरू का स्थान सरदार पटेल को मिला होता तो स्थिति कुछ और होती!

जिन स्थितियों में सरदार पटेल ने काम किया, जो चुनौतियाँ उनके सामने थीं, गृहमंत्री के नाते जो जटिल काम उन्हें करना था, वह सब सरदार पटेल ने पूरी तरह किया, अच्छी तरह किया। काम तो सब करते हैं, सरदार पटेल परिणाम देते हैं। गाल बजानेवाला आदमी मुझे पसंद नहीं है। ताल ठोंकनेवाला आदमी मुझे पसंद है। शायद जनता को भी यही पसंद है।

सरदार पटेल-पसंद मेरी, जरूरत देश जनता की।

आज देश को दूसरा सरदार चाहिए। मुझे कहना है—

'अंग्रेजों ने जाते समय
हमें स्वेच्छचारी रियासतें दी थीं,
सरदार पटेल ने
हमें देश दिया।'

□

गांधी का 'सरदार'–वल्लभभाई पटेल

—डॉ. उदय प्रताप सिंह

जातीय स्मृतियों में तिथियों और तवारीखों से अधिक महत्त्व चरित्रों को प्राप्त है। भारतीय चिंतन में इतिहास की कालबद्ध सीमाओं की अपेक्षा चरितनायकों के कर्म, चरित्र और स्वभाव को अधिक महत्त्व दिया गया है। जहाँ समय शाश्वत और परमसत्ता का बोधक है। नवक्षण, नवपल, नवदिन, नववर्ष, शताब्दी और युग हमें उत्साहित कर सकते हैं, सूचनात्मक ज्ञान दे सकते हैं, पर काल की विराटता में उनका हस्तक्षेप नहीं के बराबर है। सृष्टि का संचालन काल देवता ही करता है। वह सबको पराभूत करते हुए स्वयं अपराजेय है। तिथिबद्ध, कार्यकालबद्ध, राजा-महाराजा से जोड़कर उसके महत्त्व को कम आँकना है, उसकी निरंतरता को नजरंदाज करना है। काल की अखंड सत्ता को खंड-खंड कर देखना भी उसकी प्रकृति से अनभिज्ञ होना है। यही कारण है कि पुराण-इतिहास, पुराकथाएँ न तिथिबद्धता की मोहताज होती हैं, न तवारीखों की। भारतीय भूमि की यह विशेषता ही कही जाएगी कि कोई भी चरितनायक इतिहास से पुराण और पुराण से मिथ बनकर लोकमन में ऐसा घुल-मिल जाता है कि इतिहास की कालबद्ध रेखाएँ मिट-सी जाती हैं।

रामायण, महाभारत, पुराण और उपनिषदों की कथाएँ ऐतिहासिक साक्ष्य न प्रस्तुत करते हुए भी जीवंत हैं, प्रेरक हैं। साहित्य और शास्त्र का आधार भी बनी हुई हैं। स्वतंत्रता आंदोलन के संदर्भ में कतिपय चरितनायकों की छवि भी इसी प्रकार की दिखाई पड़ती है। तिलक, गोखले, गांधी, पटेल, भगत सिंह, चंद्रशेखर आजाद, सुखदेव, बिस्मिल, राजगुरु, सुभाषचंद्र बोस इसके आधुनिक दृष्टांत हैं। इनसे प्रेरणा लेनेवाला न इतिहास की परिधि में घूमता है, न किसी राजा के कार्यकाल से अपने को जोड़ता है। सिर्फ और सिर्फ वह संबंधित चरित्र में अपना आदर्श ढूँढ़ता है। सरदार वल्लभभाई पटेल के व्यक्तित्व की बुनावट भी कुछ इसी प्रकार की थी।

वल्लभभाई पटेल स्वाधीनता संग्राम के एक महत्त्वपूर्ण नायक हैं। उनकी दृढता,

संकल्पशक्ति, विवेकपूर्ण कार्य करने की पद्धति, कर्मठता और वचनबद्धता उन्हें अन्यों से भिन्न दिखाती है। कार्य प्रारंभ करने के बाद उसे अंतिम परिणति तक ले जाना या तो गांधी के व्यक्तित्व में था या सरदार वल्लभभाई पटेल के। उनकी इस छवि ने उन्हें 'लौहपुरुष' के रूप में प्रसिद्ध कर दिया था। लौहपुरुष कहते ही सरदार वल्लभभाई पटेल की पूरी छवि हृदय में उतरती हुई लौहपुरुष की एक लोकोक्ति बन जाती है। राजनीतिक संदर्भों, देश में अस्थिरतावादी प्रवृत्तियों, सही समय पर सही निर्णय लेने की क्षमता, राष्ट्रभक्ति की चर्चा आने पर वल्लभभाई की सरदारवाली छवि आँखों के सामने तैरने लगती है। देश के आजाद होते ही कराची से ढाका तक जो अस्थिरता और हिंसा की प्रवृत्ति तेजी से सर उठा रही थी, उसे सरदार ने बड़ी कुशलता से कुचल दिया। छह सौ देशी रियासतों को भारत में विलय करने का उनका महत्त्वपूर्ण कार्य आजाद भारत का एक ऐतिहासिक मोड़ माना जाता है।

'लौहपुरुष', 'बिस्मार्क', 'चाणक्य' और 'सरदार' के नामों और गुणों से युक्त वल्लभभाई पटेल के जीवन के कुछ ऐसे पहलू हैं, जिनमें उनके व्यक्तित्व का निरंतर निखार होता गया है। उनके जीवन के ये संघर्ष उन्हें स्वतंत्रता के नायक के रूप में स्थापित करते हैं। स्वाधीनता आंदोलन में सक्रिय होने के पूर्व अपनी वकालत की आय से बैरिस्टर की पढ़ाई करने के लिए (१९१०-१३) लंदन गए। वहाँ की परीक्षा में प्रथम स्थान प्राप्त कर उस समय ५० पौंड का वजीफा प्राप्त किया। उनकी विलक्षण बुद्धि और अकाट्य तर्कों की अंग्रेज जजों द्वारा प्रशंसा की जाती थी। असहयोग आंदोलन में चितरंजन दास, मोतीलाल नेहरू, तेजबहादुर सप्रू, भूलाभाई देसाई, पी.जी. मावलंकर और राजेंद्र प्रसाद की पंक्ति में वल्लभभाई का अलग ही स्थान दिखता था। भारतीय अर्थव्यवस्था की रीढ़ किसान की वेदना वल्लभभाई को सह्य नहीं होती थी। न्यायालयों में उनकी जमीन और अधिकारों को बचाने के लिए वे निरंतर संघर्ष तो करते ही रहे, पर अंग्रेजों द्वारा अतार्किक कर लगाने का उन्होंने खुलेआम विरोध किया और गुजरात में बारदोली आंदोलन का नेतृत्व किया। उनकी इस संघर्षशीलता से प्रभावित हो महात्मा गांधी ने उन्हें 'सरदार' कहना प्रारंभ किया। वस्तुतः किसान की वेदना को समझनेवाला ही 'सरदार' उपाधि का उचित अधिकारी हो सकता है।

वल्लभभाई पटेल का सार्वजनिक जीवन अहमदाबाद में म्यूनिसपैलिटी के चेयरमैन पद से शुरू हुआ। किसी भी शहर की मूल समस्या जल निकासी और सफाई हुआ करती है। इस छोटी सी जिम्मेदारी से सार्वजनिक जीवन में प्रवेश करनेवाले पटेल अहमदाबादवासियों के हृदय पर अपनी कार्यक्षमता की अमिट छाप छोड़ जाते हैं। इसके अतिरिक्त सूखा, महामारी, बाढ़ इत्यादि प्राकृतिक आपदाओं में वल्लभभाई की

कार्यकुशलता ने उनके उज्ज्वल भविष्य का संकेत कर दिया था। उनके भविष्य को सँवारने और वर्तमान को दृढता में बदलने की क्षमता संत तुकाराम, नरसी मेहता और गांधी के सामाजिक कार्यों की छाप में दिखाई पड़ती है। सन् १९१७ में उनकी सामाजिक जागरूकता एवं सेवा को पहला मंच मिला। अहमदाबाद नगर पालिका के चुनावी वर्ष में वहाँ प्लेग की भयंकर महामारी फैली थी, जिसमें मुहल्ले के लोग परेशान थे। प्रतिदिन सैकड़ों लोग काल-कलवित हो रहे थे। ऐसी भयंकर आपदा में प्लेग पीड़ित व्यक्तियों की जिस साहस, त्याग और कर्मठता से सेवा सरदार वल्लभभाई ने की, वह अद्वितीय है। इस वर्ष प्लेग की महामारी समाप्त होते ही सन् १९१८ में पूरा शहर इन्फ्लुएंजा की चपेट में आ गया। इस प्राकृतिक आपदा में लोगों की सहायता करने के लिए वल्लभभाई पटेल ने अपने बिगड़ते स्वास्थ्य की चिंता न करते हुए भी अथक प्रयास किया।

चेयरमैन रहते हुए उन्होंने नगरपालिका से संबंधित संस्थाओं का उपयोग सामान्य जनता के लिए खोल दिया था। इसी समय उन्होंने सरकारी व्यक्तियों को आवश्यकता से अधिक सम्मान देने की प्रथा बंद कर दी और हरिजन कर्मचारियों के लिए मकान बनवाए। वल्लभभाई पटेल के इन निर्णयों से ज्ञात होता है कि उनके मानस में धीरे-धीरे वकालत की अपेक्षा पीड़ित जनता के बीच जाने की रुचि अधिक बढ़ गई थी। उसी समय बिहार के चंपारन नामक स्थान पर गांधीजी 'नील आंदोलन' की शुरुआत कर चुके थे। गांधी और पटेल एक-दूसरे से अपने सामाजिक कार्यों द्वारा ही परिचित हुए। गोधरा सम्मेलन में सरदारजी पहली बार महात्मा गांधी के संपर्क में आए। यद्यपि गांधी के सत्याग्रह में प्रारंभ में उनकी कोई खास रुचि नहीं थी, पर धीरे-धीरे सत्याग्रह के मर्म को समझते हुए वे किसानों की सेवा में जुट गए। अब उनकी राजनीति सामाजिक सेवा की पर्याय बन चुकी थी। हरिजनों के लिए कम मूल्य में मकान का निर्माण और बालकों के लिए उचित शिक्षा की व्यवस्था में अहमदाबाद शहर के अंतर्गत उनका बहुमूल्य योगदान है। सार्वजनिक जीवन में लोकहित के लिए नियमों का कड़ाई से पालन करना सरदार वल्लभभाई का स्वभाव था।

भारतीय राष्ट्रीय कांग्रेस की स्थापना सन् १८८५ में हुई। १९०६ में दादा भाई नौरोजी ने कलकत्ता के अधिवेशन में कांग्रेस का लक्ष्य स्वराज बताया। सन् १९११ में सम्राट् पंचम जार्ज की भारत-यात्रा और बंग-भंग घटना हुई। सन् १९१२ में गोखले की मृत्यु हुई और सन् १९१६ में तिलकजी द्वारा 'होमरूल लीग' की स्थापना हुई। सन् १९१७ में रूस में जारशाही शासन का अंत हुआ। उसी वर्ष बिहार के चंपारन में नील व्यापारियों के खिलाफ गांधीजी द्वारा सत्याग्रह आंदोलन हुआ। सन् १९१९ में जलियाँवाला

बाग का भीषण नरसंहार हुआ। पूरा देश क्रोध की अग्नि में जलने लगा। सन् १९२० में तिलक की मृत्यु हो गई। उसी वर्ष गांधी का 'असहयोग आंदोलन' चलाने का प्रस्ताव भी पास हुआ।

उपर्युक्त घटनाओं से पटेल का हृदय अत्यंत प्रभावित हुआ और वे स्वतंत्रता आंदोलन में पूरी तरह कूद पड़े। उसी समय गोधरा के अधिवेशन में गांधीजी ने एक ऐसे स्वयंसेवक की माँग की, जो निरंतर उनके साथ रहकर उनकी मदद करे। इसके लिए सहर्ष वल्लभभाई स्वयं तैयार हो गए। इस पर टिप्पणी करते हुए गांधीजी ने लिखा है कि 'मेरे साथ आने के लिए कई तैयार थे, किंतु मन में अस्पष्ट सी एक शंका थी कि उपसेनापति किसे बनाया जाए? वल्लभभाई को प्रथम बार देखने पर मैं मन-ही-मन सोचने लगा कि यह अक्खड़ पुरुष मेरे किस काम आता है! पर मेरा यह विचार दृढता में बदलता गया कि मुझे तो वल्लभभाई जैसे आदमी की आवश्यकता है।'

इन घटनाओं से प्रतीत होता है कि वल्लभभाई बैरिस्टर से समाजसेवा तक गांधीजी के संपर्क में आने से प्रसिद्ध हो चुके थे।

यद्यपि खेड़ा और बारदोली की घटनाओं के माध्यम से ही सरदार वल्लभभाई का व्यक्तित्व और नेतृत्व निखरता गया। भारी बाढ़ के कारण किसानों की परेशानी, उनकी गरीबी, समय-समय पर पड़ने वाले सूखा से मनुष्यों और पशुओं का अकाल में मरना पटेल को भीतर तक हिला चुका था। इसी प्रकार की अन्य समस्याएँ पटेलजी को निरंतर चमकाती गईं। पूरे गुजरात में वे 'सरदार' नाम से लोकप्रिय थे, लेकिन गांधीजी ने उन्हें 'बारदोली का सरदार' कहा तो पटेलजी का व्यक्तित्व बहुत ऊँचा हो गया। प्राकृतिक सौंदर्य से परिपूर्ण बारदोली का भूभाग अत्यंत उपजाऊ है। लहलहाते खेत-खलिहान, गुलाब की मनमोहती भूमि बारदोली उस समय कराह उठी, जब सन् १९२८ में वहाँ के किसानों पर ब्रिटिश सरकार ने ३० प्रतिशत कर की घोषणा कर दी। इस निर्णय को किसान विरोधी मानकर पटेल ने जो आंदोलन चलाया, वह भारत के किसान आंदोलनों में शिखर पर है। बाद में वह आंदोलन बाँकनेर, वराड, वड, कुत्मा, बाडोल, कड़ोद तक पहुँच गया। उस समय सरदार के शब्द कितने प्रभावशाली थे—"सरकार अपने आपको मदोन्मत्त हाथी और हमें तुच्छ मच्छर की उपमा देती है। लेकिन वह शायद एक बात भूल गई है कि यदि मच्छर उन्मत्त हाथी के कान में घुस जाए तो उसके 'राम बोलते' देर नहीं लगती।"

संक्षेप में हम कह सकते हैं कि आज की परिस्थिति में वल्लभभाई पटेल की जीवन-शैली, उनकी दृढता, देशभक्ति, किसानों के प्रति सहानुभूति, देश को अखंड रखने की कामना अत्यंत महत्त्वपूर्ण है। उनकी जेल-यात्राएँ, कांग्रेस के अध्यक्ष के रूप

में कुशल नेतृत्व, उपप्रधानमंत्री और गृहमंत्री के रूप में सार्थक और सटीक निर्णय, आदर्श पारिवारिक जीवन, विभाजन और आजादी पर बेबाक राय उन्हें एक महान् राष्ट्रभक्त सिद्ध करती है। उनके अखंड भारत का स्वप्न, देश की सुरक्षा की पैनी दृष्टि, अंतिम साँस तक कर्मरत रहने की चेतना उन्हें महापुरुष की पंक्ति में खड़ा करती है।

आज देश ऐसे ही सददार के लिए आतुर है। शायद किसी व्यक्ति में, नेतृत्व में उनकी छवि दूर तलक दिख रही हो! शायद वह उन्हीं के गाँव से आ रहा है, उन्हीं का संदेश लेकर। उन्हीं की भूमि से!

□

जिसे केवल तुम्हीं हल कर सकते थे

—डॉ. उमा शशि दुर्गा

जिस समय देश भारतीय स्वतंत्रता संघर्षकाल के गंभीर दौर से गुजर रहा था, उस समय अपने लौह संकल्पों से संघर्ष को और अधिक संगठित करने के लिए सरदार वल्लभभाई पटेल का योगदान सदैव अविस्मरणीय रहेगा। इस लौहपुरुष पर 'होनहार बिरवान के होत-चिकने पात' कहावत अत्यंत सटीक बैठती है। चौथी कक्षा में ही बालक पटेल के कार्य-व्यवहार से दृढ संकल्पी होना दिखाई दे गया था। स्कूल के लिए उन्हें कई मीलों तक पैदल चलकर जाना पड़ता था। एक दिन चलते हुए एक बड़े पत्थर से टकराकर उनके पैर में चोट आ गई और उससे रक्त बहने लगा। स्कूल के साथियों ने उन्हें रक्त रोकने के लिए पैर पर पट्टी बाँधनी चाही, किंतु बालक पटेल तो सबसे पहले उस बड़े पत्थर को मार्ग से हटाने के लिए जुट गया। पत्थर बहुत बड़ा और धरती पर गहरे तक स्थापित था। पटेल अपनी चोट से तनिक भी विचलित नहीं हुए और पहले उस पत्थर को ही मार्ग से हटाया।

इस लौहपुरुष के इरादे तो फौलादी थे, किंतु हृदय अत्यंत कोमल और दयालु था, जिसका अनुभव स्वयं महात्मा गांधी ने जेल में उनके साथ बिताए गए दिनों में किया। उन्होंने सरदार पटेल के इस स्वभाव का अपने शब्दों में उल्लेख करते हुए लिखा था—"वल्लभभाई का प्यार मुझे अपनी माँ की स्मृति ला देता है। इससे पूर्व मुझे इस बात का भान नहीं था कि वे इतने द्रवणशील और सौम्य हैं।" वस्तुत: सरदार वल्लभभाई पटेल पूरे राष्ट्र के हृदय सम्राट् थे।

सरदार पटेल की कर्तव्यनिष्ठा असाधारण थी। उनका बहुआयामी व्यक्तित्व प्रत्येक क्षेत्र में विशिष्ट छाप छोड़ता था। एक बार फौजदारी के एक मामले में वह अदालत में व्यस्त थे। बड़े मनोयोग से सरदार पटेल तर्क प्रस्तुत कर रहे थे कि किसी ने एक तार उनके हाथ में लाकर दिया। उन्होंने तार खोला, पढ़ा और चुपचाप जेब में रख लिया। अदालत की काररवाई में वे उसी मर्यादा से भाग लेते रहे। काम की समाप्ति पर

जब साथी वकील ने तार के बारे में जिज्ञासा प्रकट की तो कहने लगे कि 'मेरी पत्नी की मृत्यु हो गई है। तार में उसी की सूचना है।' साथी वकील उनकी कर्तव्यनिष्ठा देखकर स्तब्ध रह गया।

भारत की राजनीतिक एकता के लिए वल्लभभाई पटेल की चाणक्य जैसी कूटनीति, उनकी सूझ-बूझ तथा दूरदर्शिता अद्‍भुत मानी जाती है। किसी उद्‍देश्य के लिए वे जब काम में जुट जाते तो मार्ग में आनेवाली बाधाओं से तनिक भी विचलित नहीं होते थे। वे श्रेष्ठ संकल्पों के महत्त्व से परिचित थे। व्यक्ति की जीवनचर्या में संकल्प की शक्ति को गुरु-शिष्य के एक संवाद से भलीभाँति समझा जा सकता है—

''गुरु अपने एक योग्य शिष्य से पूछ रहे थे कि चट्‍टान से शक्तिशाली क्या है? उत्तर मिला, लोहा उससे अधिक शक्तिशाली होता है, क्योंकि वह अपने प्रहार से उसके टुकड़े कर सकता है। और लोहे से शक्तिशाली? अग्नि, क्योंकि वह उसे गला सकती है। और अग्नि से शक्तिशाली? शिष्य ने कहा—जल, क्योंकि वह उसे बुझा सकता है। जल से शक्तिशाली क्या? वायु-जल को नचा सकती है। वायु से शक्तिशाली? अब शिष्य मौन हो गया। उसे उत्तर नहीं सूझा, तो गुरु ने समझाया कि पूर्वोक्त सभी से शक्तिशाली मनुष्य का संकल्प है। वह जो चाहे, मनुष्य से करवा सकता है।''

सरदार वल्लभभाई पटेल ने भी अपने दृढ संकल्प द्वारा भारत की राजनीति को नई दिशा दी। वे भारत की समस्त रियासतों का एकीकरण करके अखंड भारत की कल्पना करते थे। इस दुष्कर कार्य के लिए उन्होंने स्वतंत्रता मिलने से पूर्व ही अपनी विचारधारा के नेताओं के साथ मिलकर देशी रियासतों को भारत में मिलाने का कार्य आरंभ कर दिया था। पटेल के प्रभावशाली व्यक्तित्व के सम्मुख अधिकांश रजवाड़ों ने स्वेच्छा से भारत में विलय के लिए स्वीकृति दे दी थी। साम-दाम-दंड-भेद की नीति में वे पारंगत थे। यही कारण है कि जो देशी राजा भारत में विलय के इच्छुक नहीं थे, उन्हें भी पटेल ने इस नीति को अपनाते हुए विवश कर दिया, जिससे किसी ने आत्मसमर्पण किया, तो किसी ने प्रसन्नतापूर्वक विलय कर लेना चाहा। पटेल के इस दुरूह कार्य की सफलता को राजनीतिक विश्लेषकों ने 'रक्तहीन क्रांति' माना। महात्मा गांधी स्वयं आश्चर्यचकित थे। उन्होंने पटेल की प्रशस्ति में उन्हें एक पत्र लिखा, 'रियासतों की समस्या इतनी जटिल थी, जिसे केवल तुम्हीं हल कर सकते थे।' भारत की जनता पटेल के इस अद्‍भुत कौशल के प्रति सदैव ऋणी रहेगी। केवल जम्मू-कश्मीर के विलय का निर्णय करने में पंडित जवाहरलाल नेहरू की अदूरदर्शिता ने बाधा डाल दी और उसे अंतरराष्ट्रीय विवाद मान लिया। यह क्षेत्र आज भी भारत के लिए समस्या बना हुआ है।

भारत कृषि प्रधान देश है। वैसे भी कृषक परिवार की पृष्ठभूमि से होने के कारण सरदार पटेल कृषकों की समस्याओं से भली-भाँति परिचित थे। किसानों की

दुर्गति के लिए उत्तरदायी व्यवस्था की बात करते हुए वे क्रोध से उबल पड़ते थे। कृषि पूर्णत: प्रकृति पर आधारित है। अतिवृष्टि अथवा सूखा किसानों के हाथ में नहीं है, पर अंग्रेज सरकार को तो अपना राज करना था, आम कृषक की पीड़ा से उन्हें कुछ सरोकार नहीं था। अंग्रेज सरकार के विरुद्ध सरदार पटेल के जन-जीवन का सबसे पहला संघर्ष किसानों से संबंधित ही था। भयंकर सूखे के कारण गुजरात के खेड़ा खंड के किसानों ने सरकार से भारी कर में छूट का निवेदन किया। सरकार कहाँ सुननेवाली थी! ऐसी विपत्ति में सरदार पटेल तथा गांधीजी के कुशल नेतृत्व में किसानों ने जी-जान से कर न देने के लिए आंदोलन किया। अंतत: इस शक्तिशाली आंदोलन के समक्ष सरकार को झुकना पड़ा और किसानों को कर में राहत मिली। इसी प्रकार बारदोली के सत्याग्रह में भी उनकी सशक्त भूमिका को देखते हुए जनता ने उन्हें 'बारदोली का सरदार' माना और बाद में यही 'सरदार' उनके नाम के आगे प्रचलित हुआ।

जब-जब ब्रिटिश सरकार ने देशवासियों की राष्ट्रीय भावनाओं को कुचलने के प्रयास किए, तब-तब सरदार पटेल ने अपने तेजस्वी नेतृत्व द्वारा सरकार पर प्रहार किए। सरदार पटेल अपने वैभवपूर्ण जीवन का त्यागकर पूरी ऊर्जा से महात्मा गांधी के साथ कंधे से कंधा मिलाकर चलने लगे। 'भारत छोड़ो आंदोलन' और 'असहयोग आंदोलन' ने ब्रिटिश शासकों के छक्के छुड़ा दिए। उन्होंने सभी अहिंसात्मक आंदोलनों को सफल बनाने में अपने संयम और राजनीतिक कौशल का परिचय दिया। भारतीय जनता ने भी उनके साहस और त्याग को देखते हुए उनके द्वारा प्रस्तुत कार्यक्रमों को अपने उत्साह तथा प्रसन्नता से गति प्रदान की।

स्वतंत्रता के पश्चात् सरदार पटेल ने प्रधानमंत्री पद की इच्छा न रखते हुए संसद् में विभिन्न मंत्रालयों के काम-काज की दिशा निर्धारित की। उपप्रधानमंत्री के रूप में अनेक अंतरराष्ट्रीय समस्याओं और विघटकारी तत्त्वों की ओर उन्होंने सशक्त संकेत दिए, जो कालांतर में सत्य सिद्ध हुए। गृहमंत्री के रूप में सरदार पटेल ने नौकरशाही के रूप को ही बदल दिया। युवकों में देशभक्ति का संचार करने के लिए 'भारतीय सिविल सेवा' का नाम 'भारतीय प्रशासनिक सेवा' कर दिया, जिससे उनमें पराधीनता का भाव सदैव के लिए समाप्त हो सके और उनमें राष्ट्रीय दृष्टिकोण का विकास हो सके।

राष्ट्र के भाग्यनियंता, चट्टान सदृश, स्थिर, दृढ व्यक्तित्ववाले, भारत का पुनरुत्थान करनेवाले, ओज़स्वी सरदार वल्लभभाई पटेल जैसे भव्य नेता शताब्दियों तक अविस्मरणीय रहते हैं। गुजरात के मुख्यमंत्री नरेंद्र मोदी ने सरदार पटेल की १३७वीं जयंती के अवसर पर राष्ट्र की कृतज्ञता ज्ञापित करने के लिए 'एकता की मूर्ति' के रूप में उनकी विशाल प्रतिमा के निर्माण का निर्णय लिया है। चट्टानी व्यक्तित्व की प्रतीक यह प्रस्तावित प्रतिमा एक छोटे चट्टानी द्वीप पर स्थापित करने का विचार है।

□

एक 'स्वदेशी शरणार्थी' की नजर में—युगपुरुष सरदार पटेल

—प्रो. चमनलाल सप्रू

स्वतंत्रता-प्राप्ति के पश्चात् भारत को एक सशक्त राष्ट्र के रूप में प्रतिष्ठित करने में सरदार पटेल का ऐतिहासिक योगदान है। देश का प्रथम प्रधानमंत्री कौन हो? इस प्रश्न पर देश के सभी प्रांतों की कांग्रेस कमेटियों में अधिकांश की राय थी—सरदार वल्लभभाई पटेल का संगठन कौशल, बुद्धिमत्ता, अनुभव और क्रियाशीलता में दक्ष सरदार पटेल सबकी पसंद थे। किंतु जवाहरलाल नेहरू और महात्मा गांधी की निकटता इस प्रस्ताव में बाधक बनी। महात्मा गांधी ने जवाहरलाल का नाम सुझाया।

यह सच है कि कश्मीर के एकमात्र प्रभावशाली राजनीतिक दल मुसलिम कॉन्फ्रेंस को नेशनल कॉन्फ्रेंस में तब्दील करने में पं. जवाहरलाल नेहरू का महत्त्वपूर्ण योगदान है। उन्होंने उक्त राजनीतिक पार्टी के सर्वोच्च नेता शेख मुहम्मद अब्दुल्ला को प्रभावित कर पूरे जम्मू-कश्मीर के हित के लिए 'ऑल जम्मू एंड कश्मीर नेशनल कॉन्फ्रेंस' की सन् १९३६ में स्थापना करवाकर कश्मीर की राजनीति में सक्रिय रुचि और दिशा-निर्देशन में काफी योगदान दिया।

भारतीय गणराज्य में जम्मू-कश्मीर राज्य के शासक महाराजा हरिसिंह के विलय के उपरांत कश्मीर के सर्वाधिक लोकप्रिय जननेता शेख मुहम्मद अब्दुल्ला के हाथ में सरकार की सत्ता आ गई। इसी दौरान मुसलिम बहुल राज्य—जम्मू-कश्मीर को हथियाने के लिए कबाइलियों के भेस में पाकिस्तान ने जम्मू-कश्मीर पर हमला बोल दिया। भारतीय सेना के हाथों शिकस्त खाने के बाद भी पाकिस्तान ओछे हथकंडे इस्तेमाल करने लगा। लेकिन हैदराबाद रियासत का मुसलिम नवाब कासिम रजा नामक खतरनाक मुसलिम लीगी नेता की सलाह पर भारत से विलय करने में आना-कानी करने लगा और निर्दोष हिंदू देशभक्तों पर अत्याचार होने लगा। इस स्थिति को भाँपकर केंद्रीय गृहमंत्री

सरदार पटेल ने प्रधानमंत्री नेहरू को चेताया। किंतु तथाकथित विश्वशांति का महानायक बनने के सपने में मस्त नेहरू ने हैदराबाद पर सैनिक कारवाई करने की पटेल की बात नहीं मानी।

समस्या की गंभीरता को समझते हुए सरदार पटेल ने 'पुलिस-एक्शन' के आवरण में दक्षिणी कमान की सेना की सहायता से जनरल चौधरी के नेतृत्व में हैदराबाद पर धावा बोल दिया तथा कासिम रजा को परास्त कर उसके रजाकारों को हिरासत में ले लिया। इस तरह नवाब से विलय के दस्तावेज पर हस्ताक्षर कर हैदराबाद को भारत से अलग होने से बचाया।

कश्मीर को भी यदि नियमानुसार गृहमंत्री सरदार पटेल के हाथों में दिया होता और न इकतरफा युद्ध विराम की घोषणा कर, सुरक्षा परिषद् में जाकर इसे अंतरराष्ट्रीय समस्या बनने दिया होता और न पाकिस्तान को एक पार्टी बनने का मौका देते। उसके बाद न शेख द्वारा 'रायशुमारी आंदोलन', संविधान में धारा ३७० को जोड़ने, न पश्चिमी पाकिस्तान से आए हुए हिंदुओं को जम्मू-कश्मीर के नागरिक अधिकारों से वंचित होना पड़ता।

सरदार पटेल कश्मीर के हालात को स्वयं देखने के लिए केवल एक बार वहाँ गए। हवाई अड्डे पर सैनिक एवं असैनिक लोगों से मिलने के बाद वहीं से लौटे थे। एक पत्रकार के अनुसार उन्होंने जाते समय टिप्पणी की थी—"The land is slippery" 'भूमि फिसलनवाली है'—इसका अर्थ सरदार पटेल ने यह लिया था—कश्मीर के जमीनी हालात ठीक नहीं हैं। कश्मीर विश्वविद्यालय के राजनीति शास्त्र के पूर्व प्रोफेसर आर.आर. परिहार ने हमें बताया था। हम एक बार दिल्ली जाकर गृहमंत्री सरदार पटेल को कश्मीर के अंदरूनी हालात से सचेत करना चाहते थे। प्रो. परिहार जम्मू मंडल के भद्रवाह निवासी थे। वहाँ उन दिनों सांप्रदायिक विद्वेष की चिंगारियाँ फूट रही थीं। दिल्ली में अतीव व्यस्तता के कारण गृहमंत्री से भेंट करना कठिन हो गया। उन्होंने कहा, हम भी अड़ गए और उन्होंने संदेश भेजा कि मैं सुबह ५ बजे जब कोर्ट को जाता हूँ तो आप मिलने के लिए आओ। अगले दिन ऐसा ही हुआ और सरदार ने अनेक स्थानों की जानकारी दी, जहाँ देशद्रोह की चिंगारियाँ फूटी थीं। कहने का अभिप्राय यह है कि गृहमंत्रालय के अधीन कश्मीर न होते हुए भी उन्हें पूरी जानकारी थी। हमने कहा, आप शीघ्र कठोर कदम क्यों नहीं उठाते हैं? उन्होंने जवाब दिया—'उसका (जवाहरलाल) क्या करूँ?'

कश्मीर के महाराजा हरिसिंह के बारे में एक भ्रांति फैलाई जाती है कि वह श्रीनगर से भाग गया और बंबई चला गया। मैंने उनका लिखित आदेश डॉ. कर्णसिंह के प्राइवेट रिकॉर्ड में पढ़ा है। महाराजा पाकिस्तानी कबाइलियों के हमले के कारण उत्पन्न हालात के कारण राजमहल से निकलकर बादामी बाग फौजी छावनी में एक बँगले में

आ गए। उन्होंने अपने ए.डी.सी. को लिखित आदेश दिया—''अब चूँकि दुश्मन श्रीनगर की सीमाओं तक आ गया है, यदि ऐसा हुआ कि वह छावनी में घुस गए तो तुम मुझे गोली मार देना। नहीं तो वे मुझे पकड़कर कराची 'पाकिस्तान की तत्कालीन राजधानी' ले जाएँगे।'' दैव-इच्छा से ऐसा नहीं हुआ। दिल्ली से वायुयानों में आकर भारतीय वीर जवानों ने श्रीनगर में उतरकर मोरचा सँभाला और दुश्मन को उड़ी तक धकेल दिया। लेकिन हालात अभी भी भयावह थे। सरदार पटेल ने गुप्त सूचना भेजकर महाराजा हरिसिंह को श्रीनगर से निकलकर मुंबई जाने का सुझाव दिया। सरदार पटेल जानते थे कि महाराजा की दस हजार सेना ब्रिगेडियर राजेंद्र सिंह के कमांड में दुश्मन का मुकाबला करने में सक्षम नहीं है। यदि शत्रु उन्हें पकड़कर पाकिस्तान ले गया तो उनसे कश्मीर को पाकिस्तान के साथ विलय होने के पत्र पर हस्ताक्षर करवाएँगे और वैधानिक रूप से भारत का नियंत्रण कमजोर पड़ जाएगा।

सरदार पटेल के कारण ही हिंदू बहुल राज्यों को मुसलिम नवाबों द्वारा शासित हैदराबाद और जूनागढ़ तथा मुसलिम बहुल हिंदू महाराजा द्वारा शासित जम्मू-कश्मीर का भारत में विलय होने में महत्त्वपूर्ण सफलता प्राप्त हुई। इस प्रकार साढ़े-पाँच सौ छोटी-बड़ी रियासतों के भारतीय गणराज्य में विलय होकर एक सशक्त भारत गणराज्य का प्रादुर्भाव लौहपुरुष सरदार पटेल की देन है। उन्हें जो सम्मान स्वतंत्र भारत में मिलना चाहिए, वह तुच्छ राजनीति से प्रेरित परिस्थितियों ने नहीं मिलने दिया।

अंत में एक बात और, वे एक सच्चे 'हिंदू-राष्ट्रवादी' थे। मुहम्मद बिन कासिम से लेकर मुहम्मद अली जिन्ना तक हिंदू विरोधियों द्वारा भारत को परास्त कर उसके इसलामीकरण के इतिहास को वे जानते थे। प्रसिद्ध सोमनाथ मंदिर के पुनर्निर्माण में उनका योगदान भुलाया नहीं जा सकता। मंदिर के उद्घाटन के अवसर पर जब उन्होंने तत्कालीन राष्ट्रपति डॉ. राजेंद्र प्रसाद को आमंत्रित किया तो प्रधानमंत्री जवाहरलाल नेहरू ने उसका विरोध किया। किंतु सरदार के समान ही भारतीय संस्कृति के उद्धारक राजेंद्र बाबू ने नेहरूजी के प्रस्ताव को ठुकराकर सोमनाथ मंदिर के उद्घाटन में भाग लिया।

मेरा मानना है, यदि सदार पटेल दस-बीस साल तक और जीवित रहते तो उन्होंने अयोध्या में राम मंदिर का निर्माण जन्मभूमि पर मुसलमानों द्वारा 'कर-सेवा' द्वारा करवाया होता।

लोकमान्य तिलक, सरदार पटेल, डॉ. अंबेडकर जैसे राष्ट्रवादी नेताओं के कारण ही स्वतंत्र भारत की अस्मिता कायम है।

□

सरदार वल्लभभाई पटेल और राष्ट्र-निर्माण

—डॉ. बाबूराम

गुर्जर प्रदेश या गुजरात भक्ति की भूमि माना जाता है। जहाँ द्वारका और ज्योतिर्लिंग सोमनाथ जैसे प्रमुख धाम हैं। इसी पावन भूमि की महान् संतान नरसी मेहता, महर्षि दयानंद सरस्वती और महात्मा गांधी हैं। इसी परंपरा में कर्मयोगी और राष्ट्र-निर्माता सरदार वल्लभ भाई पटेल का आविर्भाव हुआ।

भारतीय स्वतंत्रता संग्राम के अनेक सेनानी हुए हैं, उनमें सरदार वल्लभभाई पटेल का स्थान बड़ा महत्त्वपूर्ण है। वल्लभभाई पटेल का जन्म ३१ अक्तूबर, १८७५ में नदियाड के एक कृषक परिवार में हुआ। इनके पिता ने सन् १८५७ के स्वतंत्रता संग्राम में झाँसी की रानी लक्ष्मीबाई के नेतृत्व में सक्रिय भाग लिया था। पटेल बाल्यकाल से ही बड़े दबंग थे। इनमें नेतृत्व के गुण विद्यमान थे। इन्होंने २२ वर्ष की आयु में मैट्रिक की परीक्षा उत्तीर्ण की। तदनंतर जिला मुख्तारी परीक्षा पास की। उन्होंने लंदन में जाकर सन् १९०५ में मिडल टैंपल में बैरिस्टर की उपाधि प्राप्त की और गोधरा में एक नामी बैरिस्टर के रूप में जाने पहचाने लगे।

जब महात्मा गांधीजी भारतीय स्वतंत्रता आंदोलन में बढ़-चढ़कर भाग ले रहे थे तो पटेलजी का आकर्षण बरबस गांधीजी की ओर हुआ। वे आजीवन गांधीजी के विश्वासपात्र रहे। गुजरात के किसान आंदोलन में वल्लभभाई पटेल ने बढ़-चढ़कर भाग लिया था, इसीलिए वे किसानों में बड़े लोकप्रिय हो गए थे। वे अपने आंदोलन में अहिंसक रहे। उन्हें भारतीय स्वतंत्रता आंदोलन में अनेक विघ्न-बाधाओं का सामना करना पड़ा, परंतु वे चट्टान की तरह अडिग रहे। वल्लभभाई ने लोकमान्य बालगंगाधर तिलक की भूरि-भूरि प्रशंसा करते हुए कहा कि स्वतंत्रता संग्राम के क्षितिज में उनके समान कोई स्वतंत्रता सेनानी नहीं हुआ, जिन्होंने ब्रिटिश नौकरशाही के साथ अपने हथियार से लड़ाई लड़ी।

सन् १९२८ में पटेलजी कांग्रेस के सभापति निर्वाचित हुए। वे एक बड़े समाज

सुधारक के रूप में विख्यात हुए। उन्होंने समाज में व्याप्त अस्पृश्यता की निंदा की और बाल विवाह का घोर विरोध किया। वे पुरुषों के सामने स्त्री अधिकारों के प्रबल पक्षधर थे। उन्होंने घोषित किया कि भारत में पिछड़ापन इसलिए है क्योंकि महिलाओं को समान अधिकार और दायित्व प्रदान नहीं किए गए। उन्होंने महिलाओं को बड़ा साहसी और सहनशील बताया। सरदार पटेल बड़े अनुशासनप्रिय थे। उन्होंने सन् १९४२ में 'भारत छोड़ो आंदोलन' में बढ़-चढ़कर भाग लिया, जिस कारण उनको जेल भी जाना पड़ा। सन् १९४६ में भारत में अंतरिम सरकार बनी और पटेलजी उसमें मंत्री बने। १५ अगस्त, १९४७ में जब भारत स्वतंत्र हो गया, तब वल्लभभाई पटेल के भारत के प्रधानमंत्री बनाने के पक्ष में अधिक सदस्य थे, परंतु गांधीजी ने पंडित जवाहर लाल नेहरू को प्रधानमंत्री बनाने के लिए कहा। पटेलजी उप-प्रधानमंत्री और गृहमंत्री बने।

संविधान के निर्माण में भी पटेलजी का योगदान महत्त्वपूर्ण रहा। उनका ऐतिहासिक कार्य था कि उन्होंने ५६२ रजवाड़ों का भारतीय संघ में विलय करा दिया। यह राष्ट्र-निर्माण में उनका सबसे महत्त्वपूर्ण योगदान था, क्योंकि यह उस समय की एक गंभीर समस्या थी।

इसीलिए पटेल को 'भारत का बिस्मार्क' कहा जाता है। नौकरशाही अंग्रेजों के समय में स्टीलफ्रेम थी। वल्लभभाई पटेल ने भारतीय प्रशासनिक सेवाओं में सुधार करके राष्ट्र-निर्माण में महत्त्वपूर्ण भूमिका अदा की। उन्होंने मैटकाफ हाउस, दिल्ली के ट्रेनिंग स्कूल में कहा था कि आप लोगों के चरित्र, योग्यता और सर्विस की भावनाओं पर निर्भर करता है कि आप लोगों द्वारा परंपरा की अच्छी नींव रखी जाए। सरदार पटेल हिंदू-मुसलिम एकता के प्रबल पक्षधर थे। यह भी राष्ट्र-निर्माण में उनका महत्त्वपूर्ण योगदान है।

सरदार पटेल एक दूरदर्शी और राजनीतिक विशारद थे। उन्होंने भारतीयों को यह सलाह दी थी कि अपने प्रतिनिधियों को सावधानी से चुनें, ताकि वे राष्ट्र का सच्चे अर्थों में निर्माण कर सकें। लॉर्ड माउंटबेटन ने भी पटेलजी की बड़ी सराहना की थी कि उनकी कुशलता के कारण ही भारतीय रजवाड़ों का भारतीय संघ में विलय हुआ है। पटेलजी का विश्वास था कि जाति और संप्रदाय के आधार पर भेदभाव नहीं होना चाहिए। हमें इन बातों को भूल जाना चाहिए। ये नफरत की दीवारें हमारी उन्नति और राष्ट्र-निर्माण में बाधक हैं। पटेलजी की अवधारणा थी कि भारत के राष्ट्र-निर्माण के लिए दो चीजें आवश्यक हैं—एक, शक्तिशाली केंद्रीय सरकार और दूसरी, शक्तिशाली भारतीय सेना।

निष्कर्षतः कहा जा सकता है कि सरदार वल्लभभाई का व्यक्तित्व बहुआयामी था। वे राष्ट्र-निर्माण में प्रधान, लौहपुरुष, निर्भीक, दूरदर्शी, कुशल प्रशासक, समाज

सुधारक, महान् रणनीतिकार, भविष्यद्रष्टा, कठोर अनुशासनप्रिय, सुदृढ रक्षक, महिला अधिकारों के प्रबल समर्थक, भारतीय स्वतंत्रता और अखंडता के प्रतीक, संविधान निर्माता, रजवाड़ों के भारतीय संघ में विलयकर्ता, सच्चे राष्ट्रवादी, भारतीय संस्कृति के प्रेमी, भाषायी आधार पर प्रांत-निर्माण के विरोधी, सच्चे महापुरुष, देशभक्त, कथनी और करनी के साकार स्वरूप, भारतमाता के महान् पुत्र, कर्तव्य पालन व अनुशासन में बड़े कठोर और व्यवहार में पुष्प के समान कोमल थे। वास्तव में सच्चे अर्थों में सरदार वल्लभभाई पटेल एक कर्मयोगी और राष्ट्र-निर्माता थे। उनका जीवन भारत के राष्ट्रीय संघर्ष का जीता-जागता इतिहास है। इसीलिए सरदार पटेल का नाम संसार के महान् राष्ट्र-निर्माताओं में सदा श्रद्धा के साथ स्मरण किया जाएगा।

□

सरदार : सच्चा आदमी, सच्ची बात

—विनोद बब्बर

स्वतंत्र भारत के इतिहास में सरदार पटेल के प्रति इस देश के जनमानस में जो श्रद्धा है, उसका मुकाबला शायद ही कोई राजनेता कर सकता हो। वास्तव में वल्लभभाई पटेल एक नेता नहीं, एक ऐसे राष्ट्रनायक थे, जिसने साल भर में इतना बड़ा चक्रवर्ती अखंड राज्य स्थापित कर दिया है, जितना न श्री रामचंद्र का था, न श्रीकृष्ण का, न अशोक का था, न अकबर का और न ही अंग्रेजों का। भारत-निर्माण की भूमिका में वे शिवाजी जैसे दूरदर्शी, चाणक्य जैसे कुशल राजनीतिज्ञ और कुशल शासन के आकांक्षी थे। अपनों के विरोध के बावजूद उन्होंने विदेशी आक्रांता द्वारा ध्वस्त किए गए सोमनाथ मंदिर का पुनर्निर्माण कराया; जिसका उद्घाटन नेहरू के विरोध के बावजूद देश के प्रथम राष्ट्रपति राजेंद्र बाबू ने किया। कोई आश्चर्य नहीं कि लौहपुरुत्र ने कभी भी किसी कार्य का श्रेय नहीं लिया।

यश, प्रसिद्धि और व्यक्तित्व पूजा की भूख से कोसों दूर एक मौन साधक की तरह कार्य करते हुए केवल और केवल राष्ट्रहित को सर्वोपरि माना। उनका दर्शन था, 'तेरा वैभव अमर रहे माँ, हम दिन चार रहें न रहें।' जब भारत में विलय के प्रश्न पर हैदराबाद के निजाम की ओर से हिंदुओं की जान को खतरे की धमकी दी गई तो सरदार ने साफ-साफ कहा था, 'यदि एक भी निर्दोष पर खतरा मँडराया तो··· !' भारत में विलय के बाद भी निजाम की अकड़ बरकार रही। उसने हैदराबाद यात्रा पर आ रहे भारत के प्रधानमंत्री के स्वागत से इनकार कर दिया तो असरदार सरदार ने उसे समझाया था, 'ध्यान रहे, यह देश के प्रधानमंत्री की प्रतिष्ठा का प्रश्न है!' इतना सुनते ही अगली सुबह निजाम गुलदस्ता लिये नेहरू के स्वागत में सबसे आगे खड़ा था। पटेल में कूटनीति की जबरदस्त समझ थी। वे आरंभ में ही अंत को भाँप लेते थे। अंतिम वाइसराय लॉर्ड माउंटबेटन ने अपनी आत्मकथा में उन्हें 'डेंजरस डिपलोमेट' कहा था।

आजादी से पूर्व, अंग्रेज सरकार के रहते जब सरदार वल्लभभाई पटेल अहमदाबाद

म्युनिसिपैलिटी के अध्यक्ष बने तो उन्होंने बाल गंगाधर तिलक की मूर्ति विक्टोरिया की मूर्ति के समानांतर लगवाने का साहस दिखाया। तब गांधीजी ने कहा था, 'सरदार पटेल के आने से अहमदाबाद म्युनिसिपैलिटी में एक नई ताकत आई है। मैं तिलक का बुत स्थापित करने की हिम्मत जताने के लिए उन्हें बधाई देता हूँ।' यह कोई छिपा रहस्य नहीं, अब अधिकांश प्रांतीय समितियाँ सरदार पटेल के पक्ष में थीं, लेकिन वे गांधीजी के प्रति अत्यधिक श्रद्धा और सम्मान रखते थे। गांधी के एक इशारे पर उन्होंने स्वयं को प्रधानमंत्री पद से दूर कर लिया। यह कहना कोई अतिशयोक्ति न होगी कि यदि कश्मीर का मसला नेहरू के बजाय पटेल के हाथ में होता तो आज भारत में कश्मीर समस्या जैसी कोई समस्या नहीं होती। आश्चर्य यह कि जिस नेहरू ने महाराजा हरिसिंह द्वारा कश्मीर के भारत में विलय-पत्र पर हस्ताक्षर के बाद पाकिस्तानियों को खदेड़ती सेना के बढ़ते कदमों को अकारण रोकते हुए 'जनमत संग्रह' की बात कही थी, उन्हें अथवा उनके किसी समर्थक को 'जनमत संग्रह' की बात तब क्यों नहीं सूझी, जब अधिकांश समितियों के सरदार के पक्ष में होने के बावजूद नेहरू को देश का भाग्य विधाता बनाया गया? देश की वर्तमान परिस्थितियों का आकलन कर आज यह प्रश्न जरूर उठना चाहिए कि क्या यह गांधीजी की महान् भूल नहीं थी?

यह भी कम आश्चर्य की बात नहीं है कि उन्हें 'अपनों' से ज्यादा 'गैरों' ने अपना माना। हाँ, यह बात अलग है कि कुछ 'अपनों' ने, जो उनके बड़े आलोचक माने जाते थे, उन सभी अर्थात् आचार्य कृपलानी, जयप्रकाश नारायण, डॉ. राममनोहर लोहिया, मीनू मसानी को अपनी राय बदलनी पड़ी। मधु लिमये ने अपने आलेख 'वल्लभभाई पटेल—फ्रीडम सरदार' में अपनी गलती को स्वीकारा।

इसी प्रकार भारतीय विद्या भवन द्वारा प्रकाशित 'भवन्स जर्नल' में जयप्रकाश नारायण सरदार पटेल को तब प्रतिक्रियावादी मानने की बड़ी भूल का प्रायश्चित्त करते नजर आए। इस लेख में जेपी लिखते हैं, ''सरदार को हमने गलत समझा, मेरे अंदर आज प्रधान भावना आत्म-भर्त्सना की है, क्योंकि उनके जीवनकाल में मैं महान् सरदार का केवल एक आलोचक ही नहीं, बल्कि एक प्रतिपक्षी भी रहा।''

दरअसल, सरदार पटेल व्यवहारवादी थे। वे दिवास्वप्न नहीं देखते थे। एक बार उन्होंने वामपंथियों से कहा था, ''पूरे देश में कोई एक प्रांत ले लो और उसे अपने ढंग से चलाकर दिखाओ कि कैसे वह राज्य सर्वश्रेष्ठ हो सकता है? फिर मैं अपना विचार छोड़कर आपका अनुयायी हो जाऊँगा।'' उनका मत था, ''हिंदुस्तान को अभी आजादी मिली है। दो-चार साल इंडस्ट्री बनें, कुछ उद्योग पैदा हों, तभी तो मजदूरों के लिए कुछ धन पैदा हो सकेगा और उन्हें हिस्सा मिल सकेगा। कोई चीज होगी ही नहीं, तो क्या बाँटोगे?'' यहाँ यह स्मरणीय है कि बेशक हम दूरदर्शी सरदार की राह पर नहीं चले,

पर हमारा पड़ोसी चीन उसी राह पर चलकर आज दुनिया की महाशक्ति बन गया है।

अपने विरोधी कम्युनिस्टों को करारा जबाव देते हुए उन्होंने एक बार कहा था, ''मुझे किसी से सोशलिज्म सीखने की जरूरत नहीं। मैंने वर्षों पहले ही फैसला किया था कि यदि पब्लिक लाइफ में काम करना हो, तो अपनी मिल्कियत नहीं रखनी चाहिए। तब से आज तक मैंने अपनी कोई चीज नहीं रखी, न मेरा कोई बैंक एकांउट है, न मेरे पास कोई जमीन है और न मेरे पास अपना कोई मकान है।''

आजादी के बाद की स्थिति से वे प्रसन्न नहीं थे। एक ही वर्ष में उनकी निराशा बार-बार सामने आई। इलाहाबाद विश्वविद्यालय के छात्रों को संबोधित करते हुए उन्होंने कहा था, ''अब तो ऐसा मालूम होता है कि हमें जालसाजियाँ करने और सत्ता की दौड़-धूप में आनंद आता है। आज जो मुकाबले होते हैं, उनमें खेल के स्वस्थ नियमों को ध्यान में न रखकर हम उन्हें गंदा बना देते हैं। केवल चाल के रूप में सत्य को सराहते हैं।...मैं आपको विश्वास दिलाता हूँ कि इस चित्र में कोई बात बढ़ा-चढ़ाकर नहीं दिखा रहा हूँ।'' स्पष्टता से अपनी बात रखनेवाले सरदार ने एक भाषण में यहाँ तक कहा, ''यदि सच्चा स्वराज चाहिए, तो हमें गांधीज़ी की बताई समाज रचना करना पड़ेगी। इसलिए मैं पुकार-पुकारकर सब जगह कह रहा हूँ कि आप गलत रास्ते पर चल रहे हैं। यदि इसी तरह से चलते रहेंगे तो कुछ दिन बाद लोग कहने लगेंगे कि इससे तो अंग्रेजों का राज अच्छा था। तब कम-से-कम खाना तो मिलता था।''

पूर्व विदेश सचिव की पुस्तक 'फॉरेन पॉलिसी : राजा राममोहन राय टू सिन्हा' में प्रकाशित पटेल का नवंबर १९५० में नेहरूजी को लिखा पत्र प्रमाण है कि पटेल बहुत दूरदर्शी थे। उन्होंने उस पत्र के माध्यम से नेहरू को चीन द्वारा तिब्बत को हड़पने की तैयारी के प्रति सावधान किया था। सीमाओं की सुरक्षा और गुप्तचर व्यवस्था मजबूत करने, सेना को आधुनिक बनाने, यातायात, संचार, वायरलैस, पूर्वोत्तर राज्यों की ओर विशेष ध्यान देने पर बल दिया था। इतिहास साक्षी है कि पटेल की चेतावनी की ओर ध्यान न देना हमें कितना महँगा पड़ा!

पंडित जवाहर लाल नेहरू से उनके अनेक मसलों पर मतभेद थे, लेकिन वे कहते थे, ''यदि मैं अपने लीडर का साथ न दे सकूँ तो मैं एक मिनट भी गवर्मेंट में नहीं रहूँगा। इस तरह की बेवफाई मेरे चरित्र में नहीं।'' प्रसिद्ध अमेरिकी पत्रकार एडगर स्नो के एक प्रश्न के उत्तर में स्वयं नेहरूजी ने भी उनके इस गुण को स्वीकारते हुए कहा था, ''मैं जानता हूँ कि मैं इशारा कर दूँ, तो सरदार मंत्रिमंडल छोड़ देंगे।''

यही क्यों, नेहरू के जन्मदिन पर बिस्तर पर लेटे-लेटे ही उन्होंने बधाई-पत्र लिखा तो एक सप्ताह बाद नेहरू स्वयं उनसे मिलने आ गए। तब पटेल ने कहा था, ''मेरा स्वास्थ्य थोड़ा ठीक हो जाए, मैं आपसे अकेले में बात करना चाहता हूँ। मुझे ऐसा

लग रहा है कि आप मुझमें अपना विश्वास खोते जा रहे हैं।'' इसके जवाब में नेहरू ने कहा था, ''मुझे तो यह लगता है कि मैं अपने आप में यकीन खोता जा रहा हूँ।'' यह विधि की विडंबना ही कही जाएगी कि उसके तीन सप्ताह बाद ही सरदार पटेल अनंत की यात्रा पर निकल गए। सरदार पटेल अपने कर्तव्य एवं धुन के पक्के थे। ईमानदारी उनका प्रथम प्रतिमान थी। महान् स्वतंत्रता सेनानी महावीर त्यागी ने अपने एक संस्मरण में लिखा है, ''एक बार मणिबेन कुछ दवाई पिला रही थीं। मैंने कमरे में दाखिल होते ही देखा कि मणिबेन की साड़ी में एक बहुत बड़ी थेगली (पैबंद) लगी है। मैंने जोर से कहा, 'मणिबेन, तुम तो अपने आप को बहुत बड़ा आदमी मानती हो, तुम एक ऐसे बाप की बेटी हो कि ऐसे बड़े राजों-महाराजों के सरदार की बेटी होकर तुम्हें शर्म नहीं आती?' बहुत मुँह बनाकर और बिगाड़कर मणि ने कहा, 'शर्म आए उनको, जो झूठ बोलते और बेईमानी करते हैं, हमको क्यों शर्म आए?' पर मैं उस समय शर्म से डूब मरा, जब सुशीला नायर से पता चला कि मणिबेन दिन भर सरदार साहब की खड़ी सेवा करती हैं, फिर डायरी लिखती हैं और फिर नियम से चरखा कातती हैं। जो सूत बनता है, उसी से सरदार पटेल के कुरते-धोती बनते हैं। जब वे धोती-कुरते फट जाते हैं, तब उन्हीं को काट-सीकर मणिबेन अपनी साड़ी-कुरती बनाती हैं। मैं उस देवी के सामने अवाक् खड़ा रह गया। कितनी पवित्र आत्मा है मणिबेन! उनके पैर छूने से हम जैसे पापी पवित्र हो सकते हैं! फिर सरदार बोल उठे, 'गरीब आदमी की लड़की है, अच्छे कपड़े कहाँ से लाए? उसका बाप कुछ कमाता थोड़े ही है।' सरदार के चश्मे का केस बीस बरस पुराना था। तीसियों बरस पुरानी घड़ी और कमानी का चश्मा, जिसके दूसरी ओर धागा बँधा था।

वह उदारता या बड़प्पन, यह जीवन दृष्टि आज किसी नेता में दिखती है? रियासतों के भारत-विलय के लिए जब वे निकलते तो एक थैला अपने पास रखते। लौटने पर लोग पूछते, 'आज कितनी रियासतें हैं आपके थैले में?' लेकिन आज के नेताओं के थैले में क्या हो सकता है, यह दोहराने की आवश्यकता नहीं है। महज पटेल की चर्चा या मूर्ति बना देने से देश का भला नहीं होगा। पटेल के तप, त्याग, आदर्श और योगी का स्वभाव, भारतीय राजनीति में कहीं जगह पा सके, इसके लिए नेता कोशिश करें, तो ही मुल्क का भला होगा।

सच तो यह है कि जिस राष्ट्र की एकता, अखंडता के लिए सरदार ने अपना सर्वस्व न्योछावर कर दिया, उसके संकीर्ण नेताओं ने ही उनके साथ न्याय नहीं किया। सूचना के अधिकार के अंतर्गत प्राप्त जानकारी के अनुसार, देश की मुख्य केंद्रीय योजनाओं में से १६ राजीव गांधी के नाम पर, ६ इंदिराजी के नाम पर और ३ नेहरूजी के नाम पर हैं, परंतु सरदार पटेल के नाम पर मात्र एक। देश के बड़े संस्थानों के नाम एक परिवार

की बपौती बनकर रह गए। जो कभी भी किसी संवैधानिक पद पर नहीं था, उसके नाम पर अनेक अस्पताल, कॉलेज, न जाने क्या-क्या! मन विद्रोह करता है—क्या सरदार कुकरमुत्तों से भी कमतर थे?

सरदार के प्रति अत्यंत श्रद्धा रखते हुए भी मेरे मन में एक टीस है कि जिस महापुरुष ने ५६२ रियासतों को भारत माँ विलय कराया, वही व्यक्ति आखिर कश्मीर पर धारा ३७० के विरोध में क्यों नहीं बोला? जब तथ्यों को टटोलता हूँ, तो सामने आता है एक और भीष्म का चेहरा! बिल के पास होने के बाद मित्र जैसे उनके सचिव ने पूछा था, 'आप जैसे राष्ट्रवादी से देश को यह आशा नहीं थी।' इस पर पटेल ने उत्तर दिया, 'यदि आज मैंने ३७० के पक्ष में अपना मत नहीं दिया होता तो नेहरू को यह कहने का मौका मिलता कि उनके संसद् में न रहने पर मैंने उनका विरोध किया।' काश! भीष्म प्रतिज्ञाबद्ध न होते तो महाभारत न होता! काश! सरदार पटेल को महात्मा गांधी न रोकते तो देश का इतिहास ही नहीं, भूगोल भी कुछ और ही होता! पटेल के प्रदेश में विशाल मूर्ति बनाने से ज्यादा जरूरी है, कश्मीर की जवाहर टनल से ५०० मील उस पार 'वल्लभ टनल' और सरदार की मूर्ति भी बने, तभी अखंड भारत के सरदार का स्वप्न साकार हो सकता है।

□

राष्ट्रीय एकता और अखंडता के प्रबल समर्थक लौहपुरुष सरदार वल्लभभाई पटेल

—डॉ. सुंदरलाल कथूरिया

वर्तमान भारत के निर्माताओं में लौहपुरुष सरदार वल्लभभाई पटेल का नाम स्वर्णाक्षरों में अंकित है। भारतीय स्वाधीनता संग्राम में तो उनका महत्त्वपूर्ण एवं उल्लेखनीय योगदान है ही, स्वतंत्रता-प्राप्ति के उपरांत भारत के प्रथम गृहमंत्री एवं उपप्रधानमंत्री के रूप में राष्ट्रीय एकता और अखंडता के लिए उनके द्वारा किए गए कार्यों का भी विशेष महत्त्व है। छह सौ से अधिक देशी रियासतों को भारत में मिलाना उन्हीं जैसे कूटनीतिज्ञ, मेधावी राजनेता और लौहपुरुष के वश की बात थी तथा इसके लिए निस्संदेह उन्हें चिरकाल तक याद किया जाएगा।

सरदार वल्लभभाई पटेल का जन्म गुजरात के आणंद तालुका के करमसद गाँव के एक पाटीदार कृषक परिवार में हुआ। उनके पिता का नाम झवेरभाई पटेल एवं माता का नाम लदबा था। वे अपने माता-पिता की चौथी संतान थे। उनके अग्रजों के नाम थे—सोमभाई, नरसीभाई और विट्ठलभाई। उनके अग्रजों में विट्ठलभाई पटेल ने भी अपने महान् कार्यों से अपने समय में पर्याप्त प्रतिष्ठा अर्जित की। क्रांति-चेतना, निर्भीकता और देशभक्ति के संस्कार वल्लभभाई को विरासत में अपने पिता से मिले। इनका जन्म ३१ अक्तूबर, १८७५* को इनकी ननिहाल-नाडियाद में हुआ। तब इनके पिता की आर्थिक स्थिति अच्छी नहीं थी, किंतु इनके माता-पिता धर्मपरायण, सेवाभावी, संयमी, निर्भीक और परिस्थितियों का डटकर सामना करनेवाले थे। झवेरभाई पटेल की दूसरी पत्नी लाडबाई (लदबा) की कोख से जनमे वल्लभभाई में भी ये गुण जन्मजात थे।

वल्लभभाई पटेल को शिक्षा के लिए करमसद, पैटलाद, नाडियाद, बड़ौदा और न जाने कहाँ-कहाँ भटकना पड़ा। अत्यंत मेधावी छात्र होने के बावजूद अपनी स्पष्टवादिता,

---

* विष्णु प्रभाकर की पुस्तक 'सरदार वल्लभभाई पटेल' में पृ. ६ पर यह तिथि ३१ अक्तूबर, १८७५ दी गई है।

निर्भीकता और न्याय की पक्षधरता के कारण अनेक बार अध्यापकों से इनकी खट-पट हो जाती थी, पर ये अपने सत्यनिष्ठ पक्ष पर डटे रहते थे। सत्याग्रह का पहला पाठ इन्होंने अपने छात्र-जीवन में ही पढ़ा था। इनकी निर्भीकता, अदम्य साहस, प्रत्युत्पन्नमतित्व, धैर्य आदि के अनेक उदाहरण बचपन से ही देखने को मिलते हैं। किसी ने ठीक ही कहा है—'होनहार बिरवान के होत चीकने पात।'

मैट्रिक के बाद वल्लभभाई ने डिस्ट्रिक्ट प्लीडर की परीक्षा उत्तीर्ण की, पर उनकी हार्दिक इच्छा विलायत जाकर बैरिस्टर बनने की थी और उसके लिए पर्याप्त धन की आवश्यकता थी, अत: उन्होंने निश्चय किया कि पहले वकालत कर वे धन एकत्र करेंगे। अपनी योजना के अनुसार वे दत्तचित्त होकर वकालत करने लगे और नामी-गिरामी वकील बन गए। अपने अकाट्य तर्कों और कानूनी नुक्तों से उन्होंने बड़े-बड़े मुकदमे जीते और संगीन अपराधों के अपने मुवक्किलों को बरी करवाया। अपने पेशे के प्रति वे बहुत ईमानदार और कर्तव्यनिष्ठ थे। एक बार हत्या के एक संगीन जुर्म में जब वे पैरवी कर रहे थे, तो उन्हें एक तार मिला, जिसमें उनकी पत्नी की मृत्यु की सूचना थी। उन्होंने तार पढ़ा, जेब में रखा और पुन: बहस करने लगे। बाद में जिस किसी को इसकी जानकारी मिली, वह दाँतों तले उँगली दबाकर रह गया। उस समय वल्लभभाई की उम्र केवल ३० वर्ष की थी, पर उन्होंने पुनर्विवाह नहीं किया।

एक कहावत है—'जहाँ चाह, वहाँ राह'। विलायत जाकर बैरिस्टर बनने की अपनी प्रबल इच्छा की पूर्ति के लिए सरदार पटेल ने धन-संग्रह कर एक कंपनी से पत्राचार किया और उसका अनुकूल परिणाम भी निकला, पर वहाँ से आया पत्र उनके बड़े भाई को मिला, क्योंकि अंग्रेजी में दोनों वी.जी. पटेल लिखते थे। तब वल्लभभाई से विट्ठलभाई ने कहा, "मैं तुमसे बड़ा हूँ, मुझे विलायत जाने दो। मेरे लौटने के बाद तुम्हें जाने का मौका मिलेगा, लेकिन तुम्हारे लौटने के बाद मैं विलायत नहीं जा सकूँगा।"* बड़े भाई की बात का सम्मान करते हुए वल्लभभाई ने उन्हें बैरिस्टर बनने के लिए पहले विदेश भेजा और स्वयं उनके लौटने के बाद बैरिस्टर की पढ़ाई करने के लिए विलायत गए। यह उनकी त्याग-वृत्ति का परिचायक है।

विलायत जाकर उन्होंने तल्लीनता के साथ बैरिस्टर की पढ़ाई की तथा प्रथम श्रेणी में सर्वप्रथम स्थान पर रहे। उन्हें दो टर्म की छूट के साथ पचास पौंड का पुरस्कार भी मिला। मुख्य परीक्षक की सिफारिश के अनुसार उन्हें न्याय-विभाग में उच्च पद पर नियुक्ति मिल सकती थी, किंतु उन्होंने अहमदाबाद में बैरिस्टरी करना ज्यादा ठीक समझा और इस क्षेत्र में उनकी धाक भी जम गई। पर उन्हें तो भारत को स्वतंत्र कराने के लिए देश-सेवा का गुरुतर कार्य करना था।

---

* सरदार वल्लभभाई पटेल, विष्णु प्रभाकर, पृ. १३ (नेशनल बुक ट्रस्ट, इंडिया, १२वीं आवृत्ति : २०१२)

वल्लभभाई पटेल के सार्वजनिक जीवन का प्रारंभ नवंबर १९१७ में गोधरा की गुजरात राजनीतिक परिषद् से हुआ। इस परिषद् द्वारा बेगार प्रथा को हटवाने का दायित्व वल्लभभाई को सौंपा गया। इस दायित्व को उन्होंने मुस्तैदी से निभाया। इन्हीं दिनों खेड़ा जिले में भयंकर वर्षा के कारण रुपए में चार आना फसल भी नहीं हुई। कानूनन सरकार लगान वसूल नहीं कर सकती थी, पर फर्जी आँकड़ों के आधार पर सरकार लगान वसूलने पर तुली हुई थी, जबकि पूरा खेड़ा खंड भयंकर सूखे से जूझ रहा था। खेड़ा सत्याग्रह के दौरान वल्लभभाई महात्मा गांधी के संपर्क में आए और उनके लिए अपरिहार्य हो गए। खेड़ा के किसानों और सरकार के दावों की सत्यता को जाँचने के लिए गांधीजी ने वल्लभभाई की सहायता से आँकड़ों का निरीक्षण-परीक्षण किया और किसानों के पक्ष को सही पाया तथा किसानों का नेतृत्व करते हुए सत्याग्रह किया। उन्होंने किसानों से कहा कि वे कर न दें। अंततः सरकार को झुकना पड़ा और उस वर्ष किसानों को कर में राहत दी गई। यह वल्लभभाई पटेल की सार्वजनिक जीवन की पहली बड़ी सफलता थी।

सन् १९१९ में जब गांधीजी ने रौलेट ऐक्ट के विरुद्ध देशव्यापी सत्याग्रह का आह्वान किया तो वल्लभभाई घर-बार को त्यागकर जन-जागरण के लिए प्राणपण से जुट गए और उन्होंने ब्रिटिश सरकार से लोहा लिया। उस समय वे म्युनिसिपल कमेटी अहमदाबाद, के सदस्य भी थे। गांधीजी के 'असहयोग आंदोलन' के समय उन्होंने जनता को अंग्रेजी शिक्षा के बहिष्कार की आवश्यकता समझाई। इसी समय नागपुर में 'झंडा सत्याग्रह' शुरू हो गया और जमनालाल गिरफ्तार हो गए। तब 'झंडा सत्याग्रह' का नेतृत्व वल्लभभाई के सबल कंधों पर आया। उनके कुशल नेतृत्व में सारे देश से जत्थे के जत्थे सत्याग्रह में भाग लेने के लिए आने लगे। उस अवसर पर अपने भाषण में वल्लभभाई पटेल ने कहा कि राष्ट्रध्वज के साथ जुलूस निकालना भारतीय जनता के मूलभूत अधिकार की रक्षा से जुड़ा है, इसके पीछे यूनियन जैक की अवमानना की दुर्भावना नहीं है। अंततः सरकार ने न केवल राष्ट्रध्वज के साथ जुलूस निकालने की अनुमति दी, वरन् सत्याग्रही कैदियों को भी जेल से मुक्त कर दिया। इसके अतिरिक्त उन्होंने बोरसद तालुके में मुंड कर के विरुद्ध सफल आंदोलन कर उस कर को रद्द करवाया। सन् १९२७ में गुजरात में भयंकर बाढ़ आई। उस समय सरदार पटेल प्रांतीय कांग्रेस एवं अहमदाबाद म्युनिसपैलिटी के अध्यक्ष थे। उस विषम परिस्थिति में उन्होंने जनता की जी-जान से सेवा की। उनके अथक प्रयत्नों से वहाँ की स्थिति का जायजा लेने के लिए स्वयं वाइसराय आए तथा वहाँ की विभीषिका को देखकर गिरे हुए मकानों को बनवाने के लिए एक करोड़ रुपए की सहायता प्रदान की। वल्लभभाई पटेल की इस अप्रत्याशित सफलता से जहाँ जनता में हर्षोल्लास की लहर दौड़ गई, वहाँ महात्मा गांधी ने भी यह कहकर उनकी प्रशंसा की कि यह सेवा-भावना, सत्य और अहिंसा की विजय है।

बारदोली में सन् १९२८ में जो अहिंसक आंदोलन हुआ और जिसका नेतृत्व वल्लभभाई पटेल ने किया, उसने उन्हें 'सरदार' बना दिया। सन् १९२८ के 'रिवीजन सैटिलमेंट' में इस इलाके का लगान २२ प्रतिशत बढ़ा दिया गया, जिसका जनता ने प्रबल विरोध किया। जनप्रतिनिधियों का एक शिष्टमंडल सरकार से भी मिला, पर ढाक के वही तीन पात रहे। जनता वल्लभभाई के पास पहुँची और गांधीजी से परामर्श कर वल्लभभाई ने कर वृद्धि के खिलाफ जन-आंदोलन खड़ा कर दिया। उनके आह्वान पर सभी किसान एकजुट हो गए और उन्होंने महसूल न देने का निश्चय किया—भले ही उन्हें असहनीय कष्ट क्यों न उठाने पड़ें। परिणामत: सरकार ने अत्याचारों की इंतिहा कर दी—घरों को लूटा, आग लगाई, नीलामियाँ कीं, स्त्रियों को भी न छोड़ा, पर जनता टस-से-मस न हुई। आबाल-वृद्ध अहिंक बने रहे और मरने-मिटने को तैयार रहे। ऐसे समय में कन्हैयालाल मुंशी बारदोली आए और वहाँ का आँखों देखा प्रभावपूर्ण विवरण बंबई सरकार को भेजा। परिणामत: बंबई की सरकार ने अपनी कौंसिल के एक सदस्य सर चुन्नी लाल मेहता तथा मुंशी को गांधीजी तथा वल्लभभाई के पास बातचीत और समझौते का मसौदा तैयार करने को भेजा। समझौते की सारी बातें सत्याग्रहियों के अनुकूल थीं। वल्लभभाई की इस नेतृत्व-क्षमता और 'बारदोली सत्याग्रह' की अंतिम परिणति को देखकर महात्मा गांधी ने वल्लभभाई को 'बारदोली का सरदार' कहकर सम्मानित किया। बाद में वे पूरे भारत में 'सरदार' के ही नाम से विख्यात हो गए।

महात्मा गांधी एवं अन्य स्वाधीनता सेनानियों के समान सरदार वल्लभभाई पटेल ने भी बहुत बार जेल की यातनाएँ भोगीं। गांधीजी के 'डांडी मार्च' की सारी योजना सरदार पटेल की देख-रेख में तैयार हुई, किंतु 'डांडी मार्च' से ५ दिन पहले ७ मार्च, १९३० को उन्हें बंदी बना लिया गया। उन्हें तीन माह की सख्त कैद के साथ ५०० रुपए का जुरमाना भी हुआ, जिसके अदा न करने पर तीन सप्ताह की और कैद भुगतनी थी। छूटने के बाद १३ जून, १९३० को उन्हें फिर गिरफ्तार कर लिया गया और फिर से तीन महीने की सजा हुई। उनके भाषणों के कारण दिसंबर के दूसरे सप्ताह में उन्हें फिर गिरफ्तार किया गया और ९ महीनों की सजा हुई, पर इंग्लैंड में हुई 'पहली गोलमेज कॉन्फ्रेंस' के फलस्वरूप २५ जनवरी, १९३१ को २६ बड़े नेताओं को जब जेल से छोड़ा गया, तो उनमें सरदार पटेल भी एक थे। ४ जनवरी, १९३२ को गांधीजी के साथ सरदार वल्लभभाई पटेल को भी बंदी बना लिया गया और वे दोनों १६ महीनों तक करागार में साथ-साथ रहे। वहाँ रहते हुए वल्लभभाई का गांधी के प्रति सेवा-भाव, प्रेम-ममत्व, प्रत्युत्पन्न-मतित्व और विनोदप्रियता के साथ व्यंग्य-वक्रता देखते ही बनती है। जेल में रहते समय सरदार पटेल को दो बार दो दु:खद समाचारों से रू-ब-रू होना पड़ा। नवंबर १९३२ में उन्हें अपनी माताजी के स्वर्गवास का हृदय-विदारक समाचार मिला, तो बाद में अपने अग्रज विट्ठलभाई

का जिनेवा में परलोकगामी हो जाने का। इन समाचारों से निस्संदेह सरदार को गहरा आघात पहुँचा और वे अस्वस्थ रहने लगे। जुलाई १९३४ को सरदार पटेल को बंदीगृह से मुक्त कर दिया गया। सरदार पटेल को १७ नवंबर, १९४० को पुनः साबरमती जेल में बंद कर दिया गया, जबकि उन्हें १८ नवंबर, १९४० को सत्याग्रह पर बैठना था और उनका स्वास्थ्य भी ठीक नहीं था। १९ अगस्त, १९४२ से १५ जून, १९४५ तक सरदार पटेल अहमदनगर के किले में बंद रहे। भारत को स्वतंत्रता दिलाने के लिए गांधी, नेहरू तथा अन्य अनेक नेताओं के समान सरदार वल्लभभाई पटेल ने अपना सर्वस्व देश के लिए समर्पित कर दिया तथा सहर्ष जेल की यंत्रणाएँ सहीं।

स्वाधीनता-प्राप्ति के पूर्व सरदार वल्लभभाई पटेल ने राष्ट्रीय कांग्रेस एवं अन्य प्रशासनिक दायित्वों के निर्वहन में महत्त्वपूर्ण भूमिका निभाई। सन् १९३७ तक वे दो बार राष्ट्रीय कांग्रेस के अध्यक्ष निर्वाचित हुए और उनके कार्यकाल में कई महत्त्वपूर्ण प्रस्ताव पारित हुए। उन्होंने सदैव स्वयं को किसान समझा। उनका विश्वास भाषणों में नहीं, कार्य करने में था। मार्च १९३१ में कराची में हुए कांग्रेस के राष्ट्रीय अधिवेशन में सरदार पटेल का अध्यक्षीय भाषण अत्यंत संक्षिप्त था। सन् १९३७ में हुए प्रांतीय विधानसभाओं के चुनाव में ११ प्रांतों में से ८ में कांग्रेस को बहुमत मिला और इन ८ प्रांतों में कांग्रेस के मंत्रिमंडल बने। तब सरदार वल्लभभाई पटेल पार्लियामेंटरी बोर्ड के अध्यक्ष थे। इस पद पर रहते हुए कई बार सरदार को विषम परिस्थितियों का सामना करना पड़ा। उनके विरुद्ध आक्षेप-प्रत्याक्षेप भी लगे; पर सच्चाई सामने आने पर वे बेदाग निकले। २ सितंबर, १९४६ में जब केंद्र में अंतरिम सरकार बनी तो पं. जवाहरलाल नेहरू को इसका नेता बनाया गया तथा सरदार पटेल को गृह-विभाग का दायित्व दिया गया। मुसलिम लीग को वित्त विभाग की जिम्मेदारी दी गई। सरदार पटेल इसी समय से देशी रियासतों के एकीकरण में भी जुट गए।

१५ अगस्त, १९४७ को भारत को जो आजादी मिली, एक प्रकार से वह आधी-अधूरी थी। अखंड भारत अंग्रेजों की कूटनीति के चलते हिंदुस्तान (भारत) और पाकिस्तान में विभाजित हो गया। अंग्रेजों ने एक और चाल चली कि देश के लगभग छह सौ रजवाड़ों को स्वतंत्र घोषित कर उन्हें यह अधिकार भी दे दिया कि वे भारत, पाकिस्तान किसी भी देश में शामिल हो सकते हैं या स्वतंत्र रह सकते हैं।

अधिकतर प्रांतीय समितियाँ सरदार पटेल को प्रधानमंत्री बनाने के पक्ष में थीं, पर महात्मा गांधी पं. जवाहर लाल नेहरू को प्रधानमंत्री बनाना चाहते थे। उनकी इच्छा का सम्मान करते हुए सरदार वल्लभभाई पटेल ने प्रधानमंत्री पद के लिए पं. नेहरू का समर्थन किया। फलतः पं. जवाहरलाल नेहरू स्वतंत्र भारत के प्रथम प्रधानमंत्री और सरदार वल्लभभाई पटेल प्रथम उपप्रधानमंत्री एवं प्रथम गृहमंत्री बने। देशी राज्यों से संबंधित

विभाग भी सरदार पटेल को ही सौंपा गया। ब्रिटिश सरकार के अंतिम वाइसराय लॉर्ड माउंटबेटन को स्वतंत्र भारत की पहली सरकार का पहला गर्वनर जनरल बनाया गया।

गृहमंत्री का कार्यभार सँभालते ही सरदार पटेल की पहली प्राथमिकता देशी रियासतों को भारतीय गणराज्य में सम्मिलित करने की थी। यदि ऐसा न हो पाता तो देश सैकड़ों टुकड़ों में विभाजित हो जाता। सारे राजे-रजवाड़ों को इसके लिए सहमत कर लेना एक दुष्कर कार्य था, क्योंकि अनेक नवाबों और राजे-रजवाड़ों को मि. जिन्ना अपनी ओर खींचने का प्रयास कर रहे थे और पाकिस्तान में मिलाना चाहते थे। ऐसे में भारत के राजनैतिक एकीकरण का कार्य निस्संदेह एक टेढ़ी खीर था। यह कार्य संभवतः लौहपुरुष सरदार पटेल के अलावा किसी और के वश का नहीं था।

तत्कालीन गृहसचिव श्री वी.पी. मेनन के साथ मिलकर सरदार पटेल ने एक योजना तैयार की और सभी राजाओं को देश-हित का हवाला देते हुए एक ऐसा पत्र लिखा कि उनका भय दूर हो गया। बार-बार मिलकर उनसे बातचीत की गई और छोटे-छोटे राज्यों के ताल्लुकेदारों के साथ यह करार किया गया कि वे उसी स्थिति में रहेंगे, जिसमें वे स्वाधीनता-प्राप्ति के पूर्व थे। इस प्रकार अपने अनथक परिश्रम, सूझ-बूझ, स्नेह एवं उदारता के बल पर सरदार पटेल ने अधिकतर राजाओं से करारनामे पर हस्ताक्षर करा लिये, अर्थात् अधिकतर राजाओं ने स्वेच्छा से भारतीय संघ में विलय के प्रस्ताव को स्वीकार कर लिया। ये रजवाड़े राष्ट्रीय सुरक्षा, विदेशों के साथ संबंध तथा डाक-तार और रेल व्यवहार की शर्तों पर भारतीय संघ से जुड़े। त्रावणकोर, भोपाल, जोधपुर, जैसलमेर, हैदराबाद, जूनागढ़ और उसके आश्रित मुसलिम राज्य मागरोल और माणवेदर, जम्मू एवं कश्मीर के राजे-रजवाड़े या नवाब भारतीय संघ में विलय के पक्ष में न थे—वे इसके लिए न केवल आना-कानी कर रहे थे, वरन् तरह-तरह की चालें भी चल रहे थे। किंतु इनमें से कुछ रियासतें जनता के विद्रोह के कारण, कुछ भविष्य के डर से और कुछ असुरक्षा की भावना से अंततः भारतीय संघ में विलय के लिए तैयार हो गईं। केवल जम्मू-कश्मीर, जूनागढ़ तथा हैदराबाद के राजाओं-नवाबों ने इस विलय को स्वीकार नहीं किया और वे अपनी संप्रभुता पर अड़े रहे। इनमें से जूनागढ़ में प्रजा के असंतोष और विद्रोह के कारण वहाँ का नवाब अपने हीरे-जवाहरात लेकर पाकिस्तान भाग गया और जूनागढ़ का विलय भारतीय संघ में हो गया। बिना किसी खून-खराबे के इतनी सारी रियासतों का भारत में विलय सरदार पटेल की दूरदर्शिता, समझदारी और परिपक्व राजनीति का ही परिणाम था।

हैदराबाद के निजाम ने जब अंत तक सरदार पटेल के शांतिपूर्ण प्रस्ताव को स्वीकार नहीं किया और अपनी रियासत के भारत में विलय के लिए तैयार नहीं हुआ, तो विवश होकर सरदार ने वहाँ सेना भेजी तथा निजाम को आत्मसमर्पण करना पड़ा।

इस प्रकार हैदराबाद का विलय भी भारत में हो गया। सरदार पटेल कश्मीर पर भी कारवाई करना चाहते थे, किंतु उन्हें ऐसा करने से पं. जवाहरलाल नेहरू ने यह कहकर रोक दिया कि यह अंतरराष्ट्रीय समस्या है, अतः इसे मुझ पर छोड़ दो। यदि उस समय कश्मीर पर सख्त कारवाई करने से पं. नेहरू ने सरदार पटेल को न रोका होता, तो जिस तरह कश्मीर समस्या आज तक भारत का सिरदर्द बनी है, वह न होती।

लगभग छह सौ देशी रज्यों का भारतीय संघ में विलय सरदार वल्लभभाई पटेल की बहुत बड़ी उपलब्धि है। इसकी प्रासंगिकता आज तक बनी हुई है। आज तो प्रांतों को विभाजित कर छोटे-छोटे पृथक् प्रांतों में विभाजित किया जा रहा है। विभाजन की यह प्रवृत्ति भविष्य में देश के लिए घातक हो सकती है। सीमावर्ती प्रांतों पर भारत के पड़ोसी देशों की कुदृष्टि लगो है तथा गाहे-बगाहे वे न केवल भारतीय सीमा का अतिक्रमण करते रहते हैं, वरन् यहाँ के निर्दोष नागरिकों एवं सैनिकों के साथ भी अमानवीय क्रूरताएँ करते रहते हैं। इन स्थितियों से निबटने के लिए आज राष्ट्र को पुनः सरदार पटेल जैसे राष्ट्रनिष्ठ लौहपुरुष की आवश्यकता है। देशी रियासतों के एकीकरण का जो कठिन और महान् कार्य सरदार पटेल ने किया, उसके लिए पं. जवाहरलाल नेहरू ने उनके प्रति हार्दिक आभार व्यक्त किया। हालाँकि उन दोनों में कुछ बातों को लेकर मतभेद थे और उनके संबंध तनावपूर्ण थे। पं. नेहरू ने संविधान सभा में कहा था, "छह महीने पहले मैं भी नहीं कह सकता था कि आज जो सैकड़ों साल पुरानी सामंतशाही उखड़ रही है, वह इतनी आसानी से उखड़ जाएगी। इस टेढ़ी और कठिन स्थिति से निपटने के विषय में हम पर मेरे मित्र व सहयोगी उपप्रधानमंत्री (सरदार पटेल) का आभार है। पाकिस्तान बनने के बाद भारत को विशाल भारत बनाने में सरदार पटेल का योगदान इतिहास में सदा स्मरण किया जाएगा।"* निस्संदेह सरदार पटेल विशाल भारत के निर्माता थे।

हृदयरोग एवं पेट की पुरानी बीमारी से ग्रस्त होने के बावजूद लौहपुरुष सरदार पटेल के जीवन के अंतिम तीन वर्ष समग्र देश को एकता के सूत्र में पिरोने, प्रशासन एवं संगठन को चुस्त-दुरुस्त करने, शांति स्थापित करने, भावी समृद्धि की नींव रखने, प्रशासनिक, कानूनी एवं आर्थिक व्यवस्था को नया रूप देने तथा भारतीय संविधान को गणतंत्रीय आधार देने में क्रमशः व्यतीत हुए। इन तथ्यों का उल्लेख सरदार पटेल के निजी सचिव वी. शंकर ने किया है। जीवन के अंतिम वर्षों की सरदार पटेल की ये उपलब्धियाँ निश्चय ही अत्यधिक महत्त्वपूर्ण एवं रेखांकनीय हैं।

देशी रियासतों के एकीकरण के कार्य को देखकर सरदार पटेल को पूरे देश में 'लौहपुरुष' के नाम से जाना जाने लगा। वे अपनी दूरदर्शिता के लिए भी बहुत प्रसिद्ध

---

* सरदार वल्लभभाई पटेल, विष्णु प्रभाकर, पृ. ५३, नेशनल बुक ट्रस्ट, इंडिया, १२वीं आवृत्ति : २०१२

थे। यदि उनकी दूरदर्शिता का उस समय पूरा लाभ लिया गया होता तो भारत अनेक समस्याओं से बच गया होता, जिनमें से कश्मीर समस्या का उल्लेख पहले ही किया जा चुका है। सन् १९५० में पं. नेहरू को एक पत्र लिखकर उन्होंने चीन की छद्‌म मैत्री तथा कपटपूर्ण विश्वासघाती रवैए के प्रति आगाह किया था, किंतु पं. नेहरू ने उसकी ओर कोई ध्यान नहीं दिया और उसका खामियाजा बाद में उन्हें भुगतना पड़ा। तिब्बत पर चीन के कब्जे से होनेवाली समस्याओं की ओर भी उन्होंने पं. जवाहरलाल नेहरू का ध्यान आकर्षित किया था, पर उसे भी पं. नेहरू ने अनसुना कर दिया था। पं. नेहरू ने यदि उनकी बात मान ली होती तो सन् १९५० में ही गोवा स्वतंत्र होकर भारत का अंग बन गया होता और सन् १९६१ तक गोवा की स्वतंत्रता की प्रतीक्षा न करनी पड़ती।

सरदार पटेल पाकिस्तान की छद्‌म नीतियों और कुटिलतापूर्ण चालों के प्रति भी सजग थे। देश की विघटनकारी शक्तियों को भी वे बखूबी पहचानते थे तथा उनके प्रति पूरी तरह सावधान थे। भारतीय कम्युनिस्टों की रूसभक्ति और मुसलिम लीग की गतिविधियों से वे चिंतित थे। अनेक चिंतकों ने लौहपुरुष सरदार की तुलना जहाँ बिस्मार्क से की है, वहाँ एक कूटनीतिज्ञ के रूप में उनकी तुलना चाणक्य से तथा ऐक्य-विधायक के रूप में उनकी समता अब्राहिम लिंकन ने की है। दूरदर्शिता में वे शिवाजी के समान थे तथा विलक्षण प्रतिभा के धनी भी।

७५ वर्ष से कुछ अधिक आयु में १५ दिसंबर, १९५० की रात में बंबई में सरदार पटेल ने अंतिम साँस ली। उनकी मृत्यु हृदय रोग से हुई। उनकी अंतिम यात्रा में राष्ट्रपति राजेंद्र प्रसाद, प्रधानमंत्री पं. जवाहरलाल नेहरू एवं अन्य बहुत से नेता बंबई पहुँचे। उनके अंतिम संस्कार में लगभग पाँच लाख लोग श्मशान भूमि गए थे। अश्रुपूरित आँखों से देशवासियों ने इस महान् देशभक्त, स्वाधीनता सेनानी एवं विशाल भारत के निर्माता को अंतिम विदाई दी। अपने पार्थिव शरीर से यद्यपि सरदार पटेल आज हमारे बीच नहीं हैं, तथापि वे अपनी उत्कट देशभक्ति, अद्‌भुत संगठन क्षमता, विलक्षण राजनीतिज्ञता, राष्ट्रीय एकता के प्रति अटूट निष्ठा, सांप्रदायिक सद्‌भाव, ईमानदारी, सत्यनिष्ठा, चट्टान की सी दृढता, स्पष्टवादिता, निर्णयात्मक क्षमता, कार्यकुशलता आदि के लिए चिरकाल तक याद किए जाएँगे और हमारे बीच रहेंगे। उनके द्वारा किए गए महान् कार्य, विशेषत: राष्ट्रीय अखंडता और एकता की दिशा में किए गए कार्य, अपने समय में जितने प्रासंगिक थे, आज उससे कहीं अधिक प्रासंगिक हैं।

□

राजनीति में मूल्यों के सार्थवाह : सरदार पटेल

—असीम शुक्ल

'चर चै मधु विन्दते', जो गतिमान रहते हैं, वे ही मधु प्राप्त करते हैं। कहने का आशय है, वे कौन से नरपुंगव हैं, जो अपने भौतिक शरीर के विसर्जन के उपरांत भी चिन्मय रूप में गतिमान रहकर पूरे राष्ट्र को निरंतर गतिमान रहने योग्य बना जाते हैं? धन्य वह जननी, जो अपनी कुक्षि से ऐसे कमल का अवदान करती है, जो अपनी सुरभि से, अपने कर्म-पल्लवों, अपने त्याग रूपी पराग से तीनों कालों से संलिष्ट रहते हैं। दिनकरजी ने 'उर्वशी' में संभवतः पुरुरवा के माध्यम से इस युग में प्रादुर्भूत मनुष्य से तादात्म्य स्थापित करते हुए ही कहा होगा, "सुनती हो नागिनी, समझती हो इस स्वर को, कहीं और देखा है ऐसे नर को, जिसे न चढ़ता जहर, न तो उन्माद कभी ऊपर आता है, समर भूमि में मरने से भी नहीं कभी घबराता है।" ये पंक्तियाँ ऐसे वट वृक्ष की ओर संकेत करती हैं, जिसने भारत माता को अखंड रखने के लिए अग्निपथ पर चलकर हिमालय से लेकर कन्याकुमारी तक पावन भूमि को एक सूत्री कर दिखाया। वह कोई और नहीं था, सोमनाथ की धरती पर जनमा सरदार वल्लभभाई पटेल नामधारी नरपुंगव था।

अपनी-अपनी ढपली अपना-अपना राग बजानेवाली अनेक रियासतें और उनके छत्रप समूचे राष्ट्र को एक ऐसे अरण्य में बदल देने के लिए कुचक्र रचना में रत थे, जहाँ पूरे राष्ट्र की जनता विदेशी आक्रांताओं की खूनी दाढ़ के नीचे रहने को विवश रहती। वल्लभभाई पटेल, जिन्हें हिमाच्छादित ज्वालामुखी की संज्ञा दी गई, वे इस विषैली राजनीति से राष्ट्र को मुक्त कराने के लिए लौहपुरुष बनकर खड़े हो गए थे। कश्मीर, हैदराबाद, जूनागढ़ तथा कई छोटी-बड़ी रियासतों के क्षत्रप विघटनकारी गतिविधियों के शिकार होकर अखंड भारत को खंडित करने की दिशा की ओर कदम बढ़ा रहे थे।

सत्पथ में अवरोध सर्वथा असहनीय रहा हो, जिसके रक्त में रक्त की यात्रा रघुवंश से जुड़ी हुई है। सरदार वल्लभभाई पटेल के वंश का इतिहास हम खँगालने बैठते हैं, तो हमें उसका छोर इक्ष्वाकुवंश से जुड़ा मिलता है। मर्यादा पुरुषोत्तम राम के दोनों

नौनिहाल लव और कुश की वंश परंपरा के अंतिम छोर संभवतः झवेरभाई पटेल, वल्लभभाई पटेल के पिता थे, जिनका वंश कुरमी कही जानीवाली एक क्षत्रिय उपजाति से जुड़ा। इस कुरमी जाति की दो उपजातियाँ लव और कुश वंशज कही जाती हैं। एक का नाम 'लेवा' और दूसरी का नाम 'कदवा' जाना जाता है। कहा जाता है कि लेवा उपजाति को लव का वंशज मानते हैं और कदवा उपजाति को कुश से जोड़कर देखते हैं। सरदार वल्लभभाई पटेल लेवा यानी लव के वंशज हैं। इसी पौराणिक इतिहास के अवगाहन से हम इस निर्णय पर पहुँचते हैं कि सचमुच स्वभाव से पराक्रमी, कर्मशील, मर्यादित, धीर-गंभीर, अल्पभाषी पटेल पर मर्यादा पुरुषोत्तम का संस्कार दिखाई पड़ता है। ३१ अक्तूबर, १८७५ को जनमे सरदार पटेल की संस्कृति उनके किए कार्यों में स्पष्ट देखी ही नहीं जा सकती, अपितु समूचे राष्ट्र के लिए मार्गदर्शन का कारक सिद्ध है।

"सिद्धांत को आचरण में परिवर्तित करने के लिए जिस निर्णय-क्षमता की आवश्यकता होती है, वह मुझे कहीं और से नहीं मिली, वह मिली मुझे सरदार वल्लभभाई पटेल के हिमालयी दृढतावाले व्यक्तित्व से। मैं सदैव उनके जीवन काल और उसके बाद उनकी कालजयी इस्पाती क्षमता से अनुप्राणित होता रहा हूँ।" ये शब्द किसी और के नहीं, बल्कि भारत के पूर्व राष्ट्रपति सर्वपल्ली डॉ. राधाकृष्णन के हैं।

बीज अंकुरित होकर जब अपनी विकास-यात्रा शुरू करता है, तब उसके अंतस में वृक्ष बनकर जीव-जगत् को छाया देने की जल्दी होती है, फल देकर सभी जीवों की क्षुधा का शमन करने की तीव्र इच्छा होती है। यही इच्छा, तत्परता एक ऐसी महत्त्वाकांक्षा के रूप में होती है, जो मानव धर्म का एक शुभ पक्ष कही जा सकती है। यही स्थिति रूपांतरित परिवेश में यदि मनुष्य में देखनी है, और वह भी राजनीति के मैदान में सत्य के प्रति समर्पित योद्धा के रूप में, तो सबकी दृष्टि ठहरेगी सिर्फ और सिर्फ सरदार वल्लभभाई पटेल पर।

गाँव-गाँव से लौह खंडों का संग्रहण व्यापक स्तर पर हो रहा है। हँसिया, कुदाली, फावड़ा, हल की फाल, खुरपी, जो कृषकों के लिए जंग खाकर टूटकर बेकार साबित हो चुके हैं। इन बेकार कहे जानेवाले उपकरण का भी अपना, जड़ होते हुए भी, एक जीवनदर्शन है। इन्हीं की बदौलत जीवन संचालन की धुरी गतिमान रहती है। पेट की आग बुझती है, किसान की बेटी हाथ पीले कर ससुराल जाती है। धरती का सीना फाड़कर किसान हमारी उदर-पूर्ति इनके बिना भला कैसे कर पाता? प्रत्यक्षतः ये जड़ हैं, किंतु चेतन भी चेतन इनकी वजह से हैं। हम इनके प्रति कृतघ्न भाव नहीं रखते, अपितु कृतज्ञ भाव से एक ऐसे युगपुरुष की प्रतिमा का साधन बना रहे हैं, जिसके कारण हम काल के रथ को मानव जगत् के हित की दिशा में मोड़ पाए हैं, संगठित होकर एक सूत्री होकर। विविध रंगों के फूल हैं हम, विश्व कल्याण के चिंतन के धागे में बिंधकर

एक सूत्री हैं। ऐसे युगपुरुष सरदार पटेल की प्रतिमा हमारी उदात्त चेतना में सदैव बनी रहेगी। यह प्रतिमा जीवन के सतत प्रवाह के लिए प्रेरणा का स्रोत रहेगी। विश्वास और सकारात्मकता दोनों ही व्यवस्था संचालन के लिए आवश्यक होते हैं। प्रशासनिक अधिकारी किसी भी शासन की मशीन के लिए एक महत्त्वपूर्ण पुरजे का कार्य करते हैं। उनपर यदि नेतृत्व अपनी पकड़ और विश्वास को ढीला कर देंगे तो कानून व्यवस्था शिथिल हो जाएगी। ऐसी ही एक घटना सरदार वल्लभ पटेल के गृह मंत्रालय सँभालने के समय की है। प्रशासनिक सेवा में चयनित एक सज्जन के विषय में गृहमंत्री पटेल के कानों में यह पड़ा कि अमुक व्यक्ति साम्यवादी विचारधारा का है। अत: ऐसा व्यक्ति प्रशासनिक सेवा के लिए देशहित की दृष्टि से उपयुक्त नहीं है। गृहमंत्री पटेल ने आदेश दिया कि अमुक व्यक्ति को अमुक तिथि और समय के अनुसार मुझसे मिलना होगा। उक्त व्यक्ति निश्चित तिथि और समय पर पटेल के समक्ष उपस्थित हुआ। पटेल ने उस व्यक्ति की शक्ल की तरफ भी नहीं देखा। प्रश्न किया, "क्या आप कम्युनिस्ट हैं?" उक्त व्यक्ति का उत्तर, "नहीं श्रीमान।" "ठीक है, आप जा सकते हैं", पटेल ने कहा। यह है—विश्वास और सकारात्मकता का मणिकांचन योग! इस प्रकार देश की कानून व्यवस्था के प्रति तत्कालीन गृह मंत्री सरदार पटेल की सजगता और दूरदर्शिता अपने आप में सभी नेतृत्व करनेवालों के लिए एक उदाहरण है।

समस्याओं का बड़े-से-बड़ा आयुध झेल सकने में समर्थ सरदार पटेल का वक्ष कितने अदम्य साहस और शक्ति का भंडार होगा, ऐसी अनेक घटनाएँ इस संदर्भ में हमारे सामने उदाहरणस्वरूप रखी जा सकती हैं। सरदार वल्लभभाई पटेल महात्मा गांधी की तरह भारतीय राजनीति के आकाश में धूमकेतु के सदृश उदित होते सहसा सबको नहीं दिखाई पड़े थे और न ही पं. जवाहरलाल नेहरू की तरह हर प्रकार से संपन्न परिवार में जनमे थे। सरदार पटेलजी साधारण मेहनती किसान के घर में जनमे थे। उन्होंने जो कुछ पाया, वह अपनी योग्यता, संगठनशक्ति तथा परदु:खकातरता की प्रकृति के कारण पाया। भारतीय जनता को उनके इन गुणों का परिचय बारदोली संग्राम में मिली विजय से ही मिल गया था। कांग्रेस ने उनके इन्हीं महान् गुणों तथा अपराजेय व्यक्तित्व के कारण उन्हें कांग्रेस का अध्यक्ष चुना तथा संगठनात्मक कार्यों को सफलता की दिशा में आगे बढ़ाकर सरदार पटेल की विदग्ध प्रतिभा का लाभ उठाया।

यही स्थिति बारदोली के आंदोलन में भी थी। ब्रिटिश सरकार ने बेतहाशा किसानों के ऊपर कर का बोझ लादकर उन्हें रोटियों से भी वंचित कर दिया। बारदोली की जनता में त्राहि-त्राहि मच गई। मवेशी, खेत, मकान, यहाँ तक कि घर का सामान भी ब्रिटिश आततायियों ने कुर्क कर लिया। कर न देने पर मजदूर-किसान जेलों में ठूँस दिए गए। ऐसी स्थिति में अगर किसी का सहारा था तो सिर्फ सरदार पटेल का। जब अंग्रेजी

हुकूमत अत्याचार करते-करते थक गई, तब उसे अपनी नीतियों में परिवर्तन करने को विवश होना पड़ा और सरदार वल्लभभाई पटेल को बातचीत करने के लिए बुलाया। उन्हें यह आश्वासन दिया कि सरकार बढ़े करों को वापस लेने के लिए तैयार है, किंतु यह शर्त रखी कि आंदोलन समाप्त किया जाए और पहले की तरह सामान्य कर की अदायगी की जाए। किंतु सरदार पटेल ने इस शर्त पर कर अदायगी की बात मानी कि कुर्क की गई भूमि किसानों को वापस की जाए और जिन पटेलों और तलाटियों को नौकरी से वंचित किया गया है, उन्हें पुन: उनके पदों पर बहाल किया जाए। अंतत: सरकार को इन माँगों के आगे झुकना पड़ा। यह सरदार पटेल का दृढ निश्चयात्मक सांगठनिक क्षमता का ही परिणाम था कि बारदोली का यह उग्र आंदोलन सकारात्मक रूप से सामान्यजन के पक्ष में सफलता के सोपान चढ़ा। ये सरदार पटेल ही थे, जिन्होंने बारदोली आंदोलन के प्रति सारे भारत को आश्वस्त किया था कि अंतत: विजय जनता की ही होगी। विशेष रूप से पंजाब प्रांत के किसानों ने बारदोली के आंदोलन में विशेष रूप से सक्रिय होने के लिए हुँकार भरी थी और पूरी तैयारी के साथ विदेशी हुकूमत के विरुद्ध बारदोली आंदोलन में सक्रिय भागीदारी निभाने के लिए सरदार पटेल को विश्वास दिलाया। किंतु सरदार पटेल ने पंजाब के किसानों-मजदूरों को यह कहकर शांत किया कि आप पंजाबवासियों के प्रति मैं और बारदोली की जनता हार्दिक कृतज्ञ हैं, आप लोग अभी अपने पंजाब के किसानों और मजदूरों का हित देखें, बारदोली के किसान-मजदूर अपनी लड़ाई स्वयं लड़ेंगे और आप सभी की शुभकामनाओं और भावात्मक सहयोग से आततायी अंग्रेजी सरकार के मंसूबों पर पानी फेरते हुए विजय प्राप्त करेंगे। इस प्रकार सरदार पटेल की उदात्त वैचारिक शक्ति का समूचे भारत को परिचय मिला।

सही अर्थों में सरदार पटेल का गौरवशाली रूप बारदोली के आंदोलन की सफलता के बाद ही देशवासियों को देखने को मिला और 'सरदार' की उपाधि से भी तभी जनता ने उन्हें नवाजा। उनके बाद स्वतंत्रता संग्राम में उनके योगदान को इतना महत्त्व मिला कि महात्मा गांधी के बाद सरदार पटेल का ही नाम लिया जाने लगा। भारत सरकार के गृहमंत्री के रूप में समूचे राष्ट्र को छिन्न-भिन्न होने से बचाने के लिए जो कार्य उन्होंने किया, उसे देखते हुए सरदार पटेल को 'भारत का बिस्मार्क' कहा जाने लगा। किंतु राष्ट्रीय एकता के लिए पटेल का किया गया कार्य यदि देखा जाए तो बिस्मार्क से ज्यादा विस्तृत और कठिन था, इसलिए पटेल का कद बिस्मार्क से भी ज्यादा बड़ा दिखाई पड़ता है। बिस्मार्क ने तो जर्मनी के ३२ राज्यों का एकीकरण किया, किंतु सरदार पटेल ने ५६२ देशी रियासतों को एक सूत्री करके राष्ट्र को सुदृढ किया।

राष्ट्र की सभी रियासतों का एकीकरण इतना दुस्साध्य कार्य था कि कांग्रेस का साहस भी जबाव देने की स्थिति में आ गया था। महात्मा गांधी राजकोट के एक ठाकुर

साहब की मनमानी के विरुद्ध अनशन करके असफलता का मुँह देख चुके थे। पं. जवाहरलाल नेहरू भी शेख अब्दुल्ला की हठधर्मिता और विघटनवादी प्रवृत्ति के कारण एक बार जेल की हवा खा चुके थे। एक सरदार पटेल ही थे, जिन्होंने एकीकरण के इस मरुत दायित्व को निभाते हुए सफलता प्राप्त की और देश को एक सूत्री किया।

स्वामी रामतीर्थ ने एक स्थान पर लिखा है—"क्षत्रिय वह है, जो देश के लिए अपना जीवन न्योछावर कर देता है।" सरदार वल्लभभाई पटेल इसी प्रकार के सच्चे क्षत्रिय थे। उन्होंने अपना समस्त जीवन देश के लिए समर्पित कर दिया। मार्टिन लूथर किंग ने भी एक स्थान पर लिखा है, "एक वीर और बहादुर सरदार अपने सहस्रों शत्रुओं के प्राण लेने की अपेक्षा एक नागरिक के प्राणों की रक्षा करना अपना धर्म मानता है, अतएव, एक सच्चा सेनापति हल्के दिल से कभी लड़ाई नहीं छेड़ता और न बिना कारण युद्ध की घोषणा करता है। सच्चे सिपाही और सरदार लंबी-चौड़ी बातें भी नहीं करते, बल्कि जब वे कुछ बोलते हैं तो अपने लक्ष्य को प्राप्त करके ही बोलते हैं।" उपर्युक्त समस्त बातें सरदार पटेल के व्यक्तित्व और कृतित्व की दृष्टि से अक्षरशः सत्य की कसौटी पर खरी उतरती हैं।

माखनलाल चतुर्वेदी के ओजपूर्ण शब्दों में जब महात्मा गांधी छोटे-से-छोटे आदमी के कौतूहलों का भी प्रत्युत्तर दे देते थे, तब वल्लभभाई पटेल से प्रश्न पूछने का साहस कोई नहीं कर पाता था। पटेल वीरोचित क्षमता के व्यक्ति थे। वे धीर, उदात्त शौर्य की भावना से लबरेज भारत माता के सच्चे सपूत थे। नेतृत्व की क्षमता के आगार थे। वल्लभभाई पटेल अपने किसी कार्य की रूपरेखा तब तक किसी को नहीं बताते थे, जब तक वे आश्वस्त नहीं हो जाते थे कि उसमें सफल हो जाएँगे। वे गरजनेवाले मेघ नहीं थे, अपितु बरसनेवाले मेघ थे। सरदार पटेल ने अपने देश के मेहनतकश किसानों के हृदय को बखूबी पहचान लिया था। वे भारत का प्रतिनिधित्व करने की क्षमता एक किसान में ही सच्चे अर्थों में देखते थे। पटेल को किसानों ने और किसानों को पटेल ने भली प्रकार परस्पर समझ लिया था। सरदार पटेल किसानों की आत्मा थे। उनकी वाणी आग उगलती थी। 'शत्रु का लोहा भले ही गरम हो जाए, पर हमारा हथौड़ा ठंडा ही रहकर काम करता है।' यह शब्द थे, सुप्रसिद्ध गांधीवादी चिंतक काका कालेलकर के। सरदार पटेल के इसी स्वभाव के कारण यत्र-तत्र-सर्वत्र उन्हें विजयश्री ने वरण किया।

निष्कर्षतः यह कहा जा सकता है कि 'सरदार' शब्द को मनसा-वाचा-कर्मणा से यदि किसी ने सार्थकता के शिखर पर प्रतिष्ठित किया तो वह सिर्फ और सिर्फ सरदार वल्लभभाई पटेल थे। हम उनके व्यक्तित्व और कृतित्व में भारत का चिन्मय स्वरूप भली प्रकार समझ सकते हैं, देख सकते हैं। हम उनके तेजस्वी और आलोकवाही व्यक्तित्व को भौगोलिक सीमाओं की तरह कुछ शब्दों या ग्रंथों में नहीं बाँध सकते।

उनका मस्तिष्क इंडेक्स कार्डों जैसा था। लगता था, उनके मस्तिष्क में प्रत्येक बात अपनी सूची के अनुसार लेबल लगी हुई सुरक्षित है। उनकी धारणाएँ भी उसी में गुंफित हैं, जो समय आने पर तात्कालिक निर्णय के साथ शीघ्रतापूर्वक अपना कार्य करेंगी। एक ऐसा समय भी था, जब उनको कदम-कदम पर मौत के घाट उतारने की पूरी तैयारी हो चुकी थी। भावनगर आदि की घटनाएँ इस बात की साक्षी हैं।

सरदार पटेल गुणों के अप्रतिम पारखी थे। उन्हें यह ज्ञात रहता था कि कौन सा व्यक्ति किस कार्य के लिए उपयुक्त सिद्ध होगा। वे आज के युग के लिए सहस्र नेत्रवाले भी कहे जा सकते हैं, क्योंकि अपने समय में वे जान लेते थे कि कौन उनकी आँख है और कौन उनके कान। वे प्रत्येक कार्यकर्ता को अपनी आँख मानते थे। इसी प्रकार वे सहस्र कर्ण और सहस्र हाथवाले भी थे।

वे राष्ट्र के प्रत्येक नागरिक को, वह चाहे किसी भी धर्म का अनुयायी हो, राष्ट्र-प्रेम की भावधारा में प्रवाहित होते देखना चाहते थे। उनकी दृष्टि में वही सांप्रदायिक था, जो भारतीयता की परिभाषा से अपने आपको कटा हुआ मानता था। वे सचमुच उदात्तता और शौर्य के, राजनीति के क्षेत्र में सार्थवाह थे। वे राष्ट्रीयता के महामूल्य को अपने जीवन का अविभाज्य अंग मानते थे। भारतमाता ऐसे सपूत की प्रतीक्षा में संभवतः युगों-युगों तक रहेगी।

□

प्रथम सूचना एवं प्रसारण मंत्री के रूप में सरदार पटेल

—डॉ. हरिसिंह पाल

'लौहपुरुष' के नाम से विख्यात सरदार वल्लभभाई झवेरभाई पटेल एक सफल वकील, बैरिस्टर, जननेता, सामाजिक कार्यकर्ता, योग्य और दृढ स्वतंत्रता सेनानी तो थे ही, भारत के गृहमंत्री, उपप्रधानमंत्री और प्रथम सूचना एवं प्रसारण मंत्री के रूप में एक कुशल प्रशासक भी थे। गृहमंत्री और उपप्रधानमंत्री के रूप में सरदार पटेल ने अनेक क्रांतिकारी कदम उठाए। भारत के इतिहास में 'रक्तहीन क्रांति' का अध्याय उन्हीं के सक्रिय प्रयासों से जुड़ पाया, जब उन्होंने ६०० देशी रियासतों का भारतीय संघ में एकीकरण कर दिया और २१९ छोटी रियासतों को विभिन्न प्रदेशों में विलीन कर दिखाया।

लेकिन भारत के प्रथम सूचना प्रसारण मंत्री के रूप भी उनकी उपलब्धियाँ किसी भी रूप में कमतर नहीं थीं। २ सितंबर, १९४६ की पं. जवाहरलाल नेहरू के नेतृत्व में कांग्रेस ने अंतरिम सरकार बनाई। इसमें ७१ वर्षीय सरदार पटेल को गृहमंत्री और सूचना प्रसारण मंत्री का दायित्व दिया गया। तब तक भारत में सूचना एवं प्रसारण मंत्री जैसा कोई पद नहीं रहा था। 'आकाशवाणी' तब तक 'ऑल इंडिया रेडियो' के रूप में ही भारत सरकार का एकमात्र इलेक्ट्रॉनिक प्रसार माध्यम था। स्वतंत्रता-प्राप्ति तक भारत में कुल ९ आकाशवाणी केंद्र थे—दिल्ली, मुंबई, कोलकाता, मद्रास (अब चैन्नई), लखनऊ, त्रिचरापल्ली, लाहौर, पेशावर और ढाका। विभाजन के समय अंतिम ३ केंद्र पाकिस्तान के हिस्से में आए।

तब तक आकाशवाणी केंद्रों से अरबी-फारसी बहुल उर्दू में ही कार्यक्रम प्रसारित किए जाते थे। सूचना एवं प्रसारण मंत्री सरदार पटेल दरअसल 'हिंदुस्तानी' के नाम पर अरबी-फारसी के प्रभुत्व से नाखुश थे। उन्होंने 'ऑल इंडिया रेडियो' के तत्कालीन

महानिदेशक, प्रो. ए.एस. बुखारी को अपनी भावनाओं से अवगत करा दिया। प्रो. बुखारी संभवत: विभाग के मंत्री के साथ अपनी पटरी बिठाने में असमर्थता जता रहे थे। प्रो. बुखारी ने स्थिति को भाँपते हुए, मंत्रालय के सचिव को पत्र लिख दिया कि उन्हें लाहौर के राजकीय महाविद्यालय के प्राचार्य के रूप में (जहाँ से वह रेडियो में आए थे) पुनः जाने की अनुमति दे दी जाए। सरदार पटेल इसके लिए तैयार हो गए। प्रो. बुखारी के लाहौर चले जाने के बाद पटेल ने आई.सी.एस. अधिकारी पी.सी. चौधुरी को आकाशवाणी का महानिदेशक बनाया। पटेल ने एक और उल्लेखनीय निर्णय लिया कि रेडियो पर व्यावसायिक गायक-गायिकाओं (जिन्हें कोठेवालियाँ कहा जाता) को प्रतिबंधित कर दिया। दरअसल तब संभ्रांत और शिक्षित परिवारों की महिलाएँ रेडियो कार्यक्रमों में भाग लेने नहीं आती थीं या उन्हें भेजा नहीं जाता था, क्योंकि तब रेडियो पर सिर्फ कोठेवालियाँ ही संगीत कार्यक्रमों के लिए आती थीं।

सरदार पटेल ने सूचना एवं प्रसारण मंत्री का कार्यभार ७ सितंबर, १९४६ को ग्रहण करने के कुछ सप्ताह के भीतर ही उच्चाधिकारियों और महत्त्वपूर्ण व्यक्तियों के आकाशवाणी पर प्रसारण के लिए कई प्रतिबंधों को उठा लिया। इससे पूर्व सरकारी उच्च अधिकारियों और महत्त्वपूर्ण व्यक्तियों (सामाजिक एवं राजनैतिक हस्तियों) को रेडियो प्रसारण के लिए मंत्रालय के अधिकारियों से लिखित में अनुमति लेनी होती थी। गुलाम भारत में ब्रिटिश सरकार क्योंकर यह अनुमति देने लगी? पटेलजी के निर्देश पर २१ अक्तूबर, १९४६ की आकाशवाणी महानिदेशालय की ओर से सभी आकाशवाणी केंद्रों को 'प्रसारण निर्देश' जारी किए गए। इन्हें एक प्रकार से आकाशवाणी की पहली 'प्रसारण संहिता' (ए.आई.आर.कोड) कहा जा सकता है। ये प्रसारण निर्देश इस प्रकार थे—

१. राजनैतिक दलों और राजनैतिक प्रचार पर प्रतिबंध पूर्ववत् रहेगा।
२. प्रांतीय सरकार के मंत्रियों या अंतरिम केंद्रीय सरकार के मंत्रियों के प्रसारण, जो उनके विभाग या कार्य से संबंधित हों, राजनैतिक प्रचार नहीं माना जाएगा।
३. उपर्युक्त प्रसारण में किसी राजनैतिक पार्टी या विचारधारा की प्रशंसा या आलोचना से यथासंभव बचाव आवश्यक माना जाएगा।
४. भारत, जो स्वाधीनता की दहलीज पर था, ब्रिटिश सरकार के संबंधों और भारतीय संविधान पर विभिन्न दलों की आलोचनात्मक टिप्पणियों से यथासंभव बचा जाए।
५. प्रांतीय सरकार या अंतरिम सरकार को सदस्यों या जनप्रतिनिधियों के प्रसारण के लिए महानिदेशालय की अनुमति आवश्यक नहीं होगी।
६. गवर्नरों (राज्यपालों) के प्रसारण के लिए आपातकालीन परिस्थितियों को छोड़कर वायसराय से अनुमति लेने का पूर्ववत् आदेश जारी रहेगा।

७. राज्यों के शासकों के प्रसारण के लिए भी वायसराय की अनुमति आवश्यक है।

८. भारतीय राज्यों के मंत्रियों के प्रसारण के लिए मंत्रालय की अनुमति आवश्यक मानी गई।

९. राज्यों के अधिकारियों या कर्मियों के प्रसारण के लिए, संदेहास्पद मामलों को छोड़कर, महानिदेशालय की अनुमति आवश्यक नहीं।

१०. औद्योगिक या व्यापारिक विवादों की अपील आकाशवाणी से नहीं की जा सकेगी। यद्यपि सरकार द्वारा श्रमिकों की हड़ताल समाप्त कराने के लिए किए गए प्रयासों या सरकार के स्पष्टीकरण को प्रसारित किया जा सकेगा। विषम परिस्थितियों को छोड़कर इसमें महानिदेशालय की अनुमति आवश्यक नहीं।

११. आकाशवाणी प्रसारण का उपयोग जनता से फंड एकत्र करने की अपील के लिए नहीं किया जा सकेगा। इस बारे में पहले के प्रतिबंध जारी रहेंगे।

आकाशवाणी पर राष्ट्रगान

पराधीन भारत में ब्रिटिश सरकार ने रेडियो पर 'वंदेमातरम्' और आजाद हिंद फौज के गीत 'कदम-कदम बढ़ाए जा' के गाने पर प्रतिबंध लगा दिया था। इस संबंध में कोलकाता रेडियो की स्टाफ कलाकार बिजोन घोष दस्तीदार ने सरदार पटेल को पत्र लिखा। दरअसल उन्होंने नेताजी सुभाषचंद बोस की जयंती पर २३ जनवरी, १९४६ को बिना पूर्वानुमति के आजाद हिंद फौज का गीत और 'वंदेमातरम्' प्रसारित कर दिया। जब इसकी जानकारी अधिकारियों को लगी तो महानिदेशालय ने बिजोन का स्थानांतरण दूसरे केंद्र पर कर दिया था। यह प्रकरण सूचना व प्रसारण मंत्री सरदार पटेल के समक्ष लाया गया तो उन्होंने तुरंत ही इस पर ध्यान दिया और २४ सितंबर, १९४६ को आदेश पारित करते हुए कहा, "मैं नहीं समझता कि 'वंदेमातरम्' गीत के प्रति सख्त कदम उठाया जाए। इसके विवादास्पद अथवा अन्य समुदाय की भावना को ठेस पहुँचानेवाले अंश निकालकर प्रसारित किए जा सकते हैं। अविवादास्पद अंश तो जनमानस में राष्ट्रीयता की भावना ही उत्पन्न करते हैं।" मंत्री महोदय के ये निर्देश २६ अक्तूबर, १९४६ को सभी केंद्र निदेशकों की भेज दिए गए। यद्यपि पं. नेहरू 'वंदेमातरम्' के स्थान पर 'जन-गण-मन' को अधिक प्राथमिकता देते थे। फिर भी यह मसला उन्होंने संविधान सभा पर ही छोड़ दिया। जब भारत का संविधान बनाने की तैयार चल रही थी, तब आकाशवाणी को राष्ट्रगान तैयार करने की जिम्मेदारी सौंपी गई। प्रधानमंत्री कार्यालय ने सूचना व प्रसारण मंत्रालय के सचिव धर्मवीर को गोपनीय पत्र द्वारा लिखा कि 'जन-गण-मन' गीत को सभी अवसरों पर गाया जाए, जिससे यह पूरे देश भर में लोकप्रिय हो सके। यह

गान रेडियो पर बार-बार गाया जाए, जिससे यह सर्वस्वीकार्यता ग्रहण कर सके। ५ जून, १९४८ की महानिदेशक ने सभी केंद्रों को पत्र लिखे। महानिदेशालय को इस गीत के तीन विविध रूप प्राप्त हुए—

पहला रॉयल इंडियन नेवी बैंड, मुंबई द्वारा तैयार ४ से ८ पंक्ति का गीत, दूसरा दिल्ली केंद्र पर रिकार्ड गोरखा राइफल बैंड का संक्षिप्त गीत और तीसरा कोलकाता केंद्र पर 'विश्वभारती' के कलाकारों द्वारा तैयार किया गया गीत। ३ दिसंबर, १९४८ को संसद् के ५० सांसदों ने 'जन-गण-मन' की रिकॉर्डिंग दिल्ली केंद्र के स्टूडियो में सुनी। २० जनवरी, १९५० को संविधान सभा की संचालन समिति ने राष्ट्रीय गीत के चयन के लिए विशेष बैठक की। सरदार पटेल के मंत्रित्वकाल में ही सूचना व प्रसारण मंत्रालय ने आकाशवाणी महानिदेशक को २४ फरवरी, १९५० को पत्र लिखकर सूचित किया— ''संविधान सभा ने 'वंदेमातरम्' को भी 'जन-गण-मन' राष्ट्रगीत के बराबर ही महत्त्वपूर्ण माना है।''

विभाजन की त्रासदी

१५ अगस्त, १९४७ को जब देश आजाद हुआ तो उसे अनपेक्षित विभाजन की विभीषिका भी झेलनी पड़ी। स्वतंत्र भारत के प्रथम सूचना एवं प्रसारण मंत्री के रूप में सरदार पटेल का कार्यभार गृहमंत्री, उपप्रधानमंत्री के साथ-साथ देशी रियासतों के मामलों का भी था। देश-विभाजन की त्रासदी ने एक राष्ट्र को दो राष्ट्र में बाँट दिया। कागज के नक्शे पर लकीर खींचकर जमीन को बाँट दिया गया। इसी त्रासदी में भारत का समृद्ध प्रसारण तंत्र (ऑल इंडिया रेडियो) भी बँट गया। लाहौर, पेशावर और ढाका पाकिस्तान के हिस्से में आए, शेष मुंबई, कोलकाता, मद्रास, त्रिचरापल्ली, दिल्ली और लखनऊ स्वाधीन भारत में। सरदार पटेल के मंत्रित्व में प्रसारण कर्मियों (ब्रॉडकास्टर) को भी यह विकल्प दिया गया कि वे भारत के आकाशवाणी केंद्रों पर कार्यरत रहें या पाकिस्तान के केंद्रों पर। इसमें कोई धार्मिक आधार नहीं रखा गया। यह प्रत्येक प्रसारण कर्मी की इच्छा पर निर्भर था। यद्यपि आधिकांश लोग धार्मिक आधार पर ही पाकिस्तान गए। एक ही अपवाद रूप में श्री जुगल किशोर मेहरा केंद्र निदेशक के रूप में पाकिस्तान गए। बाद में उन्होंने धर्म-परिवर्तन करके अपना नाम अहमद सलमान रख लिया था और रेडियो पाकिस्तान के उपमहानिदेशक पद से सेवानिवृत्त हुए। जबकि उच्चाधिकारियों में इकबाल मलिक, जो कार्यक्रम अधिशासी थे, ने भारत में ही रहना पसंद किया और दूरदर्शन के उपमहानिदेशक पद से सेवानिवृत्त हुए। जो लोग कल तक सहकर्मी के रूप में मिल-जुलकर कार्य करते थे, वे आज राजनैतिक रूप से बँटकर विदेशी हो रहे थे। विभाजन की त्रासदी जहाँ लोगों ने झेली, वहीं निर्जीव वस्तुओं को भी झेलनी पड़ी।

प्रसारण भवन स्थित आकाशवाणी महानिदेशक की फाइलों, रजिस्टरों और संबंधित सामग्री का भी प्रत्यक्ष विभाजन हुआ। जिन प्रसारण कर्मियों ने भारत की अपेक्षा पाकिस्तान जाना पसंद किया था, उनकी व्यक्तिगत फाइलें, रजिस्टर, यहाँ तक कि टाइपराइटर, अलमारी, कुरसी-मेज तथा अन्य फर्नीचर भी विभाजन की चपेट में आ गए। प्रसारण भवन के प्रांगण में विभाजित सामान रख दिया गया। यह सामान पाकिस्तान जाने की राह जोहता हुआ कई दिनों तक खुले मैदान में ऐसा ही पड़ा रहा।

सरदार पटेल ने सूचना एवं प्रसारण मंत्री के रूप में भारत-विभाजन से उपजी त्रासदी से निबटने में आकाशवाणी की भूमिका को विशेष रूप से रेखांकित किया। उन्होंने आकाशवाणी के दिल्ली केंद्र पर शरणार्थियों के संदेश और उनकी कुशलता के विशेष समाचार प्रसारित करने के निर्देश दिए, जिससे उनके बिछुड़े परिवारीजन संतुष्ट हो सकें। प्रारंभ में आकाशवाणी से प्रतिदिन ५ मिनट का हिंदुस्तानी में २२ अगस्त, १९४७ से प्रसारण शुरू हुआ। संदेशों की बढ़ती संख्या को देखते हुए ५ नवंबर, १९४७ से प्रति सप्ताह तीन घंटे का प्रसारण शुरू किया गया। लगभग प्रतिदिन १,४०० संदेश प्राप्त होने लगे थे। उस समय की विशिष्ट परिस्थिति का अनुमान आसानी से नहीं लगाया जा सकता। किंतु सरदार पटेल के प्रोत्साहन पर आकाशवाणी के सीमित स्टाफ ने दिन-रात एक करके मानवता के हित में यह विशद कार्य सुसंपन्न किया।

विभाजन के उपरांत उत्पन्न परिस्थिति से निबटने के लिए आकाशवाणी ने सरदार पटेल के निर्देश पर अनेक उपाय किए। पूर्वी पंजाब (अब पंजाब) के लिए २ अक्तूबर, १९४७ से नई समाचार सेवा शुरू की गई। मंत्रालय की पहल पर आकाशवाणी द्वारा अमृतसर में १२ रेडियो रिसीवर ३ सितंबर, १९४७ को लगाए गए, जिससे शरणार्थी शिविरों के लोग लाभान्वित हो सकें। आकाशवाणी की महत्ता को देखते हुए प्रधानमंत्री पं. नेहरू ने सरदार पटेल के सुझाव पर १० सितंबर, १९४७ को तत्कालीन उत्तर प्रदेश, बंगाल, बिहार, मद्रास, मध्यप्रांत, पूर्वी पंजाब और उड़ीसा के प्रधान मंत्रियों (तब राज्यों के मुख्यमंत्रियों को प्रधानमंत्री ही कहा जाता था।) को टेलीग्राम भेजा कि उनके राज्यपाल और मंत्रीगण, आकाशवाणी प्रसारण का लाभ उठाते हुए जनता का मनोबल बढ़ाने के लिए नियमित प्रसारण स्थानीय आकाशवाणी केंद्रों से करें।

स्वाधीनता के समय रियासतों के प्रसारण केंद्र भारतीय गणराज्य के स्वयमेव अंग बन गए, किंतु निजाम का हैदराबाद केंद्र ब्रिटिश सरकार से संबंध रखना चाहता था। गृहमंत्री के रूप में सरदार पटेल को हैदराबाद को भारतीय संघ में शामिल करने में काफी दिक्कतों का सामना करना पड़ा। जब सीधी उँगली से घी नहीं निकला तो अंततः टेढ़ी उँगली करनी पड़ी। पटेल ने सैन्यबल के बल पर निजाम को घुटने टेकने पर मजबूर कर दिया।

हैदराबाद रेडियो केंद्र को सितंबर १९४८ में सरदार पटेल के हस्तक्षेप पर पुलिस संरक्षण में ले लिया गया। आकाशवाणी के उच्चाधिकारियों को हैदराबाद भेजा गया, जिससे वे सैन्य प्रशासक राज्यपाल की मदद कर सकें। बाद में मुख्य सिविल प्रशासक ने प्रसारण का कार्य अपने हाथ में ले लिया। चूँकि निजाम सरकार का सभी कार्य उर्दू भाषा में ही होता था, रेडियो प्रसारण के लिए भी उर्दू पढ़ने-लिखने और समझनेवाले प्रसारणकर्मी जरूरी थे। दूसरे केंद्रों से अनुभवी लोग यहाँ भेजे गए, तब हैदराबाद केंद्र का प्रसारण सुचारू हो पाया। इसी प्रकार रियासतों के रेडियो केंद्रों के प्रसारण कर्मियों को ऑल इंडिया रेडियो स्टाफ में समाहित करने में भी काफी परेशानियों का सामना करना पड़ा। विशेष रूप से हैदराबाद, औरंगाबाद, मैसूर और त्रावणकोर के प्रसारणकर्मी दुल्हनों की भाँति शरमा रहे थे और संकोच में थे कि उनके ससुराल रूपी ऑल इंडिया रेडियो पता नहीं उनके साथ कैसा व्यवहार करे!

आजादी के समय सूचना एवं प्रसारण मंत्री सरदार पटेल की सबसे प्रमुख चिंता यही थी कि देश में आकाशवाणी का तेजी से विस्तार हो। इसमें मुख्य बाधा विदेशों से आयातित महँगे ट्रांसमीटर थे। आजादी के तुरंत बाद देश में अनेक विकास कार्यक्रम भी अपेक्षित थे। ऐसे में पटेलजी ने यह निर्णय लिया कि देश में आकाशवाणी केंद्रों की आवश्यकता को देखते हुए आसानी से उपलब्ध एक किलोवाटवाले मीडियम वेब ट्रांसमीटर लगाए जाएँ। विस्थापितों की समस्या को देखते हुए सबसे पहले पंजाब के जालंधर शहर में रेडियो केंद्र खोलने को प्राथमिकता दी गई। जालंधर में नवंबर १९४७ में एक छोटे से कामचलाऊ भवन में आकाशवाणी केंद्र बनाया गया। इसके लिए संचार मंत्रालय से छोटा सा विमान किराए पर लिया गया, जिसमें प्रसारणकर्मी दिल्ली से वहाँ ले जाए गए, क्योंकि उन दिनों सड़क मार्ग बहुत अस्त-व्यस्त था। इसके बाद जम्मू में १ दिसंबर, १९४७ को आकाशवाणी केंद्र बना। अगला केंद्र पटना था, जिसका उद्घाटन स्वयं सरदार पटेल ने २६ जनवरी, १९४८ को किया। २८ जनवरी, १९४८ को कटक (उड़ीसा), १ जुलाई, १९४८ को श्रीनगर में शॉर्टवेव केंद्र, १ जुलाई को ही गुवाहाटी और शिलांग, १६ जुलाई, १९४८ को नागपुर में, १ दिसंबर, १९४८ को विजयवाड़ा (जो उस समय मद्रास प्रांत में था), १६ दिसंबर, १९४८ को वडोदरा (तब बड़ौदा) केंद्र का उद्घाटन किया गया। वर्ष १९४८ में ही गोवा के पणजी में भी एक रेडियो स्टेशन खुला, लेकिन यह उन दिनों पुर्तगाल सरकार के अधीन था। (यह केंद्र ९ जनवरी, १९६२ को गोवा के पुर्तगाल से स्वाधीन होने पर ही आकाशवाणी संगठन का एक अंग बन पाया।)

श्रीनगर में तो एक अनोखी ही घटना घट गई। वहाँ के स्टूडियो में शार्ट सर्किट से आग लग गई। पूरे परिसर में धीरे-धीरे आग फैल गई। श्रीनगर की जनता रेडियो स्टेशन की आग बुझाने के लिए दौड़ पड़ी, यह उनका प्रिय इकलौता रेडियो स्टेशन जो

था। दहकती आग के बीच से ट्रांसमीटर सुरक्षित निकाल लिया गया और खुले मैदान में लगा दिया गया। शामियाना लगाकर स्टूडियो बनाया गया, जिसे कनातों से घेर दिया गया। दो घंटे के भीतर ही श्रीनगर केंद्र अपना प्रसारण करने लगा था। यह थी सरदार पटेल के नेतृत्व में विषम परिस्थियों में भी बिना घबराए प्रसारण सुधार रखने की प्रतिबद्धता! सरदार पटेल के सूचना व प्रसारण मंत्रित्वकाल में ही १ अप्रैल, १९५० को चार पूर्व देशी रियासतों—हैदराबाद, औरंगाबाद, मैसूर और तिरुअनंतपुरम (तब त्रावणकोर) आकाशवाणी तंत्र के विधिवत् अंग बन गए। इससे पूर्व १ फरवरी, १९४९ की इलाहाबाद, १६ अप्रैल, १९४९ की अहमदाबाद, ८ जनवरी, १९५० को धारवाड़ और १४ मई, १९५० को कोझीकोड (कालीकट) केंद्र स्थापित हो चुके थे। यद्यपि अभी तक राजस्थान, सौराष्ट्र, मध्य प्रदेश और हिमाचल प्रदेश में एक भी आकाशवाणी केंद्र नहीं था। सरदार पटेल के सूचना प्रसारण मंत्री रहते स्वतंत्र भारत में आकाशवाणी केद्रों की संख्या ६ से बढ़कर २१ हो चुकी थी, जो तब की देश की २२ प्रतिशत जनसंख्या और १२ प्रतिशत क्षेत्रफल को अपनी सेवाओं से लाभान्वित कर रहे थे।

सांप्रदायिक सद्भाव की नीति

प्रारंभ में 'इंडियन ब्रॉडकास्टिंग कंपनी' के रेडियो प्रसारण के समय किसी भी प्रकार का धार्मिक प्रसारण नहीं होता था, सिवाय क्रिसमस के। जब सन् १९३६ में दिल्ली केंद्र शुरू हुआ तो मंगलवार को गीता और रामायण के सस्वर पाठ तथा शुक्रवार को कुरान पाठ प्रसारित होने लगे। बाद में अन्य धर्मावलंबी और भाषा-भाषी भी अपने धार्मिक ग्रंथों के पाठों की माँग करने लगे। अंततः मार्च १९४२ में केंद्र निदेशकों की बैठक में प्रसारण के लिए धार्मिक त्योहारों का चार्ट बनाया गया। सरदार पटेल ने सितंबर १९४६ में अंतरिम सरकार में सूचना एवं प्रसारण मंत्री का कार्यभार सँभाला तो उन्होंने उस समय आकाशवाणी केंद्रों से हो रहे धार्मिक प्रसारणें में कोई हस्तक्षेप नहीं किया। १६ जुलाई, १९४९ को पटेलजी ने आकाशवाणी के उच्चाधिकारियों के साथ एक विशेष बैठक की और निर्णय लिया कि महादिनेशालय द्वारा अनुमोदित कार्यक्रम चार्ट के अनुसार ही धार्मिक त्योहारों पर वार्त्ता या सीमित अवधि के ही भक्ति संगीत कार्यक्रम प्रसारित किए जाएँ। जबकि धार्मिक ग्रंथों के पाठ तुरंत बंद कर दिए जाएँ। सरदार पटेल के निर्देश पर ही मंत्रालय ने १२ जून, १९५० को धार्मिक त्योहारों के साथ-साथ राष्ट्रीय एवं अंतरराष्ट्रीय महत्त्व के समारोहों तथा सभी समुदायों के प्रख्यात कवियों, लेखकों और संगीतज्ञों तथा समाजसेवियों की जयंती एवं पुण्य तिथियों को भी इसमें जोड़ने का निर्देश जारी किया।

प्रसारण में हिंदी को महत्त्व

भारत में भाषा समस्या रेडियो प्रसारणों से भी पुरानी है। फिर भी उत्तर भारत के केंद्रों से हिंदुस्तानी के नाम पर अरबी-फारसी बहुल भाषा में ही प्रसारण होते थे। बच्चों और महिला कार्यक्रमों के प्रस्तुतकर्ताओं या पात्रों के संबोधन 'आपाजान', 'खाला' या 'मामूजान' ही होते थे। वैसे प्रसारण की भाषा में उर्दू का बाहुल्य इसलिए भी था कि उन दिनों शिक्षा का माध्यम ही उर्दू था। फलतः हिंदू, मुसलिम, सिख, पारसी सभी उर्दू भाषा बोलने और लिखने में पारंगत थे। रेडियो में नियुक्त होनेवाले उद्घोषक और प्रस्तुतकर्ता प्रसारण में उर्दू भाषा का अधिक प्रयोग करते थे। इसीलिए हिंदी साहित्य सम्मेलन के जयपुर अधिवेशन में रेडियो की उर्दू बहुल भाषा नीति के विरोध में हिंदी लेखकों से आकाशवाणी कार्यक्रमों का बायकाट करने का आह्वान किया गया। इसके प्रत्युत्तर में अनेक हिंदी लेखकों ने रेडियो जाना ही छोड़ दिया था। सरदार पटेल ने सूचना एवं प्रसारण मंत्री का पदभार ग्रहण करते ही रेडियो से उर्दू बहुल भाषा के प्रयोग पर प्रतिबंध लगाया। हिंदी को राष्ट्रीय अस्मिता का प्रतीक मानते हुए उन्होंने रेडियो प्रसारण में हिंदी भाषा में कार्यक्रमों के निर्माण पर बल दिया। यही नहीं, उन्होंने हिंदी के प्रचार-प्रसार करने के लिए अहिंदी भाषी केंद्रों से कुछ हिंदी समाचार बुलेटिन भी शुरू करवाए। १८ दिसंबर, १९४८ से हिंदीतर केंद्रों से हिंदी शिक्षण पाठों के प्रसारण की व्यवस्था की गई। कुछ हिंदी पाठ तो मॉरीशस सरकार ने भी मँगवाए थे। १३ से १९ अगस्त, १९५० तक आकाशवाणी के दिल्ली, जालंधर, लखनऊ, पटना, इलाहाबाद, मुंबई और नागपुर केंद्रों से जो हिंदी कार्यक्रमों की उद्घोषणा की गई थी, इनका परीक्षण महानिदेशालय में हिंदी सलाहकार डॉ. नगेंद्र द्वारा किया गया, जिससे इनके शुद्ध उच्चारण और अभिव्यक्ति की जाँच की जा सके। यह सब पटेलजी की ही पहल से संभव हो पाया। यह उल्लेखनीय है कि १८ दिसंबर, १९४९ को आकाशवाणी के मद्रास केंद्र (अब चेन्नई) से हिंदी भाषा शिक्षा पाठ का वहाँ के शिक्षा मंत्री के अनुरोध कर प्रसारण शुरू किया गया था। राजनीतिक कारणों से बाद में वहीं से हिंदी का विरोध भी होने लगा, जो सरदार पटेल की भावना के प्रतिकूल था।

राष्ट्रपिता को सम्मान

भारत की स्वाधीनता के अवसर पर आकाशवाणी परिवार की इच्छा थी कि १५ अगस्त, १९४७ को राष्ट्रपिता महात्मा गांधी राष्ट्र को संबोधित करें। सरदार पटेल के निजी सचिव ने महानिदेशालय को सूचित किया कि महात्मा गांधी तो प्रसारण नहीं कर पाएँगे, किंतु उनकी प्रार्थना सभा की रिकॉर्डिंग को प्रसारित करने की अनुमति कल ले ली जाएगी। दो दिन बाद सरदार पटेल ने आकाशवाणी को निर्देशित किया कि राष्ट्रपिता के प्रवचनों

को प्रसारित करने की अनुमति लेने की कोई आवश्यकता नहीं है। तत्पश्चात् जब महात्मा गांधी सितंबर १९४७ में नोआखाली के दंगों को निबटाकर दिल्ली आए तो 'बिड़ला हाउस' में होने वाली प्रार्थना सभा के संबोधन की रिकॉर्डिंग उनकी मृत्यु के दिन तक नियमित रूप से की गई। सरदार पटेल के ही सुझाव पर इसको शार्ट वेव पर भी प्रसारित किया जाने लगा, जिससे इसे पूरा देश सुन सके। राष्ट्रपिता अपने जीवन में मात्र एक बार १२ नवंबर, १९४७ को अपराह्न ३.०० बजे पहली बार प्रसारण भवन के स्टूडियो में प्रसारण के लिए पधारे। जहाँ से उन्हें पाकिस्तान से आए हुए कुरुक्षेत्र के शरणार्थी शिविरों में रह रहे लोगों को संबोधित करना था। पहले वह स्वयं कुरुक्षेत्र जाना चाहते थे। मगर अन्य व्यस्तताओं के कारण ऐसा संभव नहीं हो पाया तो उन्होंने सरदार पटेल के सुझाव पर रेडियो के माध्यम से शरणार्थियों को संबोधित करने की बात मान ली।

३० जनवरी, १९४८ को जब राष्ट्रपिता महात्मा गांधी की नृशंस हत्या कर दी गई, उस दिन प्रसारण भवन में भूचाल सा आ गया। स्टूडियो नं. ५ में जहाँ गांधीजी की प्रार्थना सभा के संबोधन की रिकॉर्डिंग की जानी थी, वहाँ संबोधन के स्थान पर 'धाँय-धाँय' की आवाज की ही रिकॉर्डिंग हो सकी। फिर तो स्टूडियो में गण्यमान्य नेताओं का शोक संवेदना प्रसारित कराने के लिए ताँता ही लग गया। सरदार पटेल भी अगले दिन अपने गुरुवत् प्रिय बापू को श्रद्धांजलि देने प्रसारण भवन आए।

सरदार पटेल के निर्देश पर आकाशवाणी ने राष्ट्रपिता महात्मा गांधी की अंतिम (शव) यात्रा का जीवंत प्रसारण किया। पूरा देश तब आकाशवाणी के माध्यम से ही लगातार १० घंटे तक बापू की शव-यात्रा का आँखों देखा हाल अंग्रेजी में मेलविल डिमैलो और हिंदी में एल.के. झा से सुनता रहा। डिमैलो तो एक पल के लिए माइक छोड़ने को तैयार नहीं थे। इस कमेंटरी ने ही डिमैलो को विश्वविख्यात कमेंटेटर बना दिया था।

अदम्य साहस तथा निर्भीकता की प्रतिमूर्ति सरदार पटेल, उपप्रधानमंत्री, गृहमंत्री और सूचना एवं प्रसारण मंत्री के रूप में असंभव कार्यों को भी संभव बना देने की असीम दक्षता रखते थे। इसीलिए भारतवासी उन्हें 'लौहपुरुष' कहते हैं। उन्होंने अपने हाथ में जो भी काम लिया, उसे पूरा करने में दूरदर्शिता, अद्भुत संचालन शक्ति, कार्यक्षमता और राजनीतिक सूझबूझ का पूर्ण परिचय दिया। अनुशासित सैनिक के समान महात्मा गांधी की आज्ञाओं का पालन किया। उन्होंने अपने श्रेष्ठ कृतित्व के माध्यम से अनुशासन, साहस तथा आज्ञाकारिता का उत्कृष्ट उदाहरण प्रस्तुत किया।

कुछ लोगों की कुचाल से एक समय ऐसा भी आया था, जब श्री पटेल ने मंत्रिमंडल से त्यागपत्र देने की ठान ली थी। उन्होंने भरे दिल से गांधीजी को लिखा था—"इन परिस्थितियों में आप मुझे सरकार से अलग होने की इजाजत दें, इससे शायद

देश और मेरा कल्याण ही होगा। अभी मैं जो कार्य जिस ढंग से कर रहा हूँ, उससे भिन्न ढंग से मैं उसे नहीं कर सकूँगा। इस असह्य स्थिति से आपको चाहिए कि मुझे यथासंभव शीघ्र मुक्त करें।'' सरदार पटेल की भावना को भली-भाँति समझते हुए महात्मा गांधी ने अपने बलिदान वाले दिन ३० जनवरी, १९४८ को कहा था—

''मैं इस निश्चित और स्पष्ट निर्णय पर पहुँचा हूँ कि कैबिनेट में आप दोनों (पं. जवाहरलाल नेहरू और सरदार पटेल) की सेवाएँ अनिवार्य हैं। ऐसे नाजुक समय में दोनों में से एक का भी अलग होना देश के लिए भयंकर होगा।'' इस प्रकार की सलाह देने के कुछ मिनट बाद ही गांधीजी मरकर भी अमर हो गए। पं. नेहरू और पटेल दोनों ने अपने प्रिय नेता की सलाह गाँठ बाँध ली। इसके बाद श्री पटेल ने सदैव पं. नेहरू के साथ सहयोग बनाए रखा तथा राष्ट्र-कल्याण के कार्यों में प्राणपण से जुटे रहे।

सरदार पटेल को पेट की पुरानी बीमारी थी। अंतिम दिनों में वे प्रायः अस्वस्थ रहने लगे थे, लेकिन जब भी वे थोड़ा सा आराम अनुभव करते तो देश के कल्याण के कार्यों में पूरी शक्ति के साथ जुट जाते थे। चिकित्सकों का परामर्श मानकर श्री पटेल १२ दिसंबर, १९५० की मुंबई चले गए। वहाँ जाने से पहले, आसन्न मृत्यु का आभास होने पर भी उन्होंने अपने विभाग के अधिकारियों से एक घंटा प्रशासनिक बातें की थीं। उन्हें जरूरी मार्गदर्शन और आदेश दिए। मुंबई में १५ दिसंबर, १९५० को उन्हें पुनः हृदय रोग का प्राणहारी आक्रमण हुआ और अपने प्रिय देश एवं भारतवासियों को रोता-बिलखता छोड़कर प्रभुशरण में विराजित हो गए। उनकी शव-यात्रा उनके विराट् व्यक्तित्व के अनुरूप थी। इसमें पाँच लाख दुःखी लोगों का सैलाब उमड़ पड़ा था। आकाशवाणी ने अपने प्रिय और प्रथम सूचना व प्रसारण मंत्री श्री पटेल के अंतिम संस्कार तथा इलाहाबाद में अस्थि-विसर्जन पर विशेष कार्यक्रम प्रसारित किए। सरदार पटेल की स्मृति में आकाशवाणी ने सन् १९५५ से अंग्रेजी में 'सरदार पटेल स्मारक व्याख्यान' का शुभारंभ किया, जो आज तक उनकी पुण्यतिथि ३१ अक्तूबर को रात्रि ९:३० बजे आकाशवाणी के सभी केंद्रों से प्रसारित किया जाता है, जिसे प्रख्यात चिंतक, राजनीतिज्ञ और प्रशासक समसामयिक विषयों पर प्रस्तुत करते हैं। इस प्रकार लौहपुरुष सरदार पटेल जितने सफल, समर्थ और दक्ष गृह मंत्री और उपप्रधानमंत्री रहे, सूचना एवं प्रसारण मंत्री के रूप में भी उतने ही सफल और सुदक्ष थे।

□

नवीन भारत के निर्माता : सरदार पटेल

—डॉ. शांति कुमार स्याल

गुजरात की एक प्रसिद्ध क्षत्रिय जाति कुरमी की दो उपजातियाँ 'लेवा' और 'कदवा' स्वयं को मर्यादा पुरुषोत्तम भगवान् राम का वंशज मानती हैं। भगवान् राम के पुत्र 'लव' के नाम पर 'लेवा' और 'कुश' के नाम पर 'कदवा' नामक उपजातियों की उत्पत्ति हुई। इन्हीं उपजातियों में 'लेवा' नामक उपजाति में गुजरात के बोरसद तालुका के करमसद नामक गाँव के एक किसान परिवार में श्री झवेरभाई पटेल के यहाँ ३१ अक्तूबर, १८७५ को वल्लभभाई का जन्म हुआ। पिता झवेरभाई स्वामी नारायण संप्रदाय के अनुयायी थे। सच्चे ईश्वरभक्त, बड़े साहसी, दूरदर्शी, संयमी, वीर और अनन्य देशभक्त थे। इनकी माता लाडबाई एक धर्मपरायण, घरेलू कामकाज में दक्ष और सच्चरित्र महिला थीं। इनके यहाँ पाँच पुत्रों और एक पुत्री ने जन्म लिया था, उनमें चौथे पुत्र वल्लभभाई थे। वल्लभ बचपन से किशोर होते-होते पिताजी के साथ खेतों में जाते, रास्ते में पहाड़े याद करते, खेतों के किनारे जाकर हल चलाते, बीज बोते, फसल काटते, पाठशाला के सामने खड़े होकर हाथ में किताबें लिये दूर होते खेतों को देखने लगते। बचपन से ही इतने निर्भीक थे कि किसी भी तरह के अनुचित व्यवहार को सहन नहीं करते थे। प्रारंभिक शिक्षा करमसद में प्राप्त की। माध्यमिक शिक्षा के लिए नाडियाद गए। वे नाडियाद में जिस स्कूल में पढ़ते थे, उस स्कूल के अध्यापक स्कूल में ही पुस्तकें बेचने का व्यवसाय किया करते थे। वे छात्रों को स्कूल से ही पुस्तकें खरीदने को बाध्य किया करते थे और पुस्तकों का मूल्य भी मनमाना वसूल करते थे। अध्यापकों के इस व्यवहार से छात्रों में त्रिद्रोह पैदा हुआ, जिसका नेतृत्व वल्लभ को करना पड़ा। अध्यापकों के इस काम ने वल्लभ के जीवन में गलत के प्रति विद्रोह की भावना पैदा की, जिससे अध्यापक परास्त हुए और किशोर वल्लभ के व्यक्तित्व में नेतृत्व का सरूर पैदा हुआ। हाई स्कूल के लिए वल्लभ को नाडियाद से बड़ौदा आना पड़ा। वहाँ वैकल्पिक विषय में संस्कृत और गुजराती में विकल्प के कारण गुजराती विषय लिया। लेकिन

गुजराती पढ़ानेवाले अध्यापक के अपने संस्कृत-प्रेम के कारण वे चाहते थे कि अधिक-से-अधिक विद्यार्थी संस्कृत विषय लें। अतः अध्यापक ने वल्लभ पर दबाव बनाना शुरू किया कि गुजराती भाषा को छोड़कर संस्कृत भाषा लें। लेकिन वल्लभ की तर्क बुद्धि से अध्यापक चिढ़ गए। उन्हें बेंच पर खड़ा करना और पहाड़े लिखकर दिखाना आदि की सजा दी जाने लगी। ऐसी घटनाओं ने वल्लभ के मन में साहस और विद्रोह शक्ति को पहचानने तथा भीतर के लावे को कर्म में बदलने में नई उमंग पैदा हुई। सन् १८९७ में २२ वर्षीय वल्लभ को विद्यालय छोड़कर पुनः नाडियाद में आकर नाडियाद हाई स्कूल से ही मैट्रिक परीक्षा उत्तीर्ण करनी पड़ी।

उसके बाद इन्होंने घरवालों की सलाह से मुख्तारी की शिक्षा प्राप्त की। धीरे-धीरे वकालत करना शुरू किया। इनकी तर्कबुद्धि से मुकदमों में सफलता मिलनी शुरू हो गई। उन दिनों मजिस्ट्रेट अंग्रेज होते थे। अकसर मजिस्ट्रेट और दूसरे वकील भी वल्लभभाई की तर्क बुद्धि से आश्चर्यचकित हो जाते थे। धीरे-धीरे वल्लभभाई की प्रतिष्ठा बढ़ती जा रही थी। इनके तर्कों में इतनी जीवंतता थी कि उसे अस्वीकार करना बड़े-बड़ों के भी बस की बात नहीं थी। वल्लभभाई की तर्क शक्ति से पुलिस तथा उच्च-प्रशासनिक अधिकारी ही आतंकित नहीं थे, उन्होंने न्यायाधीशों और कलेक्टरों को भी छठी का दूध याद दिला दिया था। सन् १९१० में उन्होंने विलायत जाकर बैरिस्टरी की पढ़ाई शुरू की। १३ फरवरी, १९१३ को विलायत से बैरिस्टरी की डिग्री लेकर स्वदेश लौटे।

सन् १८५७ की क्रांति के बाद एक ओर कांग्रेस का प्रभाव बढ़ता जा रहा था, दूसरी ओर आम जनता भी यह महसूस कर रही थी कि 'बस बहुत हो गया, अब अंग्रेजों को सहन करना बहुत कठिन हो रहा है।' देश के एक कोने से लेकर दूसरे कोने तक वकीलों, अध्यापकों तथा अन्य प्रकार के बुद्धिजीवियों का एक ऐसा वर्ग तैयार हो गया था, जो देश में जागृति का शंख फूँकना चाहता था। वल्लभभाई का आधा समय मुकदमे की तैयारी में जाता था और आधा समय देश की हलचलों के बारे में सोचने में बीत जाता। सन् १९१५ में वे गुजरात सभा के सदस्य और सार्वजनिक जीवन की शुद्धि के लिए पूर्ण तत्परता व दृढ प्रतिज्ञा भाव से काम करने के लिए प्रसिद्ध हो गए थे। सन् १९१७ के जुलाई मास में वल्लभभाई 'गुजरात क्लब' के सचिव चुने गए। वल्लभभाई के सार्वजनिक जीवन में प्रवेश के समय गांधीजी से भेंट हुई। गांधीजी ने वल्लभभाई के चेहरे पर आत्मविश्वास, लगन और कार्यक्षमता को जैसे अनायास ही पढ़ लिया। जिस तरह गांधीजी वल्लभभाई से प्रभावित हुए, वैसे ही किसी रूप में वल्लभभाई भी गांधीजी से प्रभावित हुए थे। गुजरात सभा की राजनीतिक परिषद् के अध्यक्ष के नाते गांधीजी ने स्वयं कार्यसमिति का गठन किया। वल्लभभाई को कार्यसमिति का मंत्री नियुक्त किया।

यहाँ से वल्लभभाई के जीवन को एक नई दिशा तो मिली ही, साथ ही उन्होंने महात्मा गांधीजी की फौज के एक सच्चे सिपाही के रूप में उनसे अपना कर्तव्य पालन करने की दीक्षा भी ग्रहण की। देश में 'होमरूल लीग' की स्थापना हो चुकी थी और संपूर्ण देश में बेगार विरोधी आंदोलन जोर पकड़ रहा था। इस प्रथा के कारण गरीब लोगों को बहुत कष्ट झेलना पड़ता था। महात्मा गांधी ने बेगार प्रथा को समाप्त करने का जो बीड़ा उठाया था, मंत्री के नाते उसे कार्यान्वित करने का दायित्व अब वल्लभभाई पर आ पड़ा था, जिसे मूर्त रूप देने के लिए वे पूर्ण निष्ठा, लगन और तत्परता से जुट गए थे। उन्होंने बेगार प्रथा की समाप्ति के लिए कमिश्नर को एक पत्र लिखा। कमिश्नर ने वल्लभभाई को बुलाकर बेगार बंद करने का मनोनुकूल फैसला दे दिया।

३० मार्च, १९१७ को नाडियाद में किसानों की एक बड़ी सभा को संबोधित करते हुए वल्लभभाई ने अन्यंत मार्मिक और सारगर्भित भाषण दिया—"इस लड़ाई से पूरा देश जाग जाएगा। दुःखों की भट्ठी में तपे बिना सुख नहीं मिलता और बिना दुःख के यदि सुख मिल भी जाए तो वह स्थायी नहीं होता। जुझारू, दृढवती, निर्भीक और बहादुर जनता ही राज्य की शोभा हुआ करती है। भीरू जनता यदि राज्य की वफादार भी हो तो उसकी वफादारी का कोई अर्थ नहीं है। इसलिए हमें पूरी निर्भीकता से अपने स्वाभिमान की रक्षा करते हुए सरकार की दमनकारी नीति के खिलाफ निरंतर लड़ाई जारी रखनी है।"

जून १९१७ को सत्याग्रह की समाप्ति पर एक आम सभा में महात्मा गांधी द्वारा वल्लभभाई के संबंध में उद्गार व्यक्त किए गए—"जब वल्लभभाई से पहली बार मिला तो मैंने सोचा कि यह अक्खड़ आदमी कौन है और यह क्या कर सकता है? लेकिन जैसे-जैसे वह मेरे निकट आते चले गए, मेरा विश्वास इन पर बढ़ता गया और तब मुझे लगा कि वल्लभभाई तो मेरे लिए अनिवार्य हैं।" ६ अप्रैल, १९१९ को अहमदाबाद में व्यापक हड़ताल हुई और वल्लभभाई के नेतृत्व में एक विशाल जुलूस निकाला गया, जोकि अहमदाबाद के इनिहास में अभूतपूर्व था। जुलूस की समाप्ति पर एक आम सभा हुई और सभा की समाप्ति पर वल्लभभाई ने सरकार द्वारा प्रतिबंधित पुस्तकों को बेचकर कानून तोड़ा। ७ अप्रैल, १९१९ को सरकार की पूर्वानुमति लिये बिना 'सत्याग्रह' नाम से उन्होंने एक पत्रिका निकाली।

सितंबर १९२० में लाला लाजपतराय की अध्यक्षता में कलकत्ता में हुए कांग्रेस के एक विशेष अधिवेशन में ब्रिटिश सरकार से असहयोग का प्रस्ताव पारित किया गया। असहयोग के कार्यक्रम में उपाधियों, सरकारी नौकरियों, कचहरियों, स्कूलों, कॉलेजों तथा विदेशी वस्त्रों के बहिष्कार के साथ सिर्फ खादी पहनने के मुद्दे शामिल थे। वल्लभभाई ने उसी दिन से खादी पहननी प्रारंभ कर दी, वकालत छोड़ दी, अपने पुत्र

और पुत्री का स्कूल छुड़ा दिया और पूरी निष्ठा से गुजरात में 'असहयोग आंदोलन' के प्रचार में जुट गए। 'असहयोग आंदोलन' को अधिक प्रभावी ढंग से कार्यान्वित करने के लिए वल्लभभाई ने अपने सैकड़ों सहयोगियों के हस्ताक्षरों से युक्त एक घोषणा-पत्र जारी किया, जिसमें उन्होंने अपील की कि ''प्रत्येक भारतीय सिपाही और असैनिक कर्मचारी का यह कर्तव्य है कि इस संकट की निर्णायक घड़ी में पूरी तरह से सरकार से अपना नाता तोड़कर बाहर आ जाए और सरकारी नौकरी के अलावा कोई भी अन्य काम करके अपनी रोजी-रोटी कमाए।''

मार्च १९३० में गांधीजी की 'डांडी यात्रा' की सारी व्यूह-रचना सरदार पटेल की देख-रेख में हुई थी। इस यात्रा के प्रति जन-जागृति उत्पन्न करने के लिए उनके प्रथम भाषण के कुछ अंश—''अब एक ऐसा धर्मयुद्ध आरंभ होना है, जैसा जगत् ने पहले कभी नहीं देखा होगा। यह ऐसा युद्ध है, जिसमें एक ओर समस्त सात्त्विक शक्तियों का, धार्मिक शास्त्रों का उपयोग होगा, दूसरी ओर आसुरी शक्तियों का, आसुरी शस्त्रों का उपयोग होगा। रावण के जमाने से जगत् में कभी न देखी गई हो, ऐसी सत्ताओं के बीच संग्राम होने वाला है। इस संग्राम में आपका क्या भाग रहेगा और आप किसका पक्ष लेंगे, इसका निर्णय आपको करना है...।'' उनके इस ओजस्वी भाषण का गुजरात की जनता पर गहरा प्रभाव पड़ा। पूरे गुजरात में क्रांति की, नवजागरण की एक लहर दौड़ गई। सरकार भयभीत हो उठी और उसने वल्लभभाई के इस तरह के भाषण दिए जाने पर रोक लगा दी। परंतु सरदार आगे बढ़कर कब पीछे हटानेवाले थे! उन्होंने सत्याग्रह किया। ७ मार्च, १९३० को सरकार ने वल्लभभाई को गिरफ्तार कर लिया और उनपर मुकदमा चलाकर उन्हें चार मास की जेल का दंड दिया। इस गिरफ्तारी पर महात्मा गांधी ने कहा, ''सरकार ने वल्लभभाई को गिरफ्तार करके अपने पाँवों पर खुद कुल्हाड़ी मारी है।'' सरदार पटेल की गिरफ्तारी का समाचार जंगल की आग की तरह फैल गया। ७५ हजार लोगों की एक विशाल सभा हुई। इन लोगों ने साबरमती के तट पर प्रतिज्ञा की—''हम अहमदाबाद के नागरिक यह प्रतिज्ञा करते हैं कि हम सरदार पटेल के दिखाए हुए मार्ग पर चलते रहेंगे और ऐसा करते हुए स्वाधीनता प्राप्त करके रहेंगे। जब तक देश आजाद न होगा, हम आराम से नहीं बैठेंगे। हमारा यह भी विश्वास है कि भारत का उद्धार सत्य और अहिंसा से ही होगा।''

२६ जून, १९३० को सरदार पटेल को जेल से छोड़ दिया गया। उस समय कांग्रेस के अध्यक्ष मोतीलाल नेहरूजी की गिरफ्तारी किसी भी समय संभव थी, अत: उन्होंने अपनी अनुपस्थिति में सरदार पटेल को कांग्रेस का स्थानापन्न अध्यक्ष नियुक्त कर दिया। लोकमान्य बाल गंगाधर तिलक के ५०वें जन्मदिवस के अवसर पर एक विशाल जलूस का नेतृत्व करते हुए सरदार पटेल को फिर बंदी बना लिया गया। उन्हें

तीन मास के कारावास की सजा हुई। इस बीच उनके परिवारजनों पर भी पुलिस ने कहर ढाए। जब सरदार कारावास से मुक्त हुए तो सरकार ने उनके भाषण देने पर पाबंदी लगा दी। सरदार पटेल गजब के साहसी थे। उन्होंने पुन: लोगों के सुप्त प्राणों में नई चेतना फूँकनेवाला भाषण दिया और परिणामस्वरूप दिसंबर १९३० में उन्हें फिर से बंदी बना लिया गया तथा नौ मास के लिए पुन: जेल भेज दिया गया।

४ जनवरी, १९३२ को कांग्रेस को अवैध घोषित कर दिया गया तथा गांधीजी और सरदार पटेल को बंदी बनाकर एक वर्ष चार महीने के लिए यरवदा जेल भेज दिया गया। सन् १९३५ में भयंकर प्लेग फैलने से इस महामारी से जूझने के लिए सरदार पटेल ने स्वयंसेवकों का एक दल बनाया और बोरसाद में बिना सरकारी डॉक्टरों के एक अस्पताल खोला। यह अस्पताल सरदार पटेल की देख-रेख में काम करने लगा। थोड़े ही समय में इस महामारी से मुक्ति मिल गई। यह वल्लभभाई के लौह व्यक्तित्व की एक नई सफलता थी।

सन् १९३९ में यूरोप पर दूसरे महायुद्ध के इस्पाती बादल मँडरा रहे थे। ४ सितंबर, १९३९ को भारत की ओर से वाइसराय ने उसके जर्मनी के विरुद्ध युद्ध में शामिल होने की घोषणा कर दी। इस पर सरदार पटेल ने तीखी प्रतिक्रिया व्यक्त करते हुए कहा, ''जब तक भारत के लिए पूर्ण स्वायत्तता का आश्वासन नहीं दिया जाता, तब तक भारत युद्ध में भाग नहीं लेगा।'' १६ अक्तूबर को वाइसराय ने घोषणा की कि ''इंग्लैंड भारत को औपनिवेशिक स्वराज देने का पक्षधर है, परंतु युद्ध का समय ऐसे मामलों के निर्णय का नहीं होता। युद्ध की समाप्ति पर सभी पक्षों की आपसी सहमति से ही कोई निर्णय किया जाएगा।'' वाइसराय के तानाशाही व्यवहार का पर्दाफाश करते हुए सरदार पटेल ने एक वक्तव्य में कहा, ''यह देश हमारा है और हमसे ही पूछा जाता है कि हम आजादी प्राप्त करने के पात्र हैं या नहीं? हमसे यह भी कहा जाता है कि हम पहले मुसलिम लीग से अपने मतभेदों को दूर कर लें, देशी राज्यों के मसलों को तय कर लें, तब हमें आजादी देने पर विचार किया जाएगा। यदि ये मसले हमने तय कर भी लिये, फिर हमसे पूछा जाएगा कि बताइए, उन यूरोपियनों का क्या होगा, जिन्होंने इस देश में पूँजी लगा रखी है? हम चाहते हैं कि देश की समस्त जनता द्वारा निर्वाचित संविधान सभा जो संविधान बनाए, वह हमें दिया जाए।''

सन् १९४० में सत्याग्रह में सभी नेताओं के साथ सरदार पटेल को भी गिरफ्तार कर जेल भेज दिया गया। जब सरदार जेल में थे, तब गुजरात में सरकार की 'फूट डालो और राज करो' की गलत नीति के कारण सांप्रदायिक दंगे भड़क उठे। इससे सरदार पटेल को गहरा मानसिक आघात पहुँचा।

२६ जुलाई, १९४२ को सरदार पटेल ने अहमदाबाद की विशाल जनसभा में

'भारत छोड़ो' महावाक्य की व्याख्या करते हुए कहा, "आपको सबसे पहले भयमुक्त होना होगा। यह निर्णायक समय है। आज पूरी दुनिया हमारी ओर आँखें लगाए बैठी है। किसी को भी यह कहने का मौका नहीं मिलना चाहिए कि गांधीजी अमुक घड़ी में अकेले पड़ गए थे। जब गांधीजी ७४ वर्ष की आयु में आजादी की लड़ाई लड़ने के लिए सड़कों पर निकल पड़े हैं, तो हमें सारे हालात पर नए सिरे से विचार करना होगा…।" उन्होंने पूरे देश का दौरा किया। वे भावी युद्ध के लिए जनता को झकझोरकर जगा रहे थे। उनका भाषण इन दिनों आग उगलनेवाला हुआ करता था। उन्होंने इसी अवसर पर संबोधित करते हुए कहा था, "इस लड़ाई में केवल वे ही लोग शामिल हों, जो अपने सिर पर कफन बाँधकर आए हों। यदि अब पूछें कि हमें इस लड़ाई में शामिल होने से क्या मिलेगा, तो मैं कहूँगा, कुछ नहीं। यदि ऐसा निश्चय हो, तभी इस लड़ाई में शामिल हों, अन्यथा अपने घर में आराम से बैठें।" ९ अगस्त, १९४२ को सुबह ४ बजे सरदार पटेल सहित १४ कांग्रेस कार्यसमिति के सदस्यों को बंदी बना लिया गया। गांधीजी भी बंदी बना लिये गए। उन्होंने बंदी होते समय देशवासियों को मात्र इतना ही संदेश दिया, 'करो या मरो'। सरदार पटेल को गुप्त रूप से अहमदनगर के किले में रखा गया था। तीन महीने तक इन्हें बाहर की दुनिया की कोई भी खबर नहीं मिली। मौलाना आजाद, डॉ. मसूद, नेहरू आदि का मत था कि गांधीजी ने 'भारत छोड़ो' का निर्णय लेकर अच्छा नहीं किया। लेकिन सरदार पटेल को महात्मा गांधी का यह निर्णय एकदम युक्तियुक्त प्रतीत होता था।

मई १९४५ में विश्व युद्ध समाप्त हो गया। १५ जून, १९४५ को दूसरे नेताओं के साथ सरदार पटेल को भी छोड़ दिया गया। सन् १९४६ में सरकार की नीतियों से क्षुब्ध होकर नौसैनिकों ने विद्रोह कर दिया। ऐसी भीषण परिस्थिति में सरदार पटेल के प्रयासों के फलस्वरूप ही विद्रोही नौसैनिकों ने २३ फरवरी, १९४६ को आत्म-समर्पण किया। इसी वर्ष डाक-विभाग के कर्मचारियों की हड़ताल तुड़वाने में भी सरदार पटेल की महत्त्वपूर्ण भूमिका रही।

२ सितंबर, १९४६ को केंद्र में अंतरिम सरकार बनाने का निमंत्रण मिला। पंडित जवाहरलाल नेहरू प्रधानमंत्री, सरदार पटेल गृहमंत्री, सरदार बलदेव सिंह रक्षामंत्री बने। २३-२४ नवंबर, १९४६ को मेरठ में हुए कांग्रेस के अधिवेशन में सरदार पटेल ने सांप्रदायिक सद्भाव के संबंध में बड़ा ही मार्मिक और भावपूर्ण भाषण दिया। सरदार पटेल और पंडित नेहरू में प्रारंभ से ही कुछ मतभेद थे। कांग्रेसी नेताओं का एक वर्ग-विशेष, सरदार पटेल को हिंदुवादी मानता था और इस मुद्दे को लेकर ये नेता जब-तब पंडित नेहरू और गांधीजी के कान भरते रहते थे। लेकिन गांधीजी ने तो जैसे सरदार पटेल की आत्मा को पहचान लिया था। गांधीजी अकसर सार्वजनिक रूप से यह कहा

करते थे, "सरदार पटेल तो हीरा हैं, वे सांप्रदायिक हो ही नहीं सकते।"

पाकिस्तान की माँग भी अत्यंत प्रबल हो उठी थी। संपूर्ण देश में भीषण सांप्रदायिक दंगे भड़क उठे थे। १४ जून, १९४७ को कांग्रेस महासमिति की बैठक में सांप्रदायिक समस्या के समाधान के लिए पंडित नेहरू और सरदार पटेल ने भारी व दु:खी मन से भारत-विभाजन के प्रस्ताव को स्वीकार कर लिया। सरदार पटेल का हृदय बहुत भरा हुआ था। उन्होंने भर्राए हुए स्वर में कहा, "मेरे जीवन का सबसे बड़ा लक्ष्य भारत की एकता रहा है। मैं जानता हूँ कि भारत-विभाजन की शर्त पर स्वाधीनता के प्रस्ताव से आप सबको बेहद दु:ख हुआ है। दु:खी मैं भी कम नहीं हूँ, लेकिन मेरे मन में यह बात बैठ गई है कि अब इसके अलावा हमारे सामने कोई और उपाय नहीं है। पिछले नौ मास से हमने शासन जिस तरह चलाया है, या ब्रिटिश सरकार ने जिस तरह उसे चलाने दिया है, उससे एक जो दुखद अनुभव हुआ है, वह यह है कि यदि और कुछ अधिक समय तक, यह शासन इसी तरह से चलता रहा, तो फिर पूरा देश पाकिस्तान बन जाएगा। यदि समूचे देश को पाकिस्तान बनाने से बचाना है तो देश के विभाजन की मर्मांतक पीड़ा को स्वीकार करना ही होगा। विभाजन की शर्त पर भी यदि अंग्रेज भारत छोड़कर चले गए तो यह भारत के लिए शुभ ही होगा। मैं मानता हूँ कि यह पीड़ा बहुत गहरी और स्थायी है। लेकिन देश के भावी हित के लिए हमें विष का यह प्याला पीना ही होगा।" इससे एक सच्चे राष्ट्रभक्त की पीड़ा और उसकी मन:स्थिति भी स्पष्ट होती है।

१५ अगस्त, १९४७ को भारत स्वतंत्र हो गया। सन् १९४६ में १५ में से १२ कांग्रेस समितियों ने सरदार पटेल को प्रधानमंत्री बनाने की इच्छा व्यक्त की थी, किंतु महात्मा गांधी के आग्रह को सर्वोपरि मानते हुए पंडित नेहरू स्वाधीन भारत के प्रथम प्रधानमंत्री बने। २४ अगस्त, १९४७ को सरदार पटेल को भारत का उप-प्रधानमंत्री बनाया गया।

अंग्रेज जाते-जाते उस समय देश में मौजूद ५६२ देसी रियासतों को भी स्वतंत्रता दे गए। ये रजवाड़े अपनी इच्छानुसार भारत या पाकिस्तान किसी भी एक देश में शामिल होने के लिए स्वतंत्र तो थे ही, अपनी इच्छानुसार वे संप्रभुता संपन्न इकाई के रूप में अपना स्वतंत्र अस्तित्व भी बनाए रख सकते थे। देशी राज्यों से संपर्क रखने के लिए भारत सरकार में सरदार वल्लभभाई पटेल की अध्यक्षता में एक अलग विभाग की स्थापना की गई। इस समय भारत में सचमुच अराजकता की ही स्थिति थी। इस अराजकता की स्थिति को दूर कर भारत को एक अखंड राष्ट्र का रूप देने में सरदार पटेल ने बिस्मार्क जैसी संगठनशक्ति और चाणक्य जैसे दूरदर्शितापूर्ण राजनीतिक कौशल का परिचय दिया। भारत के आधुनिक रूप के जन्मदाता वास्तव में सरदार पटेल ही हैं। नेहरूजी ने संविधान सभा नें कहा था—"पाकिस्तान बनने के बाद भारत को विशाल

भारत बनाने में सरदार पटेल का योगदान इतिहास में सदा स्मरण किया जाएगा।'' यदि तब सरदार पटेल न होते तो भारत निश्चित रूप से आज अपने वर्ततान रूप में मौजूद न होता। विशाल भारत के निर्माता के रूप में सरदार पटेल सचमुच भारतीय इतिहास में अपनी मिसाल स्वयं ही हैं।

□

जाँबाज लौहपुरुष सरदार पटेल

—डॉ. बीना बुदकी

यदि सरदार वल्लभभाई पटेल भारत के प्रधानमंत्री होते तो न कश्मीर समस्या होती और न आतंकवाद (जिहादियों अथवा नक्सलवादियों द्वारा प्रायोजित) देश के लिए आज विकट समस्या बनता। भला हो गुजरात के मुख्यमंत्री नरेंद्र भाई मोदी का, जो उन्होंने संसार में सबसे ऊँची मूर्ति बनाने के माध्यम से पटेलजी को राष्ट्रीय एकता के प्रतीक के रूप में प्रेरणास्वरूप का स्थान दिया है। मोदीजी ने 'रन फॉर यूनिटी' की अवधारणा को हरी झंडी दिखाकर खुशहाल भारत का सपना देखनेवाले सरदार पटेल को सच्ची श्रद्धांजलि देने के लिए देशवासियों को जगाया है। इस प्रकार सभी जातियों, मत-मतांतरों को माननेवाले भारतीयों को एक साथ चलकर समृद्ध भारत को 'विश्वगुरु' बनाने का आह्वान किया।

'स्टैच्यू ऑफ यूनिटी' के लिए देशवासियों, किसानों और मजदूरों से उनके औजारों से लोहा प्राप्त किया जाएगा। पाकिस्तान बनने के बाद भी कुछ तत्त्वों द्वारा 'अलगाववाद की चिंगारी' भड़कानेवालों के लिए उनका स्पष्ट संदेश था, 'देश का विभाजन फिर नहीं दोहराया जाएगा, ऐसा चाहनेवालों के लिए यहाँ कोई जगह नहीं है, उन्हें पाकिस्तान जाना चाहिए।'

सरदार पटेल को 'भारत का बिस्मार्क' (BISMARC) कहा जाता है, लेकिन उनका योगदान उससे भी बड़ा है। सरदार पटेल ने बड़ी प्रतिकूल परिस्थितियों में देश के प्रथम उपप्रधानमंत्री और गृहमंत्री के रूप में साढ़े पाँच सौ से अधिक छोटी-बड़ी रियासतों को भारतीय गणराज्य में विलय करने में सक्रिय भूमिका निभाई। उन्होंने असंभव दिखने वाले कार्य को उस समय पूरा किया, जब ब्रिटिश प्रधानमंत्री विंस्टन चर्चिल हिंदुस्तान को पाकिस्तान और छोटे-छोटे राज्यों के रूप में बँटा हुआ देखना चाहते थे। अगर सरदार पटेल न होते तो आज वर्तमान भारत की जगह छोटे-छोटे बहुत सारे देश होते, जो आपस में लड़ते रहते। जम्मू कश्मीर, हैदराबाद और जूनागढ़ ने भारत के साथ आरंभ

में विलय का प्रतिरोध किया, परंतु नई-नई आजादी प्राप्त करनेवाले भारत को एक मजबूत राष्ट्र के रूप में उभरता हुआ देखनेवाले सरदार पटेल ने सैनिक बल से इन तीनों रियासतों को भारत के साथ मिला दिया। प्रधानमंत्री नेहरू और गर्वनर जनरल माउंट बेटन सख्ती से उपर्युक्त तीनों रियासतों को मिलाने में हिचकिचाते थे; क्योंकि उन्हें डर था कि ऐसा करने से सांप्रदायिक हिंसा उत्पन्न न हो।

कन्हैयालाल माणिकलाल मुंशी ने लिखा है—"जवाहर लाल नेहरू ने यदि शेख अब्दुल्ला के बहकावे में आते हुए जम्मू-कश्मीर का जिम्मा पटेल से न लिया होता तो समस्या इतनी न होती, जितनी आज है।"

सरदार पटेल के बारे में तथाकथित प्रगतिशील-सेक्युलरवादी लोग कहते हैं कि वे मुसलमानों के विरुद्ध थे। ऐसा कदापि नहीं है। उनके बारे में उनके विचार थे—"यदि एक भी मुसलमान को, जो हिंदुस्तान के प्रति वफादार है और जिसने आजादी की लड़ाई में हमारा साथ दिया है और हमारे साथ मुहब्बत से रहा है, यहाँ से जाना पड़ेगा—तो इससे शर्म की बात और कोई नहीं होगी।" ('भारत की एकता का निर्माण' से, पृ. ७१) वे आगे चलकर कहते हैं—"मैं आज बड़े अदब से कहना चाहता हूँ कि मैं मुसलमानों का दोस्त हूँ और दोस्त का काम है कि सच्ची बात कह दे तथा धोखेबाजी न करे, तो मैं कभी मुसलमानों के साथ गलत बात नहीं करूँगा। मैं साफ-साफ कहना चाहता हूँ कि अब हिंदुस्तान के मुसलमानों की वफादारी का वक्त आया है। उनमें से हर एक के दिल में हिंदुस्तान के लिए पूरी-पूरी मुहब्बत हो, और वह समझे, उसे हिंदुस्तान में ही रहना है। उन्हें समझ लेना चाहिए कि पाकिस्तान से उनका कल्याण नहीं होने वाला है। पाकिस्तान उनकी रक्षा नहीं कर सकता है। तब उनका कर्तव्य हो जाता है कि जिस नाव में बैठे हैं, उसी नाव का हित सोचें; क्योंकि उन्हें भी उसी नाव से चलना पड़ेगा। नाव चलाने में उन्हें साथ भी देना पड़ेगा।" ('भारत की एकता का निर्माण', पृ. ७०) वे 'भारत की एकता का निर्माण' शीर्षक के अंतर्गत (पृष्ठ १७५) लिखते हैं—

"कुछ लोग कहते हैं कि भई हमारे यहाँ सेक्यूलर स्टेट (धर्मनिरपेक्ष सरकार) चाहिए। यहाँ हिंदुओं का सांप्रदायिक राज्य नहीं होना चाहिए। कौन कहता है कि यहाँ सांप्रदायिक राज्य बनाओ? हिंदुस्तान में तो आज भी तीन-चार करोड़ मुसलमान पड़े हैं। यहाँ सांप्रदायिक राज कैसे हो सकता है? लेकिन एक बात यह है कि हिंदुस्तान में जो मुसलमान पड़े हैं, उनमें काफी लोगों ने, शायद ज्यादातर लोगों ने पाकिस्तान बनाने में साथ दिया था। ठीक है, अब एक रोज में, एक रात में उनका दिल बदल गया, वह मेरी समझ में नहीं आता। अब वे सब कहते हैं कि हम वफादार हैं और हमारी वफादारी पर शंका क्यों करते हो? अपने दिल से पूछो यह बात? हमसे क्यों पूछते हो? यह हमसे पूछने की बात नहीं।"

आगे चलकर सरदार पटेल मुसलमानों को संबोधित करते हुए कहते हैं—"हिंदुस्तान के मुसलमानों से मैं कहता हूँ कि आपकी क्या राय है? जब तक आप अपना दिल नहीं बदलेंगे, तब तक मुहब्बत कैसे होगी? तो आप लोगों को भी पाकिस्तानियों से कहना चाहिए कि इस तरह से लड़ने से क्या फायदा? दो-ढाई साल तो हो गए। शेख अब्दुल्ला को समझाओ, कश्मीर के मुसलमानों को समझाओ। यदि वे पाकिस्तान में जाना चाहते हैं तो हम जबरदस्ती थोड़े ही रखनेवाले हैं। लेकिन वे चाहते हैं कि हमें इधर ही रहना है, क्योंकि हमारा तो सेक्यूलर (धर्मनिरपेक्ष) स्टेट है और हमने कश्मीर के चंद मुसलमानों के लिए ही इसे सेक्यूलर स्टेट थोड़े ही बनाया है। बीस करोड़ मुसलमान पहले ही हमारे यहाँ रहते हैं। जितने आपके यहाँ मुसलमान हैं, करीब उतने ही हमारे यहाँ भी हैं। उनका बोझ हम किस तरह से उठाएँगे, अगर रात-दिन लड़ते रहेंगे?"

हैदराबाद के बारे में सरदार पटेल के विचार पढ़ने योग्य हैं*—"मुझे तो जरा भी उम्मीद नहीं कि किसी दूसरी तरह से हैदराबाद का फैसला हो सकता है। और राज्यों ने जो कुछ किया है, अगर हैदराबाद भी खुद इसी तरह से करने के लिए तैयार हो, तो हम उसकी इज्जत करेंगे। तब हम उससे मुहब्बत करेंगे। लेकिन अगर वह डंडे से, धोखे से, या फिर बाहर की मदद की उम्मीद से कोई रास्ता लेना चाहेगा, तो वह नहीं होगा। हिंदुस्तान इस तरह से कभी बर्दाश्त नहीं करेगा। उस तरह से स्वतंत्र हिंदुस्तान जिंदा भी नहीं रह सकता है।

"हिंदुस्तान में एक भी ऐसा आदमी नहीं है, जो अपने दिल में यह समझता हो कि हमने हैदराबाद के साथ कोई बुराई या नालायकी की है। जब हमको यह कहा जाता है कि हमने आक्रमण किया है, तो यह समझ में नहीं आता कि हमने किसके ऊपर आक्रमण किया है? हिंदुस्तान के अपने ही एक हिस्से पर, जो अपना ही हिस्सा है, जो लोग अपने ही हैं, उनपर आक्रमण कैसा? उसका मायना मेरी समझ में नहीं आता। लेकिन कई लोग यह समझना ही नहीं चाहते। ईश्वर की बड़ी दया हुई, जो सारा काम ठीक से पूरा हो गया।"

हिंदू और मुसलमान

"हिंदू मुसलमानों की एकता अभी तो एक कोमल पौधा है। उसे कितने ही समय तक अत्यंत सावधानी से पालना पड़ेगा। अभी तक हमारे मन, जितने होने चाहिए, उतने साफ नहीं हैं। हर मामले में एक-दूसरे पर अविश्वास करने की हमें जो आदत पड़ गई है, वह नहीं जाती। इस एकता को तोड़ डालने के लिए कई तरह के प्रपंच और प्रयत्न होंगे। उसे हमेशा के लिए मजबूत बनाने का सुंदर अवसर हिंदुओं के हाथ में

* भारत की एकता का निर्माण, पृ. २१, २८, २९

सहज ही आ गया है। हिंदुओं का धर्म तो यह है कि हम इसलाम की रक्षा करने में इस समय मुसलमानों को पूरी मदद दें और मुसलमान कौम की शराफत पर विश्वास रखें।''*

सरदार पटेल के पास एक साफ नजरिया था, रचनात्मक दिमाग था। नव भारत के निर्माता के रूप में सरदार ने एक कुशल शिल्पी की भाँति नव-भारत के भवन की एक-एक ईंट मजबूती से चुन ली थी। अंग्रेजों द्वारा बँटे हुए विभिन्न राज्यों को एक ही दिशा में लाकर मजबूत नव-भारत का निर्माण किया।

वे जानते थे कि लोहे पर तभी चोट की जानी चाहिए, जब वह गरम हो। इस रचनात्मक राजनेता ने कश्मीर के अलावा लगभग सभी देसी रजवाड़ों को भारतीय संघ में मिलाकर एक बड़ी समस्या को कुशलता और दृढ इच्छा से पूरा किया। मात्र एक वर्ष की छोटी अवधि में इस लौह पुरुष ने रक्तहीन क्रांति द्वारा ८ करोड़ ६० लाख लोगों की आबादी और ८ लाख वर्ग किलोमीटर का भू-भाग भारतीय संघ के साथ सम्मिलित करने में महत्त्वपूर्ण भूमिका निभाई।

उन्होंने भोपाल के शासक राज्यों का संगठन बनाने और एक पृथक् राज्य का दर्जा हासिल करने के खेल को उखाड़ फेंका। इसी तरह जूनागढ़ और हैदराबाद के साथ भी सख्ती से दृढ संकल्प द्वारा उन्हें भारतीय संघ में वैधानिक रूप से विलय करा दिया। हैदराबाद को उन्होंने भारत के शरीर में 'अलसर' की संज्ञा दी थी और इसे 'कैंसर' बनने से रोक दिया।

त्रावणकोर के दीवान सी.पी. रामास्वामी अय्यर ने अपने महाराजा को भारतीय संघ में विलय करने में आना-कानी करने की सलाह देकर अलग रहने का परामर्श दिया। लेकिन सरदार पटेल ने पीपुल्स कॉन्फ्रेंस के माध्यम से इसका हल भी ढूँढ़ निकाला। जल्द ही त्रावणकोर के महाराजा को यह समझ में आ गया कि भारतीय गणराज्य में विलय के दस्तावेज पर हस्ताक्षर करने में ही उनकी भलाई है।

यदि कश्मीर का मामला सरदार पटेल के हाथों में होता या वैसा ही स्पष्ट और रचनात्मक दृष्टिकोण का परिचय कश्मीर के संदर्भ में भी दिया होता, जैसा दूसरे राजाओं के मामले में प्रदर्शित किया गया, तो बाद के तमाम भ्रम और विरोधाभासों से बचा जा सकता था।

ऐसा हुआ होता तो आज कश्मीर में पाक प्रेरित आतंकवाद से कश्मीर रक्तरंजित न होता और न ही साढ़े चार लाख शांतिप्रिय और देशभक्त कश्मीरी पंडित आज विस्थापित होते। कश्मीर की तथाकथित समस्या को संयुक्त राष्ट्र में ले जाने के भारत के प्रयास पर सरदार पटेल दुःखी थे। उन्होंने हरसंभव कोशिश की कि २८ अक्तूबर, १९४७ को

---

* सरदार पटेल के भाषण, पृ. ३४

पंडित नेहरू के रेडियो संदेश से ये शब्द 'संयुक्त राष्ट्र संघ के तत्त्वावधान में कश्मीर में जनमत संग्रह' हटा दिए जाएँ। (संदर्भ : Sardar Vallabhbhai Patel, VOl-I & II, Navjeevan Publishing House, Ahemdabad) सरदार पटेल के निजी सचिव वी. शंकर बताते हैं, ''राष्ट्रीय भावना के परिप्रेक्ष्य में देश के व्यापक हित में वे न केवल झुक जाते थे, बल्कि राष्ट्रीय जीवन से जुड़े अन्य लोगों का सहयोग भी प्राप्त कर लेते थे। इसका एक उल्लेखनीय उदाहरण है कि उन्होंने स्वतंत्रता-प्राप्ति के बाद अपनी सरकार बनाने में किस प्रकार पंडित नेहरू को सलाह दी थी। परिणामस्वरूप डॉ. अंबेडकर और डॉ. श्यामा प्रसाद मुखर्जी को मंत्रिमंडल में शामिल कर लिया गया। सरदार के मार्गदर्शन में ही 'दुग्ध क्रांति' आरंभ हुई। सोमनाथ के ऐतिहासिक मंदिर का पुनरुद्धार कराने में भी उन्हीं का हाथ है।

पटेल वास्तव में केवल मात्र कांग्रेस पार्टी से जुड़े लोगों तक ही सीमित नहीं थे, अपितु इसके बाहर देश की विभूतियों के संपर्क में भी थे और उनसे विचार-विनिमय करके राष्ट्रोत्थान के लिए कृतसंकल्प थे।

□

आधुनिक भारत के निर्माता सरदार पटेल

—डॉ. सुभाष काश्यप

आधुनिक भारत का निर्माण करनेवाली महान् विभूतियों में सरदार वल्लभभाई पटेल का नाम अग्रणी है। सरदार पटेल का व्यक्तित्व और कृतित्व दोनों ही बहुआयामी थे। राष्ट्र का निर्माण करने और उसे समृद्ध बनाने में उनका योगदान सदैव अविस्मरणीय रहेगा। सरदार पटेल ने अनेक प्रकार से विभाजित-विखंडित भारत को एक राष्ट्र के सूत्र में पिरोया, ६०० से अधिक छोटी-बड़ी देसी रियासतों को भारत संघ का अभिन्न अंग बनाया और 'हम भारत के लोगों' की एकात्मता की भावना को मूर्त रूप दिया। किसी भी देश के लिए, इतिहास के किसी भी मोड़ पर, इससे बड़ी उपलब्धि और कोई नहीं हो सकती।

स्वाधीनता संघर्ष के सबल सेनानी, भूमि-सुधार और किसानों के हितों के लिए लड़नेवाले बारदोली सत्याग्रह के सरदार वल्लभभाई पटेल विलक्षण प्रतिभा और लंबी सूझ-बूझवाले नेता थे। उनके जीवनकाल में और उसके बाद भी उन्हें अनेक उपाधियों से विभूषित किया गया। किसी ने इस 'भारतरत्न' को भारत का नेपोलियन, लेनिन या माओ कहा, किसी ने इनकी तुलना बिस्मार्क से की, आधुनिक युग का अशोक या फिर बीसवीं सदी का महानतम राजनेता बताया।

सरदार पटेल एक सच्चे देशभक्त, निस्स्वार्थ जनसेवक और राष्ट्र की एकता एवं अखंडता के पक्षधर थे। वह रुमानी आदर्शवादी स्वप्नद्रष्टा नहीं थे। वे भाषण देने में कम और ठोस काम करने में अधिक विश्वास रखते थे। वे व्यवहारकुशल, यथार्थवादी जननेता थे। अपने भारत को जानते-पहचानते थे, उन्हें भारत की खोज नहीं करनी पड़ी।

यद्यपि प्राय: सरदार पटेल गंभीर रहते और कम बोलते थे, लेकिन आवश्यकता पड़ने पर कड़वा सच बोलने में भी उन्हें कभी संकोच नहीं हुआ। वे स्पष्ट वक्ता थे। लाग-लपेट के साथ बातें करना उन्हें नहीं आता था। संभवत: इसी कारण से कुछ लोग उन्हें समझ नहीं पाए और भ्रांतियों का शिकार हो गए।

सेक्यूलरवाद अथवा सर्वधर्म समभाव और समादर के सिद्धांत के प्रति आस्था में वे किसी से कम नहीं थे, किंतु वे सांप्रदायिक तुष्टीकरण की नीति के विरोधी थे। राजनीति के क्षेत्र में वे किसी जाति-संप्रदाय आदि में विश्वास नहीं करते थे, पूरा देश उनका अपना गाँव था और सभी संप्रदायों और जातियों के लोग उनके अपने बंधु और मित्र थे। उनका मानना था कि स्थायित्व विकास की पहली शर्त है और स्थायित्व केवल एकता से आ सकता है ! आम आदमी का जीवन तभी सुखमय हो सकता है, जब देश में शांति हो और सांप्रदायिक सद्‌भाव हो। सरदार पटेल ने सभी भारतवासियों से अपील करते हुए कहा था कि हम यह कभी न भूलें कि चाहे हम किसी भी धर्म के अनुयायी हों, हम सब भारतीय हैं। एक सच्चे सैक्यूलरवाद की नींव रखने का सबसे सही रास्ता यही है कि अल्पसंख्यक समुदाय बहुसंख्यक समाज की नेकनीयती और समझदारी पर विश्वास करें और बहुसंख्यक अल्पसंख्यकों की भावनाओं को समझें। सरदार पटेल को पूरी आशा थी कि 'एक समय आएगा, जब भारतवासी यह भूल जाएँगे कि वह किसी अल्प अथवा बहुसंख्यक समुदाय के सदस्य हैं। वे यही सोचेंगे कि भारत में एक ही संप्रदाय है और हम सभी भारतीय हैं। जितना शीघ्र हम सभी यह समझ लें कि राजनीति के क्षेत्र में हमें केवल एक भारतीय के रूप में ही आचरण करना होगा, उतना ही हमारे लिए हितकर होगा।'

संविधान सभा में सरदार पटेल ने कहा था कि वे आशा करते हैं कि संविधान निर्माता एक ऐसे सच्चे सैक्यूलरवाद की स्थापना करने में सफल होंगे, जिसमें प्रत्येक भारतवासी को समान अधिकार और उन्नति के समान अवसर प्राप्त होंगे। एक गरमागरम वाद-विवाद में भाग लेते समय सरदार पटेल ने बड़े साफ शब्दों में धर्म परिवर्तन कराने के कार्यक्रमों का विरोध किया था। उन्होंने कहा कि यह कठोर सत्य है कि भारतभूमि पर सामूहिक धर्म परिवर्तन कराए जाते हैं। कई बार यह बल-प्रयोग से अथवा अनुचित दबाव और उत्पीड़न के द्वारा किए जाते हैं तथा अबोध बच्चों और अनाथों को भी इस प्रक्रिया का शिकार बनाया जाता है।

सरदार पटेल के चिंतन में सर्वोच्च प्राथमिकता थी एक सुगठित, सशक्त और समृद्ध राष्ट्र के निर्माण की। वे सभी भारतवासियों में भाईचारे की भावना को सुदृढ करना चाहते थे। उनका मानना था कि देश के नागरिक के रूप में सभी को समान राजनीतिक, सामाजिक और आर्थिक अधिकार प्राप्त हैं और राष्ट्र के प्रति सबके दायित्व भी समान हैं। अल्पसंख्यक समुदायों के धार्मिक, सांस्कृतिक, भाषायी तथा अन्य सामूहिक अधिकारों की रक्षा होनी चाहिए, किंतु किसी संप्रदाय या धर्म विशेष का होने के आधार पर किसी को विशेष राजनीतिक अधिकार नहीं दिए जा सकते। अतः सरदार पटेल विधानमंडलों में अथवा राज्य की सेवाओं में संप्रदाय के आधार पर प्रतिनिधित्व और आरक्षण के सदैव

विरोधी रहे। आवश्यकता पड़ने पर वे कठिन से कठिन निर्णय ले सकते थे और देश के हित में कठोर से कठोर कदम पूरी निर्भयता के साथ उठा सकते थे।

देश को पृथक् सांप्रदायिक प्रतिनिधित्व की विभीषिका से मुक्त कराने में सरदार पटेल की विशिष्ट व्यक्तिगत भूमिका रही। उन्होंने यहाँ तक कहा कि यदि कोई संप्रदाय सोचता है कि उसका हित जिस देश में वह रहता है, उसके अन्य निवासियों के हित से अलग या भिन्न है, तो वह भारी भूल करता है। उनका मानना था कि अगर वह मुसलिम संप्रदाय के लिए आरक्षण या पृथक् प्रतिनिधित्व की माँग मान लेते तो वह मुसलिम संप्रदाय के प्रति अन्याय करते; क्योंकि उसका सैक्यूलर और लोकतंत्रात्मक व्यवस्था पर बहुत बुरा असर पड़ा होता।

सरदार पटेल ने बहुत पहले, यहाँ तक कि सन् १९२१ में ही, स्पष्ट कर दिया था कि उनकी संकल्पना के स्वाधीन भारत में कोई भूख से नहीं मरेगा, उसके नेतागण विदेशी भाषा का प्रयोग नहीं करेंगे, सैन्य बल बढ़ाने पर भारी खर्च नहीं किया जाएगा, सेना अपने देश के लोगों को दासता में जकड़ने का प्रयास नहीं करेगी और दूसरे देश के नागरिकों पर अपना आधिपत्य जमाने की सोच नहीं रखेगी, सरकार के सबसे कम और सबसे अधिक वेतनवाले कर्मचारियों के बीच भारी अंतर नहीं होगा तथा न्याय पाना प्रत्येक नागरिक के लिए न कठिन होगा और न महँगा।

न्याय के क्षेत्र में, स्वाधीनता के बाद, विडंबना की एक बड़ी मिसाल है रामजन्म भूमि-बाबरी मसजिद का विवाद। पिछले ५४ वर्षों में यह विवाद सुलझ नहीं पाया है। सरदार पटेल ने १ जनवरी, १९५० को उत्तर प्रदेश के तत्कालीन मुख्यमंत्री पं. गोविंद वल्लभ पंत को पत्र लिखकर कहा था कि ''यह ऐसा मामला है, जो दोनों संप्रदायों के द्वारा सौहार्दपूर्ण वातावरण में, आपसी सहिष्णुता और नेकनीयति के साथ सुलझाया जाना चाहिए। मुसलिम समुदाय से स्वेच्छापूर्ण सहमति प्राप्त कर, ऐसे मामले केवल शांतिपूर्वक ही निपटाए जा सकते हैं, शक्ति या बल-प्रयोग के द्वारा नहीं।''

स्वाधीनता के बाद सरदार पटेल न केवल देश के गृहमंत्री और उपप्रधानमंत्री रहे, बल्कि उन्होंने राष्ट्र के एकीकरण और संविधान-निर्माण में भी प्रमुख भूमिका निभाई। उनका लक्ष्य एक ऐसा संविधान था, जो एक सशक्त और समृद्ध राष्ट्र का निर्माण कर सके और देशवासियों को सुशासन दे सके। संविधान-निर्माण के क्षेत्र में उनके योगदान पर जितना चिंतन-लेखन होना चाहिए था, वह नहीं हुआ। हमारे संविधान की आत्मा, मूल सिद्धांतों और राजनीतिक ढाँचे के स्वरूप पर सरदार के विचारों की गहरी छाप है।

सरदार पटेल ने संविधान के जिन भागों पर विशेष प्रभाव डाला, उनमें प्रमुख हैं—मूल अधिकार, नीति निदेशक तत्त्व, संघ-राज्य संबंध, राष्ट्रपति का निर्वाचन, राज्यपालों

की स्थिति और अधिकार क्षेत्र, मंत्रिपरिषद्, संसद् और राज्य विधानमंडलों के सदस्यों का निर्वाचन, अनुसूचित जातियों व जनजातियों के लिए विधानमंडलों में आरक्षण, अल्पसंख्यकों के अधिकार, आपातकालीन प्रावधान, देसी रियासतों का संघ में विलय और एकीकरण की प्रक्रिया, भाषा संबंधी धाराएँ, एकीकृत एवं स्वतंत्र न्यायपालिका, न्यायाधीशों के वेतन, भारत की नागरिकता आदि।

२६ जनवरी, १९५० को भारत का संविधान लागू हुआ। दुर्भाग्यवश उसे मूर्त रूप देने और व्यवहार में लाने के लिए उन्हें केवल कुछ महीनों का समय मिला, क्योंकि १५ दिसंबर, १९५० को काल ने उन्हें हमसे छीन लिया। अगर वे कुछ वर्ष और रहते तो संभवतः हमारे संविधान का स्वरूप और राष्ट्रीय राजनीति की दशा और दिशा कुछ और ही होती। हो सकता है हमारी व्यवस्था के मूल स्तंभ कुछ मजबूत हो गए होते, हो सकता है जन-जीवन में मूल्यों का उतना भयावह अवमूल्यन न हुआ होता, संस्थाओं का निष्प्रभावीकरण न हुआ होता और समूचे संविधानवाद का इतना क्षरण न हुआ होता।

सरदार पटेल आज हमारे बीच नहीं हैं, किंतु वे हमारे मन और मष्तिष्क में, सपनों और आकांक्षाओं में जीवित हैं। सरदार पटेल की बपौती का आकार बढ़ता जाता है तथा समय के साथ वे और उज्ज्वल एवं देदीप्यमान होती जाती हैं। जैसे-जैसे वर्ष बीतते जाते हैं और देश को नई-नई कठिन समस्याओं और विषम परिस्थितियों का सामना करना पड़ता है, हमें लौहपुरुष की याद आती है। हम सोचने लगते हैं, काश! आज वे होते! उनकी दूरदृष्टि, राजनीतिक सूझ-बूझ और समस्याओं को सुलझाने की विलक्षण क्षमता आज के संदर्भ में विशेष रूप से सार्थक प्रतीत होती है। लगता है, देश को सरदार पटेल की आज जितनी आवश्यकता है, शायद पहले कभी नहीं थी।

उनकी जयंती के अवसर पर सारा राष्ट्र सरदार पटेल की कमी को महसूस करता है और उनकी स्मृति को नमन करता है।

□

सरदार वल्लभभाई पटेल : अद्वितीय युगपुरुष

—डॉ. अशोक कुमार

"हममें त्याग की भावना न हो, हम निजी महत्त्वाकांक्षाओं को देश के व्यापक हित के सामने गौण समझने को तैयार न हों, तो हमारा धारासभाओं में जाना बेकार है। अगर हम ऊँचे दरजे के बलिदान की भावना नहीं दिखा सकते, तो हम देश के साथ और हमें मत देनेवालों के साथ अन्याय करेंगे।"

सुदृढ एवं विशाल शरीर, गंभीर मुख-मुद्रा, दृढ जबड़े, उन्नत और चौड़ा ललाट, शत्रु के प्रति विनोद और ललकार से भरी आत्मविश्वासी आँखें, मुख-मुद्रा से ही उनकी आंतरिक शक्ति का पता चलता है—ऐसे महामानव थे सरदार पटेल। भावी खतरों के प्रति मन, वचन और कर्म से तत्पर, अद्‌भुत संगठनशक्ति, अपने विषय में सदैव मौन रहनेवाले और बड़ी-से-बड़ी पद-प्रतिष्ठा का त्याग उनके चरित्र की विशेषतएँ हैं। वे अवसर का सदुपयोग करना जानते थे। वीरता और शक्ति उनकी आराध्य देवी थीं। सरदार पटेल उन पुरुषों में से थे, जो भाषणबाजी की अपेक्षा रचनात्मक और ठोस कार्यों में अधिक विश्वास करते थे। उनका व्यक्तित्व नारियल की तरह था, जो बाहर से दिखने में बहुत ही सख्त होता है, लेकिन उसके अंदर उतना ही मुलायम खाद्य और पवित्र पेय होता है। भारतीय राजनीतिक इतिहास का बिस्मार्क, लौहपुरुष और प्रखर, प्रतिभासंपन्न व्यक्तित्व के धनी थे सरदार वल्लभभाई पटेल।

भारतमाता के इस महान् तेजस्वी योद्धा का जन्म ३१ अक्तूबर, १८७५ को गुजरात राज्य के जिला नाडियाद के पास करमसद गाँव में हुआ था। हालाँकि सरदार पटेल इस जन्मतिथि के विषय में कहते थे 'स्कूल में मेरा जन्मदिन ३१ अक्तूबर, १८७५ लिखा है, परंतु यह तिथि ठीक नहीं है। यह मेरी आयु में हेर-फेर करके लिखवाई गई है।'

इस महान् त्यागी, तपस्वी पुरुष के पिता झवेरभाई पटेल और माता लाडबाई थीं। सन् १८५७ के स्वतंत्रता संग्राम में झवेरभाई पटेल ने झाँसी की रानी लक्ष्मीबाई के झंडे के नीचे बुंदेलों के साथ अंग्रेजों के विरुद्ध स्वाधीनता की लड़ाई लड़ी थी। सरदार पटेल

का सारा जीवन त्याग की कहानी है। इनके स्वभाव में दृढता, वीरता, सत्य, सदाचार, संयम, अनुशासन और व्यावहारिक कुशलता रची-बसी थी। सरदार पटेल का जीवन, उनके कार्य 'सत्यं शिवं सुंदरम्' का पर्याय थे। गांधी का परस पाकर ये दैवीय गुण और अधिक जाज्वल्यमान हो गए। सरदार पटेल में एक कुशल सेनापति के सभी सद्गुणों, जैसे बुद्धि, बल, विवेक, परिस्थिति की समझ, धैर्य, दूरदृष्टि, अद्भुत साहस और संगठनशक्ति का संचय था। सरदार पटेल में वर्तमान राजनीतिज्ञ जैसी कूट रहस्यात्मकता नहीं थी। वे कहा करते थे—"मुझे लड़ते-लड़ते संकट और उलझनें पड़ जाएँ तो मैं तड़ाक सुलझा लूँगा। ऐसी उलझनें सुलझाने की सूझ-बूझ मुझे कहाँ से मिलती है, मैं नहीं जानता, परंतु समझौते की ढीली चर्चाओं में मेरा मन नहीं लगता। ऐसी अकर्मण्य चर्चाओं में कितनी ही बार मैं गड़बड़ में पड़ जाता हूँ।"

सरदार पटेल कर्म की पूजा करनेवाले कर्मवीर थे। नए सामाजिक निर्माण व नए समाज की प्रतिष्ठा में वे संकल्पबद्ध थे। किसी अन्य का प्रभाव उनकी कर्मण्यता, तेजस्विता को कम नहीं कर सकता था। उनका स्वदेशानुराग और राष्ट्रीयता ही भारतीय स्वतंत्रता और संस्कृति का पर्याय थी। अतीत का गौरवगान, इतिहास की पुकार और लोकमंगल की भावना उनका ध्येय था। वे सच्चे अर्थों में लोकनायक थे। सरदार की लोकप्रियता का सबसे बड़ा कारण जनता के प्रति उनका आदर और प्रेम था। वे जनता के थे, जनता में से थे और जनता के लिए थे। उन्होंने सदैव जन-भावनाओं का सम्मान किया। वे अपने देशवासियों के साथ गिरते-पड़ते, उठते-बैठते तथा लड़ते-झगड़ते आगे बढ़ते रहे। जनता के कष्टों को उन्होंने अपना समझा। जनभाषा, रीति-नीति, धर्म-संस्कृति में वे समान व सम्मान भाव से रस लेते थे। साथ ही उन्हें मार्ग दिखाकर उनके साथ आगे बढ़ते रहे।

सरदार पटेल अपने भाइयों में चौथे नंबर पर थे। सोमाभाई, नरसिंह भाई और विट्ठल भाई उनसे बड़े थे। कासी भाई और डाहीबा बहन उनसे छोटे थे। सरदार पटेल की शादी १८ वर्ष की आयु में झबेर बा के साथ सन् १८९३ में हुई। सरदार पटेल की बड़ी इच्छा थी कि वे इंग्लैंड से बैरिस्टरी पास करें। इसके और भी कई कारण थे। वे अंग्रेजी को अच्छी तरह समझना चाहते थे, क्योंकि यह सरकारी कामकाज और अदालती भाषा थी। दूसरा, वे यह देखना चाहते थे कि वे कौन से तत्त्व हैं, जिनके दम पर इंग्लैंड ने इतना बड़ा साम्राज्य खड़ा कर रखा है! सरदार पटेल अपने बड़े भाई विट्ठलभाई पटेल की इंग्लैंड जाने की आकांक्षा को भी जानते थे। लेकिन दोनों का एक साथ वहाँ जाकर पढ़ाई करना पिता झवेरभाई पटेल की सामर्थ्य से बाहर था। अत: सरदार पटेल ने पहले अपने बड़े भाई को इंग्लैंड भेजकर न केवल स्वयं की इच्छा को स्थगित किया, बल्कि पूरे परिवार को सँभालने की जिम्मेदारी भी ली। जहाँ विट्ठल भाई के खर्च को

वहन किया, वहीं उनकी बीमार पत्नी को सहारा दिया। यह सरदार पटेल के परस्पर स्नेह, धैर्य और विशाल हृदयता का प्रत्यक्ष प्रमाण है।

सन् १९१३ में सरदार पटेल ने इंग्लैंड जाकर बैरिस्टरी पास की, तब तक इनका विवाह हो चुका था और इनकी दो संतानें थीं—कुमारी मणिबेन पटेल और डाह्याभाई पटेल। जनवरी १९०९ में एक दिन पटेल किसी की हत्या के संदर्भ में किसी व्यक्ति के मुकदमे की पैरवी कर रहे थे। तभी किसी ने आकर उन्हें एक तार दिया। उन्होंने तार को पढ़ा और जेब में रख लिया तथा पैरवी करते रहे। आखिर वह भी किसी की जिंदगी और मौत के सवाल पर पैरवी कर रहे थे! एक वकील का प्रथम कर्तव्य होता है कि अपने मुवक्किल का बचाव करे। कार्य समाप्त होने पर मित्रों ने तार के विषय में पूछा तो उन्होंने बताया कि उनकी पत्नी का देहांत हो गया है। वे पत्नी-वियोग की इस आंतरिक पीड़ा का विषपान चुपचाप कर गए और अपने कर्तव्य-पथ से जरा भी विचलित नहीं हुए। विपत्ति में धैर्य और साहस का यह श्रेष्ठतम उदाहरण है। ऐसे कर्तव्यनिष्ठ और कर्मठ व्यक्ति कभी निराश नहीं होते।

सन् १९१३ में सरदार पटेल बैरिस्टर बनकर स्वदेश लौटे और अहमदाबाद में वकालत करके खूब पैसा और नाम कमाया। परिस्थिति को देखते हुए अनेक मुकदमे निशुल्क लड़े। अत: जनसेवा में भी पीछे नहीं रहे। जब भारत के निर्माणकर्ता कर्णधारों का जिक्र आता है तो गांधी, नेहरू और पटेल की त्रयी का स्मरण ससम्मान किया जाता है। इस त्रयी में सरदार पटेल ऐसे प्रकाश-स्तंभ थे, जिन्होंने जन-जन के तन-मन-धन के अधिकारों को उज्ज्वल प्रकाश से प्रकाशित किया। परस्पर मतभेद भी इस त्रयी की अपनी विशेषता थी। इन मतभेदों के बावजूद सरदार पटेल में समन्वय और सामंजस्य बैठाने का अद्भुत गुण था। इनका एक ही मिशन था—राष्ट्रहित। जिसके लिए सरदार पटेल न केवल अपना सबकुछ अर्पित कर सकते थे, बल्कि दूसरों से भी भिड़ जाते थे। इनके कार्य करने की अपनी ही एक विशेष शैली थी। जिसका प्रभाव जन-जन के ऊपर बहुत जल्दी पड़ता था। सन् १९१७ में गांधीजी से भेंट हुई। इससे पूर्व सरदार पटेल गांधीजी का मजाक करते थे। उनके विचारों और व्यक्तित्व से प्रभावित भी नहीं थे। तब इन्होंने कहा था, ''गांधीजी अंग्रेजों को ब्रह्मचर्य और सदाचार का पाठ पढ़ाना चाहते हैं, यह तो भैंस को भागवत सुनाने जैसा है।'' इसके बाद सरदार पटेल गांधीजी के छोटे-छोटे और अति महत्त्वपूर्ण कार्यों के प्रति उनकी संवेदनशीलता और लोकहितैषी भावना से प्रभावित हुए।

'चंपारन सत्याग्रह' के बाद दूसरा महत्त्वपूर्ण सत्याग्रह सन् १९१७ में 'खेड़ा सत्याग्रह' किया। इसमें सरदार पटेल गांधीजी का साथ देनेवाले पहले आदमी थे। जब भयंकर वर्षा के कारण खेड़ा के किसानों की फसल पूर्णरूपेण नष्ट हो गई और किसानों

को फाकों की नौबत आ गई, लेकिन सरकार लगान वसूलने के लिए किसानों पर अत्याचार करने लगी, तब सरदार पटेल ने गाँव-गाँव घूमकर सरकार की नीति का शांतिपूर्ण विरोध करने के लिए गांधीजी का संदेश पहुँचाया। सरदार पटेल किसानों के बीच जाते, उनका मनोबल बढ़ाते और उन्हें समझाते कि 'उन्हें अनेक कष्ट सहने पड़ेंगे। उनकी जमीनें जब्त कर ली जाएँगी, संपत्ति पर कब्जा कर लिया जाएगा, पशुओं तक की नीलामी की जा सकती है। लेकिन सरकार के अत्याचारों के आगे झुकना नहीं है।' इन किसानों को सरदार पटेल पर अटूट श्रद्धा और विश्वास था। वे हर अत्याचार का मुकाबला पूरी दृढता से करने रहे। आखिर सरकार को किसानों के आगे झुकना पड़ा और उन्हीं से लगान लिया गया, जो उसे आसानी से चुका सकते थे। सत्याग्राही भी यही चाहते थे। सरदार पटेल कहा करते थे, ''यदि राजसत्ता अत्याचारी हो तो किसान का सीधा उत्तर है—'जा-जा तेरे जैसे कितने ही राज्य मैंने मिट्टी में मिलते देखे हैं!'

इस जनहितैषी धरती-पुत्र को सर्वाधिक ख्याति बारदोली सत्याग्रह से मिली। सन् १९२७-२८ में अंग्रेजी सरकार ने किसानों पर ३० प्रतिशत तक लगान बढ़ा दिया। यह सीधे तौर पर किसानों के साथ अन्याय था और किसान भी इसे सहन करने में असमर्थ थे। अत: बारदोली क्षेत्र के किसान, स्त्री-पुरुष आदि अपनी पीड़ा को लेकर सरदार पटेल के पास पहुँचे। सरदार पटेल ने सत्याग्रह से पहले इस क्षेत्र का वस्तुनिष्ठ निरीक्षण किया। सारे आँकड़े तथ्यों सहित एकत्रित किए। जब उन्हें लगा कि किसानों की वर्तमान स्थिति को देखते हुए लगान बढ़ाना पूर्ण रूप से अनौचित्यपूर्ण है, तब उन्होंने सत्याग्रह के संघर्ष का बिगुल बजा दिया। यह उनका अपना तरीका था। उन्होंने किसानों को पहले ही समझा दिया था कि इस संघर्ष में उन्हें बड़ी मुसीबतें व अत्याचार झेलने पड़ेंगे। भूखा-प्यासा भी मरना पड़ सकता है। किसानों ने भी वचन दिया कि वे मर जाएँगे परंतु झुकेंगे नहीं। फरवरी १९२८ में 'बारदोली सत्याग्रह' नाम से सरकार के विरुद्ध मोरचा खोल दिया—''मेरी बोटी-बोटी उड़ा दो, पर मैं लगान अदा न करूँगा।'' यह कहकर सरदार पटेल ने किसानों का आह्वान किया। सरदार पटेल ने गाँव-गाँव जाकर अपनी ओजस्वी वाणी से किसानों में उत्साह व जागृति पैदा की। सरकार की अनीति से लड़ने की शक्ति दी। इनकी कर्मठता, कर्तव्यनिष्ठा और त्याग के प्रभाव से सरकार के दमन व अत्याचार करने पर भी सत्याग्रह निरंतर चलता रहा। अंग्रेजी सरकार ने एड़ी-चोटी का जोर लगा दिया, लेकिन किसान टस-से-मस नहीं हुए। इस आंदोलन में स्त्रियों व बच्चों ने भी बढ़-चढ़कर हिस्सा लिया। सरकार का अहंकार चूर-चूर हो गया। सत्य और अहिंसा की जीत हुई। अगस्त १९२८ तक स्थिति फिर सामान्य हो गई। सत्याग्रहियों की जब्तशुदा जमीनें लौटा दीं, कैदी छोड़ दिए गए। इस ऐतिहासिक घटना के बाद जो 'विजयोत्सव' मना, वह सरदार पटेल की प्रेरणा का सुफल था। अब सरदार

पटेल संपूर्ण राष्ट्र के बहुत लोकप्रिय एवं जुझारू नेता बनकर उभरे। यहाँ के किसानों ने वल्लभभाई को 'सरदार' की उपाधि दी। सरदार पटेल का नाम बच्चे-बच्चे की जुबान पर चढ़ गया।

बारदोली के संघर्ष के संदर्भ में कन्हैयालाल माणिकलाल मुंशी ने सरकार को पत्र लिखकर बताया, "आपको भले ही यह रिपोर्ट मिली हो कि किसान आंदोलन बाहर से थोपा गया है, लेकिन वास्तविकता यह है कि आंदोलन वास्तविक है। रिपोर्ट झूठी है। अपने दुधारू पशुओं को बचाने के लिए पिछले तीन महीनों से यहाँ स्त्री-पुरुष-बच्चे उनके साथ अँधेरे, गोबर और बदबू से भरी कोठरियों में बंद पड़े हैं। इस तरह की स्थिति का उदाहरण तो मध्यकाल के इतिहास में भी नहीं मिल सकता है। लेकिन सारे जोर-जुल्म सहकर भी किसान सरकारी दमन का मजाक उड़ा रहे हैं। सरदार पटेल उनके एकच्छत्र नेता हैं। वे जहाँ भी जाते हैं, लोग उनके स्वागत में उमड़ पड़ते हैं।…फटे चिथड़ों में लिपटी गाँव की बेहाल स्त्रियाँ उनके माथे पर तिलक लगाकर उनका अभिनंदन करती हैं।"

सन् १९३० का 'असहयोग आंदोलन' आया। गांधी ने दासता की जंजीरों को तोड़ फेंकने का आह्वान किया। विदेशी वस्तुओं का बहिष्कार किया। जनता ने सरकार के किसी भी काम में सहयोग न देने का संकल्प लिया। विद्यार्थियों ने स्कूलों को छोड़ दिया। वकीलों ने वकालत छोड़ दी। अन्य कर्मचारियों ने अपने पदों से त्यागपत्र दे दिए। राजेंद्र बाबू, मोतीलाल नेहरू, जवाहरलार नेहरू आदि आगे आए। जेल यात्राएँ कीं। ऐसे अवसर पर सरदार पटेल क्यों पीछे रहते! सन् १९३१ में कराची में कांग्रेस का ऐतिहासिक अधिवेशन हुआ और सरदार पटेल सभापति निर्वाचित हुए। उन्होंने अपने अध्यक्षीय भाषण में कहा, "आपने मुझ किसान को इस उच्च आसन पर बैठा दिया है। मुझे इसका महान् गर्व है। मुझे ही नहीं, इसका तो प्रत्येक भारतवासी अभिमान कर सकता है। इसके लिए मैं आपका कृतज्ञ हूँ। मैं तो एक तुच्छ सेवक हूँ, त्याग तो उन लोगों ने किया है, जिन्होंने अपने देश की रक्षार्थ अपने प्राणों तक की आहुति दे डाली।" यहाँ सरदार पटेल का संकेत सरदार भगतसिंह, सुखदेव व राजगुरु की तरफ था। इन युवा क्रांतिकारियों को फाँसी लगने से देश क्षुब्ध था और कानपुर के सांप्रदायिक दंगों में गणेश शंकर विद्यार्थी की हत्या कर दी गई थी। इससे पूर्व 'साइमन कमीशन' का विरोध करते हुए लाला लाजपतराय की गोरों की लाठियों से मृत्यु हो गई थी। सरदार पटेल संपूर्ण राष्ट्र में जन-जागृति फैलाना चाहते थे। उन्होंने परस्पर वैर-विरोध भुलाकर एकता का आह्वान किया। उन्होंने कहा, "राजनीतिक मंचों से चीखने-चिल्लाने से क्रांति नहीं होती, केवल नारेबाजी करने से और प्रस्ताव पारित करने से कोई नतीजा हासिल नहीं किया जा सकता।" इनके आह्वान से निर्धनों के मन में साहस और पराक्रम आ गया। शोषित जनता के हृदय में

आशा और विश्वास का संचार हुआ। सारा भारत चैतन्य हो गया।

सन् १९३१ के अधिवेशन के अध्यक्ष बनने से पूर्व इसकी भूमिका विशाल जन समर्थन ने तैयार कर दी थी। सन् १९२९ में लाहौर अधिवेशन के लिए अनेक कांग्रेसी कार्यकर्ता सरदार पटेल को अधिवेशन में अध्यक्ष बनाए जाने के पक्ष में थे, लेकिन जिस तरीके से गांधीजी ने नेहरू को अध्यक्ष बनाया, उससे इस त्रयी के बीच मतभेद सामने आए और सरदार पटेल उपेक्षा के शिकार हुए। गांधीजी नेहरू के साम्यवादी विचारों के विरोधी थे, फिर भी न जाने क्यों इस भोग और मौजपरस्ती के प्रति असीमित प्यार और समर्थन रखते थे? जबकि सादगी, वैचारिक दृढता, प्रबल एवं सात्त्विक राष्ट्रभक्ति, जनप्रियता के आधार पर सरदार पटेल को वरीयता देनी चाहिए थी? लेकिन गांधी के कारण ही यहाँ सरदार पटेल को पीछे धकेल दिया गया। यहाँ अधिवेशन में अध्यक्ष पद के लिए तीन नाम आए। दस प्रांतों ने गांधीजी के नाम का समर्थन किया, पाँच ने सरदार पटेल और केवल तीन प्रांतों ने ही नेहरू का नाम प्रस्तावित किया। सरदार पटेल को इस बात की भनक लग गई कि गांधीजी क्या चाहते हैं! तो इस त्यागी युगपुरुष ने कहा, "मुझे किसी पद-सम्मान की लालसा नहीं है, मैं तो इस देश को विदेशी दासता से मुक्त देखना चाहता हूँ और जहाँ सेनापति (गांधीजी) हैं, वहाँ मुझ जैसे सिपाही के जाने का क्या काम?" इस तरह गांधीजी की बात का मान रखते हुए स्वयं नेहरू के अध्यक्ष बनने का मार्ग प्रशस्त कर दिया। सरदार पटेल कहा करते थे कि "सच्चा बलिदान सदा परमार्थी होता है। उसमें लाभ-हानि का हिसाब नहीं होता। उसमें किसी प्रकार के बदले की अपेक्षा नहीं रहती। न ही उसमें किसी निराशा या पश्चात्ताप की कोई गुंजाइश होती है।" सरदार पटेल ने न केवल राजनीतिक स्तर पर जनता को जागरूक किया, बल्कि समाज के भीतर जड़ों तक फैली कुंठाओं-निराशाओं को दूर कर पिछड़े, अशिक्षित, शोषित, रूढ़िवादी जन को हाशिए से उठाकर नए विचारों और विकास की मुख्यधारा में लाने का अद्वितीय कार्य भी किया। ऐसा करके ही सरदार पटेल एक सजग, शक्तिशाली एवं संगठित भारत का निर्माण कर सकते थे। शोषण, अत्याचार और परतंत्रता के कोल्हू में पिसते-पिसते जनता खुद ही के अस्तित्व, अपनी पहचान, अपनी शक्ति को भुलाकर नैतिक अवमूल्यन के महासमुद्र में डूबती जा रही थी। सरकार की ओर से उसकी समस्याओं की ओर गंभीरता से ध्यान नहीं दिया गया था। अत: सरदार पटेल ने भारतीय समाज में सामाजिक, आर्थिक, राजनैतिक जागृति लाने का भी कार्य किया।

सरदार पटेल ने दक्षिण भारत के ब्राह्मणों व अन्यों के बीच की कटुता व भेदभाव को दूर करने का हरसंभव प्रयास किया। बिहार सहित अनेक राज्यों में सरदार पटेल जहाँ भी जाते, परदा-प्रथा और दहेज प्रथा के विरुद्ध बोलते थे; नारी स्वतंत्रता, समानता और शिक्षा की बात करते थे। वे चाहते थे कि शक्तिशाली समाज के निर्माण में महिलाओं

की भूमिका बराबर की रहे। उनके लगभग सभी आंदोलनों में महिलाओं की भागीदारी अच्छी-खासी रही। 'बारदोली सत्याग्रह' में तो स्त्रियों ने ही इन्हें अपना 'सरदार' कहकर संबोधित किया था।

सन् १९३५ में विधानसभाओं में चुनाव लड़ने का फैसला लिया गया। इसके लिए संसदीय कमेटी का गठन किया तथा सरदार पटेल को संसदीय कमेटी का अध्यक्ष बनाया गया। सरदार पटेल ने इस मंत्रिमंडल का योग्यतापूर्वक संचालन किया और कांग्रेस सात प्रांतों में विजयी रही। ८ अगस्त, १९४२ में मुंबई अधिवेशन में 'भारत छोड़ो आंदोलन' का प्रस्ताव पास हुआ। इस अवसर पर पटेल ने अपनी ओजस्वी वाणी से जन-जन को जाग्रत् कर आंदोलन को प्रभावशाली ढंग से चलाने का आह्वान किया। सरकारें ने अपने दमनचक्र के साथ ही अगले दिन सुबह गांधी, नेहरू, पटेल आदि प्रमुख नेताओं को बंदी बना लिया। आम जनता के उत्साह, देशभक्ति के त्रिरुद्ध अंग्रेजी सरकार ने अमानुषिक अत्याचारों का सिलसिला जोड़ दिया। इस स्थिति को देखते हुए गांधीजी ने 'करो या मरो' का नारा दिया। सरदार पटेल ने भी कहा, "जो पैदा होता है, उसे एक दिन मरना ही होता है, तो कायर की मौत मरने की अपेक्षा वीर पुरुष की तरह मरना चाहिए।" सरदार पटेल अहमदनगर के किले में बंद थे। २६ जून, १९४५ को अंग्रेजी सरकार आंदोलनकारी नेताओं के साथ बातचीत करना चाहती थी। साथ ही गांधी आदि कई नेताओं का स्वास्थ्य बिगड़ गया, जिससे उन्हें छोड़कर शिमला कॉन्फ्रेंस के लिए आमंत्रित किया। जब सरदार पटेल जेल से बाहर आए तो उन्होंने न केवल भारत, बल्कि 'एशिया छोड़ो' का नारा बुलंद किया। सरदार पटेल ने कहा कि 'यदि आप वैधानिक शक्तिमत्ता के साथ उनका समर्थन कर सकें तो आप महान् राष्ट्रीय विभूति बनकर रहेंगे और यदि संगठित जन निर्णयों के साथ रहें तो निर्वाचित पुरुषों के विश्व-इतिहास के निर्माताओं में आपका स्थान होगा।'

सन् १९४६ की 'मंत्रिमंडल मिशन योजना' असफल रही। यहाँ ब्रिटिश सरकार की सांप्रदायिक नीति खुलकर सामने आई। लार्ड वेवल के साथ शिमला बातचीत हुई। शिमला सम्मेलन की प्रमुख समस्या हिंदू-मुसलिम प्रतिनिधित्व की समस्या थी। तत्कालीन वाइसराय लार्ड वेवेल ने दोनों को अलग-अलग प्रतिनिधित्व देकर भारत-विभाजन की नींव पक्की कर दी। साथ ही मुसलिम लीग के नेताओं, मुख्यत: जिन्ना की स्वार्थी राजनीतिक महत्त्वाकांक्षा सिरे चढ़ती दिखाई दी। जिन्ना के अड़ियल स्वभाव और हठधर्मिता के कारण ही यह वार्त्ता विफल रही। सरदार पटेल भी तब शिमला में थे। लेकिन सम्मेलन में भाग नहीं ले रहे थे। उन्होंने जिन्ना व मुसलिम लीग द्वारा पैदा की अड़चनों पर गरजकर कहा, "उन मुसलमानों से भी लड़ा जाएगा, जो रुकावटें डालेंगे। तलवार का जवाब तलवार से दिया जाएगा और खून की नदियाँ बहानेवालों को क्षमा नहीं किया

जाएगा।'' ऐसा कहने से जनता में सनसनी फैल गई, उनपर सांप्रदायिकता के आरोप लगे, लेकिन जब उन्होंने अपनी बात का औचित्य सिद्ध किया तो स्थिति सामान्य हो गई। वास्तव में तभी से एक ऐसा वर्ग तैयार हो गया, जो सरदार पटेल को मुसलमानों के विरोधी के रूप में देखता है। लेकिन यह उसकी संकुचित सोच है, जबकि वास्तविकता यह है कि यह भारतीय समय व समाज की माँग थी। राष्ट्र के सशक्तीकरण व एकता के अलावा इसका कोई विकल्प नहीं था। यह एक सच्चे राष्ट्रवादी का राष्ट्रहितैषी चिंतन था। इसके सिवाय कुछ नहीं। सरदार पटेल के इसी दृष्टिकोण को योगेश गुप्त प्रमाणित करते हैं—''एक वर्ग पटेल को मुसलमानों के विरोधी के रूप में देखता, लेकिन यह कोरा उतावलापन है। दरअसल, पटेल एक सच्चे राष्ट्रवादी थे। उनकी जिन नीतियों के आधार पर यह इलजाम लगाया जाता है, उनके पीछे राष्ट्रप्रेम और राष्ट्रहित की सोच के सिवा और कुछ नहीं है। राष्ट्रवाद जुनून नहीं, गर्व का आधार बनानेवाली राष्ट्रीय भावना है। उनका (पटेल का) मानना है कि साधु-संतों के बीच घृणा, धर्म-मजहब के वैमनस्य, नफरत और विद्वेष तथा अंधं राष्ट्रीयता का जुनून जाति के सबसे बड़े शत्रु हैं। इनसे बचना और बचाना हर नागरिक का नैतिक दायित्व होता है।'' दूरद्रष्टा सरदार पटेल ने वर्तमान की सबसे ज्वलंत व घातक समस्या अलगाववाद और आतंकवाद के बीज को उसी समय पहचान लिया था। वर्तमान जम्मू-कश्मीर की समस्या गांधी व नेहरू द्वारा सरदार पटेल की उपेक्षा और उसे न समझ पाने का दुष्परिणाम है। सरदार पटेल की तेजस्विता ने असत्य के साथ कभी समझौता नहीं किया। अनौचित्य के आगे कभी नहीं झुके या दबे। राजनीतिक हेतु समझने के लिए दाँव-पेंच का हल्का मार्ग ग्रहण करना कभी पसंद नहीं किया। कांग्रेस के अंदर रहते हुए उनका मार्ग, उनके सपने और तरीका अपना अलग था। गांधी और नेहरू से कई बार गंभीर मतभेद हुए, लेकिन राष्ट्र की आवश्यकता थी, परिस्थितियों का आग्रह था कि आजादी की लड़ाई के दौरान मोरचे की कतारों में कोई दरार न पड़ने पाए। इसलिए बड़े-बड़े निर्णय, बड़ी-बड़ी समस्याएँ, बड़े-बड़े मोड़ आए, जिनकी वजह से सरदार पटेल के सामने राजनीति एक महान् प्रश्नचिह्न बनकर खड़ी हो गई। राजनीति के उन चौराहों पर एक ओर राष्ट्रीय आंदोलन की अविभाज्यता थी, तो दूसरी ओर विरोध। लेकिन सरदार पटेल ने सदा ही समन्वय का मार्ग अपनाया।

जिन्ना को जब अपने मंसूबों पर पानी फिरता दिखा तो असंवैधानिक तरीके से 'सीधी काररवाई' का फैसला लिया। १६ अगस्त, १९४६ को मुसलिम लीग ने 'सीधी काररवाई' शुरू कर दी। परिणामस्वरूप सारे देश में जगह-जगह दंगे-फसाद, लूटपाट, मार-काट और सांप्रदायिक तनाव फैल गया। देश के हालात बिगड़ गए। वाइसराय ने बिगड़ते हालातों को देखते हुए सितंबर १९४६ में कांग्रेस को अंतरिम सरकार बनाने के

लिए तैयार कर लिया। कुछ शर्तों को लेकर अक्तूबर में जिन्ना भी सरकार में शामिल हो गए। जिन्ना चाहते थे कि उन्हें गृह विभाग दे दिया जाए और वह देश की कानून व्यवस्था, सेनाएँ, पुलिसबल और खुफिया विभाग पर अपना नियंत्रण करके इनका दुरुपयोग अपनी स्वार्थपूर्ति के लिए कर सकें। सरदार पटेल ने इस माँग पर सख्त विरोध किया, क्योंकि वे जिन्ना की मंशा को बखूबी जानते थे। जिन्ना का मुख्य उद्‌देश्य अंतरिम सरकार के मार्ग में रुकावट पैदा करना था। मार्च १९४७ को लॉर्ड माउंटबेटन को भारत का वाइसराय बनाया गया। उनके आने से स्वाधीनता की प्रक्रिया और मुसलमानों का विरोध और तेज हो गया। जब गांधी, नेहरू सहित कांग्रेसियों को यह लगा कि भारत विभाजन स्वीकारने के अतिरिक्त अब उनके पास कोई विकल्प ही नहीं है, तो उन्होंने भारत-पाक विभाजन स्वीकार कर लिया। इसका एक अन्य पहलू भी है कि कांग्रेस की तुष्टीकरण की नीति संपूर्ण राष्ट्र के लिए न केवल तत्कालीन रूप से घातक रही, बल्कि भविष्य के लिए भी नासूर बन गई। कुछ लोग इस विभाजन के लिए जिन्ना के साथ पटेल को भी जिम्मेदार मानते हैं, जबकि वस्तुस्थिति कुछ अलग थी। सन् १९४६ में अंतरिम सरकार बनने से पूर्व यह आवश्यक निर्णय लिया गया कि कांग्रेस का नया अध्यक्ष चुना जाए। कांग्रेस कमेटी के अधिकांश सदस्य सरदार पटेल को अध्यक्ष बनाना चाहते थे, ताकि वे अध्यक्ष के नाते आगामी सरकार के प्रधानमंत्री बन सकें। परंतु गांधीजी ने पुनः इस बार फिर सरदार पटेल का समर्थन न करके नेहरू को अध्यक्ष बनाने का समर्थन किया। गांधीजी ने किसी भी कीमत पर सरदार पटेल को समर्थन नहीं दिया, क्योंकि वे (पटेल) कांग्रेस की तुष्टीकरण की नीति के सख्त विरोधी और भारतीयता व राष्ट्रीय एकता के प्रबल समर्थक थे। सांप्रदायिकता का किसी भी रूप में फलना-फूलना और पनपना उन्हें पसंद नहीं था।

भारत के विभाजन पर जैसे उनके रोम-रोम में आग लग गई थी। इसमें उन्होंने कांग्रेस का दब्बूपन देखा और देश के प्रति विश्वसघात भी समझा। उन्होंने तुष्टीकरण की इस नपुंसक नीति का सदैव विरोध किया था। सरदार पटेल यह समझते थे कि सांप्रदायिकता का विष-वृक्ष तुष्टीकरण की नीति से ही पनपता और बढ़ता है। इसी कारण उन्हें देश के कई नेताओं का विरोध भी सहना पड़ा और शायद गांधीजी का सबसे कड़ा विरोध तथा उपेक्षा का भाव सहना पड़ा। वी.एन. गाडगिल लिखते हैं—"गांधी ने मौलाना आजाद को सुझाव दिया कि कांग्रेस अपने अध्यक्ष का निर्वाचन करे। मौलाना आजाद सरदार पटेल को अध्यक्ष बनाना नहीं चाहते थे। उसने नेहरू का नाम उपस्थित कर दिया। अखिल भारतीय कांग्रेस कमेटी की बैठक जुलाई १९४६ में हुई। हममें से कुछ ने विचार किया कि सरदार पटेल का नाम प्रस्तावित करें। किंतु कुछ गांधीवादियों ने कहा कि गांधीजी जवाहरलाल नेहरू को अध्यक्ष बनाना चाहते हैं, क्योंकि वह अध्यक्ष

न बना तो वह प्रधानमंत्री नहीं बन सकेगा और कोई नहीं कह सकता कि वह क्या करेगा? अत: गांधी ने अपने अनुशासित सैनिक सरदार पटेल को कह दिया कि वह अध्यक्ष पद के लिए खड़ा न हो।''

अत: भारत के भावी प्रधानमंत्री का रास्ता गांधीजी ने तैयार कर दिया। सरदार पटेल ने इसका विरोध नहीं किया और समन्वय का मार्ग अपनाया। राजेंद्र मोहन भटनागर लिखते हैं—''उनका सारा जीवन त्याग की कहानी है—परिवार, समाज और राज्य सबके संदर्भ में। वे मात्र गांधीजी के कहने से प्रधानमंत्री नहीं हुए। वे गांधी के अनुयायी थे, क्योंकि उन्हें गांधीजी से लड़ना भी आता था। पार्टी पर उनकी पकड़ गांधी से ज्यादा थी। वे ठोस, सच्चे और दूरद्रष्टा थे।'' सन् १९४७ में विभाजन के कई और भी कारण थे। एक तो अधिकांश कांग्रेसी नेता संघर्ष करते-करते थक गए थे। उनका संघर्ष ४०-४५ वर्षों से चल रहा था। उनमें उसे आगे चलाने की संघर्षशीलता अब नहीं बची थी। दूसरा, मुसलिम लीग ने ऐसा विषाक्त सांप्रदायिक वातावरण निर्मित किया कि जनता एक-दूसरे के खून की प्यासी हो गई और मजबूरीवश उसे स्वीकार करना पड़ा। तीसरा, इसके पीछे नेहरू की राजनीतिक महत्त्वाकांक्षा भी काम कर रही थी। डॉ. मंगाराम लिखते हैं—''नेहरू को डर था कि स्वतंत्र भारत अविभाजित रहता है तो उसका स्वयं प्रधानमंत्री बनने का सपना क्षीण हो सकता है, गांधीजी एक बार जिन्ना को अविभाजित भारत का प्रधानमंत्री पद प्रस्तावित कर चुके थे। नेहरू अति महत्त्वाकांक्षी थे, वे सत्ता के भूखे थे...इसलिए प्रधानमंत्री बनने के स्वार्थ में नेहरू भारत-विभाजन के षड्यंत्र में ब्रिटिश सरकार की कठपुतली बन गए।''

शंकर शरण गांधी व नेहरू की व्यक्तिगत कमजोरियों और राजनीतिक असफलताओं को लेकर तथा इन दोनों की साँठ-गाँठ के विषय में और सरदार पटेल को दरकिनार किए जाने के विषय में लिखते हैं—''यहाँ तक कि गांधी-नेहरू के बारे में वे बातें पूरी तरह दबा दी गईं, जो उनके समकालीन दूसरे महापुरुषों ने कही थीं। कितने लोग जानते हैं कि स्त्रियों तथा कम उम्र की लड़कियों के साथ गांधी की प्राकृतिक चिकित्सा (ब्रह्मचर्य प्रयोग) पर कस्तूरबा, देवदास गांधी, सरदार पटेल, घनश्याम दास बिड़ला, विनोबा भावे, मीरा बेन, किशोर भाई, सुशीला नायर आदि से लेकर सेवाग्राम आश्रम के सामान्य वासियों तक ने कितने कठोर विचार व्यक्त किए थे? उनपर गांधी की प्रतिक्रिया क्या थी? उसी तरह नेहरू के विविध स्त्री-प्रसंगों का हाल उनके सभी सहयोगी बदस्तूर जानते थे। पद्मजा नायडू और लेडी माउंटबेटन के साथ नेहरू के संबंधों का मामला तो स्वतंत्रता मिलने से पहले ही पर्याप्त जाहिर था। एडविना-नेहरू संबंध से सन् १९४७-४८ के नाजुक दौर में भारतीय हित बुरी तरह प्रभावित हुए। गांधी द्वारा नेहरू की कमजोरियों को जानते हुए भी गद्दी पर बैठाने तथा पटेल को दरकिनार

करने का क्या अर्थ है? वह भी तब, जबकि नेहरू न तो राजनीतिक-कूटनीतिक रूप से सर्वोत्तम थे, न कांग्रेसी नेताओं की पंसद। अन्य सभी स्थानों से अधिकांश नेता कार्यकर्ता सरदार पटेल को प्रधानमंत्री देखना चाहते थे।'' शंकर शरण सरदार पटेल की बेटी मणिबेन पटेल की डायरी के संदर्भ से आगे लिखते हैं—''एक दिन नेहरू के निकट मित्र श्री प्रकाश ने पटेल को बताया कि मोतीलाल नेहरू में हिंदू भाव नहीं था। वे तीन-चौथाई अंग्रेज और शेष चौथाई मुसलिम थे। तब उनके बेटे में हिंदूभाव आप कहाँ से पाएँगे?'' यह बात मणिबेन पटेल की डायरी में १२ अक्तूबर, १९५० को दर्ज है। स्वयं गांधीजी के निकटतम सहयोगी घनश्याम दास बिड़ला ने यहाँ तक कहा था कि यदि गांधी से संपर्क न होता तो पूरा नेहरू परिवार इसलाम में धर्मांतरित हो चुका होता। ये बातें निजी जीवन की नहीं, क्योंकि उनसे राष्ट्रीय नीतियाँ प्रभावित हुईं और हो रही हैं। इस नितांत निजी तथ्य ने स्वतंत्र भारत में मुसलमानों की स्थिति निर्धारित करने में निश्चित रूप से भूमिका निभाई है।

नेहरू ने स्वयं एक बार बड़े मजे से कहा था—''शिक्षा की दृष्टि से मैं अंग्रेज हूँ, दृष्टिकोण में अंतरराष्ट्रीयवादी हूँ, संस्कृति से मुसलिम हूँ और केवल जन्म की दुर्घटना से हिंदू हूँ।'' क्या इन बातों से भारत की कश्मीर नीति प्रभावित नहीं हुई? पटेल के आकस्मिक निधन के बाद नेहरू ने जो बेरोक-टोक किया, उससे कई बुरी परंपराएँ हमारी नीतियों एवं विचारधारा में जमकर बैठ गईं। आज भी जब हम किसी बुजुर्ग से बात करते हुए कश्मीर समस्या के संदर्भ में पूछते हैं, वे सीधा सा नपा-तुला जवाब देते हैं कि ''यह समस्या स्वयं नेहरू की दी हुई है। नेहरू की जगह अगर सरदार पटेल प्रधानमंत्री होते तो न कश्मीर समस्या होती, न चीन के साथ बैर बढ़ता।'' गांधीजी के निजी सचिव निर्मल कुमार बोस अपनी पुस्तक 'गांधी के साथ मेरे दिन' में गांधी के विषय में नोआखली में अनेक सच्चे रहस्योद्घाटन करते हैं—''गांधीजी वर्षों तक युवा लड़कियों को नग्न और अर्द्धनग्न अवस्था में अपने पास सुलाते थे, उनसे तेल मालिश कराते थे। लड़कियों के कंधों पर हाथ रखकर चलते थे। गांधी इन्हें ब्रह्मचर्य प्रयोगों का नाम देते हैं।'' सरदार पटेल इन दोनों महापुरुषों के जीवन की निजी बातों को अच्छी तरह जानते थे तथा आलोचना भी करते थे।'' यहाँ यह हो सकता है कि गांधी और नेहरू ने इसी आलोचना प्रवृत्ति के कारण सरदार पटेल को राजनीति की मुख्यधारा से अलग-थलग करने का प्रयास किया हो। आगे आनेवाले कांग्रेसियों ने सरदार पटेल को तरह-तरह से आरोपित कर पूर्णत: भुलाने का प्रयास किया। आज भी जितनी योजनाएँ चलती हैं, महत्त्वपूर्ण संस्थान बनते हैं और भवनों का नामकरण गांधी, नेहरू के परिवार से बाहर नहीं होता है। क्या यह सरकारी संसाधनों का पार्टी प्रचार में दुरुपयोग नहीं है? और सरदार पटेल का नाम लेने या विचार करनेवालों को सांप्रदायिक कह उपेक्षित कर दिया जाता है। चक्रवर्ती राजगोपालाचारी ने

लिखा है, ''निस्संदेह बेहतर होता नेहरू को विदेशमंत्री तथा सरदार पटेल को प्रधानमंत्री बनाया जाता। यदि पटेल कुछ दिन और जीवित रहते तो वे प्रधानमंत्री पद तक जरूर पहुँचते। जिसके लिए वे संभवतः योग्य पात्र थे। तब भारत में कश्मीर, तिब्बत, चीन और अन्यान्य विवादों की कोई समस्या नहीं रहती।''

१५ अगस्त, १९४७ को भारत स्वाधीन हो गया। पं. नेहरू स्वतंत्र भारत के प्रधानमंत्री व सरदार पटेल गृहमंत्री बने। अब गृहमंत्री के सामने अनेक चुनौतियाँ थीं, जिन पर अविलंब ध्यान दिया जाना था। जैसे दंगों के कारण बिखरी कानून व्यवस्था को दुरुस्त करना, शरणार्थियों के पुनर्वास और देशी रियासतों की समस्या प्रमुख थी। देश के आजाद होने की घोषणा के साथ ही ५६२ देशी रियासतें भी स्वतंत्र होने का सपना देखने लगीं। यह भी ब्रिटिश सरकार की सांप्रदायिक कूटनीति थी। सरकार ने कहा कि भारत की आजादी के साथ ही देशी रियासतों से की गई संधियाँ समाप्त हो जाएँगी। वे चाहें तो भारत के साथ रहें या पाकिस्तान में शामिल हो जाएँ। सरदार पटेल ने ब्रिटिश सरकार की इस नीति का कड़ा विरोध किया और उन्हें भारत का ही हिस्सा माना तथा उन्हें भारत में विलय करने की बात कही। १५ जुलाई, १९४७ को सरदार पटेल ने देशी रियासतों के संबंध में एक विभाग की स्थापना की। सरदार पटेल इसके मंत्री और वी.पी. मेनन सचिव बने। सरदार पटेल ने दो-तीन बैठकों में बातचीत की तथा लॉर्ड मांउटबेटन ने भी स्वीकार कर लिया कि देशी रियासतें भारतीय संघ में शामिल हो सकती हैं। समझदार व प्रजाहितैषी राजाओं ने सरदार पटेल के विलय प्रस्ताव को सहर्ष स्वीकार कर लिया, लेकिन तीन रियासतें जूनागढ़, हैदराबाद और जम्मू-कश्मीर तब भारत में शामिल नहीं हुईं। मुसलिम लीग और जिन्ना इन्हें स्वतंत्र रखना चाहते थे। जूनागढ़ के नवाब के कब्जे में तीन छोटी रियासतें थीं, यहाँ की जनता ने जूनागढ़ के नवाब के अत्याचारों और पाकिस्तान के साथ समझौते की बात सरदार पटेल को बताई। सरदार पटेल ने सुरक्षात्मक कदम उठाते हुए जूनागढ़ की रियासत को चारों तरफ से घेर लिया। नवाब तुरंत पाकिस्तान भाग गया। सरदार पटेल ने बाद में जनमत संग्रह के आधार पर इस रियासत का भारत में विलय कर लिया।

हैदराबाद का निजाम भी भारत के साथ किसी भी प्रकार का समझौता करने को तैयार न था। निजाम और रिजवी दोनों इस गलतफहमी के शिकार थे कि भारतीय सेनाएँ हैदराबाद की सीमा में प्रवेश नहीं करेंगी। हैदराबाद की स्थिति जब अति गंभीर हो गई तो सरदार पटेल ने जनरल चौधरी को बुलाकर वहाँ की स्थिति की जानकारी ली और फिर १२ सितंबर, १९४८ को जनरल चौधरी ने अपनी कारवाई प्रारंभ कर दी। १७ सितंबर को निजाम की सेना ने भारतीय सेना के सामने आत्मसर्मपण कर दिया और इसके बाद निजाम ने विलय-पत्र पर हस्ताक्षर कर दिए। कश्मीर के महाराज हरिसिंह

अभी तक यह तय नहीं कर पाए थे कि उन्हें कहाँ ज्यादा लाभ है! जब कबाइलियों ने कश्मीर पर कब्जा करना चाहा तो हरिसिंह ने भारत से सहायता की प्रार्थना की और भारतीय सेनाओं ने कबाइलियों को खदेड़ दिया। शेख अब्दुला और नेहरू के भावनात्मक संबंध थे। नेहरू भी कश्मीर के ही थे। अत: नेहरू ने कश्मीर मामले को गृह मंत्रालय से निकालकर अपने अधीन (प्रधानमंत्री के अधीन) कर लिया। इसे विशेष राज्य का दर्जा देकर इस मामले को अंतररष्ट्रीय बना दिया। सरदार पटेल जम्मू-कश्मीर की समस्या को हैदराबाद, जूनागढ़ की तरह अपने ढंग से तुरंत निपटा लेना चाहते थे। परंतु नेहरू ने ऐसा नहीं होने दिया। और आज यह समस्या पहले से भी अधिक गंभीर होती जा रही है। सरदार पटेल ने एच.वी. कामत को बताया—''यदि नेहरू और गोपाल स्वामी आयंगर कश्मीर मुद्दे पर हस्तक्षेप न करते और उसे गृह मंत्रालय से अलग न करते तो हैदराबाद की तरह इस मुद्दे को भी आसानी से देशहित में सुलझा लेते।''

मैं एक बार फिर जरा सा पीछे जाकर अपनी बात शुरू करता हूँ कि क्या सरदार पटेल सांप्रदायिक थे? और उन्हें प्रधानमंत्री का पद क्यों नहीं दिया गया, जबकि कांग्रेस पर सरदार पटेल की अच्छी पकड़ थी? इतना तो स्पष्ट है कि गांधी-नेहरू की नीति तुष्टीकरण की रही है और इसी कारण पटेल से मतभेद गहराता चला गया था, पर सरदार पटेल सांप्रदायिक नहीं थे। गांधीजी ने भी कहा, ''सरदार पटेल को समझने में भूल इसलिए होती है, क्योंकि हिंदू-मुसलिम समस्या को सुलझाने का उनका तरीका मुझसे और नेहरू से अलग था, लेकिन उनको मुसलिम विरोधी कहना सच्चाई को झुठलाना होगा। दरअसल, सरदार पटेल के विशाल हृदय में हिंदू-मुसलिम दोनों समाए हुए थे।'' ठीक इसी तरह एक जगह पूर्व प्रधानमंत्री मोरारजी देसाई लिखते हैं—''मुझे लगभग २० वर्षों तक सरदार पटेल के नेतृत्व में काम करने का सौभाग्य मिला। अपने निजी अनुभव के आधार पर मैं दावे के साथ कह सकता हूँ कि सरदार पटेल एकमात्र व्यक्ति थे, जो सांप्रदायिक, जातिगत या धार्मिक पूर्वग्रह से मुक्त थे। वे सभी धर्मों तथा समुदायों के प्रति सद्भाव रखते थे।'' जम्मू-कश्मीर के महाराज श्री हरिसिंह के पुत्र डॉ. कर्ण सिंह ने लिखा है—''वह समय-समय पर मुझे बुलाते थे और जम्मू-कश्मीर सहित कई विषयों पर उनके विचार सुनने का मौका मिलता था। सरदार पटेल बड़े सुलझे हुए नेता थे। उनका दृष्टिकोण बिल्कुल स्पष्ट था। इसी का नतीजा था कि वह कड़े फैसले लेने में जरा भी वक्त नहीं लगाते थे। इसी दौरान मुझे पता लगा कि वह शेख अब्दुला के साथ नेहरू की घनिष्ठता और विश्वसनीय संबंध से सहमत नहीं थे।'' सांस्कृतिक भौगोलिक व भाषिक दृष्टि से जिस शक्तिशाली व संगठित भारत के दर्शन होते हैं, उसके मूल में सरदार पटेल की राष्ट्रीय चिंतन-दृष्टि ही काम कर रही थी। सरदार पटेल की रीति-नीति की सराहना बड़े-बड़े नेताओं और विद्वानों ने भी की है तथा वे सब

उनकी राष्ट्रीयता के कायल थे। इसके बावजूद कुलदीप नैयर जैसे विद्वान् सरदार पटेल पर आरोप लगाते हैं। कुलदीप नैयर के आरोपों में अतिवाद नजर आता है। अगर हम कुछ क्षणों के लिए सही मान भी लें तो क्या ऐसी रीति और नीति का पालन करना, वह भी राष्ट्र के एकीकरण के लिए, आवश्यक और राष्ट्रहित में नहीं था? पटेल इतने अनुशासित ढंग से यह कार्य न करते तो भारत का भौगोलिक, सांस्कृतिक दृश्य कैसा होता? यह विचार करना चाहिए। वह भी बिना खून-खराबे के।

वास्तव में सरदार पटेल का व्यक्तिगत स्वार्थ नहीं था। वे मुसलमानों के विरोधी नहीं, सांप्रदायिकता के विरोधी थे। कुछ विद्वान् आलोचक सरदार पटेल में वही चीज खोजते हैं, जो वे खोजना चाहते हैं, बल्कि उनमें क्या हैं, उसे समग्रता से नहीं खोजते। हम अपने संकुचित साँचे में उन्हें ढालकर देखना चाहते हैं, बल्कि वे किस साँचे से बने थे और क्या बनाना चाहते थे, यह देखना ज्यादा प्रासंगिक है। सरदार पटेल ने एक शक्तिशाली व संगठित भारत के निर्माण का कार्य किया है। सरदार पटेल के कार्यों की श्रेष्ठता के आगे ये सारे आरोप सूखे तिनके के समान हैं। सरदार पटेल पद-प्रतिष्ठा के लिए राजनीति में नहीं आए थे। नेहरू के समान वे महत्त्वाकांक्षी नहीं थे। पटेल नींव की ईंट बनना चाहते थे, कंगूरे के चमकनेवाले पत्थर नहीं। वहीं दूसरी ओर गांधीजी सरदार की अपेक्षा नेहरू को ज्यादा अहमियत देते थे। डॉ. कर्ण सिंह लिखते हैं—"तथापि यह स्पष्ट है कि जवाहर लाल नेहरू को प्रथम प्रधानमंत्री बनाने का निर्णय स्वयं गांधी द्वारा लिया गया, ऐसा नहीं थ कि यह पार्टी का निर्णय था।" यह गांधीजी ही थे, जो स्वतंत्रता आंदोलनों में निर्विवाद नेता के रूप में सभी महत्त्वपूर्ण फैसले लेते थे। गांधीजी ने ठीक ही समझ था कि सरदार पटेल आयु और अनुभव में निश्चित रूप से वरिष्ठ थे, लेकिन वह बहुत वृद्ध थे। उनमें वह उत्साह व अंतरराष्ट्रीय ख्याति नहीं थी, जिसकी प्रधानमंत्री के रूप में अपेक्षा थी। उन्होंने स्वतंत्रता से पूर्व ही निर्णय ले लिया था कि अंग्रेजों के जाने पर जवाहरलाल नेहरू ही प्रधानमंत्री का कार्यभार सँभालेंगे। सरदार पटेल गांधी या नेहरू की उपेक्षा का शिकार भले ही हुए हों, परंतु जनता ने उन्हें पूरा सम्मान दिया, जिसके वे हकदार थे।

सरदार पटेल ने जीवन के अंतिम क्षणों तक कठिन संघर्ष किया। वे राष्ट्रहित की चिंताओं में घिरे रहते थे, जिसके कारण उनका स्वास्थ्य निरंतर गिरता चला गया। १४ दिसंबर, १९५० को हृदयाघात हुआ और वह संज्ञाहीन हो गए। साँस लेने में बाधा होने लगी। आखिरकार अगले दिन धरती के इस महान् सपूत, अमर सेनानी, लौहपुरुष ने सुबह ९ बजकर ३७ मिनट पर इस नश्वर देह को त्याग दिया। शाम ७ बजकर २० मिनट सोनापुर श्मशान घाट पर डाह्या भाई पटेल ने चिता को अग्नि दी। अग्नि की लपटों ने शरीर को ढक लिया। आग में आग मिल गई। जल में जल, पृथ्वी में पृथ्वी, हवा में हवा

और आकाश में आकाश! सरदार पटेल सर्वव्यापक हो गए। मनुष्य से देवता हो गए। ऐसे महापुरुष कभी-कभी ही अवतरित होते हैं। इनके विचारों और बताए गए रास्ते पर चलकर आज भी उन पुरातन समस्याओं का समाधान किया जा सकता है। आज आवश्यकता यह है कि वोट और नोट की ओछी राजनीति छोड़कर सच्चे मन व दृढ संकल्प से इनके वैचारिक चिंतन को जन-जन तक पहुँचाया जाए। 'स्टैच्यू ऑफ यूनिटी' का अमर संदेश तभी सार्थक होगा और तभी हम सरदार पटेल के सपनों के शिक्षित, संगठित और सशक्त भारत का निर्माण कर सकेंगे।

□

सरदार पटेल के ऐतिहासिक कार्य

—आचार्य चंद्रशेखर शास्त्री

सोमनाथ का मंदिर—सरदार का हृदय धार्मिक भावनाओं से ओत-प्रोत था। एक हिंदू के नाते वे सोमनाथ के महत्त्व को अनुभव करते थे। यह प्रथम मंदिर प्रथम शताब्दी में बनाया गया था। धन-संपत्ति का वहाँ इतना अधिक भंडार था कि मुसलिम आक्रमणकारियों ने सदा ही उसे अपना लक्ष्य बनाया तथा उस पर कई बार आक्रमण किया। यहाँ तक कि सन् १०२४ में महमूद गजनवी ने उसके तृतीय मंदिर को नष्ट किया। इसीलिए सोमनाथ का मंदिर भारत की धार्मिक भावना का प्रतीक था।

सरदार की सोमनाथ की यात्रा—१३ नवंबर, १९४७ को सरदार पटेल ने भारत सरकार के तत्कालीन निर्माण-मंत्री श्री गाडगिल तथा जामनगर के जामसाहब के साथ सौराष्ट्र प्रदेश में सोमनाथ का दौरा किया। मंदिर की दुर्दशा देखकर उनका हृदय विदीर्ण हो गया और उन्होंने मंदिर का पुनर्निर्माण कराने का संकल्प किया। सरदार पटेल के इस संकल्प की प्रतिक्रिया देश के कोने-कोने में हुई। धनराशि एकत्रित हो गई। भारत सरकार ने कन्हैयालाल माणिकलाल मुंशी की अध्यक्षता में एक सलाहकार समिति नियुक्त की। सौराष्ट्र सरकार ने अपने राज-प्रमुख की अध्यक्षता में एक ट्रस्टी बोर्ड स्थापित किया, जिसके अन्य सदस्यों में श्री मुंशी तथा श्री गाडगिल भी थे।

अब सोमनाथ के प्राचीन मंदिरों का स्थान खोजने के लिए खुदाई की गई। भारत सरकार के पुरातत्त्व विभाग के प्रतिनिधियों ने इस कार्य में सहायता दी। इस अन्वेषण से सोमनाथ के एक के ऊपर एक पाँच प्राचीन मंदिर भूगर्भ में मिले। अंत में यह निश्चय किया गया कि प्राचीन मंदिर के खँडहरों को हटाकर एक नए मंदिर का निर्माण किया जाए। मूल पाँचवें मंदिर के आधार पर नए मंदिर का एक ढाँचा तैयार किया गया तथा उसे कार्यरूप में परिणित करने की व्यवस्था की गई। इस मंदिर की मूर्ति-प्रतिष्ठा का समारोह ११ मई, १९५१ को आयोजित किया गया और उसमें राष्ट्रपति डॉक्टर राजेंद्र प्रसाद ने भी भाग लिया। इस मूर्ति-प्रतिष्ठा में शास्त्रीय विधि के अनुसार सभी महाद्वीपों

की मिट्टी तथा सभी महासागरों और पवित्र नदियों के जल का उपयोग किया गया। इस प्रकार सरदार पटेल के संकल्प द्वारा भारत की एक महती राष्ट्रीय आकांक्षा की पूर्ति की गई। सोमनाथ का प्रथम मंदिर ईसा की प्रथम शताब्दी में बनाया गया था।

गांधी स्मारक निधि—गांधीजी के स्वर्गवास के पश्चात् उनका स्मारक बनाने के उद्देश्य से 'गांधी स्मारक निधि' स्थापित करने की अपील की गई। किंतु उन दिनों सरदार की बीमारी के कारण उसका कार्य आगे न बढ़ सका। कांग्रेस नेताओं ने धन एकत्रित करने की कई योजनाएँ सुझाईं। एक नेता का विचार था कि प्रत्येक भारतवासी से एक-एक रुपया चंदा लेने पर एक बड़ी भारी धनराशि एकत्रित की जा सकती है। किंतु चंदा जमा करने की कोई ठोस तथा व्यावहारिक योजना न बन सकी। हृदय रोग का आक्रमण होने पर सरदार पटेल दिल्ली में लगभग दो मास तक चिकित्सा कराने के पश्चात् देहरादून चले गए। वहाँ जाने के कुछ सप्ताह पश्चात् जब उनकी तवीयत कुछ सुधरी तो वे गांधी स्मारक निधि के विषय में चिंता करने लगे। प्रथम उन्होंने सेठ घनश्यामदास बिरला को देहरादून बुलाकर इस विषय पर उनके साथ विचार-विमर्श किया। फिर उन्होंने उनके द्वारा कलकत्ते से लगभग २५ प्रमुख व्यापारियों को देहरादून बुलवाया। साथ ही उन्होंने अपने पुत्र श्री डाह्याभाई के द्वारा बंबई से इतने ही व्यापारियों को विमान द्वारा देहरादून बुलवाया। इन व्यापारियों से वार्त्तालाप करके सरदार पटेल ने उनके सम्मुख गांधी स्मारक निधि के संबंध में अपनी योजना रखी। इसके फलस्वरूप प्रत्येक व्यापारी संघ तथा कंपनी ने अपने-अपने व्यापार की शक्ति के अनुसार निधि में अपना-अपना योगदान किया तथा अपने-अपने कर्मचारियों से भी चंदा लिया। इस प्रकार सरदार पटेल ने गांधी स्मारक निधि के लिए चंदा जमा करने का कार्य उन व्यापारियों को सुपुर्द किया। सरदार प्रायः आठवें या दसवें दिन उन व्यापारियों से उनके संग्रह कार्य की प्रगति का विवरण लिया करते थे। अब चंदा जमा करने के कार्य को कांग्रेस कमेटियाँ भी करने लगीं तथा उसमें जनता की भी रुचि बढ़ी।

सरदार पटेल का ७४वाँ जन्मदिन—सरदार पटेल का ७४वाँ जन्मदिन ३१ अक्तूबर, १९४८ को देश भर में अत्यंत समारोहपूर्वक मनाया गया। उनके बंबई के मित्रों ने इस अवसर पर उनको स्वर्णमय रत्नजटित अशोक स्तंभ भेंट किया। इसी अवसर पर बंबई प्रांतीय कांग्रेस कमेटी के सदस्यों ने उनको ८०० तोले चाँदी की महात्मा गांधी की मूर्ति भेंट की।

विश्वविद्यालयों द्वारा सम्मान—सरदार पटेल की सेवाओं का समस्त देश में इतना अधिक मान किया गया कि भारत के लखनऊ आदि अनेक विश्वविद्यालयों ने उनको अपनी-अपनी सम्मानित उपाधियाँ प्रदान कीं। प्रथमतः नागपुर विश्वविद्यालय ने ३ नवंबर, १९४८ को उनको कानून (विधि) के डॉक्टर ऑफ लॉ की सम्मानित उपाधि

प्रदान की। इसके पश्चात् काशी हिंदू विश्वविद्यालय ने २५ नवंबर, १९४८ को उनको विधि के डॉक्टर की सम्मानित उपाधि दी। २७ नवंबर, १९४८ को प्रयाग विश्वविद्यालय ने भी उनको 'विधि के डॉक्टर' की सम्मानित उपाधि दी। २६ फरवरी, १९४९ को उस्मानिया विश्वविद्यालय के चांसलर मेजर जनरल जे.एन. चौधरी ने उनको 'विधि के डॉक्टर' की सम्मानित उपाधि प्रदान की।

अंतरराष्ट्रीय सम्मान—सरदार पटेल अंतरराष्ट्रीय ख्याति के राजनीतिज्ञ थे। इसीलिए ब्रिटिश कंजर्वेटिव पार्टी के तत्कालीन उपनेता श्री एंथोनी ईडन ने नई दिल्ली आने पर उनसे २३ मार्च, १९४२ को भेंट की। श्रीमती विजयलक्ष्मी पंडित के अमेरिका में भारतीय राजदूत नियुक्त किए जाने पर सरदार पटेल ने २९ अप्रैल, १९४९ को उनके अमेरिका को प्रस्थान करते समय पालम हवाई अड्डे पर उनका पुत्री के समान आलिंगन कर उनको प्रेमपूर्वक विदा किया।

श्री पटेल अभिनंदन ग्रंथ—सरदार पटेल की सेवाओं का आदर साहित्य संसार ने भी किया। इसीलिए पटेल अभिनंदन ग्रंथ तैयार किया गया, जिसे उत्तर प्रदेश के तत्कालीन मुख्यमंत्री श्री गोविंदवल्लभ पंत ने २६ नवंबर, १९४८ को सरदार पटेल के इलाहाबाद आने पर एक विशेष उत्सव में उन्हें भेंट किया। सरदार के विषय में दो अभिनंदन ग्रंथ गुजराती में बंबई में भी निकाले गए। एक 'जन्मभूमि' द्वारा तथा दूसरा 'वंदेमातरम्' द्वारा, जिसका संपादन श्री साँवलदास गांधी ने किया था।

सरदार की गोवा विषयक आकांक्षा—श्री सी.एम. श्रीनिवासन ने सरदार पटेल के जीवन चरित्र संबंधी अपने ग्रंथ में लिखा है—"सन् १९४८ में सरदार पटेल एक भारतीय युद्धपोत द्वारा बंबई बंदरगाह के बाहर यात्रा कर रहे थे। जब युद्धपोत गोवा के निकट आया तो उन्होंने उसके कमांडिंग अफसर से कहा कि वह युद्धपोत को गोवा के समीप ले जावे, जिससे वह उसे देख सकें। कमांडिंग अफसर ने सरदार को तटवर्ती सामुद्रिक सीमा के नियम स्मरण कराए तो सरदार मुसकराकर बोले, 'कोई बात नहीं, बढ़े चलो, तनिक देखें तो सही।' कमांडिंग अफसर विवश हो गया और वह सरदार को प्रसन्न करने के लिए युद्धपोत को पुर्तगाल की सामुद्रिक सीमा में एक मील तक ले गया। तब सरदार पटेल ने उस अफसर से पूछा, "इस युद्धपोत पर तुम्हारे पास कितने सैनिक हैं?"

"८००", कप्तान ने उत्तर दिया।

"क्या ये गोवा पर अधिकार करने के लिए पर्याप्त हैं?" सरदार ने पूछा।

"मैं ऐसा ही समझता हूँ।" कप्तान ने निर्निमेष दृष्टि से देखते हुए कहा।

"अच्छा, चलो। जब तक हम यहाँ हैं, गोवा पर अधिकार कर लो।" सरदार ने कहा। युद्धपोत के कमांडिंग अफसर ने उनपर दृष्टि जमाए हुए इस बात को दोहराने को कहा तो सरदार ने बड़ी गंभीरता से अपनी बात को दोहरा दिया।

"श्रीमान्! इस विषय में आपको मुझे लिखित आज्ञा देनी पड़ेगी, जिससे उसे रिकार्ड में रखा जा सके।" कप्तान बोला।

सरदार ने कुछ सोचकर उत्तर दिया "बाद में विचारने पर मैं यही सोचता हूँ कि हम वापस चलें। तुम जानते हो, पीछे क्या होगा? जवाहरलाल इस पर आपत्ति करेगा।"

वास्तव में ऐसे मामले पर वे अपनी इच्छानुसार कार्य कर जाते तो गोवा को तो वे बहुत पहले भारतीय संघ में सम्मिलित कर लेते, यदि उनको यह विश्वास होता कि उनके कार्य का समर्थन प्रधानमंत्री करेंगे। सरदार कहा करते थे, "कार्य निश्चय से पूजन है, किंतु हँसी जीवन है।" उनका जीवन भर का कार्य इसी सिद्धांत पर आधारित था।

स्थानापन्न प्रधानमंत्री—प्रधानमंत्री पं. जवाहरलाल नेहरू अमेरिका के तत्कालीन राष्ट्रपति टू मैन के निमंत्रण पर ७ अक्तूबर, १९४९ को अमेरिका, कनाडा तथा इंग्लैंड की यात्रा पर चले गए। उनकी अनुपस्थिति में उप-प्रधानमंत्री सरदार पटेल को ७ अक्तूबर, १९४९ से भारत का स्थानापन्न प्रधानमंत्री बनाया गया। इस उपलक्ष्य में सरदार पटेल ने राष्ट्रपति भवन में १७ अक्तूबर, १९४९ को संविधान परिषद् के सदस्यों के सम्मान में एक भोज दिया, जिसमें डॉ. राजेंद्र प्रसाद ने भी, जो उस समय संविधान परिषद् के अध्यक्ष थे, भाग लिया। अपने प्रधानमंत्री काल में सरदार पटेल के निम्नलिखित कार्य उल्लेखनीय हैं—

१. अखिल भारतीय सेवाओं का भविष्य—१५ अगस्त, १९४७ से पूर्व जिन अखिल भारतीय सेवाओं को 'भारत मंत्री की सेवाएँ' कहा जाता था, उनके भविष्य के संबंध में भारतीय संविधान परिषद् के कांग्रेस दल में भारी वाद-विवाद था। अनेक प्रभावशाली व्यक्ति इस बात के विरुद्ध थे कि उनके भविष्य की गारंटी के लिए विधान में कोई धारा रखी जाए। यहाँ तक कि इस मामले पर केंद्रीय मंत्रिमंडल में भी मतभेद था। अंत में यह निश्चय किया गया कि यह मामला सरदार पटेल पर छोड़ दिया जाए। इस विषय में भारतीय सिविल सर्विसवाले अत्यधिक चिंतित थे। उनके प्रतिनिधिमंडल ने सरदार से मिलकर उनको बताया कि कई प्रांतों में उनके साथ उचित व्यवहार नहीं किया जाता।

वास्तव में उन लोगों के वेतन उस मान से कहीं अधिक थे, जो केंद्रीय वेतन कमीशन ने निश्चित किए थे। सिविल सर्विसवालों से यह आशा की जाती थी कि वे अपने वेतन को स्वयं कम करके वेतन कमीशन द्वारा निश्चित किया हुआ वेतन स्वीकार कर लेंगे। किंतु सरदार पटेल का मत था कि उन लोगों को जो कुछ भी आश्वासन भूतकाल में दिए जा चुके हैं, उनके उत्तरदायित्व से मुख नहीं मोड़ा जा सकता। अतएव, उनकी व्यवस्था

विधान में की जानी चाहिए। कांग्रेस पार्टी ने ८ अक्तूबर, १९४९ को सरदार पटेल के इस सुझाव को सर्वसम्मति से स्वीकार किया। फिर भी ९ अक्तूबर को श्री अनंत शयनम आयंगर, श्री महावीर त्यागी, श्री रोहिणी कुमार चौधरी तथा श्री आर.के. सिधवा ने संविधान परिषद् की बैठक में सरदार के इस सुझाव का विरोध किया। अंत में सरदार के प्रभावशाली भाषण के पश्चात् विरोध शांत हो गया तथा इस प्रस्ताव को पास कर दिया गया।

२. **केंद्रीय मंत्रियों के वेतन में कटौती**—सरदार की प्रेरणा पर केंद्रीय मंत्रिमंडल के सभी सदस्यों ने १० अक्तूबर, १९४९ को यह घोषणा की कि वह १ अक्तूबर, १९४९ से अपने वेतन में १५ प्रतिशत कटौती करेंगे।

३. **८० करोड़ रुपए की बचत**—सरदार पटेल इस समय भारत के बढ़ते हुए व्यय से चिंतित थे। उन्होंने स्थानापन्न प्रधानमंत्री के रूप में भारत सरकार के सभी मंत्रालयों को अपने-अपने भावी बजट में मितव्ययिता बरतने की प्रेरणा दी। फलतः सन् १९५०-५१ के आर्थिक वर्ष के प्रधान मदों के व्यय में कमी करके ८० करोड़ रुपए की बचत की गई।

४. **अन्न तथा वस्त्र के मूल्यों में कमी**—इस समय भारत में अन्न तथा वस्त्र के मूल्य बराबर बढ़ते जा रहे थे। सरदार पटेल की प्रेरणा पर भारत सरकार ने यह घोषणा की कि १ नवंबर से उनका मूल्य कम किया जाए।

७५वाँ जन्मदिन—३१ अक्तूबर, १९४९ को जब सरदार का ७५वाँ जन्मदिन नई दिल्ली में मनाया गया तो उन्होंने स्थानापन्न प्रधानमंत्री के रूप में राष्ट्र को यह संदेश दिया—

"उत्पादन बढ़ाओ, खर्च घटाओ और अपव्यय बिल्कुल मत करो।" सरदार पटेल के इस संदेश पर मद्रास के अंग्रेजी दैनिक 'हिंदू' ने अपने २ नवंबर, १९४९ के अंक में एक प्रभावशाली संपादकीय अग्रलेख लिखा।

सरदार के ७५वें जन्मदिन पर उनको १५ लाख रुपए की थैली अहमदाबाद में भेंट की गई। यह धन उन्होंने मुरारजी भाई को दे दिया। मुरारजी ने उसे चुनाव में लगा दिया, न कि सरदार का जीवन-चरित्र प्रकाशित करने में।

डॉ. राजेंद्र प्रसाद के राष्ट्रपति बनने पर सरदार पटेल ने उनसे विनोद करते हुए कहा, "आपने तो कांग्रेस अध्यक्ष से राष्ट्रपति पद छीन लिया।" क्योंकि इस समय तक कांग्रेस अध्यक्ष को ही राष्ट्रपति कहा जाता था। सरदार ने अपने जीवन काल में तीन-चार बहुत बड़े कार्य किए। उन्होंने अंग्रेजों को भारत से निकाला, राजाओं को विशेष सुविधा-संपन्न वर्ग के रूप में समाप्त कर उनके राज्यों को भारत में मिलाया तथा संविधान परिषद् द्वारा भारत को एक आदर्श संविधान दिया। सरदार ने यह सारे महत्त्वपूर्ण कार्य भारत-

विभाजन के पश्चात् अपने जीवन के अंतिम तीन-चार वर्षों में किए। उन्होंने स्वास्थ्य निर्बल होते हुए भी इन्हीं दिनों समस्त भारत में सामान्य रूप से तथा राजधानी दिल्ली में विशेष रूप से कानून तथा व्यवस्था को बनाए रखा। विभाजन के बाद मुसलमान लोग भारत में कानून तोड़कर कानून तथा व्यवस्था को अस्त-व्यस्त करने पर उतारू थे। नेहरूजी का उनके साथ पक्षपात था, जिसका वह उपयोग करते थे। इससे उनको न केवल प्रोत्साहन मिलता था, वरन् वह सरदार पटेल की नेहरूजी तथा गांधीजी से शिकायतें भी करते रहते थे। ऐसी दशा में सरदार पटेल ने अत्यंत दृढतापूर्वक अपना कर्तव्य-पालन करते हुए कानून तथा व्यवस्था को बनाए रखा और उसको कायम रखने के लिए अखिल भारतीय शासन तथा पुलिस सेवाओं तथा उनके स्कूलों की स्थापना की।

नेहरूजी के अमेरिका, कनाडा तथा इंग्लैंड की यात्रा से १५ नवंबर, १९४९ को वापस आने तक सरदार पटेल स्थानापन्न प्रधानमंत्री बने रहे।

भारत का नवीन विधान—देशी राज्यों की समस्या के समान भारत के नवीन विधान के निर्माण में भी सरदार पटेल का महत्त्वपूर्ण योगदान रहा है। यह पीछे बतलाया जा चुका है कि भारतीय संविधान परिषद् की प्रथम बैठक ९ दिसंबर, १९४६ को आरंभ हुई थी। उस समय 'ब्रिटिश कैबिनेट मिशन' की योजना के अनुसार ऐसा विधान बनाने का विचार था, जिमें केंद्र को केवल रक्षा, वैदेशिक संबंध तथा यातायात के अतिरिक्त और विषयों पर शासन करने का अधिकार न हो और प्रांतों को इतनी अधिक स्वतंत्रता हो कि वे जब चाहें, केंद्र से अपना संबंध तोड़ सकें। किंतु १५ अगस्त, १९४७ को पाकिस्तान बन जाने पर इन पाबंदियों का मूल्य कुछ नहीं रहा। अत: अब भारतीय संविधान परिषद् ने एक ऐसा विधान बनाया, जिसमें केंद्रीय सरकार एवं राष्ट्रपति को सभी आवश्यक अधिकार इस प्रकार दिए गए कि भारत बराबर उन्नति करता रहे।

यह निश्चय किया गया कि इस विधान को २६ फरवरी, १९५० से लागू किया जाए। अस्तु, २६ जनवरी के दिन अंतिम गवर्नर जनरल चक्रवर्ती राजगोपालाचारी ने भारतीय शासन का भार नवनिर्वाचित भारत के राष्ट्रपति डॉक्टर राजेंद्र प्रसाद को दे दिया।

संविधान में संशोधन—संविधान की धारा ३१ के अनुसार व्यक्तिगत संपत्ति की सुरक्षा की गारंटी देकर यह व्यवस्था की गई थी कि उसका उचित मूल्य दिए बिना उसको सार्वजनिक उपयोग के लिए भी हस्तगत नहीं किया जा सकेगा। इस धारा में संशोधन करने के संबंध में जब कांस्टीट्यूशन क्लब में कांग्रेस दल की बैठक में विचार किया गया तो सरदार पटेल ने उसका इतना प्रबल विरोध किया कि उनका हृदय बैठने लगा और उनको वहाँ से कुरसी पर बिठलाकर घर लाया गया।

नासिक कांग्रेस तथा नई कार्यसमिति—कांग्रेस का ५६वाँ अधिवेशन पंचवटी के समीप नासिक में राजर्षि पुरुषोत्तम दास टंडन की अध्यक्षता में २० तथा २१ सितंबर,

१९५० को अत्यंत समारोहपूर्वक मनाया गया। यद्यपि अधिवेशन से पूर्व नेहरू सरकार की अत्यधिक आलोचना की जा रही थी, किंतु अधिवेशन के समय जो कुछ भी नेहरूजी अथवा सरदार पटेल ने कहा, वही स्वीकार किया गया। कांग्रेस अध्यक्ष टंडनजी ने १६ अक्तूबर, १९५० को नई दिल्ली में अपनी कार्यसमिति के नामों की घोषणा की। सरदार पटेल इस कार्यसमिति में भी कांग्रेस के कोषाध्यक्ष बने रहे। कांग्रेस कार्यसमिति ने ५ दिसंबर को निम्नलिखित ६ सदस्यों का कांग्रेस पार्लियामेंटरी बोर्ड बनाया—टंडनजी, नेहरूजी, सरदार पटेल, राजगोपालाचारी, मौलाना आजाद तथा जगजीवन राम।

७६वाँ जन्मदिन—२८ अप्रैल, १९५० को सरदार अपने प्यारे नगर अहमदाबाद आए। यहाँ उनको उनके ७६वें जन्मदिन पर १५ लाख रुपए की थैली दी गई। इस अवसर पर नगरवासियों ने एक विजयी के समान उनका जुलूस निकाला। उत्साही जनता उनके मार्ग में पलक पाँवड़े बिछाए सड़क के दोनों ओर एकत्र थी और सरदार पर फूलों की वर्षा कर रही थी। नागरिकों द्वारा दिए गए अभिनंदन-पत्र के उत्तर में सरदार ने कहा, "मैं तो केवल एक किसान तथा कांग्रेस का एक नम्र सेवक हूँ। मुझे इस बात की प्रसन्नता है कि मैंने किसान को स्वाभिमान की शिक्षा दी।"

नेपाल में वैधानिक परिवर्तन—नेपाल के राजा त्रिभुवन वीर विक्रम शाह अभी तक वंशानुक्रम से प्रधानमंत्री के कैदी के रूप में चले आ रहे थे। उन्होंने ६ नवंबर, १९५० को अपने महल से चलकर काठमांडू के भारतीय दूतावास में शरण ली। भारत सरकार के प्रबंध से १९ तारीख को वह विमान द्वारा नई दिल्ली आए। उन्होंने २८ नवंबर को नई दिल्ली में नेहरूजी तथा सरदार पटेल से भेंट की। किंतु बाद में भारत सरकार के यत्न से उनको अपने सब अधिकार वापस मिल गए और राणा सरकार का पतन हुआ।

सरदार की दिनचर्या—भारत के स्वतंत्र हो जाने पर सरदार में भी बड़ा भारी परिवर्तन आ गया। इससे उनके जीवन की एक बड़ी अभिलाषा पूर्ण हो गई। उनकी दूसरी अभिलाषा भारतवासियों को गांधीजी के शब्दों में 'रामराज्य' के समान सुख दिलाने की थी। अपने इस उद्देश्य में वह बराबर लगे रहे। गृहमंत्री बनने पर भी उनकी दिनचर्या नहीं बदली। उनका प्रातःकाल ४ बजे उठने का स्वभाव नहीं बदला। दिन निकलने पर वह मणिबेन तथा घनश्याम दास बिरला के साथ लोदी गार्डन में जाया करते थे। इस समय भारत के विभिन्न भागों से आनेवाले अनेक व्यक्ति भी उनके साथ होकर उनके सामने अपने अभाव-अभियोग उपस्थित किया करते थे। वह ७ बजे लौटकर नई दिल्ली के अपने निवासस्थान औरंगजेब रोड पर आ जाया करते थे। आठ बजे समाचार-पत्र पढ़ा करते थे। हल्का भोजन करने के उपरांत वे आगंतुकों से मिला करते थे। ग्यारह बजे या एक बजे वे अपने कार्यालय या संसद् में जाया करते थे। दोपहर बाद मीटिंग होती थी या आनेवालों से भेंट की जाती थी। सायंकाल साढ़े सात बजे भोजन करके दस

बजे या उसके पश्चात् वह सो जाया करते थे। सोने के पूर्व वह किसी प्रांत के मुख्यमंत्री या अपने तीनों सचिवों—वी.पी. मेनन, एच.वी.आर. अयंगर तथा वी. शंकर में से किसी से, जो उनसे दिन में नहीं मिल पाते थे, टेलीफोन पर वार्त्तालाप करके उनसे ताजा समाचार पूछकर तदनुसार आज्ञाएँ दिया करते थे।

हृदय रोग का आक्रमण होने पर प्रातःकालीन भ्रमण छोड़ना पड़ा और शयन का समय भी जल्दी कर दिया गया। किंतु अपने मकान में वे तब भी टहला करते थे।

चीनी आक्रमण की भविष्यवाणी—उनका अंतिम सार्वजनिक भाषण अपने ढंग का अनूठा था। यह भाषण केंद्रीय आर्य सभा दिल्ली के तत्त्वावधान में ऋषि दयानंद के ६७वें निर्वाण दिवस के उपलक्ष्य में ९ नवंबर, १९५० को दिया गया था। सरदार का स्वभाव अंतरराष्ट्रीय विषयों पर भाषण देने का नहीं था। किंतु अपने इस भाषण में उन्होंने तिब्बत तथा नेपाल के संबंध में चीन की प्रसारवादी नीति की आलोचना करते हुए यह संभावना प्रकट की थी कि चीन का आक्रमण भारत पर भी हो सकता है।

सरदार पटेल ने अपने इस भाषण में कहा, "आज तिब्बत तथा नेपाल में जो कुछ हो रहा है, उसके खतरे का मुकाबला तभी किया जा सकता है, जब भारतीय जनता दलगत भावना से ऊपर उठे। नवीन प्राप्त की हुई स्वतंत्रता की रक्षा इसी प्रकार की जा सकती है। महात्मा गांधी तथा स्वामी दयानंद के दिखलाए हुए मार्ग का अनुसरण करके ही आज की कठिन स्थिति का मुकाबला किया जा सकता है।" उन्होंने इस बात पर बल दिया, "नेपाल के आंतरिक सरदारों ने भारत की उत्तरी सीमा पर बाह्य खतरे की संभावना को बढ़ाया है। अतएव भारतीयों को किसी भी क्षेत्र से आनेवाले खतरे का मुकाबला करने के लिए तैयार रहना चाहिए।"

सरदार पटेल ने तिब्बत में चीन के हस्तक्षेप की आलोचना करते हुए कहा, "प्राचीन काल से सदा शांति की उपासना करनेवाले तिब्बतियों के विरुद्ध शस्त्र का प्रयोग करना अनुचित है। तिब्बत के जैसा शांति का उपासक संसार का कोई देश नहीं है।" उन्होंने यह भी कहा, "चीन सरकार ने भारत के परामर्श को नहीं माना कि वह तिब्बत के मामले को शांतिपूर्वक ढंग से तय करे। उसने तिब्बत में अपनी सेनाएँ धँसा दीं और उसका कारण यह बतलाया कि वह तिब्बत में चीन विरोधी विदेशी षड्यंत्रों को समाप्त करेंगी। किंतु यह भय निराधार है। तिब्बत में किसी बाह्य शक्ति की रुचि नहीं है।"

सरदार पटेल ने अपने भाषण में आगे कहा, "चीन के इस कार्य का क्या परिणाम होगा, इसे कोई नहीं बतला सकता। किंतु बल प्रयोग ने अधिक विभीषिका तथा आतंक उत्पन्न कर दिया है। यह संभव है कि बल तथा शक्तिसंपन्न राष्ट्र किसी मामले पर शांतिपूर्वक विचार नहीं किया करते।"

सरदार पटेल को बीमारी—अपने गृह मंत्री तथा राज्य मंत्री के पूरे कार्यकाल में सरदार पटेल रोगी हो गए। उनके ऊपर कई बार रोग के भयंकर आक्रमण हुए। किंतु देश के भाग्यवश वे हर बार बच गए। किंतु बार-बार की बीमारी से वे इतने अधिक निर्बल हो गए कि भारतीय पार्लियामेंट में वे प्रश्नों के उत्तर बैठे-बैठे ही दिया करते थे।

सरदार पटेल का स्वर्गवास—दिसंबर १९५० के आरंभ में उनपर रोग ने फिर आक्रमण किया। नई दिल्ली के वायुमंडल से कोई लाभ होता न देखकर वे १२ दिसंबर, १९५० को वायु परिवर्तनार्थ बंबई गए। बंबई में नेपियन रोड पर बिरला भवन में ठहरे। किंतु बंबई जाकर उनकी तबीयत और भी अधिक खराब हो गई। अंत में १५ दिसंबर, १९५० को प्रात:काल ९ बजकर ३७ मिनट पर उनका ७६ वर्ष की आयु में स्वर्गवास हो गया। उनके स्वर्गवास का तार उसी समय नेहरूजी को दिल्ली में मिला। अतएव भारतीय संसद् (पार्लियामेंट) ने उसी दिन ११ बजे उनके संबंध में एक शोक प्रस्ताव पारित किया। इसके पश्चात् राष्ट्रपति डॉक्टर राजेंद्र प्रसाद तथा पं. नेहरू नई दिल्ली से १२ बजे चलकर शवयात्रा का जुलूस प्रारंभ होने से पूर्व ही बंबई पहुँच गए। नेहरूजी ने अपने केंद्रीय मंत्रियों को इस अवसर पर बंबई न जाने की आज्ञा दी। किंतु पूना में होने के कारण श्री गाडगिल बंबई पहुँच गए। नेहरूजी ने तो राष्ट्रपति डॉ. राजेंद्र प्रसाद को भी रोकने का यत्न किया था, किंतु वे उनकी बात न मानकर उनसे पहले बंबई पहुँच गए। विशाल जनता के इस जुलूस में सम्मिलित होने के लिए प्राय: सभी प्रांतों के मुख्यमंत्री भी विमान द्वारा यथासमय बंबई पहुँच गए। शवयात्रा का जुलूस सायंकाल ५ बजकर २० मिनट पर आरंभ हुआ। सरदार पटेल के शव को एक सैनिक गाड़ी पर रखकर उसको सैनिक सम्मान के साथ ले जाया गया। नेताओं की इच्छा उनका अंतिम संस्कार चौपाटी पर करने की थी। किंतु बंबई के तत्कालीन मुख्यमंत्री श्री बी.जी. खैर इसके विरुद्ध थे। वह नहीं चाहते थे कि चौपाटी पर दाह-संस्कार करके सरदार पटेल को तिलक जैसा सम्मान दिया जाए। अतएव उन्होंने अपने गृहमंत्री मुरारजी देसाई को एकांत में सहमत कर चौपाटी पर दाह-संस्कार न करने का आग्रह किया और बहाना किया कि शवयात्रा के जुलूस का प्रबंध सेना ने किया है, वह अपने कार्यक्रम में इतनी शीघ्र परिवर्तन नहीं कर सकेगी। चौपाटी पर संस्कार करने का प्रस्ताव सायंकाल ५ बजे किया गया था। अतएव संभव है कि इस विषय में श्री बी.जी. खैर ने टेलीफोन पर पं. नेहरू से भी परामर्श किया हो। उस समय वहाँ सरदार के अनुज श्री काशीभाई पटेल तथा उनके पुत्र श्री डाह्याभाई भी थे। उनसे उस समय इस विषय में परामर्श किया गया तो उन्होंने उत्तर दिया कि जनता जैसा करने को कहे, वैसा ही किया जाए। बाद में जनता के आग्रह पर श्री काशी भाई तथा श्री डाह्याभाई ने भी चौपाटी पर ही दाह संस्कार करने की सम्मति दी। किंतु श्री बी.जी. खैर तथा श्री मुरारजी भाई ने उसे स्वीकार नहीं किया। सेना की

आपत्ति की बात सुनकर सेना के तत्कालीन कमांडर से पूछा गया तो उसने कहा, "मैं पंद्रह मिनट के अंदर सारी व्यवस्था कर सकता हूँ।" समाचार-पत्रों में इसकी चर्चा की जाने पर कुछ दिन पश्चात् मणिबेन से यह घोषणा करवाई गई कि सरदार की इच्छा थी कि उनकी अंत्येष्टि क्वींस रोड के श्मशान घाट पर उसी स्थान पर की जाए, जहाँ उनकी पत्नी तथा उनके ज्येष्ठ भ्राता श्री विट्ठल भाई की, की गई थी। सरदार पटेल के शव को श्मशान भूमि पर फौजी गाड़ी से उतारकर नेताओं ने अपने कंधों पर रखा। इसके पश्चात् राष्ट्रपति डॉ. राजेंद्र प्रसाद, पं. जवाहर लाल नेहरू, बंबई के तत्कालीन राज्यपाल सर महाराजसिंह, मद्रास के तत्कालीन राज्यपाल महाराजा भावनगर, अनेक प्रदेश के मुख्यमंत्रियों तथा अन्य मंत्रियों ने निष्ठापूर्वक अग्नि संस्कार से पूर्व उनके चरण हुए। पंडित गोविंद वल्लभ पंत को तो उस समय रोना आ गया। उसी समय शाम को ७ बजकर ४० मिनट पर उनके एकमात्र पुत्र डाह्या भाई पटेल ने उनकी चिता को अग्नि दी। इस प्रकार संसार का यह एक महान् व्यक्ति अपनी जीवन लीला में ७६ वर्ष तक अपने पौरुष का संसार को अद्भुत परिचय देकर इस असार संसार से चल बसा।

श्रद्धांजलियाँ—सरदार के प्रति संसार के सभी भागों से श्रद्धांजलियाँ व्यक्त की गईं। संयुक्त राष्ट्र संघ के सेक्रेटरी जनरल ने न्यूयॉर्क से संदेश भेजा कि "भारत का महान् नेता तथा संयुक्त राष्ट्र संघ का एक प्रबल मित्र चल बसा।" लॉर्ड माउंटबेटन ने उनके द्वारा किए हुए सभी महान् कार्यों का उल्लेख किया। बंबई के गवर्नर ने कहा, 'जनता का नेता चल बसा।' लंदन टाइम्स, 'मानचेस्टर', 'गार्जियन' जैसे अंतरराष्ट्रीय ख्याति वाले समाचार-पत्रों ने भी श्रद्धांजलियाँ प्रकट कीं।

राष्ट्रपति डॉ. राजेंद्र प्रसाद के उद्गार—अक्तूबर १९५१ के प्रथम सप्ताह में राष्ट्रपति डॉ. राजेंद्र प्रसाद ने शिमला से दिल्ली आते हुए पटियाला के असेंबली हाल में सरदार पटेल की मूर्ति का अनावरण किया। उस समय उन्होंने कहा, "जो आजादी हमें मिली है, जैसे-जैसे उसका महत्त्व हम समझते जाएँगे, वैसे-वैसे ही हमारे दिलों के अंदर सरदार की कद्र बढ़ती जाएगी। सन् १९१६-१७ से अपनी जिंदगी के आखिरी समय तक महात्मा गांधीजी ने जितने बड़े-बड़े काम किए, जो कुछ आंदोलन उन्होंने चलाए, जो भी कदम उन्होंने उठाए, उन सब में सरदार वल्लभभाई पटेल का इतना बड़ा हिस्सा रहा कि यदि कोई कहे कि गांधीजी के जो विचार और कार्यक्रम होते थे, उसको असली काम की शक्ल सरदार देते थे, तो यह कहना बिल्कुल सही होगा। महात्मा गांधीजी का उनपर इतना विश्वास था कि हर किसी काम में वे सरदार से सलाह करना अपने लिए जरूरी समझते थे। इतना ही नहीं, मैं यह भी कह सकता हूँ कि कभी-कभी सरदार का मत उनसे नहीं भी मिलता था, लेकिन अंत में जब किसी बात का फैसला हो जाता था, तब जो कुछ भी फैसला होता था, उसका सरदार पालन किया करते थे।

महात्मा गांधी की मृत्यु से सरदार को कितना बड़ा धक्का लगा, उसका अंदाज आप नहीं कर सकते। जितना भी उनसे होता था, गांधीजी के बताए रास्ते पर चलकर जो काम बाकी रह गया था, उसको पूरा करने में वे अपने जीवन के अंतिम समय तक लगे रहे। जीवन के आखिरी समय में जो कुछ भी उन्होंने किया, उसको सबसे अधिक महाराजा लोग जानते होंगे। सैकड़ों राज्यों को भारत में मिलाने के लिए उन्होंने जो कुछ भी किया, इतने बड़े काम का उदाहरण हमारे देश के इतिहास में नहीं है, और मैं समझता हूँ कि दुनिया के दूसरे देशों के इतिहास में भी नहीं है। यह कोई आसान काम नहीं था।''

इससे पूर्व सरदार के जीवनकाल में ही राष्ट्रपति डॉ. राजेंद्रप्रसाद ने १७ अक्तूबर, १९५० को बारदोली में सरदार पटेल की मूर्ति का अनावरण करते हुए उनके प्रति अपनी श्रद्धा प्रकट की थी। १ मार्च, १९५२ को उन्होंने भरूच में तथा उससे अगले दिन २ मार्च, १९५२ को उन्होंने कोचासन के वल्लभ विद्यालय में सरदार पटेल की मूर्तियों का अनावरण करते हुए उनके प्रति अपनी श्रद्धांजलि अर्पित की थी।

□□□